R. H. 토니

삶, 사상, 기독교

대우학술총서
622

R. H. 토니
—삶, 사상, 기독교

고세훈 지음

아카넷

"우리에게 하나의 정의롭지 못한 행위—사업의 속임수,
빈자의 착취—는 사소하지만, 예언자에겐 **재난**이고,
우리에게 불의는 사람들의 행복에 해를 입히지만,
예언자에겐 **존재의 파멸**이다.
우리에게 하나의 삽화에 불과한 사건이,
예언자에겐 **대재앙, 인류에 대한 위협**으로 다가온다."

Abraham Heschel, *The Prophets*

"토니가 예언자였던 것은 그가 역사가였기 때문이다."

T. S. Ashton, BBC 인터뷰

아영과 운영, 그들과 가정을 이룬 재명과 재련
그리고 그들의 자녀들이 살아갈 멋진 '그날'을 바라보며.

차례

* 이 책 본문에서 진하게 표시되어 있는 글자는 모두 저자의 강조이다.

머리말

토니(Richard Henry Tawney, 1880-1962)는 독보적이었다. 럭비고교에서 토니를 만나 평생의 우정을 나눴던 템플(William Temple)에게 그는 "도무지 대체가 불가능한 사람"이었다.[1] 길드사회주의 사상가/운동가 조지 콜(George D. H. Cole)의 아내이며 사회주의 이론가였던 마거릿은 "출중한 인격이 저술을 압도하는 사람들 경우처럼 토니의 운명도 점차 스러져갈 것"이라고 말한 바 있다.[2] 그러나 이 예측은 틀렸다. 물질주의와 계급적 사회체제를 향한 토니의 사자후와 동료애(fellowship) 넘치는 사회에 대한 그의 비전은 영국 진보사상과 정치에 길고도 짙은 그림자를 드리웠다. 21세기에 들어서도 토니의 정신과 학문을 기리는 모임과 강연들이 줄을 잇고 그의 이름으로 학술상이 수여된다. 그의 자취는 여전히 곳곳에서 맑고 향기롭다.

실제로 영국사상계 좌우와 영국노동당 안팎에서 토니만큼 존경과 사랑을 받았던 인물도 찾기 힘들다. 1960년 토니의 80회 생일 즈음 《더 타임스》는 "토니는 [영국의] 살아 있는 사람 중 가장 많은 사람에게 정신적, 지적 영향을 미친 사람"이라는 사설을 실었다. 두 해 뒤 토니가 죽자, 노동당수로서 전후 노동당수정주의 운동을 주도했던 이론가 게이츠컬(Hugh Gaitskell)은 "토니는 내가 알았던 최고의 사람이다. 그의 선한 품성은 사람들을 품었고 그의 천재성은 사람들을 굴복시켰다."고 말했고, 토니와 함께 노동자교육운동을 개척했던 맨스브리지(Albert Mansbridge)는 "토니는 내게 영감이었고, 나를 겁쟁이의 땅에서 여명의 땅으로 이끈 확실한 안내자였다."고 회고했다. 남편 시드니와 함께 영국사회주의의 강력한 흐름인 페이비언주의를 주도했던 비어트리스(Beatrice Webb)는 "토니는 그를 아는 모든 이에게 사랑과 존경을 받은 성자였다."는 말을 남겼다.[3] 영국의 진보주간지《뉴 스테이츠먼》과 일간지《가디언》이 각각 1996년과 2005년에 실시한 영국국회의원들의 독서습관을 묻는 조사에서 토니는 영국노동당 내 좌우 진영을 막론하고 가장 많이 거론되는 사상가 중 한 명이었다.[4] 추종자들에게 종종 토니는 '현자', '사회주의의 성자' 혹은 '평등의 사도'로 불렸으니, 진보정치에 끼친 그의 영향력은 래스키(Harold Laski)나 조지 콜의 그것보다 넓고 깊었다.[5]

무엇보다 토니는 노동당 정치를 이끌었던 수많은 지식인, 정치인들에게 사상의 원줄기를 댔던 대학자였다. 그는 전간시절 영국에서 가장 많이 팔린 역사서―『기독교와 자본주의의 발흥(*Religion and the Rise of Capitalism*)』(1926)―을 쓴 경제사학자이며, 『탈취사회(*The Acquisitive Society*)』(1921)와 『평등(*Equality*)』(1931)을 통해 영국사회주의에 윤리적 사회주의의 활력을 불어넣었던 사상가였다. 가령 영국노동당 정치인이자 사상가였던 크로스먼(Richard Crossman)에게 "토니의 『탈취사회』는 사회주의의 성서"였다. 좌파비평가 윌리엄스(Raymond Williams)는 『평등』을 매튜 아널드, 존 러스킨, 윌리엄 모리스의 주제를 확장하여 도덕적 신념을 실천적 전략으로 구체화한 작품으로 평가했다.[6] 사회학자 우턴(Barbara Wootton)은, "평등이란 주제에 대한 서지목록은 토니의 1931년『평등』에서 시작하여 그것의 1952년 판에서 끝난다."고 선언했다. 토니에게 평등 개념은 존 밀에게 자유와 같다는 주장이 과장이 아니어서, 티트머스(Richard Titmuss) 등 토니 숭배자들에게 토니는 '평등의 사도'였다.[7]『기독교와 자본주의의 발흥』은 1540-1640년 기간이 "토니의 세기"로 불리는 단초가 된 역저였으니, 역사학자 트레버-로퍼는 "토니 이후 그 시기를 연구해 온 역사가들은, 무의식적으로라도, 불가피하게 그의 해석에 영향을 받는다. 이제 그들은 사회학자들이 사회를 마르크스 이전의 언어로 사고할 수 없듯이, 그 시기를 토니 이전의 언어로 사고할 수 없다."고 단언했다.[8] 토니는 위 3부작 외에도 여러 굵직한 저서와 수많은 팸플릿, 논문, 강연록, 보고서 등을 남겼다.

토니는 20세기 영국사회주의를 견인했던 학술저작들을 남겼으면서도 노동세계의 제자들에게 지식과 삶의 스승이었고 노동당 정치의 현장을 떠나지 않은 정치인이었다. 그는 평생을 노동자교육에 헌신하며 역사와 경제학을 가르쳤던 개인교습(tutorial class) 중심의 성인교육 개척자, 완전무상의 중등교육 주창자, 대학개혁가이며, 런던 이스트엔드 빈민지역의 사회활동가였다. 제1차 세계대전이 발발하자 일반사병으로 자원하여 솜(Somme) 전선에서 치명상을 입기도 했고, 전후에는 석탄산업의 재조직 등 산업문제 해결을 위해 혼신을 바쳤다. 네 차례나 선거에 패했으면서도—한 번은 당선이 확정적이던 선거구를 고사했다—누구나 선망하는 작위(爵位)는 두 차례나 거부했다. 각종 하원조사위원회에 참여했고, 수차례 노동당의 정책강령과 선거강령을 기초했으며, 영국역사가이면서 근대중국의 경제사회에 대한 고전적 저서도 남겼다.

 토니가 명문사립고인 럭비와 베일럴(옥스퍼드) 시절부터 교류의 망을 형성했던 다양한 인물들은 그의 개인적 삶과 공적 활동을 위한 가장 든든한 버팀목이었다. 럭비시절에 만나 평생 지우가 된 윌리엄 템플은 영국국교회의 사실상 수장인 캔터베리 대주교가 되었고, 베일럴 동기이며 훗날 처남이 된 베버리지(William Beverage)는 영국복지국가 구상에서 중심적 역할을 했다. 토니는 C. 애틀리 등 여러 수상과 노동당지도자의 친구였고, 이론과 정치현장에서 영국사회주의/노동당사를 견인했던 웹 부부, H. 래스키, 더빈(Evan Durbin), H. 게이츠컬 등과 개인적, 사상적 친교를 지속했다. 제2차 세계대전 후 영국의 대표적 사회사상가 티트머스 등 수많은 제자를 길러냈으면서도, 작가 조지 오웰과 T. S. 엘리엇 그리고 사상가이며 활동가였던 베유(Simone Weil) 등을 배우고 그들과 정신적 교류를 나눴다.

 토니는 경제사학자요 정치인이요 교사였지만 무엇보다 도덕가였다. 그에게 정신과 가치와 윤리는 역사의 진보를 위한 토대였거니와, "현대사회는 도덕적 원칙과 이상의 부재로 인해 병들어 있다."는 진단이야말로 그의 삶과 사상의 출발점이었다. 토니가 공동체적 윤리와 목적의식의 쇠락 내지 실종의 주인(主因)인, 당대의 사회경제적 환경과 구조를 파헤치고 자본주의 체제의 전면적 재조직을 촉구하며 대안을 제시하는 일에 헌신했던 것은 자연스러운 일이었다.

 그러나 도덕가 토니를 추동한 것은 복음주의 정신에 터 잡은 기독교신앙이었다. 가령 전능한 신을 상상하지 않을 때, 인간은 "차이를 만들고 강조하며" 동료를 목적 아닌 수단으로 환원시킨다는 것이 토니의 일관된 주장이었다.[9] 그에게 기독교는 사적 신앙이면서 동시에 사회적 실천이었고, 그가 복원하고자 했던 도덕적, 정신적, 정치적 가치들은 신적 교의에서 파생되었다.

> 하나의 위대한 혁명[예수혁명]이 영원을 믿는 사람들로 하여금 세상을 더
> 나은 곳으로 변화시키게 하고, 인간을 영원히 해방시켰다고 믿는 사람들을
> 여러 혁명들의 전위(前衛)에 세우며, 신앙을 운동으로 만드는 일에 헌신하
> 게 만든다.[10]

그리하여 그의 마지막 제자이며 17세기 영국사가인 에일머(Gerald Aylmer)에 따르면, 토니는 "가장 먼저 크리스천이었고, 그다음에 민주주의자였으며, 그다음에 사회주의자였다."

토니는 사상과 삶, 학문과 사회봉사가 늘 함께 가며, 인간과 정치, 개인적 행로와 공적 활동이 엄정한 일관성을 유지하며 한 치의 어긋남도 허용치 않으려 했다. 그는 이론과 실천의 접점지대, 원칙과 행동의 중간지대에서 끊임없이 양자를 오가며 그 둘의 변증법적 통합을 구현하는 데 평생을 바쳤다. 개인적 성품과 삶의 구체적 경험 그리고 현실사회와의 끊임없는 실천적 교류 속에서 수행된 그의 학문 활동은 방대한 저술들에서 꽃을 피웠고, 마지막 순간까지 정직과 검소 그리고 절제의 흐트러짐 없는 삶을 살았다. 토니는 기독교에 대해 그리고 사회주의에 대해 성찰하고 기록했을 뿐 아니라, 개인의 삶에서 자신이 쓰고 말한 바를 구현했다.

영국정치를 공부하면서 많은 매력적인 인물들과 조우했다. 언젠가 인물 중심의 영국노동당사를 쓰리라, 별러온 이유도 그들의 자취가 머릿속을 떠나지 않았기 때문이었다. 그 작업이 차일피일 미뤄지고 부담으로만 남아 있다가 마침내 흐지부지될 무렵에도 끝끝내 흔적

을 지울 수 없던 사람이 R. H. 토니였다. 그동안 인물과 관련해서는 로버트 스키델스키의 『존 메이너드 케인스』를 번역했고, 『조지 오웰: 지식인에 관한 한 보고서』를 펴냈다. 이제 토니의 생애와 사상에 관한 독서의 결과물을 선보인다. 세 사람 모두 삶과 사유의 궤적 그리고 저술에서 놀랄 만큼 일체성을 보이고 있다는 사실이 나를 크게 고무했다. 또 이들은 모두 빅토리아시대의 윤리적 엄숙주의, 제국주의적 오만/위선의 세례를 받았고, 동시에 그것들의 영향을 떨치려고 평생 분투했다. 그러나 이들이 살았던 세월이 빅토리아여왕의 죽음과 더불어 막을 연 20세기 전반기였으니, 그들의 성품과 성취 곳곳에 새겨진 시대적 유산의 자국들이 엄연하다.

기독교신앙이 쇠락하고 기독교가 윤리로만 남아 간신히 명맥을 유지하는 시절에, 토니의 삶은 **보수적 기독교신앙이 어떻게 포용적인 인품과 급진적 사회사상에 연결되는지**를 보여준 드문 사례이다. 토니에게 기독교는 일차적으로 초월적이고 자유로운 신의 계시였으나, 또한 시대의 문제들에 긴밀하게 연결되는 사상이었다. 그는 중세교회의 어두운 면들에 대해 누구보다 민감했지만, 교회가 신교혁명으로 잃어버린 것에 대해서는 더욱 통탄해 마지않았다. 무엇보다 종교개혁 이후 산업화와 물질주의적 윤리의 도전에 직면한 교회는 '안이한 이원론'에 함몰돼, 타협하고 침묵하고 끌려다님으로써 현실과 연결되는 데 실패했다. "교회는 승리하면서 입을 닫았다. 사회와 교회가 뒤섞여 거대하게 부푼 하나의 반죽덩어리가 만들어졌을 때, 자신이 빨아들인 대중에 의해서 불가피하게 희석된 교회는 거룩함(구별됨)을 잃어갔다."[11] 토니는 교회가 생각을 멈췄으니 가진 것이 없고 가진 것이 없으니 줄 것 또한 없었다고 탄식한다.

에든버러대학의 중앙도서관과 신학부도서관, 런던대학 버크벡 칼리지 도서관에서 문헌을 찾고 필사하고 복사하던 많은 날들이 아련하고 애틋하다. 북해바람을 타고 날아온 덩치 큰 갈매기들이 에든버러 연구실 창밖 슬레이트 위에서 서성대다 문득 흐린 하늘로 사라지곤 했다. 그 후로 꽤 시간이 흘렀다. 기왕에 찾은 자료들 중 제대로 소화 못한 것도 적지 않다. 이제 책을 세상에 내놓는 마당에 글의 내용과 서술이 제목에 값하는 것인지 두려운 마음이 앞선다. 분량마저 생각보다 늘어나서 많이 민망하다. 독서가 미진하고 상상력이 부실한 탓일 것이다. 책의 초고에 꼼꼼하고도 과분한 평을 해주신 익명의 논평자께, 늦은 출판을 기다려주신 대우재단 관계자들, 그리고 전문가적 감식안과 정밀한 편집으로 저자의 미진함을 크게 덜어준 이하심 부장님과 편집부 여러분께 고맙다는 말을 전한다.

2019년 10월
고세훈

1부

생애, 저술, 사상: 연대기적 소묘

1
노동계급과의 대면

옥스퍼드와 토인비 홀

토니는 1880년 11월 30일 인도 캘커타에서 양조업자와 은행가 가문인 어머니 캐서린(Constance Catherine Fox)과 인도교육청 소속의 오랜 관리였던 아버지 찰스(Charles Henry Tawney)의 3남 5녀 중 차남으로 태어났다. 이른바 '앵글로-인디언'이었다.[1] 아버지 찰스는 빅토리아시대의 도덕철학가 헨리 시지윅과 친구이며 케임브리지 최고의 지식인사회 '사도회' 출신의 저명한 셰익스피어 학자였다.[2] 그는 산스크리트, 힌두, 페르시아 언어에 정통해서 산스크리트 고전을 영어로 번역하는 등 동양문화를 서구에 알리는 데 공헌했으며, 법학자 메인(Henry Maine)이 부총장으로 있던 캘커타 공립대학 '프레지던시 칼리지'에서 역사와 영문학을 가르쳤다. 토니는 빅토리아 최상층의 사회적, 지식적 인맥을 배경으로 성장했지만, 자신의 가족이나 출생지에 대해서 말한 바가 거의 없다. 중국을 두 차례 여행하며 상세한 기록을 남겼고 호주를 방문하기도 했지만 인도에는 단 한 차례도 들르지 않았고 그와 관련된 어떤 기록도 남기지 않았다. 노동자교육에 평생을 헌신했던 토니는 자신이 누렸던 바, 영국제국의 상류중산층 교육과 양육을 구태여 드러내고 싶지 않았을 것이다. 실제로 그는 빅토리아시대의 전형적 제국주의관료였던 아버지와 달리, 스스로를 교회와 제국의 일원으로 간주하기를 거부했거니와, 아버지의 '백인의 책무'가 주는 부담과 영광에 관여한 바 없었다.[3]

1885년 토니 가족은 아버지를 두고 영국으로 영구 귀국했다. 1894년 명문 사립고인 럭비(Rugby School)에 입학했다. 럭비에는 19세기 전반기에 그곳 교장을 지내며 럭비를 "그리스도의 신사"의 학교로 쇄신했던 역사가, 사회평론가, 교육개혁가인 토머스 아널드의 자취가 깊게 배어 있었다.[4] 토니가 고전과 성경을 본격적으로 접하기 시작한 것이 럭비시절이었다. 역사가 트리벨리언(G. M. Trevelyan)은 "17세기에 정치인들은 성서를 인용했고, 18, 19세기에는 고전을 인용했지만, 20세기에는 아무것도 인용하지 않는다."고 말했다지만, 훗날 토니가 성서와 고전의 구절들을 방대하게 동원하여 저술들의 내용과 주장을 깊고 풍부하게 할 수 있었던 것은 럭비에서의 훈련과 독서습관에 빚진 바 컸다. 그 외에도 그 시절에 이미 칸트의 『순수이성비판』을 탐독했다는, 삶과 사상의 평생 동반자 W. 템플을 만나는 등, 럭비는 그의 인생행로에 많은 영향을 미칠 것이지만, 럭비시절에 관한 토니의 회상은 전해지지 않는다.

오히려 그는 빅토리아식 여타 제도들에 대해 그랬듯, 영국사립학교 제도를 향한 내부자의 비판을 거두지 않을 터인데, "계급과 소득 같은 천박한 요소들과 무관하게 교육적 필요에 부응하는 일은 교사의 명예에 관한 문제"였기 때문이다.[5] 럭비에서 그는 스포츠에 열심이었지만 사교모임이나 형식적 종교교육에는 관심이 없었고, 여성을 낯설고 불편해했다고 알려졌다.

토니는 19세기 마지막 해인 1899년 고전전공을 위해 옥스퍼드 베일럴(Balliol College)에 장학생으로 진학했다. 토니처럼 상대적으로 특권적 배경을 지닌 젊은이가 왜, 어떻게 사회주의자가 되었고 어떤 사회주의를 주창했는가? 아마 럭비와 베일럴의 강력한 공공윤리 전통, 그린(T. H. Green)의 가르침에서 기원한 옥스퍼드의 철학적 이상주의, 1890년대와 에드워드왕조(1901-10) 시절에 고조되던 사회적 박탈과 불평등 그리고 일련의 파업파동 등 제1차 세계대전 직전에 격화되던 노동운동의 상황에 대한 국민적 각성 등이 배경으로 작용했을 것이다.

토니가 베일럴에 진학했을 때, 옥스퍼드에는 그린의 윤리적 이상주의 향취가 여전히 짙게 스며 있었다. 그린의 가장 충실한 계승자였던 도덕철학자 케어드(E. Caird) 학장과 토니의 지적 멘토이며 훗날 버밍엄 주교가 될 찰스 고어(Charles Gore)는 그를 사회적 도덕주의에 눈뜨게 했다. 토니가 옥스퍼드에 진학한 해에 발발한 보어전쟁(1899-1902)은 영국의 제국주의적 오만을 무참하게 만들었던 핵심적 사건이었다. 홉슨(J. A. Hobson)과 홉하우스(Leonard Hobhouse) 등 진보적 자유주의자들(New Liberals)에 의해 제국주의적 자본주의의 구조적 문제들에 대한 폭로가 줄을 이었고 부스(Charles Booth) 등이 도시의 빈곤과 참상을 파헤치면서, 지식층의 자기회의와 자기비판이 왕성하게 일어났다. 사회문제에 대한 관심이 고조되는 와중에 옥스퍼드의 가장 영향력 있는 인물이던 케어드 학장은 공공목적과 제국신민으로서의 책무를 지속적으로 환기했다. 전통적으로 베일럴은 영국 지도층의 산실이었다. 가령 당시 누구나 선호하던 인도관리의 1/6이 베일럴 졸업생이었고 3명의 인도총독이 연이어 그곳에서 배출되었다.[6] 토니는 빅토리아식 양육에도 불구하고 "[이미 쇠락의 길을 걷던] 빅토리아시대의 경건과 자만"이라는 위선과 허물을 견딜 수 없어 했다. 토니는 케어드의 "인도의 부름"으로 상징되는 제국의 온정주의에 동요되지 않았지만, 그의 급진주의는 토니에게 깊은 인상을 남겼다.

베일렬의 조심스럽고 섬세한 급진주의는 "모든 지식과 정보를 손에 넣을 수 있고, 모든 문제가 해결될 수 있다."는 확신에 서 있었다. 토니의 훗날 회고에 따르면, 그가 역사연구에 눈을 돌린 것은—옥스퍼드에는 아직 경제사가 개설되기 전이었다—"세계가 경이롭고, 역사만이 그 경이를 해석할 수 있기 때문"이었다.[7] "과거의 의미는 위대한 도덕적 진리에 있다."는, 케어드의 뒤를 이어 학장이 된 스미스(A. L. Smith)의 역사관은 토니에게 많은 영향을 미쳤다.

럭비에서 템플을 만났듯이, 베일렬에서 성향은 다르나 개혁적 열정을 공유한 W. 베버리지와의 교류를 시작했다. 토니는 별 관심이 없거나 싫어하는 사람들은 매우 불편해했던 다소 평범한 학생이었다. 언젠가 친구 템플이 크리스천이 왜 사람을 싫어하느냐고 묻자 토니는 "예수가 사랑하라 했지 언제 좋아하라고 했던가?" 반문했다는 일화가 전해온다. 어쩌면 그런 평범성이야말로 결코 토니를 완전히 떠난 적이 없는 성품일지 모른다. 대학생활이 끝날 무렵, 토니는 홀랜드(Scott Holland) 등이 1889년 창립한 기독교사회연맹(Christian Social Union, CSU)에 가입한다. 경제와 사회적 삶을 기독교원리에 따라 조직하고 수행한다는 CSU의 창립정신은 차후 토니의 삶 모든 측면에 두루 각인될 것이다. 토니, 베버리지, 템플은 교육이 영국문제를 해결하는 데 적절히 자신들을 준비시키리라는 '사회적' 자신감에 넘쳐 있었다.[8]

토니는 1903년 희랍철학, 고대사, 논리학, 도덕과 정치철학이 포함된 인문전공에서 우등졸업생 중 3-4명에게만 허용되는 1등급 학위를 받지 못했다. 아버지는 "가문에 이 무슨 망신인가!"고 탄식했고, 케어드는 "토니의 정신은 혼돈상태에 있지만, 시험관들은 그것이 위대한 정신의 혼돈임을 보았어야 했다."며 애석해했다.[9] 펠로십은 1등급에 속한 베버리지에게 돌아갔다. 옥스퍼드 석사학위를 따려면 학비를 내야 하지만, "학위를 돈으로 사고파는 것"을 용납 못했던 토니는 석사과정을 포기하고 평생을 학사로 남아 경제사가의 길을 개척한다.[10]

세기전환기의 옥스퍼드에는 사회문제에 대한 열기가 고조되고 있었다. 이론적 작업이 활발했고, 현장에서는 가령 이미 1880년대부터 지식인들의 사회봉사를 위해 유명한 토인비 홀(Toynbee Hall) 등 대학 사회복지관들이 잇달아 설립되었다. 산업화의 사회적 효과는 토머스 칼라일을 뒤이어 존 러스킨 같은 사회비평가들의 지성과 양심을 자극했고, 교회는 크리스천 사회주의자로 불리던 마틴 킹슬리나 윌리엄 모리스에 의해 동요되었으며, 영국국교회 고(高)교회의 사회주의 조직 '성 마태 길드'가 대중을 파고들자 연이어, 앞에서 언급했던 기독교사회연맹(CSU) 등이 교회사람들을 움직였다.[11] 그러나 사회행동을 향한 이러한 전방위적 열정은 주로 자조와 구호에 초점을 둔 것으로 구조에 대한 관심을 동반하지는 않았다. 예컨대 비어트리스 웹이 노령연금의 필요성을 촉구했을 때, 그녀의 주장은 검약을 해친다는 이유로 비난받았다.

기독교정치인들의 경우도, (19세기 후반의 영국정치를 보수당의 벤저민 디즈레일리와 양분했던) 자유당 정치인 윌리엄 글래드스턴의 온정주의, 곧 정치를 통한 자선이라는 빅토리아적 관심을 넘어서지 못했다. 서서히 드러나겠지만, 토니의 의의는 기독교의 급진적 잠재력에 자선적 접근을 넘어 구조적, 정치적 자각을 일깨웠다는 점이다. 글래드스턴의 독실한 온정주의가 정치를 종교적 관점에서 바라보았다면, 토니는 종교를 정치적 관점에서 바라보았다는 것이 더 적절할지 모른다. 글래드스턴이 교육을 종교교육의 수단으로서 중시했다면, 토니에게 그것은 정치적 각성을 위한 통로였고, 사회주의 정치를 위한 도구였다. 정치세계를 크리스천 방패를 굳게 잡고 침투해야 할 정글로 보았던 글래드스턴은 만찬파티나 무도회 같은 사교모임도 도덕적으로 위험하다고 생각했다. 그러나 토니는 점차 세속화되던 정치세계보다는 사회개혁에 무관심하게 된 교회에서 더욱 큰 도덕적 위기를 보았다. 불의를 향한 글래드스턴의 분노가 특정의 부패와 악을 교정하는 데 머물렀다면, 토니의 분노는 영국사회의 전반적 권력관계를 향한 것이었다. 그러나 토니의 각성이 행동으로 옮겨지기까지는 시간이 더 흘러야 했다.

토니가 옥스퍼드를 떠날 무렵에는 노동당과 노동운동이 성장하고 있었고 교육이 사회해방의 도구라는 노동계급 일반의 자각이 커갔다. 23살의 토니는 베버리지와 함께 런던 이스트엔드 빈민가(Whitechapel)의 대학사회복지관인 토인비 홀로 거주지를 옮겼다. 토인비 홀은 옥스퍼드대학이 졸업생들에게 빈곤과 궁핍을 경험케 하고 "대학문화를 빈민들에게 직접적으로 접목시키기 위해 설립"한 대학사회복지관이었다. 토니는 도시빈곤을 경험하면서 사상가로서 사회적 양심을 성숙시켰으니, 말하자면 시작부터 강력한 "이스트엔드 의식"을 발전시켰던 것이다.

토인비 홀 거주자들은 사회사업 관련 일을 하면서 스스로 생활비를 조달해야 했다. 토니는 빈민자녀들에게 전원생활을 맛보게 할 목적으로 설립된 기관(Children's Country Holiday Fund)에서 간사로 일하면서 자선과 박애주의 세계를 경험했다. CCHF는 매년 여름 도시빈민의 자녀들을 약 2주 동안 남부의 가정에서 지내도록 주선했는데 토니는 후원자를 발굴하고 조직하는 일을 맡아서 처리했다. 그가 베버리지의 누이이자 동년배인 지넷을 좋아하게 된 것이 이 무렵이었다. 토니는 매주 '19세기 작가들,' '신앙과 비평' 등 타이틀 아래 빈민들을 위한 정기강좌를 개설했으며, 베버리지와 함께 정치와 경제에 관한 다양한 쟁점을 다룬 프로그램들을 진행했다. 토인비 홀이 발행하는 《토인비 레코드》에 노동과 산업문제, 대학교육 개혁 등에 관한 여러 편의 글을 게재했으며, 실업과 고용문제에 관련된 여러 위원회에도 관여했다.

토니는 노동자들의 사회적 고통과 일상적으로 대면하면서 노동계급의 연대의식과 인간애를 깊이 체험할 수 있었다. 연민이 깊어질수록, 교회를 향한 실망감은 커갔다. 역사에서 가장 위대한 사회세력이었던 교회는 노동 등 사회문제에 연계되기를 꺼리거나 거부했고 보통 사람들의 삶에서 영향력을 잃고 있었다. 토니는 탄식하고 또 탄식했다. "기독교라는 역사의 거대한 사회세력이 수많은 사람들의 삶에서 사라져가고 있으며 … 런던 전역에서 교회출석률은 대략 특정 지역의 빈곤율과 반비례했다." 이런 상황에서 단지 "경건과 온정주의" 중심의 복음주의가 융성하고 "설사 감언이설을 통해 교회출석이 늘어난다 해도" 반드시 긍정적으로 볼 수 없었다. 교회가 "종교적 사회구호활동의 빅토리아식 전통"을 벗어나 정치에 대한 새로운 접근을 찾지 못한다면, "공장굴뚝들 사이의 하찮은 유물"로 남을 것이다. "불만은 도처에 있지만, 누구의 밥상도 차리지 못한다. '계몽된 불만'은 매우 드물기 때문"이다. "진정한 우정은 우연에 의해서만 만들어지고, 교양 있는 자들이 이웃이 된다고 해서 품위 있어지는 것은 아니"었다. "사회체제는 기독교가 호소해야 하는 개인들의 품성의 질을 전반적으로 결정"하기 때문에 복음주의적 과업조차 사회정치적 변화와 무관할 수 없었다.[12] 교회가 신뢰를 회복하려면, 두드러진 악폐나 명백한 도덕적 쟁점에 초점을 두는 개인주의적 복음주의를 넘어 사회체제 자체를 타깃으로 삼아야 했다. 토인비 홀 22차 연례보고서에서 토니가 했던 말이다.

> 사회문제의 뿌리는 종교적이다. 그 무엇도, 빈자를 이 세상의 염려에서 건지고 부자를 "부의 기만성(deceitfulness of riches)"[마가복음 4장 19절]에서 구원할 수 있는 지속적인 것은 없으니, 오직 모두가 똑같이 하나님의 뜻을 행하며 사는 것만이 길이다 … 내가 바라는 것은 종종 강하고 다양한 의견을 지닌 사람들인 토인비 홀 거주자들이 인간의 필요의 부름에 같이 귀 기울이고 모든 인간에서 신적인 것을 발견함으로써, 하나님을 예수 그리스도의 아버지로 예배하던 옛 신앙의 진리를 마침내 실천에 옮기는 일이다.[13]

현실에서 노동자들이 원하는 것은 안정과 기회이며 부당한 관계와 구조가 지속되는 한 원조와 구호는 무의미했다. 토니는 점차 사회적 고통에 대한 토인비 홀의 자선과 박애적 접근이 갖는 한계와 새로운 접근의 필요성을 절감한다.[14] 시간이 좀 흐른 뒤 토니가 빈민구호 개념에서 토인비 홀이 탈피할 것을 주장하며 이스트엔드를 공장법과 노조로 보호받는 북부의 산업지대인 랭커셔 지역과 대비시킨 것은 이런 맥락이었다. 실천적 관심도 어떻게 독립적이고 당당한 노동계급, 자신의 노력과 기술로 자립하는 노동을 배양할 것인가 쪽으로 기울어 갔다. 그가 노동운동의 개혁과 사회평등에 근거한 교육운동으로 방향을 튼 사정은 이와 관련이 있었다. 토니는 토인비 홀이 지닌 현실적 의의를 높이 샀지만, 그 철학에서는 명백히 떠나 있었다.[15]

노동자 성인교육의 개척자

토니는 1903년 10월에서 1906년 11월까지 3년, 그리고 1908년 대부분, 1913년 봄 동안 토인비 홀에서 살았다. 1906년에 이르면 그곳을 떠날 채비가 돼 있었고, 그의 관심은 노동자교육과 노동자조직 쪽으로 향하고 있었다. 마침 그의 베일럴 졸업 후 제1차 세계대전 발발 이전까지 기간은 지식인과 대학이 노동계급의 열망에 부응하여 옥스퍼드대학을 필두로 노동자교육협회(Workingmen's Educational Association, WEA)와 개인교습강좌가 주목받던 때였다. WEA는 1903년 5월 대학과의 연계를 통한 "노동자의 고등교육 증진"을 위해, 훗날 토니의 친구가 될 A. 맨스브리지에 의해 창립된 단체이다. 그것은 다양한 노동계급조직과 개인들의 느슨한 연합체로서, 옥스퍼드에서 활동을 시작한 이래 협동사회, 노조, 대학기구의 대표자들이 참여하고 여러 종교단체들이 협조하여 급속히 발전했다. 1912년에 이르면 110개 지부, 1,879 가입단체, 7,000명 이상의 개인회원을 거느린 방대한 조직으로 성장할 것이었다.

WEA를 대학의 사회적 책무의 일환으로 간주했던 토니는 1905년에 거기에 가입하면서 곧 집행부의 일원이 되었다. 훗날 맨스필드는 "… 베일럴 출신의 토니는 우리 단체의 가장 중요한 자산이었다. 그는 자신의 일을 위해 시간과 정력을 모두 쏟아부었다. 토니로 인하여 1906년 당시 옥스퍼드 퀸스의 젊은 펠로였던 템플이 우리와 합류했고 초대회장이 되었다."고 회고했다.[16] 실제로 WEA는 토니가 자기 인생 전체에서 가장 중요하고도 실질적인 관심을 기울인 단체였으니, 어쩌면 토니에게 그것은 30대 이후 그의 삶에서 늘 함께했던 노동당이나 런던정경대학(LSE) 혹은 교회보다도 더 의미 있는 조직이었다.

그는 사망하기 직전까지 반세기에 걸쳐, 42년간 집행부원으로 그리고 1928-45년 기간에는 회장으로서, WEA에 헌신할 터였다.

토니는 노동계급의 교육과 그를 위한 대학과의 연대 필요성에 대해 기회가 있을 때마다 관심을 촉구했다. 그가 1906년 「옥스퍼드대학과 국민」 제하로 《더 타임스》에 발표한 일련의 기고문은 대학개혁과 관련하여 옥스퍼드와 케임브리지가 국민적 의무이행에 실패했다는 점을 지적했다. 특히 상류층 자제가 이미 사교육의 혜택을 받고 있는 상황에서 빈한한 학생들에게 장학제도를 통해 진학기회를 넓히는 것이야말로 가장 절실한 과제였다. 1907년 8월에는 옥스퍼드에서 '노동계급과 교육조직을 위한 전국대회'가 토니의 멘토인 고어 주교를 의장으로 열렸다. 회의결과를 토대로 토니가 옥스퍼드대학과 WEA 합동위원회 이름으로 발표한 「옥스퍼드와 노동계급교육」(일명 「1908 보고서」)이라는 묵직한 팸플릿은 성인교육사에서 획기적인 문건으로 간주된다. 거기에서 토니는 노동자의 대학입학을 포함한 대학의 교육자원에 대한 노동자의 접근성을 위해 노동자의 교육권, 커리큘럼 구성, 개인교습이 갖는 중요성을 역설했다.

옥스퍼드대학이 노동자대표와 대학당국자의 합동위원회를 결성하면서, WEA는 수많은 노동운동 투사들을 길러냈던 잉글랜드 북부 산업도시들을 먼저 주목했다. WEA 최초의 지부가 협동조합운동의 요람이며 '로치데일 개척자들(Rochdale Pioneers)'의 찬란한 전통을 지닌 로치데일에 설치되었다. 맨스필드는 "만일 30명의 노동자가 2년간 꾸준히 공부하리라고 결심한다면 옥스퍼드대학은 재정후원뿐 아니라 일급의 튜터를 제공할 것"이라며 그곳 노동자들을 설득했다. 물론 맨스필드가 염두에 두었던 일급의 튜터란 다름 아닌 토니였으니, "영국 최고의 튜터" 토니가 중심이 돼 성인노동자를 상대로 한 최초의 개인

교습강좌가 그렇게 시작됐다.[17]

그 무렵 토니는 글래스고대학의 정치경제학과 보조강사로 재직하고 있었다. 토인비 홀을 떠날 즈음 베버리지에게 "산업도시에서 경제학을 가르치는 것이 바로 내가 궁극적으로 하고 싶은 것"이라고 편지를 보냈었는데, 자신에게 열려진 몇몇 대학 중 글래스고를 택했던 것이다. 금요일 아침이면 글래스고를 떠나 롱턴에서 저녁강의를 했고, 그곳에서 하룻밤을 지내고는 서둘러 로치데일로 가서, 맨스브리지가 요구한 규율을 받아들이기로 서약한 40명의 노동자학생들을 가르치며 토요일 오후를 보냈다. 교사와 학생들은 허름한 건물의 난방도 안 되는 어둠침침한 교실에서 가르치고 배우며 토론했다. 앞에서 언급한 「옥스퍼드와 노동계급교육」에서 토니는 롱턴의 학생들 중에는 "정원사, 배관공, 도자기 녹로공과 도장공, 바구니 제조공, 광부, 기계공, 제빵사, 서기, 도서관사서, 가게점원, 식료품상, 제분소일꾼, 철도원, 의류상, 보험징수원 그리고 초등학교교사"가 있었다고 밝히며, "다양한 계급의 사람들이 이런 식으로 섞여 있다는 것 자체가 매우 교육적"이라며 자못 비장하게 선언하기도 했다.[18] 옥스퍼드와 WEA의 후원 아래 토니가 시작한 로치데일과 롱턴의 경우를 본보기로 하여 점차 영국 전역에 수천 개의 대학개인교습강좌(University Tutorial Classes)가 개설되고 번성할 것이었다.

글래스고대학 시절은 이론경제학에 대한 평생의 불신을 키우기도 했지만, 교육자, 역사가, 개혁가, 특히 경제사학자와 사회활동가로 발돋움했던 시기였다. 글래스고대학 보조강사로 약 1년여를 보내는 동안 생활은 늘 쪼들려서 지역신문(《글래스고 헤럴드》)에 칼럼을 게재하며 생활비를 보충했다. 그러나 진보적 논조가 문제가 되어 1908년 여름에 대학을 사임했다. 향후 5년간은 주로 WEA 관련 일을 하며, 옥스퍼드대학과 WEA 후원하에 시작된 로치데일과 롱턴의 정식교사로서 주당 다섯 강좌를 담당했다. 당시 《맨체스터 가디언》은 토니의 교육철학을 알리는 중요한 공론장 역할을 했다. 토니는 진보적 편집장/소유주 스콧(C. P. Scott)으로부터 편집진에 합류할 것을 몇 차례 권고받았지만, WEA 관련 일들이 너무 많아 매번 거절했다.

토니의 강의는, 경제사공부가 노동자의 현실인식과 미래희망에 필수적이라는 인식에 따라, 주로 경제사에 집중되었다.[19] 세상 일과 영화(榮華)에는 무관심했으니, 최소한의 생활비에도 못 미치는 수당을 받으며 강의와 연구를 위해 살인적인 양의 일들을 소화해 냈다. 교실을 구하기 위해 동분서주하면서도, 학생들이 제출한 보고서에 대해서 문체와 내용에 이르기까지 일일이 상세한 답변을 해주었다. 그는 옥스퍼드가 그에게 가르친 것을 배움의 기회를 누리지 못한 학생들에게 아낌없이 쏟아부었고, 학생들은 토니의 학문하는 자세, 학식과 평등주의적 기질로 인하여 그를 깊이 신뢰했다. 외롭고 힘든 세월이었으나, 노동자교육에서 비로소 소명을 찾은 토니는 개인교습강좌가 자신의 가장 큰 스승이었다고 진심 어린 고백을 한다. 실제로 토니에게 그것은 노동계급의 삶을 배우는 더할 수 없이 소중한 기회였고, 노동공동체에 대한 관심이 커갈수록 자신도 모르게 노동계급과 공동의 언어, 공동의 관점을 발전시켜 나갔다.[20]

인간정신의 발전을 향한 열정은 토니를 단순한 지식전달에 묶어두지 않았다. 성인노동자학생들에게 그는 교사-학생 사이를 떠나 동료 인간이요 동지였으니, 많은 경우 그의 강의는 정규교육시간을 넘어 사적 대화와 토론으로 이어졌다. 그가 학생들과 교환한 엄청난 양의 편지는 가정생활에서부터 광산 등 일터의 사고에 이르기까지 매우 구체적인 내용을 담고 있었다.[21] 학생들은 경제생활의 실제에 관해 많은 이야기를 들려주고 상담과 조언을 요청해 왔다. 도기공들과 직물공들은 먹여야 할 아이가 딸린 토니의 형제요 친구들이었다. 토니가 WEA에서 일종의 선지자로 통하고, "한 세대가 모두 그의 영향의 표지를 지니게 된" 이유는 사람들이 그의 헌신과 사심 없는 태도를 보았기 때문이었다. 그를 처음 강의실에서 보았던 학생의 회상이다. "그에게는 학자의 모습이란 찾을 수 없었고, 우리를 긴장시키는 것은 아무것도 없었다. 그는 우리 가운데 하나였다. 우리는 극지방을 예상했지만 적도에 와 있었다. 토니는 교사가 아니었고, 영혼을 지닌 인간이었다."[22] 토니는 교사였을 뿐 아니라 노동자들의 기둥이고 영웅이었다. 토니보다 연배가 위였던 학생들은 스승과 관련해 수많은 에피소드와 헌사를 남겼다.

비판은 주로 외부에서 왔다. 가령 마르크스주의 단체인 '사회민주연맹'은 계급전쟁에서 노동자들의 관심을 이반시킨다며 그와 WEA를 비난했다. 상투적인 비난이었지만, 그때마다 그는 침착한 논증으로 마르크스주의와 공산주의의 문제들을 드러내 보였다.[23] WEA 안에서도 이따금 의견이 충돌했다. 교육을 해방을 위한 도구로 간주하는 사람들도 있었고 노동자의 정치적 진출을 위한 무기라고 생각한 이들도 있었다. WEA가 완전한 정치적 당파성을 표명해야 한다고 주장하기도 했다. 토니는 의견이 갈릴 때마다 중재에 나섰지만, 입장을 취할 필요가 있을 때는 WEA가 모두의 문화조직이 아니라 노동계급을 위한 단체라는 점만은 분명히 했다.

토니는 영국의 개인교습에 "공부에서의 동지애(spirit of comradeship in study)"의 진수를 불어넣음으로써, 노동계급을 당시 정치적, 산업적으로 분출하던 노동운동의 정신에 연결시켰고, 정규적이고 체계화된 성인교육을 위한 새로운 불씨를 일으켰다. 그는 교사의 학문과 인격,

학생들과의 격의 없는 토론이 맺어준 사랑과 우정의 관계가 교육에 얼마나 큰 효과를 미치는지를 몸소 보여줌으로써 전인적 성인교육의 선구자가 되었다. 개인적으로는 개인교습의 경험을 통해 가난이야말로 성인교육의 주적(主敵)임을 절감했거니와, 그가 훗날 무료중등교육을 줄기차게 주창하게 된 것은 자연스러운 일이다.[24] 토니는 WEA와 인생여정을 함께하며 노동자의 교사, 사회주의자가 되었고 경제사학자가 되었다. 그에게 삶과 배움은 둘이 아니었다.

1909년 베버리지의 누이이며 옥스퍼드에서 불어를 전공하던 지넷(Jeanette, 본명 Annette Jeanie Beveridge)과 결혼했다. 토니의 초라한 행색과 빈한한 경제상황이 말할 수 없이 못마땅했던 그녀 어머니는 딸의 결혼을 필사적으로 막았는데, 잔인하게도 마지막에는 당시 토니의 형이 정신질환을 앓는다는 이유를 대며 반대에 나섰다. 결국 베버리지가 나서면서 가까스로 성혼에 이르렀다. 결혼식은 WEA 행사 같았다. WEA 회장 템플이 보좌하는 가운데 토인비 홀의 캐넌인 S. A. 바넷이 주례를 섰고, WEA 재무관이 신랑의 들러리였으며, WEA 사무총장인 맨스브리지가 함께했다. 토니 부부는 평생 서로에게 헌신했지만, 지넷이 그저 남편에게 사랑받는 아내가 되기를 원했던 반면, 토니는, 그가 존경했고 그에게 막대한 영향을 미쳤던 웹 부부가 그랬듯이, 사회활동 파트너로서의 아내, 사회개혁을 위한 연대로서의 결혼을 기대했다. 지넷은 병치레가 잦았고 사치하는 것을 좋아했다. 기질과 인생에 대한 태도가 딴판인 데다 서로에 대한 기대의 차이로 힘들어했지만 토니는 아내를 변함없이 깊이 사랑했다고 전해진다. 부부는 결혼 후 맨체스터에 정착했다. 토니가 강의를 위해 로치데일, 롱턴, 리틀버러, 체스터필드 등을 돌아다닐 때 지넷도 늘 함께했다. 개인교습이 끝나는 4월 이후에는 이따금 옥스퍼드 베일럴의 WEA여름학교에서, 여름학기(Trinity Term)에는 올 솔스에서 강의했다.

1909년 도입된 '임금위원회법'에 따라 노사 및 공익대표자로 구성된 임금위원회들이 설립되었다. 토니는 이 접근을 적극적으로 지지한 반면 당시 웹 부부의 「소수보고서」에 담긴 '전국적 최소(National Minimum)' 개념에는 반대했다. 이유는 최저임금은 노동의 가치에 따른 지불이 아닌 (소나 노예처럼) 생존을 위한 지불이며, 마침내는 오히려 최대임금의 역할을 하게 마련이고, 결국 숙련공과의 차이를 증대시켜 임금인플레이션을 가져와서 최저임금도 지불할 수 없는 기업을 도태시키고 말 것이라는 이유 때문이었다. 따라서 토니가 보기에 고용주나 국가가 부과하는 노동조건이 아니라 노동이 자발적 참여를 통해 자기운명을 결정하는 임금위원회가 자연스런 대안이었다. 이는 자유단체협상이라는 영국노동운동의 전통에도 부합할 뿐 아니라 전후 산업재조직을 위한 토니의 중심적 접근이 될 산업민주주의 모델과도 합치했다.[25]

토니가 평생 가장 행복해했다는 5년간의 맨체스터 거주기간은 영국최초의 경제사 교수였던 언윈(George Unwin), 토니를 존경해서 은밀히 재정적 도움을 주었던 부유한 자유주의자 사이먼(Ernest Simon), 그리고 훗날 LSE 역사학과에서 토니의 동료가 될 애슈턴(T. S. Ashton)과 그의 차후 생애에 매우 중요한 역할을 하게 될 우정을 키웠다. 잉글랜드를 떠돌며 강의했던 이 시기에서 제1차 세계대전 발발 전까지, 토니는 팸플릿, 에세이, 책 등 산업, 교육, 임금 등 문제에 관해 어느 때보다 많은 글을 썼다. 대부분은 WEA 수강생들을 염두에 둔 강의교재였지만 대학에서도 널리 읽힐 정도로 인기가 있었다. 토니 최초의 본격적인 경제사 연구서이며 엘리자베스 1세 시대의 인클로저 운동을 집중 조명한 『16세기 농업문제(*The Agrarian Problem in the Sixteenth*

Century)』(1912)가 이때 쓰였다. 그는 경제사가로서 입지를 견고하게 만든 이 책의 서문 말미에서, 첫째는 아내를 향해서 그리고 둘째는 토니 자신에게 동료노동자가 될 특권을 준, 직조공, 도기공, 광부, 기계공 등 개인교습교실의 학생들을 향해서 "말로 표현할 수 없는 감사의 빚"을 졌다고 밝히고 있다. WEA 집행위원이던 템플과 맨스브리지에게 헌정한 이 책의 문제의식을 시작으로 토니는 튜더와 스튜어트왕조의 경제사를 다룬 다양한 저술들을 선보일 터인데, 이런 작업은 그의 대표작인『기독교와 자본주의의 발흥(*Religion and the Rise of Capitalism*)』(1926)에서 정점을 이루게 될 것이었다.

1912년과 1914년 사이 2년이 채 못 되는 기간에는, 이례적으로, 일기를 꾸준히 썼다. 거기에는 사회상태나 산업상황 관찰, 동료나 개인교습학생들의 기억될 만한 말과 일들, 촌철살인의 경구와 단상들과 더불어, 노동자학생들과의 교류가 어떻게 그의 사회주의 사상의 씨앗을 심어주었는지 등과 관련된 그의 도덕적 원칙과 사회질서에 관한 사유, 그리고 무엇보다 기독교와 신앙에 대한 내밀한 사색 등이 기록돼 있다. 토니의 이 짧은 기록물은 토니 사후 10년이 흐른 1972년에 와서야『비망록(*Commonplace Book*)』이라는 제목을 달고 세상에 나올 것이다.

1913년에 5년 동안 심혈을 기울였던 정규 개인교습강의를 중단하고 LSE 부속의 '라탄 타타 재단(Ratan Tata Foundation)'의 초대 소장으로 취임했다. 인도 기업가 타타가 LSE를 설립한 웹 부부에게 빈곤의 예방과 구호를 위한 기금을 약속하면서 출연한 재단이었다. 그것은 한 세대 이전의 부스(Charles Booth)와 라운트리(Seebohm Rowntree)의 자취를 따라 향후 3년에 걸쳐 잉글랜드의 노동상황과 빈곤실태 그리고 처방과 관련한 일련의 조사보고서와 팸플릿을 출간할 것이었다.

토니는 소장 취임연설—「산업문제로서의 빈곤」—에서 빈곤은 구호 아닌 저임의 문제이며 빈곤의 효과보다는 빈곤의 원인들에 초점을 맞출 것을 힘주어 설득했다. 빈곤은 개인의 결함이 낳은 불가피한 산물이 아니라 특정 형태의 사회조직이 배양한 조건, 무엇보다 산업제도의 구조 속에서 그 원인이 찾아져야 한다는 것이다. 그는 사회진화론의 차가운 논리를 수용할 수 없었다. 적자가 언제나 살아남는 것은 아니며, "대규모 자산이 상속되는 계층에서는 바보와 천재가 동일한 생존기회를 누린다. 위생상태가 콜레라를 일으키는 곳에서는 출신의 좋고 나쁨에 관계없이 모두가 같이 멸망한다." 사회적 악들이 지속되는 이유는 "무엇이 잘못되었는지 모르기 때문이 아니라, **잘못된 것을 지속하기로 선택했기 때문**이다. 그것을 제거할 힘을 지닌 자는 의지가 없고 의지가 있는 자는, 아직은, 힘이 없다."[26]

토니는 빈곤을 임시직이나 특정 지역의 소수 비숙련노동자 아닌 산업현장의 다수 정규직의 문제로 규정하며, 1834년 신구빈법 이래 관심이 빈민(pauperism)에서 빈곤(poverty)으로, 빈곤에서 부의 분배로, 부의 분배에서 새롭게 등장한 쟁점인 산업의 통제로 이전되어 온 변화를 상기시켰다.[27] 이러한 인식은 빈곤을 구호의 문제로 접근했던 토인비 홀 시절을 떠나 북부 산업지역에서 노동자들을 가르치고 또 그들과 함께 살며 경험한 것들을 반영한 것이었다.

이 즈음 맨체스터에서 런던으로 이사했다. 블룸즈버리와 홀본 사이의 한적한 메클렌버러 스퀘어(Mecklenburgh Square)의 아파트에서, 제2차 세계대전 중 독일의 런던폭격으로 잠시 떠나 있던 때를 제외하면, 향후 거의 반세기를 거주할 것이었다. 그 지역은 대학과 출판사들 주변으로 지식인들의 교류와 왕래가 빈번한 곳이었다. 그러나 토니는 그가 '정신질환'을 앓는 이들로 간주했던 중산층 문화단체인 '블룸즈버리 그룹' 등 주변 지식인들과는 거의 교류하지 않았다. 토니에 따르면, "블룸즈버리는 지리적 구역이라기보다는 정신적 질병"이었다.[28]

전쟁과 평화

1914년 토니는 『영국경제사 자료선』을 두 명의 WEA 교사와 공동으로 편집해 내놓았다. "학생들에게 당대인의 눈으로 경제사를 보다 논리적으로 볼 수 있게 하기 위해" 노르만정복에서 곡물법폐지까지의 영국경제사 관련 자료를 정리한 책이었다.[29] 그러나 토니의 경력은 그해 말 전쟁발발과 함께 돌연 중단되었다. 그는 전쟁이 자본주의 제국전쟁이라는 좌파선전이나 블룸즈버리 그룹 등의 평화주의 담론에 휩쓸리지 않았다. 11월에는 전쟁을 반대하는 독립노동당을 탈당하고 즉각 군복무를 자원했다.[30] 사립고교와 대학졸업생 주축의 장교단을 택하는 대신 노동자들로 구성된 맨체스터 연대 소속대대의 이등병으로 입대해서 보통사람과의 연대를 실천했다. 끝까지 늙은 일반병사로 남아 있기를 고집했지만, 전쟁은 끔찍했다. 1916년 솜 전선의 가장 치열했던 한 전투에서 함께했던 820명의 동료군인들이 하루 이틀 후에는 54명으로 줄었으며, 토니 자신도 가슴과 배에 치명상을 입고 영국으로 후송되었다. 전쟁은 일생 동안 한쪽 신장이 없는 채로 살아야 하는 아픔을 주었고 수년 동안 상처의 후유증으로 시달려야 했다. 그리고 1914-16년의 전투경험은 그의 사상에 엄청난 영향을 미칠 것이었다.

귀국 후 10여 년은 그의 공적 활동과 정치적 글쓰기에서 가장 왕성한 시기였다. 병상에서 《웨스트민스터 관보(Westminster Gazette)》에 솜 전투의 긴박함과 자신이 입은 치명적 부상에 대한 생생한 묘사를 담은

「공격(The Attack)」을 기고했으며, 그해 말 전역한 직후에는 전쟁의 소회를 담은 또 하나의 전쟁에세이 「한 군인의 회상」을 《네이션》에 발표했다. 「공격」에서 토니는 전쟁의 경험이 자신에게 기독교의 원죄의식을 확인시켰다고 암시한다.

> 내가 보기에 대부분의 사람들은, 신석기적 야만성, 곧 때때로 파괴에서 교활한 기쁨을 맛볼 기회를 달라고 소리치는 짐승이 그 내면에 들어 있다. 어쨌든 내 경우는 그랬다 … 그때 우리는 [인간이 창조된 바대로의] 하나님 형상을 찢어발기며 즐거워하는 사악한 원숭이를 닮았다.[31]

솜 전선의 악명 높은 참호전에서 부상 입은 동료를 포기하고 떠나야 했을 때 동료의 눈에 나타난 증오, 적을 조준하며 자신이 느꼈던 희열 같은 것들은 토니로 하여금 그 자신의 본성의 일부인 어두운 속성들을 직접적으로 대면하게 만들었다. 죽어가는 동료의 고통과 원망의 눈빛 앞에서 말할 수 없는 무력감을 느끼면서도, "매번 목표물에 도달하자마자 새로운 참호 속에서 새 전진명령을 기다려야 하는 상황에서 '부상자에게 시간을 뺏기지 말라.'는 명령을 떠올리며 안도와 고마움의 한숨을 쉬는 나"를 회상하는 것은 끔찍한 일이었다.[32] 이런 경험은 인간본성의 파괴적 역량, 환경이 요구하면 언제라도 방출될 수 있는 비인간적인 힘들을 증언해 주었다. 훗날 한나 아렌트가 아이히만의 재판에서 확인했던 "악의 평범성(banality of evil)"을 전선에서 귀납적으로 확인했는지 모른다. 토니가 1915년 베버리지에게 보낸 편지에는 "영국노동자의 철학도 사주(社主)와 마찬가지로 가능하면 많이 얻고 적게 내주는 것임을 배웠다네."라고 적혀 있었다. 전쟁은 노동자들과의 동료애적 연대뿐 아니라 그들도 주인과 이기적 철학을 공유한다는 점을 가르쳤다는 것이다. 전전에 쓴 『비망록』이 로치데일과 롱턴 시절의 노동자학생들에 대한 말할 수 없는 존중과 일체감을 표출했다면, 이제 노동자에 대한 그런 낭만적 견해의 흔적들은 많이 사라졌다. 착취당한다고 선한 사람이 되는 것이 아니었고 도덕적 가치는 특정 집단이나 계급의 독점물이 아니었다. "수 세대에 걸친 습관은 한두 해 안에 변할 수 없었다." 전쟁은 인간본성에 관해 지극히 현실주의적 태도를 취하도록 만들었으니, 토니는 "양육(nurture)이 본성(nature)을 신속히 무찌르리라."는 낙관을 서서히 접었다.[33]

토니는 두 번째 전쟁에세이 「한 군인의 회상」에서 영국군인의 희생에 대해 제대로 보답하지 못하는 영국사회를 바라보며, 라헬을 얻기 위해 고된 노역을 감수했던 야곱이 아침에 발견한 여인이 레아였듯이, "전후에 우리를 맞은 나라는 우리가 싸우러 나갔던 그 나라가 아니었다."고 탄식한다.[34] "조국에 돌아와서 기쁘지만, 수백만 군인이 싸우고 죽었던 명분과 이상 그리고 국내의 사회적 현실 사이의 간극을 보면서 … 이것이 내 진정 원했던 조국, 과연 싸울 가치가 있는 조국인가?" 부상병으로 돌아온 나라, 고국의 시민들은 전쟁을 이윤을 위한 기회로 간주했고, 전선의 군인들이 지키고자 싸웠던 원칙들은 물질주의로 온통 물든 사회에서 전혀 반영되지 않고 있었다. 전쟁은 진행 중이었지만, 그는 동료시민들에게 이렇게 다그쳤다.

당신들이 저급한 욕망, 미움, 영혼을 소진시키는 물질주의에 굴복하는 정도만큼, 군대가 목적을 이루기 위해 힘겹게 지나가야 하는 치명적 거리는 그만큼 길어진다 … 자의적 권력, 탐욕, 힘이 곧 정의라는 말 등은 국제관계 못지않게 산업세계에서도 악이다.[35]

정치인과 언론뿐 아니라 보통의 시민들도 군인들의 희생을 하찮게 여기며 전쟁을 거칠고 진부하게 묘사했다. 그는 분노했고, 전후사회가 당면할 과제들에 대한 나라의 해결능력에 대해 깊이 비관했다. 이런 상황은 전전의 『비망록』에 기록된바, "전쟁의 끔찍함이 종식되려면, 먼저 평화의 끔찍함이 종식돼야 했다."는 각성을 재차 확인시켜 주었다.[36) 보통사람의 열정과 자부심을 동원하지 못한다면, 군사적 실패는 불가피했다. 토니는 전쟁의 목적이 민주주의가 돼서 보통사람들이 헌신적으로 싸울 수 있도록 해야 한다는 점을 열정적으로 호소했다. 그리하여 선택은 민주주의 아니면 패배, 둘 중 하나였다. 민주주의가 부실하면 전쟁의 승리도 패배일 수밖에 없고, 영국인의 삶의 완전한 민주화야말로 전쟁승리를 위해 필수적이었다.

토니가 보기에 전쟁은 부적절하고 배타적인 사회정치체제가 여하히 국민적 에너지를 제한하며 국가의 잠재력을 낭비하는가를 여실히 보여줬고, 시민과 군인 간의 도덕적 간극, 특히 시민의식의 도덕적 타락을 절박하게 환기시켰다. 상투적 선전에 의해 적은 경멸적으로 형상화되고 있었다. 토니는 그런 조작에 길들여진 시민들을 전쟁의 고통이 피아를 막론하고 연대시킨 군인들과 비교하며, 후자가 신과 신이 구현하는 가치들에 더욱 가깝게 있다고 확신했다.

당신들은 우리가, 반대편 진흙탕 속에 앉아 우리와 똑같은 재앙을 겪고 있는 저 '사각머리의 잡놈들'에게 당신들보다 훨씬 진한 동료애를 느낀다는 것을 알고 있는가? … 적과 조우해 본 군인은 적을 미워하기가 쉽지 않다 … 왜냐하면 증오 속에서 죽이는 것은 살인이지만, 어느 편이든 군인이란 살인자가 아니라 집행자이기 때문이다. 나는 당신들이 우리보다 훨씬 증오에 익숙해 있다는 것을 잘 안다. 당신들은 우리들과는 달리, 언제라도 자신의 차례가 찾아오리라는 것을 깨달음으로써 잃은 것에 대한 분노를 달래려 하지 않는다. 독일의 죄상을 심각하게 추궁해야 하지만, 그런 추궁이 옳은 것은 우리 또한 우리 자신의 죄상을 잊지 않는 한에서이다.[37]

따라서 전쟁은 국내개혁과 사회변화를 위한 기회였다. 전쟁이 만들어준 도덕적 통합은 사회재건의 과제와 사회적 삶의 항구적 조직으로 연결되고, 평시의 민주화와 교육을 통해 인민적 에너지가 결집할 기회가 증진돼야 했다. 그러나 토니는 영국사회의 혁명적 변화는 이미 좌절됐을지 모른다며 우울해했다. 전쟁이 토니를 변화시켰다고 말할 수는 없을 것이다. 오히려 전쟁은 그가 이미 믿고 있던 바, 곧 영국은 불충분하게 민주화되었고, 이로 인해 군사적 승리뿐 아니라 사회개혁 자체가 방해받았다는 평소 지론을 확인시켰다. 죽을 고비를 넘겼던 솜 전투의 체험은 영국자본주의에 대한 그의 비판을 더욱 벼려주었고, 사회주의를 전후재건을 위한 열정에 결부시켰다. 1916년 말 사회로 복귀한 그가 향후 5년 동안 영국제도와 문화의 민주적 재건을 위한 활동들에 투신했던 것은 이런 확신에서 비롯되었다.[38] 특히 사회문제와 관련하여 그의 관심은 빈곤 자체에서 산업의 재조직과 통제, 산업경영의 문제로 점차 이전하고 있었다.

토니는 1917년과 그 이듬해 전쟁을 다룬 또 다른 두 편의 에세이—「올 솔스 국립대학」과 「경제적 자유의 제 조건」—를 내놓았다. 전자에서 그는 영국의 학교체제가 만드는 교육기회의 극심한 불평등은 영국의 금권체제를 반영하며, 교육이 산업주의의 손아귀로부터 보호될 수 없다면 사회는 물질주의와 상업적 편의에 굴복할 수밖에 없다는 점을 지적했다.[39] 물질주의와의 투쟁에서 교육을 우선시한 이 글은 앞의 두 전쟁에세이보다 재건의 기회를 보는 관점이 훨씬 긍정적이었다.

후자, 곧 네 번째 전쟁에세이는 전쟁의 바람직한 효과, 곧 국가역할이 확대되면서 경제가 인간의지와 독립적으로 작동하는 자율적 유기체라는 개념이 광범위하게 불신받았다는 것, 그리고 인간의 동기에 따라 제도변화가 가능하다는 점을 설득력 있게 논증했다.[40]

> 문제는 전쟁이 탈구시킨 산업체제를 어떻게 수리할 것인가가 아니다. 그것은 평화 시 사회적 자유와 정의와 양립할 수 없는 산업체제를 어떻게 개혁할 것인가이다 … 사회적 재건은 사회혁명을 의미하지 않는다면, 아무것도 아니다.[41]

여기에서 전쟁은 문제의 원인이 아니라 문제 자체, 곧 영국사회를 지탱하던 잘못된 가정들을 노정시킨 "피뢰침"이었다. 국내의 노사갈등은 군인들에게 석탄과 군수물자를 앗았고, 이는 산업체제가 안고 있는 문제를 근본적으로 드러냈다. 전쟁의 엄중한 시기에조차 산업체제가 효율적으로 작동할 수 없다면, 자유방임체제는 국익을 훼손할 정도로 문제가 심각하다는 점을 보여줄 뿐이다. 토니에 따르면 전쟁 수행을 위한 군비지출이 건강, 교육, 주거를 모두 합친 연간비용을 훨씬 웃돈다는 사실은 재정압박을 호소하는 정부의 설득력을 무력하게 만들었다.

산업문제 속으로: 생키위원회의 경험

토니는 국가개입을 부정하는 보수적 합의를 비난하면서, 전쟁은 사회를 리모델링하는 데 결정적인 계기라고 보았다. 그가 노동자와 노조가 기업경영에 참여하는 민주적 경제구조의 창출을 주창한 것은 이런 맥락이었다. 그는 이를 위해 사용자와 노동자가 함께 참여하는 '전국위원회'와 공동체 전체가 부과하는 제약 속에서 경제를 관리하는 '작업장위원회'의 설립을 주창했다. 생산적 사유자산은 그 작동이 사회서비스와 산업민주주의의 원칙에 합치되는 방식으로 이루어질 때에만 허용돼야 한다는 점도 분명히 했다. 과거에 그는 도덕적 고양과 윤리적 개혁을 촉진하는 일을 전적으로 교회 소관으로 보았지만, 이제 국가와 정치가 합당한 역할을 수행해야 했다. 가령 "비록 국가가 산업개혁을 강제할 수는 없지만, 적어도 산업과 무역이 공공서비스의 한 형태라는 원칙을 강조할 수는 있다."[42] 가격이 이윤 아닌 비용을 반영하도록 보장하기 위해 국가는 기업경영의 투명성과 재정과 회계에 대한 공공감사를 위한 틀을 만드는 일에 적극 나서야 한다. 그는 "전쟁의 혹독함을 이겨낸 인류는 평시에 민주주의를 위협하는 사회적 힘들과 제도들을 극복하는 길을 발견할 것"이라고 전망하며, 도덕적 갱생은 더 이상 종교의 배타적 영역이 아니며, 세속국가도 윤리적 진보를 위한 엔진이 될 수 있다고 보았다.[43]

점차 건강을 회복해 가던 토니는 런던과 옥스퍼드, 잉글랜드 북부를 오가면서 보고서를 쓰고 논문을 발표하며 사회적, 인도주의적 개혁을 위해 동분서주했다. 1918년 베일럴의 펠로로 선출되었고, 같은 해 총선에서 로치데일에 노동당후보로 출마했지만 낙선했다. 1919년에는 옥스퍼드와 케임브리지 대학개혁을 위한 왕립위원회에 참여했다. 그러나 그가 각별히 주목했던 일은 단명했던 재건부 산하의 성인교육 문제였다. 이와 관련하여 그가 작성한 「1919 보고서」는 전간기간 성인교육운동 발전의 기조를 제공한 것으로 평가된다.[44] 그는 산업체제가 신체, 정신, 영혼에 끼친 해악에 대한 전면적 비판을 감행했다.

교육과 자기계발은 긴 노동시간, 저임금, 경제적 착취에 대한 해독제이며, 지방과 중앙정부, 대학과 민간기구들은 성인노동자교육을 참여민주주의 구현과 시민권의식을 일깨우는 불가결한 학교로서 인식할 것을 역설했다.

토니는 1919년 3월 (아마도 웹 부부의 추천으로) 로이드조지 수상의 요청에 따라 왕립석탄산업위원회—위원장 존 생키 판사의 이름을 따라 '생키위원회'로 불린다—에 시드니 웹 등과 노동을 대표하는 6명 중 한 사람으로 참여했다. 이는 토니의 삶을 변화시킨 또 하나의 중대한 계기였다. 산업재건에 참여할 기회와 공적 지식인으로서의 위상을 얻은 것이 그렇고, 노조운동지도부와의 접촉과 노동당 정치에의 본격적 개입이 이로부터 비롯되었다. 정치적 글쓰기도 자본주의에 대한 윤리적 반대에서 실천적 대안들에 대한 논의로 서서히 옮아가고 있었다.[45]

당시 100만 광부의 석탄산업은 정부의 전시보조금을 통해 인위적인 고수익을 누리고 있었다. 그러나 전쟁 막바지에 올수록 국내외 시장의 위축과 비용폭등, 생산, 경영, 조직, 구조의 극심한 비효율, 조정과 통합이 부재한 극도의 분산된 체계, 중간상인의 횡포와 산업재해의 빈발 등으로 인해 위기를 맞고 있었다. 그러나 탄광소유주들이 이 상황을 임금삭감과 해고로 맞서면서 노사관계는 악화일로를 걷고 있었다. 토니는 적정이윤의 문제, 특히 과도한 이윤이 임금과 가격에 미치는 영향을 집중적으로 파헤쳤다. 정부가 자본주의를 외적으로만 규제하는 한, 노동자나 소비자를 위한 정의를 확보하는 일은 불가능했다. 그가 보기에 임금과 노동시간의 문제는 산업구조 전반의 문제를 동시에 건드리지 않으면 해결될 수 없었다.[46]

마침내 4개월간 지속된 위원회활동이 끝나고 토니가 작성한 수천 페이지의 최종보고서가 채택되었다. 순전히 증거, 논리, 설득의 힘이 이룩한 성과였다. 보고서에 따르면 가령 높은 가격의 문제는 저임금이나 노동시간 연장 아닌 석탄산업의 재조직이 그 해법이며, 이를 위해 광부의 경영참여가 보장된, 석탄산업의 국유화가 관건이다. 토니는 이런 논리를 석탄산업을 넘어 영국자본주의의 주요산업 전반으로 확장해 적용하되, 금기시되던 공공소유와 산업민주주의를 산업재편의 핵심적 구상으로 내세웠다. 그러면서도 주체는 노동운동이 아니라 헌정기구를 통한 정치적 개혁, 곧 입헌적, 의회적 방식이 선호돼야 한다는 점을 분명히 했다. 설사 소유권의 문제가 해결된다 해도 경영의 문제에 실패하면 국유산업 또한 실패하는 것이다. 따라서 국가는 노동자들에게 산업경영에 적극적으로 기여할 수 있는 집단책임을 부여함으로써 산업발전을 위해 노동자의 공공정신과 전문적 자긍심을 끌어낼 수 있어야 한다는 점을 강조했다.[47]

토니의 산업민주주의는 노동자의 독점적 경영을 내용으로 하는 생디칼리슴을 사실상 거부하는 것이었다. 국유화 또한 목적 아닌 수단으로서 산업재편을 위해 필요한 첫째 단계에 불과했다. 중요한 것은 노동자의 적극적 협력을 유발할 수 있는 협력과 상호이익의 정신에 토대를 둔 경영체제를 수립하는 것이었다. 토니는 만년에 이르도록 흔들림 없이 이런 입장을 견지해 나갈 터이지만, 영국 노동정치에서 산업민주주의는 오늘날에도 사실상 금기로 남아 있다.[48]

위원회활동을 통해 산업현장과 관련한 토니의 역량이 유감없이 발휘되었다. 석탄산업의 구조와 경제논리에 대한 장악력, 뛰어난 도덕적 감각, 순발력 있는 지성과 예리한 논증 그리고 무엇보다 그가 영국 자본주의사에서 가장 많은 적의를 불러일으킨 탄광소유주들을 상대로 던졌던 적절하고도 당혹스런 질문 등은 그를 위원회의 스타로 만들었다. 비어트리스 웹의 회고에 따르면, "개인적 매력, 조용한 지혜, 번득이는 지성으로 인해 실제로 토니는 위원회가 거둔 가장 큰 성과였다."[49] 그는 30년 후 LSE 학생회에서 행하게 될 연설에서 위원회활동을 이렇게 돌아보았다. "우리 적들은 힘센 사람들이었지만 논증이 취약했다 … 말로 그들을 이기는 것은 버터를 통과하는 것처럼 쉬웠다." 그러나 의회가 승인했던 위원회보고서는 사반세기 동안 사장되다가 1945년 애틀리정부에 들어서서야, 그것도 부분적으로만 실천되게 된다.[50] "정치권력이 없으면 노동운동은, 지적으로 아무리 많은 승리를 거둘지라도, 사회주의를 증진시킬 수 없다."[51] 토니가 말년에 이를수록 더욱 뼈저리게 마음에 새기게 될 교훈이었다.

이제 토니는 영국노조운동과 가장 친숙한 지식인이 되었고 그의 사회주의는 윤리적이고 정신적, 개인적인 차원을 넘어 **국가와 정치의 상대적 자율성과 역할을 부각시키는** 실천적 성격을 띠어가고 있었다. 이러한 변화는 현실의 노동당 정치에 대한 그의 관심이 점고(漸高)되던 것과 쌍을 이루었다. 개인적 정치역정은 불운의 연속이었다. 제1차 세계대전 직후 지역구를 옮겨가며 연속해서(1918년, 1922년, 1924년) 노동당후보로 총선에 출마했지만 모두 실패하였다.

2
사상과 정치의 교호(交互)

3부작, 학문적 성취의 절정

1920년 여름 처음으로 미국을 방문했다. 아내 지넷을 동반한 여행
이었다. 매사추세츠의 애머스트대학 등 여러 대학에서 강의와 강연을
했다. 당시 하버드에 머물던 진보학자/정치인인 래스키(Harold Laski)
와의 30년간 지속될 교류가 그때 시작되었다. 이듬해인 1921년 베일렬
펠로 직을 떠나 경제사 강사(lecturer)로 LSE에 공식 합류했다. 1922년
에는 부교수(reader), 1926년과 1940-45년 역사학과장, 1931년 경제
사 교수로 승진했고 1949년 69세를 맞아 LSE를 은퇴하게 될 터였다.
무엇보다 1920년대는 그의 학문적 성취가 절정에 달한 때였다.

토니의 3부작 가운데 첫 저서인 『탈취사회(*The Acquisitive Society*)』가
1921년 세상에 나왔다. 조지 콜과 함께 저명한 사회주의 이론가였던
그의 아내 마거릿은 『탈취사회』를 "사회주의를 매력적으로 만든 전후
의 가장 강력한 책"이라고 말했다.[52] "1920년대 위대한 책들 중 하나"

로 평가받는 이 작품은 그가 사회질서에 관한 생각을 정리한 「탈취사회의 질병」(1919)이라는 페이비언 에세이를 전면적으로 확대, 보완한 것이었다. 그것은 토니의 정치사상에 대한 최초의 구체적인 진술로서 현대 자본주의 사회의 질병과 대안을 다룬 체계적이고 독창적인 저술이었다. 거기에서 토니는 부의 탐욕스런 추구와 탈취욕구 그리고 소비성향 등을 주목하면서, 기업의 행태와 재산의 정당성은 그것들이 공동체 내에서 수행하는 기능과 지향하는 목적 그리고 효율성에 비추어 평가돼야 한다고 역설했다. 반면에 기능의 수행과 무관하게 단지 사적 재산권을 소유했다는 이유로 부여되는 보상에 대해서는 그 정당성을 인정하지 않았다.[53]

『탈취사회』가 막을 올린 토니의 1920년대는 그의 지적, 정치적 관심과 관여가 가장 고조되던 시기였다. 무엇보다 생키위원회에서의 눈부신 활약을 눈여겨보았던 시드니 웹의 설득으로 노동당의 교육정책 형성에 적극적으로 관여했다. 중등교육에서 성인교육에 이르는 모든 수준의 교육문제와 관련한 토니의 업적은 가히 전방위적이었다. 그가 1922년에 출간한 『모두를 위한 중등교육』은 그의 교육관련 저술 중 평이하되 가장 유명한 저술로서, 11-16세까지 초등학교 졸업생들에게 "무상보편 중등교육"을 제공하고 중등학교 졸업생에게 18세까지 의무적 연속교육을 도입하자고 주장했다. 이 팸플릿은 그가 2년 후에 내놓은 『교육: 사회주의 정책』과 함께 노동당의 대표적인 교육관련 문건으로 간주된다. 후자에서 토니는 1931년의 『평등』에서 그 절정을 이룰 평등에 관한 본격적인 논의를 시작했다. 그 외에도 토니는 WEA 안팎의 수많은 교육관련 모임에 연사로 초대되었고 여러 매체에 교육문제를 다룬 칼럼들을 기고해 자신의 주장을 펴나갔다. 런던의 《더 타임스》는 "토니는 지방중등학교의 모든 학비가 폐지되어야 하고 생계비에 기초한 생활보조금제도는 대체돼야 한다고 말함으로써 논쟁을 불러일으켰다."고 보도했는데, 그의 보편적 중등교육 주장은 '1944년 교육법'의 근간이 될 터였다.[54]

지역구를 옮겨서 두 번째로 하원의원에 도전했으나 또다시 실패했다. 노동당 소수정부를 물러나게 했던 1924년 총선에서 세 번째 낙선을 한 후, 동료교수인 파워(Eileen Power)와 공동으로『튜더 경제사료집』을 편집, 출간했다. 8월에는 아내 지넷을 동반하여 두 번째 미국 방문에 나섰다. 예일대학교에서 행한 여섯 차례 강연을 토대로 이듬해『영국노동운동(*The British Labor Movement*)』이 같은 대학에서 출간되었다. 토니가 영국노동운동의 탁월한 사가임을 증명했을 뿐 아니라 노동당과 국가사회주의에 대한 그의 신뢰를 여실히 드러낸 책이기도 했다. 사회주의를 위해 국가주도의 공리주의를 적용하는 쪽으로 기우는 듯 보였는데, 적용기준은 "우리가 실제로 얼마나 우리의 국가경제를 가장 효율적인 방식으로 동원하고 또 최대다수의 복지를 생산하는 방식으로 생산물을 분배하는 데 성공하는가에 달려 있다."고 말하고 있었다.[55] 즉 사회주의를 세심한 조사, 기존의 중앙, 지방정부조직을 통한 점진적 실현 그리고 지루한 재조직의 구상으로 전환시키려는 페이비언들의 노력에 대해 보다 긍정적 태도를 취한 것이다. 정당에 관한 관심이 처음으로 표면화되었는데, 개혁의 불가피한 통로로서 노동당의 역할이 진지하게 논의되었다.[56] 정당정치의 가능성에 대한 토니의 전향적 태도는 1931년의 노동당 대분열이 있기 전까지 그가 노동당원으로서 수행했던 다방면의 활동에서 나타날 것이었다.

3부작 중 두 번째 저서인『기독교와 자본주의의 발흥』이 1926년 출간되었다.[57] 이 책은 저자가 옥스퍼드 신학부의 칙임교수인 홀랜드(Henry Scott Holland)를 기리는 기념강연 시리즈 첫 번째 연사로서 런던 킹스 칼리지에서 1922년에 행한 강연을 토대로 집필한 것이다. 강연시리즈의 주제는 "성육신의 종교와 인간의 사회경제적 삶"이었는데, 첫번째 연사로서 토니가 선택된 것이었다. 막스 베버의『프로테스탄트 윤리와 자본주의 정신』이 "경제발전에 대한 종교사상의 영향"을 추적했다면, 이 책은 종교개혁 이후 기독교 사회사상의 변화 추이를 역사적으로 살펴보면서 "당대에 수용된 경제질서가 종교적 견해에 미친 영향을 이해"하는 데 초점을 맞춘 것이다. 토니의 분석에 따르면, 자본주의 정신은 프로테스탄티즘에 영향을 받았을 뿐 아니라, 역으로 기독교를 변질시키는 데 막대한 역할을 했다. 중세 이후 교회가 서서히 그러나 전면적으로 공공영역에서 철수하면서, 사회윤리에 대한 생각을 멈추고, 그로 인한 기독교사상의 윤리적 공백을 자본주의의 물질주의와 상업정신이 치고 들어왔다는 것이다.

『기독교와 자본주의의 발흥』이『탈취사회』출간 다음 해 집필이 시작되었기 때문에, 거기에는『탈취사회』의 문제의식이 고스란히 녹아 있다.『탈취사회』로부터 다소 긴 인용이다.

종교개혁이 교회를 세속정부의 한 부서로 만들었을 때 … 그 변화의 본질은 사회제도와 경제활동이 거기에 의미와 기준을 제공했던 공동의 목표에 연결돼야 한다는 사상이 실종된 것이다 … 불완전하나마 사회조직에서의 공동의 목적을 지지했던 권위들이 퇴위하면서 사회사상에서 목적이란 개념 자체가 자연스럽게 점차 사라졌다 … 공동의 목적에서 오는 상호의무를 통해 모든 인류가 서로에게 그리고 신에게 연합되어 있다는 개념, 즉 비록 모호하게 이해되고 불완전하게 실현되었을지라도 과거에는 사회적 피륙을 엮는 근본원리로 작용했던 개념은 교회와 국가가 사회생활의 중심에서 주변으로 물러나면서 사람들의 마음에서 실종되었다. 그 자리에 대신 들어선 것은 사회와 무관하게 스스로의 덕목을 지닌 사적 권리와 사적 이해라는, 절대적이고 파기할 수 없는 자연적 질서였다. 그것들은 궁극적인 정치적, 사회적 실재였기 때문에, 사회의 다른 측면들에 종속되는 것이 아니라 사회의 다른 측면들이 그것들에 종속되었다.[58]

『기독교와 자본주의의 발흥』은 넓게는 경제적 변화에 대한 종교적 경각심, 좁게는 사회경제적 삶에 대한 기독교적 관심의 부활을 촉구한 책이다. 그것은 16세기 중엽 이후의 100년이 "토니의 세기"로 불리는 단초와 더불어, 한 세대에 걸친 역사연구의 핵심어젠더를 제공했다. 그 책은 처음에는 지루하다는 이유로 출판이 거절되기도 했지만, 일단 세상에 나오자 신속히 여섯 자리의 매출액을 달성했고 10여 개 언어로 번역돼서 저자에게 세계적 명성을 가져다주었다. 비판자들도 그 숭배자들 못지않게 그것의 영향력을 인정했으니, 가령 보수적 사가로 이름을 날리던 앨턴(G. R. Elton)은 "경제체제로서의 자본주의에 대한 반발을 불러와 신교의 쇠락과 뒤이은 가톨릭의 부흥에 기여했다."고 비아냥대며 그 책의 파급력을 암시하기도 했다.[59]

1926년 7월 LSE에서 경제사학회 창립대회가 열렸다. 초대회장에 선출된 토니는 1934년까지 동 학회 저널인 《경제사리뷰》의 공동편집인으로 활동했다. 노동당 정치에도 지속적으로 관여했는데, 특히 노동당의 주요 정책문건들 작성에 주도적으로 개입했다. 가장 유명하게는, 1928년 노동당이 차기 총선을 염두에 두고 10년 만에 내놓은 중장기 정책강령인 『노동당과 국가』를 사실상 집필했다. 거기에는 노동당이 계급정당 아닌 전국정당으로서 대담하게 자신을 제시해야 하며, 사회주의야말로 영국민 전체가 따를 수 있는 최상의 이상이라는 토니의 소신이 담겨 있었다.[60] 이듬해 노동당은, 이 정책강령을 토대로 역시 토니가 주 집필자로 참여해 작성한 선거강령 「노동당의 대 국민 호소」를 내걸고, 램지 맥도널드(Ramsay MacDonald)의 제2차 노동당정부를 단독으로 출범시켰다. 대공황의 암운이 짙게 드리우던 1930년에는 맥도널드 노동당정부의 '경제자문위원회'에 케인스 등과 함께 참여해 적자재정의 필요성을 역설하였다. 그리고 다시 다음 해인 1931년에 콜른 밸리 지역구 후보를 제안받았으나 거절하고, 경제자문위원회를 사임했다.

『평등』이 1931년 출간되었다. 1929년에 행해진 핼리 스튜어트 강연(Halley Stewart Lectures)에 토대를 두었으며, 『탈취사회』, 『기독교와 자본주의의 발흥』에 뒤이은 토니의 3부작 중 마지막 책이다. 당대 영국사회에 대한 분노가 전면에 흐르는 그 책에는 사회주의 정책의 원칙을 제시한다는 문제의식이 명확하고 단호하게 드러나 있다. 불평등의 문제를 주목했지만, 책의 핵심은 소득의 평등이 아닌 사회엘리트가 누리는 이점과 특권의 종식에 있었다. 점진주의적 복지국가는 사회주의 공동체의 대체물이 될 수 없지만, 이권과 특권이 종식되려면 강력한 누진세, 의료, 교육, 복지체제의 정비, 핵심산업들의 국유화와 산업민주주의가 제도화되어야 했다. 당시 날로 첨예해지던 이념적 대립속에서 『평등』이 제시한 목표와 그것을 성취하는 길 사이의 간극은 작지 않았다. 마르크스주의자들과의 협력 여부, 파시즘에 대한 대응 등 첨예한 쟁점들에 관한 사민주의적 전략이 결여돼 있다는 비판을 받기도 했다. 그러나 『평등』이 영국사회주의 사상의 발전에서 중요한 이정표를 제시했다는 점에는 이렇다 할 이견이 없다.[61] 훗날에는 전후 노동당정부들의 의도와 성취에 선견지명의 지침을 보여주었다는 긍정적 평가를 받기도 했다. 여러 판이 이어질 정도로 유명하나 잘 읽히지는 않는 책으로 알려져 있다.

LSE 부교수로 머문 기간이 매우 길어지면서 1931년에야 교수가 되었지만, 그때에도 직함에 걸맞은 봉급을 받지 못했다. 주된 이유는 왕성한 대외활동으로 인해 시간의 일부를 언제나 학교 밖의 일들을 위해 비워야 했기 때문이다. 대외활동이 분주했지만, 학교강의를 소홀히 한 적은 없었다. 교육에 대한 열정과 교사의 책무에 대한 엄정한 인식은 학내외를 가리지 않았다. 강의에 정신을 뺏겨 잡동사니로 가득 찬 그의 재킷 주머니 속으로 아직 타고 있던 파이프를 집어넣은 일도 몇 차례 있었다.[62] 그는 답변보다 질문하는 학생을 더 좋아했는데, 젠체하며 가식적인 학생들을 못 견뎌했기 때문이었다. 당시 토니 부부는 중세풍의 가옥과 거리가 곳곳에 남아 있는 코츠월즈(Cotswolds) 지역에 돌로 된 작고 소박한 시골집(Rose Cottage)을 하나 가지고 있었는데, 책을 읽을 조용한 공간이 필요한 학생들에게 서슴없이 열쇠를 내주곤 했다.

토니의 주된 연구주제가 역사분야였기 때문에 역사 강의에 대한 애착이 남달랐다. 그에게 과거는 현재를 여는 문이었다.

> 만일 역사가가 지하실을 찾는다면, 그것은 먼지를 사랑해서가 아니라 건물[현재]의 안전을 점검하기 위함이다. 그리고 균열들의 원인을 알아야 하므로 기초의 상태를 들여다봐야 한다. 이런 점에서 **모든 역사는 현재의 역사라는 역설**에는 진실이 담겨 있다. 각 세대가 스스로를 위해 자신의 역사를 써야 하는 이유도 이 때문이다.[63]

"역사가는 불경(不敬)에의 편견을 지닌 사람들이다. 자본주의에서 대학커리큘럼에 이르는 가장 신성한 제도들을 역사적 범주로서 취급하는 경향 때문이다." 무엇보다 "역사는 당대의 유행을 인류본질로서 착각하는 지적 소시민주의의 관점을 넓혀주는 길"이었다. 경제사가로서 작은 구멍을 파는 일에 너무 몰두하다가 인류에 도움 되는 일은 방치하는 것은 아닌지, 이따금 회의에 빠지기도 했다. 그러나 학문의 인간적 의의에 대한 지속적인 의문이야말로 그가 쉼 없이 환기했던 주제였다. 토니가 고정된 방법론을 거부했던 것도 이런 문제의식 때문이었으니, 실제로 그는 경험과 성찰 외에 방법론에 무관심해서 가령 마셜을 잘 이해했지만, 경제과학을 대수롭지 않게 여겼다. 그가 해럴드 래스키와 한편이 돼서 LSE에 통계학을 필수과목으로 만들려는 시도를 저지하기 위해 싸웠다는 일화는, '기술'경제학에 대한 그의 반감을 보여준다.

정치적 좌절과 명분 사이에서

토니는 현실정치에 관여하면서도 사회주의에 대한 소신을 타협한 적이 없었다. 비록 소수정권이었지만, 1920년대에만 두 차례(1923, 1929) 집권했던 노동당정부의 정책과 행태에 대해서는 늘 불만이 많았다. 그가 1934년에 출간한 팸플릿 「노동당의 선택」에 나오는 대목이다.

> 운동의 다양한 분파들을 만족시키는 잡다한 조치들을 모두 담으려는 강령을 만드는 일은 멈춰져야 한다. 사회주의란 당나귀 숫자만큼의 홍당무를 제공하는 것이 아니라 '우선순위와 일관성(priorities and coherence)'의 문제이다.[64]

노동당에 필요한 것은 사회주의에 대한 결연한 헌신이며 노동당의 궁극적 목표는 집권, 즉 정치권력이 아니라 경제권력을 획득하는 데 있었다. 노동당은 투표자들의 지지를 받을 뿐 아니라 그들을 사회주의자로 만들어야 한다. 집권당의 정치적 대담성은 아래로부터의 지지가 있을 때 가능하거니와, 막상 정치권력들을 획득했을 때 사회주의적 개혁을 그 마지막 경계까지 밀어붙일 수 있는 용기와 담력이 오직 그로부터 비롯되기 때문이다. 정책실천에서 자본주의 정부들과 단호한 단절을 거부한다면, 노동당의 존재이유는 어디서 찾아야 하나.[65] 그러나 토니가 노동당을 향해 쓴소리를 쏟아낸다 해서 철두철미 '노동당 사람'이라는 사실이 달라진 것은 아니다. 그는 영국노동당에 변함없는 애정과 헌신을 지녔던, 말하자면 비판적 충성자였다.

1930년대는 대체로 정치적으로 좌절의 시기였다. 1931년 맥도널드 등 당지도부가 노동당을 떠나 보수당 중심의 국민정부에 참여한, 이른바 '대배반(Great Betrayal)' 직후, 노동당은 분열되고 지지율이 격감하는 등 창당 이후 최대위기를 맞았다.[66] 국외적으로도 파시즘과 스탈린주의가 기승을 부리면서, 토니 같은 사민주의자/교육가가 설자리는 줄어들었다. 새로 출범한 국민정부 수반이던 램지 맥도널드와의 관계 또한 날로 험악해졌다. 언젠가 맥도널드가 토니를 상원의 교육 대변인에 앉히라는 요구를 그의 남루한 행색 때문에 거절했다는 말도 떠돌았다. 그가 참여했던 경제자문위원회도 맥도널드정부의 노선과 부딪치면서, 별 소득 없이 끝났다. 개인적으로도 이 두 사람은 "분필과 치즈" 같았는데, 스코틀랜드의 사생아였던 맥도널드가 불안한 서민에서 위를 지향했다면, 토니는 무서울 것 없는 상류층에서 아래로 스며들었다.

그렇다고 보수당의 두 지도자인 스탠리 볼드윈과 네빌 체임벌린에게 희망을 찾을 수도 없었다. 늘 그렇듯이, 실은 '빛의 자녀들'이 '어둠의 자녀들'보다 더 그를 근심시켰다. 그가 보기에 2차 노동당정부(1929-31)의 실패는 노동당의 신조 내지 이념이 부실 혹은 부재했기 때문이었다. 당시 당지도부의 행태에 대한 토니의 비판은 통렬했으니, 도대체 지도부가 "거실의 푸들처럼 귀여워해주면 재롱을 피우고 주인이 던진 사회적 알사탕을 보며 입술을 핥는다면, 당이 표방하는 대안사회를 어떻게 국민들에게 설득할 수 있단 말인가?"라며 통탄해했다.

> 잔인한 아이들은 개의 꼬리에 빈 깡통을 매달지만, 미친개도 자신의 꼬리에 깡통을 달고 다니지는 않는다. 도대체 왜 노동당의원이 그래야 한단 말인가? 그는 [의원으로서] 이미 국민의 존경 속에서 자신이 원하는 모든 영예를 누리고 있지 않은가.[67]

그의 눈에는 노동당 정치인들은 "작위(爵位)놀음(titles and such toys)"을 즐기는 고약한 취미가 있었다. 그에게 상원의원을 제의했던 맥도널드 국민정부 수상에게, "개들도 빈 깡통을 꼬리에 매달지는 않는다오 … 도대체 내가 노동당에 무슨 해를 끼쳤단 말이오?"라며 쪽지를 전달해 거절했다는 일화는 유명하다.[68] 토니 자신은, 본인 입으로 작위를 거부한 사실을 발설하는 것은 그것을 받아들인 것과 다름없다는 이유로, 그에 대해 이러쿵저러쿵 입 밖에 내지 않았다. 그에게 타인의 인정을 위해 동분서주하는 일은 물질을 향한 탐욕과 다를 바 없었다.

맥도널드 등 내각지도부의 '대배반'은 이후 영국노동당사에서 당내 좌파가 거듭해서 활용할 '배반논제(betrayal thesis)'—당지도부의 배반에서 노동당정부의 실패가 비롯된다는 설명—의 기원이 된 사건이었다. 토니의 학술적 생산성이 『평등』이후 현저히 저하된 것이 이 사건과 무관치 않거니와, 3부작에 견줄 만한 책은 더 이상 집필되지 않을 것이었다. 이와 관련하여 하버드의 토니 연구자 테릴은 "토니는 낙담했고, 무책임한 정부권력의 격렬한 집중과 유럽 전역에서 전체주의 이데올로기가 부상하면서 지적인 무력감에 시달렸다."고 관찰한다.[69]

토니가 두 차례 중국을 방문한 것이 이 무렵이었다. 1931년 초에는 중국정부 초청으로 아내 지넷과 함께, 그해 말에는 국제연맹의 요청에 따른 교육고문단 일원으로 중국을 찾았다. 토니는 난징의 찌는 더위에도 그가 사시사철 입던 트위드 재킷을 고집했는데, 제발 얇은 옷 좀 사서 입으라는 충고를 새 옷을 사야 한다는 이유로 매번 물리쳤다. 무거운 인력거를 끄는 쿨리를 보고는 놀라서 달려가 돕기도 했다. 토니 부부는 난징의 펄 벅(Pearl S. Buck) 집에 묵었는데, 아내 지넷의 쇼핑벽은 멈출 줄 몰랐다. 그녀는 쇼핑한 물건들을 미스 벅의 짐인 것처럼 위장했으나, 중국을 떠나는 날 사실이 밝혀지자 좀처럼 화를 내지 않던 토니도 아내를 나무랐다고 전해진다.[70]

첫 번째 방문을 토대로 씌어진 중국의 농업개혁에 관한 책 『중국의 토지와 노동』이 1932년 출간됐다. 토지문제, 농민착취의 심각성을 제기함으로써 모택동의 농민혁명을 예측했다는 평가를 얻기도 했고, 외국을 다룬 당대의 가장 탁월한 소책자로서 중국지식인의 사고와 관점에 영향을 미쳤고 중국대중을 계몽하는 데 큰 역할을 했다는 칭송도 받았다. 그러나 지나치게 지식인의 역할을 강조하고 중국의 민족주의를 충분히 고려하지 않았으며, 경제발전에서 문화적 요소를 소홀히 취급했다는 비판을 받기도 했다. 두 번째 방문 결과로 중국교육의 재조직에 관한 보고서가 고문단 이름으로 발간되었다. 토니는 그것이 정치적 변혁을 위한 치열한 노력은 안 보이는데 그 효과가 더딘 교육의 역할을 과대평가했다고 자평하기도 했다.[71]

'대배반'으로 정치에의 열정은 1920년대에 비해 현저히 줄었다. 1933년에는 12년 동안 몸담았던 페이비언협회 집행부를 떠났다. 그러나 노동당의 잇단 총선참패는 토니로 하여금 노동당의 목표를 재평가하는 작업에 착수하게 만든 직접적인 배경이 되었다. 1934년에는 노동당 선거강령 「사회주의와 평화를 위하여」를 집필했다. 이 문건은 "경제구조의 근본적 개편만이 사회주의로의 길"이라는 선언에서 시작하여 국유화에 대한 당의 사회주의적 신념을 거듭해서 확인해 나갔다. 이제 유권자는 "근본에서 부패해 있는 자본주의 사회의 상부구조를 헛되이 미봉하느냐 혹은 사회주의로의 급속한 전진을 할 것인가"를 선택해야 하는 기로에 서 있으며, "생산수단의 사유화에 근거한 사회와 그것의 공공소유에 기초한 사회 사이의 중간지대는 없음"을 자각하게 될 것이었다.[72] 같은 해에 펴낸 에세이 「노동당의 선택」은 노동당의 목표에 대한 저자의 깊은 통찰이 담겨 있는 글이다. 그는 정치에서 원칙이 지니는 일차적이고 압도적인 중요성을 다시 환기하며, 노동당정부가 사회주의적 가치를 위한 통로로서 근본적 존재이유를 상실했고, 그런 가치를 정책으로 전환하는 데 실패했다고 질타했다. 원칙은 선언을 넘어 반드시 실천에 옮겨져야 하거니와 노동당의 분파주의적 경향, 곧 국가 전체가 아니라 특정 이익을 향한 구조적 편향성으로 인해 노동당은 운동적 힘을 잃고 있다는 것이다.

토니의 문제의식은 훗날 새순(Donald Sassoon)이 노동당 몰락의 주된 원인을 당지도부의 배반이 아니라 정책실패 자체에서 찾아야 한다는 지적과 매우 흡사했다.[73] 토니의 말이다.

1931년의 사건은 노동당 침체의 원인(cause)이라기보다는 계기(occasion)였다 ⋯ 노동당에게 가장 필요한 것은 자기연민이 아니라 냉정한 현실주의이며 … 이 상황에서 [희생양을 찾는 것은] 질병을 숨겨서 당의 회복을 늦추고, 회복을 위해 극복해야 할 심리상태를 항구화시킬 뿐이다.[74]

토니에 따르면, 노동당의 실패는 집권기회를 원칙의 고양을 위해 사용하지 않고 오히려 정권을 유지하기 위해 원칙을 희생했기 때문이었다. 그는 사회주의 사회의 핵심적 속성이 계급 없는 사회의 창출임을 명확히 했으며, 원칙이 희생된 데 대한 원인은 정부정책이 계급 없는 사회의 창출을 위한 수단이 아니라 당내 분파적 이익들의 요구에 부응한 데 있었다.[75]

토니에게 정치적 신조는 초월적 독트린의 체계도, 경직되고 정형화된 규범도 아니며, 인간의 근본적 필요에 바탕을 둔 합의된 행동원칙들로 구성된다. 그것은 정치프로그램을 결정하고 유권자의 충성을 담보해 주는 견고한 이념적 닻과 다름없다. 그에 따르면 모든 급진적 신조가 그렇듯 사회주의도 상호 연결된 세 가지 요소들을 지닌다. 첫째는 실현하고자 하는 사회의 종류에 대한 동의, 둘째는, 그것을 실현하는 데 극복해야 할 저항의 성격에 대한 동의, 셋째는, 그것을 실현하는 데 요구되는 기술, 방법, 도구 등에 대한 동의이다. 그런데 영국 사회주의는 지금까지 세 번째에 치중하고 앞의 둘을 경시했다. 노동당의 사회주의 이념은 당의 존재이유에 대한 취약한 합의를 은폐하는 편의적 개념이 되었고, 유권자를 유인하는 구체적 정책대안으로 전환되기에는 충분히 실천적이지 못했다.[76] 노동당은 1918년 마침내 사회주의당헌을 채택함으로써 공식적 정치신조가 사회주의임을 천명했지만, 토니가 보기에 그것은 정책행위를 위한 근거로 작동하기보다는 집권과 정권유지를 위해 끊임없는 양보와 타협의 대상이 되어왔다.[77]

무엇보다 노동당은 이데올로기를 적절히 정의하지 못함으로써 계급

없는 사회라는 대의를 실종시켰고, 장기목표의 구체적 내용과 그것을 실천할 방법을 모색할 수 없었다. 이념적 닻 혹은 근본원칙들에 대한 명징성의 부재로 인하여 본질적인 것과 주변적인 것들이 비일관적으로 혼재되었고, 그 결과 당 정책은 경중과 우선순위를 잃은 채 특정 사안들에 몰리는 부동하는 유권자, 곧 넓고 피상적인 지지자들에 호소하는 잡동사니가 돼버렸으며, 변화를 위한 설득력 있는 응집된 프로그램으로 작동하지 못했다는 것이다. '대배반'도 당지도부의 개인적 배반이 아니라 당의 이런 근본적 실패에서 기인했다. 특히 토니는 당의 구조적 분파주의에서 노조가 행사하는 과도한 역할에 주목했다. 근본적 변화를 위해 필요한 것은 운동(crusade)이며 그것은 단기적, 분파적 이익의 실현이 아닌 "길고 고된 투쟁"이다. 노동당정부가 사회주의가 수반하는 책임을 기꺼이 떠안을 사람들에 의해 유지되고 분파주의에 휘둘리지 않는 지지자들의 헌신과 확신의 깊이가 담보되는 그때 노동당은 진보를 위한 불가결한 통로가 될 것이었다.[78]

  1930년대는 좌파지식인들의 스탈린주의로의 경도가 갈수록 심각해지던 때였다. 페이비언주의의 운동과 사상의 거물인 웹 부부도 그들 가운데 하나였다. 토니는 웹 부부로부터 사회조사에 관해 많은 것을 배웠다. 그가 『평등』을 그들에게 헌정한 것도 웹 부부의 개혁에 대한 열정과 인간적 교류를 소중히 생각했기 때문이었다. 그러나 토니는 그들이 사실수집과 메커니즘을 너무 신뢰하고 사회주의의 도덕적 토대를 소홀히 취급한다며 늘 불만이었다. "어떤 마법으로도 사실은 원칙으로 변하지 않는다.(No amount of conjuring will turn a fact into a principle.)"는 것이 토니의 지론이었다.[79]

  소련에 대해서도 웹 부부와 의견을 달리했다. 조지 버너드 쇼, H. G. 웰스, 웹 부부 등 저명한 좌파사상가들이 다투어 소련을 방문해서 스탈린을 만나고 돌아와 스탈린체제를 긍정적으로 평가했다. 1935년에 웹 부부가 출간한 『소련 공산주의: 새로운 문명?』—2년 후 판본에서는 제목에 물음표가 빠졌다—도 이런 분위기 속에서 집필된 것이었다. 토니는 러시아가 내건 고도의 집산주의적 목표를 존중했지만, 소련의 관료주의와 사상자유의 억압을 몹시 싫어했으며, 부농청산의 잔인성 등 스탈린의 공산화 방식을 인정할 수 없었다. 그러나 개인적으로는 웹 부부와 친밀한 관계를 유지해 나갔다. 당시 노동당의 상황에 실망하던 토니가 LSE라는 안전지대를 떠나 정치에 본격적으로 뛰어들어야 할지를 망설일 때, 비어트리스가 나서서 반대했다.

> 토니의 과제는 발견자와 새 신앙의 주창자의 그것이며, 책략가나 정치인 혹은 행정가의 그것은 아니다 … 그는 너무 예민하고 섬세하다 … 같이 일하는 사람을 인정 못할 때에도 언제나 조용히 물러앉거나 체념한다.[80]

1934년에 영국학술원 회원으로 선정되었고 이듬해 총선에서는 당선이 확실시되던 클레이 크로스(Clay Cross) 지역에 출마하라는 제의를 거절했다. 산업과 정치현장에서의 활동보다는 연구에 더 많은 시간을 쏟았다. 그러면서도 중부유럽에서 망명해 온 학자들을 돕기 위해 동분서주했다. 가령 그 자신이 "망명자들 중 최고의 학자"로 꼽은 스트라우스(Leo Strauss)가 케임브리지에 임시직을 얻도록 주선했고, 후에는 많은 반대에도 불구하고 미국 시카고대학에 교수직을 얻도록 적극 추천했다. 토니가 정치적, 이론적 입장을 달리하는 스트라우스에게 보인 이런 열성은 사람의 입장보다는 필요와 자질을 더 중시하는 토니의 인생관을 잘 보여준다. 토니의 편지들은 생애 마지막까지 그가 이런 일을 지속했다고 기록하고 있다.[81]

1937년에 「기독교와 사회질서에 관한 소고」가 출간됐다. 이 팸플릿은 도덕혁명을 촉발시키기 위한 기독교의 역할을 점검한 것이다. 기독교의 본질이 사회주의에 닿는 이유는 반물질주의와 평등주의가 자본주의적 가치들과 정면에서 상충하는 제일의 사회주의 원칙들이고, 자본주의에 저항하기 위해 교회의 사회의식을 되살리려는 그의 노력도 자본주의가 사회적으로 파괴적일 뿐 아니라 비종교적이기 때문이다. 토니는 사회주의를 위한 국가, 정치, 정당의 역할에 주목했지만 여전히 그에게 기독교는 그 주된 가치가 자본주의의 물질주의에 대한 저항을 위한 급진적 독트린이었다. 토니가 보기에 크리스천의 기본가치가 평등주의적이고 생활방식은 시장경제의 물질주의적 가치를 정면에서 거슬러야 하기 때문에, 기독교는 급진적 정치어젠더를 촉진하는 데 중요한 일익을 담당할 수 있다. "기독교는 전통적 도덕의 실패와 해악들을 그저 증언하는 데 머물지 않는다. 그것은 전통적 도덕의 가치들, 목표들 그리고 성공의 기준을 거부한다."[82] 토니는 크리스천들에게 사회세력으로서 기독교를 다시 인식시키고 그들의 비전이 막대한 사회적 함의를 지닌 것임을 환기하고자 했거니와, 여전히 물리적 혁명 아닌 도덕적 혁명은 기독교교의의 사회적 측면에 대한 크리스천의 각성을 통해서만 가능하다고 보았다.

그러나 그는 교회가 공개적으로 정치적 입장을 취하는 일은 피해야 한다고 생각했다. 사회적 정적주의 등 당대 교회의 근본적 보수성을 우려한 것이다. 그는 교회가 정당 등 정치조직과 연대할 것을 호소하지는 않았지만, 교회가 정치적 중립성을 유지하되, 교회의 개개 구성원들은 크리스천으로서 자신의 원칙과 가치 그리고 그것에 대한 믿음이 어떤 정책과 합치하는지 분별해야 하고 정치에 대한 관심과 개입을 멈추지 말아야 한다고 주장했다.[83] 『기독교와 자본주의의 발흥』에서는 교회가 부도덕의 광범위한 사회적 맥락을 무시하고 신앙을 개인적인 도덕문제에 가뒀다며 통탄해했었다.[84] 이제 그는 크리스천 각자를 향해 자신의 사회적 환경을 신앙적 양심에 비추어 점검할 것을 촉구하고 있는 것이다. 기독교신앙을 사적 행위로 가두지 말아야 하는 이유는 경제영역이 기독교원칙을 직접적으로 훼손하는 다양한 형태의 부도덕을 생산해 내기 때문이다. 요컨대 신앙생활과 외적 사회질서를 나누는 일은 거짓 구분이었다.

토니는 도덕의 퇴락, 물질축적의 찬양, 탈취욕구에의 호소, 인간의 경제에의 종속 그리고 계급구분 등을 특징으로 하는 자본주의가 비종교적(irreligious)일 뿐 아니라 반종교적(counter-religious)이라고 보았다. 그가 글과 말을 통해 기독교를 능멸하는 경제문명의 양상들을 부각시키려고 그리도 애썼던 이유였다.[85] 크리스천이라면 경건한 레토릭에서 위로를 찾지 말고 마땅히 주변 세상에 자신의 원칙을 적용해야 한다. "그런 회피는 정직한 사람을 환멸에 빠뜨릴 뿐 아니라 기독교에 대한 경멸을 불러일으킨다."[86] 따라서 자본주의가 도덕적, 지적, 경제적 세력들에 의해 두루 비판받는 현 상황이야말로 크리스천에게는 더할 수 없는 좋은 기회였다. 그는 종교적 논거를 활용하여 세속적 사회주의 신조의 성공을 촉구하고 기독교의 반물질주의와 평등주의적 가치를 사회주의의 진전을 위해 활용하고 동원하고 있었다. 토니는 크리스천들에게, 신앙의 정치적, 논리적 귀결은 사회주의이며 기독교는 현존하는 사회경제적 체제에 대한 급진적 비판을 지지해야 한다는 점을 부단히 설득하고자 했다.[87]

전쟁전후의 풍경들: WEA, 메클렌버러 스퀘어, 노동당

역사연구에서 1540-1640 기간이 "토니의 세기"였다면, 토니의 1930년대는 무엇보다 WEA와 함께한 십년이었다. 1928년 WEA 회장으로 선출되고 15년간 그 직을 보유하면서 토니는 영국 성인교육의 명실상부한 선도자가 되었다. '1918년 교육법'에서 그랬듯이, 그가 사적, 공적으로 높였던 목소리는 정부를 움직였으니, WEA 회장과 '교육증진위원회' 의장으로서 1944년 교육법 제정에 막대한 역할과 기여를 했다. 《가디언》에 100개 가까운 교육관련 칼럼을 싣는 등, 에세이, 연설, 강연을 통해 그는 일반여론과 기득권층을 압박하고 흔들었다.[88]

그에 따르면, 교육에 종사하는 사람들은 체제의 관리자가 아니라 교육증진을 위한 선교사가 돼야 하며, 교육이 신념을 형성한다는 확신만이 민주주의를 가능하게 했다. 1934년에 행한 WEA 연설에서는, "머리가 비면 의자들이 차 있건 비어 있건 상관이 없다."고 말했고, 1937년에는 "생명력 넘치는 나쁜 체제는 언제나 활기 없는 좋은 체제를 이긴다. 생명력의 유일하고 항구적인 원천은 신념이거니와 자발적 교육보다 신념을 더 잘 키워줄 곳이 어디 있는가?"고 목소리를 높였다. 이 모두 교육과 민주주의에 대한 그의 확신에서 비롯된 것이었다.[89]

LSE와 WEA에서 행했던 그의 세미나 '경제사회적 잉글랜드(1558-1640)'는 늘 학생들로 넘쳤다. 거기에서 토니는 경제사가의 횃불을 들고 튜더와 스튜어트시절의 구석구석을 탐색했다. WEA의 비공식적 거점이던 메클렌버러 스퀘어 아파트에는 그를 보려는 미래의 사민주의 지도자들로 늘 붐볐다. 휴 게이츠켈(Hugh Gaitskell), 패트릭 고든 워커, 이반 더빈(Evan Durbin), 에일린 파워 등이 정례적으로 토니와 토론을 벌였다. 혁명구호와 팸플릿이 난무하던 1930년대 그들은 역사와 경제를 얘기했고, 어떻게 영국을 난파 없이 변화시킬 것인지를 고민했다. 검소한 일상 속에서도 토니의 위엄은 엄연했다. "우리는, 우리에겐 가장 위대한 살아 있는 영국인이었던, 토니의 위트와 언어감각을 즐기며 그의 자태에 매료된 채, 그의 말을 경청했다." 특히 전후 영국노동당 사민주의의 대표적 수정주의 이론가/정치인으로 부상하게 될 게이츠컬과 더빈에게 토니는 사민주의에 대한 최고의 해설자였다. 훗날 게이츠컬은 토니의 학식과 열정, 그의 몸에 밴 겸손함과 더불어 그에게는 "어떤 신경증적 모습도 없었다."고 토니와의 교제를 회고할 것이었다.[90)]

토니는 사교적인 사람이 아니었다. 그는 동료들과 클럽이나 카페에 앉아 시간을 보내기보다는 상대가 어느 사회계층에 속했든, 미리 특정하지 않은 사람들과 더불어 스스럼없이 철학적 문제들을 나누곤 했다. 그런 이들 가운데는 그와 종교적, 정치적 신조를 달리하는 공산주의자, 토리주의자, 자유주의자도 있었지만, 한 가지 공통점은 대체로 그들은 노동계급에 연민을 느끼는 도덕주의자들이었다는 점이다. 메클렌버러 스퀘어 모임은 블룸즈버리 그룹에 특징적인 재치라거나 아니면 이념적 열정으로 들뜨지 않았고, 사람들 간에 영혼의 동지 같은 친밀함도 없었다. 토니는, 빅토리아주의의 산(山)을 내려온 사람들이 통상 그렇듯이, 자신뿐 아니라 타인들에게 결코 과도하다 싶은 감정적 태도를 보이지 않았다. 마치 어젠더가 먼저 있고 그로부터 모임의 유대가 형성된 듯해서, 만일 어젠더 이상의 무엇을 욕구하거나 추구했다면 그 일체감은 사라지고 말았으리라. 성 어거스틴이 『고백록』에서 권장했던 것처럼, 큰 쟁점들에는 관용이 없었지만, 사소한 문제들에는 한없이 너그러웠다. 토니는 각각 10살, 20살 아래 LSE 동료교수인 애슈턴과 평론가 리처드 리스(Richard Rees)와 각별했는데, 망년

지우의 우정이었다. 리스를 통해 조지 오웰을 알았고, T. S. 엘리엇과 시몬 베유의 글들을 접했다. 특히 베유의 글은 그에게 깊은 인상을 남겼다. 베유 전문가인 리스가, 베유는 정통 크리스천이 아니라고 말하자, 그의 대답은 이랬다. "기독교는 나처럼 악한 사람을 위한 종교이지 그녀처럼 선한 이를 위한 것이 아닐세."[91] 토니의 열린 마음도 교만한 사람을 무엇보다 싫어해서, 그는 그런 유의 사람을 만나기보다는 차라리 개와 물고기와 함께하는 것을 더 좋아했다고 전해진다.

글루스터셔의 코츠월즈 시골집(Rose Cottage)은 매력적이나 누추했다. 재래식변소의 악취가 진동했고 매일 아침 필요한 식수를 우물에서 길어 와야 했다. 집이 좁아서 닭장 안에 책을 보관해야 했는데, 전쟁 중에 거주할 곳이 없는 노동자친구들에게 닭장을 주거지로 내주기도 했다. 플라이 피싱을 좋아했던 토니는 마을사람들과도 다감하고도 가식 없는, 완벽하게 평등한 관계를 유지했다. 그가 과거 위건의 광부였던 이웃과의 유대를 목격한 친구의 딸은 "그것은 그날 이후 내게 각인된 평등의 의미의 진정한 구현이었다."고 토니를 회고했다.[92]

토니는 강연, 칼럼 등으로 인한 수입 모두를 아내의 뜻과는 반대로 WEA에 기부했다. 이러한 행동이 그의 빈한한 삶의 원인으로 작용했을 것이다. 물론 WEA에 대한 토니의 기여는 재정적인 면을 훨씬 넘어서는 것이었다. 그는 그것을 높은 수준의 노동자운동으로 유지시켜 나가기 위해 끝까지 최선을 다했다. 그는 WEA를 포함해 어떤 모임에서도, 무슨 주제로 어떤 토론을 하더라도 노동자의 태도를 문제 삼거나 발언을 막아선 적이 없었다. 교육이 선전이 되는 것을 엄격하게 경계하면서도 그것이 노동자의 사회적 해방에 연결되도록 최선을 다했다.[93]

『평등』 개정판이 1938년 세상에 나왔다. 새로 쓴 서문에서 토니는 불평등은 치유가 불가능하며 성장을 위해 오히려 유익하다는 담론에 대해 조목조목 반박했다. 그러면서 불평등은 무지나 자원결핍의 문제가 아니라 태도와 성향 그리고 기질과 의지의 문제라는 점을 강조했다. 평등이 증진될수록 다양성도 커지거니와, 진정한 사회적 평등에 기초한 사회를 위해서는 민주주의의 기반이 확대되어 민주주의가 사회의 구성원리와 삶의 방식이 되어야 한다고 지적했다.

1939년 봄 석 달 동안 미국을 방문했다. 17세기와 영국사민주의에 대해 강연해 달라는 시카고대학의 요청을 수락한 것인데, 정치상황이 지극히 위중하고, 사회주의에 대한 희망이 사라지고 있을 때 다시 미국을 찾은 것이다. 빚을 갚아야 하기 때문에 돈이 필요하기도 했을 터이나, 5,000달러의 관대한 체류비에도 불구하고 비싼 호텔비와 지넷의 충동구매로 인해 시카고 생활은 언제나 쪼들렸다. 시카고대학에서 유럽외교의 위기, 특히 1930년대 영국외교정책의 실패에 관한 일련의 강연을 마친 후 같은 대학이 제의한 정규교수직을 거절하고 귀국했다.

메클렌버러 스퀘어의 집은 이미 폭격으로 심하게 파손된 상태였다. 즉시 런던의 방위군(Home Guard)에 합류했다. 1940년 7월에는 《뉴욕타임스》에 영국참전을 정당화하는 칼럼(「영국은 왜 싸우는가」)을 게재했는데, 영국에서는 '맥밀런 전쟁 팸플릿'으로 발간되었다. 미국 판에서는 영국이 싸우는 것은 "무릎 꿇고 살기보다 서서 죽기 원하기" 때문이며 전쟁은 영국의 생존뿐 아니라 민주주의를 위한 것이라는 점을 강조했고, 영국 판에서는 이번 전쟁이 사회주의를 위한 전쟁일 수 있다는 점을 부각시켰다.[94]

지금의 전쟁이 … 민주주의를 위한 전쟁이라고 말하는 것은 그저 수사가 아니라 명백한 사실에 대한 진술이다. 영국의 정치적 특성과 자질을 어떻게 평가하든, 이 진술이 사실이란 점에는 변화가 없다. 영국이 민주주의를 옹호할 자격이 있는지는 잘 모르겠지만, 그럼에도 불구하고 영국이 민주주의를 위해 싸우고 있다는 사실에는 변함이 없다.[95]

특히 토니는 전시의 집산주의로 인해 매우 고무되었다. 그는 산업의 재조직, 노동의 재배치, 훈련, 동원 등 국내의 산업전선이 전쟁을 위해서 신속히 재조직될 수 있었던 사실을 호감을 가지고 관찰했다. 전시내각에 참여한 노동당의 노력으로 평시보다 사회적 평등이 고양되었고, 노령연금과 농업노동자의 최저임금이 각각 인상되었으며, 초과이윤세가 100%로 올랐고, 기업들의 탈세에 대해 정부가 매우 엄정한 경고를 했다는 점은 매우 긍정적인 징후였다.[96]

16세기 경제적 격변이 초래한 사회변화를 다룬 유명한 에세이「젠트리의 부상, 1558-1640」을 1941년《경제사리뷰》에 발표했다. 이 글은 16세기를 명실상부한 '토니의 세기'로 굳혀준 논문으로서 영국학계에 '젠트리의 부상' 논지를 둘러싼 역사/정치적 논쟁을 점화시켰고, 대학원생들에게 경제사 연구의 열풍을 불러일으킨 것으로 전해진다. 주된 주장은 제목에 나타난 시기 동안 경제와 정치의 흐름이 중간규모의 토지를 소유한 사회집단들에 유리하게 전개되고, 그 과정에서 젠트리가 신(新)귀족으로 대두하면서, 구 지배계급과 거기에 도전하는 새 계급 간에 새로운 균형이 형성되었다는 점에 초점이 맞춰져 있다.[97] 증거에 대한 논란이 없는 것은 아니나, 토니에 따르면 "대지주계급은 일부 귀족가문을 몰락시켰던 변화들에 덜 노출된 반면, 명민한 농민과 상인들은 상업적 진보의 과실을 더 잘 거둬들였고 농업방식을 개량했다."[98]

같은 해에 명예학위를 받기 위해 재차 시카고를 방문했다. 그러나

타 지역 노동자들 대상으로 할 강연이 제약받을 것을 우려하여 방문교수 제의는 사절했다. 때마침 앞의 칼럼을 읽었던 애틀리 부수상이 영국대사관의 노동자문관 자격으로 워싱턴으로 갈 것을 요청해 수락했다. 워싱턴에 있으면서 이곳저곳을 오가며 노동단체와 대학에서 강연했다. 그 와중에 틈틈이 미국노동운동의 상황에 대한 보고서를 작성해 영국에 보냈다. 그는 왜 미국의 노동은 자본에 대한 비판자 아닌 협조자인가를 분석하며 미국노동도 때가 무르익으면 영국노동이 밟았던 정치적 행로를 걸을 것으로 확신했다. 6개월 예정의 근무였으나 12개월 가깝게 체류한 후 이듬해 9월 런던으로 귀환했다. 귀국 후에는 《가디언》에 교육관련 칼럼을 왕성하게 기고했고, 교육개혁을 위한 본격적인 운동에 또다시 시동을 걸었다. 1941년 8월에는 제1차 세계대전 직후에 경험했던 전시경제 철폐가 가져온 문제들에 관해 보고서를 작성해서 정부 재건위원회에 제출했다.

전쟁으로 인해 LSE강의가 케임브리지에서 행해졌기 때문에, 당분간 런던과 케임브리지를 매일 오갔다. 그의 런던생활은 WEA 관련 일과, 언론기고, 교육개혁관련 위원회활동, 세계 각지의 학자들과의 교류 그리고 경제사 연구로 분주했다. 폭격으로 파괴된 메클렌버러 스퀘어를 떠나 러셀스퀘어 근처 "공중변소"처럼 보이는 누추한 곳으로 거처를 옮겼다. 토니에겐 누추함이 아니라 책을 들여놓을 공간이 없다는 것이 무엇보다 문제였다. 이사하자마자 "나는 닭들이 이리도 화려하게 산다는 것을 일찍이 몰랐다."고 말했다 하니, 실로 "검소한 삶이라면 토니는 디오게네스를 저만큼 따돌렸다."는 말을 그저 웃고 넘길 수만은 없었다. 가난이 늘 그렇듯, 전시의 이런 빈한한 삶이 부부의 건강에 악영향을 미쳤을 것임은 자명했다.

토니가 1944년에 발표한 에세이 「문제는 자유다(We Mean Freedom)」

는 자유에 관한 그의 가장 집중되고 효과적인 논의를 담고 있다. 토니
는 개념분석에는 큰 관심이 없었는데, 자유가 실제로 접근 가능한 선
택들이 없다면 실천적 독트린으로서 무의미하다고 보았다. 자유는 개
인들이 스스로 현명한 선택을 하도록 허용하는 수단이었다. 『비망록』
과 『탈취사회』에서는 권리를 의무에 종속시켰지만, 여기서는 기본적
자연권으로서의 자유 개념에 훨씬 근접했다.[99]

　　제1차 세계대전은 토니에게 전후계획의 적기(適期)는 전시라는 것
을 가르쳤었다. 이 무렵에도 여전히 재건은 그의 수많은 글과 말들의
주된 주제였고, 전쟁목적을 사회주의의 맥락에서 사고했다. 그가 《경제
사리뷰》에 기고한 「경제통제의 해제, 1918-21」은, 1918년 당시 기회
를 잃어버린 것을 지적하면서 전후의 국민적 열정과 정부의 전시경험
이 사회정의의 도약을 위해 활용되지 못했던 점을 통탄해 마지않았
다. 그는 이와 유사한 주제를 수많은 글과 연설을 통해 반복했다. 전
쟁노력에 담긴 민족적 동지애에서 "새로운 사회계약 개념"을 보았거
니와, 이 점이야말로 영국이 전전의 탈취사회에서 전후의 기능사회로
변화하는 발판이 되리라고 전망했다.[100]

　　종전과 더불어 애틀리가 이끄는 노동당이 압도적 다수로 집권했다.
냉전체제도 막이 올랐다. 토니는 사회체제와 관련해서 영국이 러시아
공산주의와 미국식 자유기업의 중도를 걸으며 여타 소국들의 모범사
례가 되기를 희망했다. 그러나 그는 미국과의 동맹 필요성과 그것의
지속 가능성에 대해 결코 의문시하지 않았으니, 그가 제3의 외교노선
을 주창하던 노동당좌파와 갈등을 일으킨 주된 이유였다. 1952년 런
던대학 페이비언협회 강연에서는 나토를 지지하고 미국과의 지속적
동맹에 찬성한다는 입장을 분명히 할 것이었다.

　　젊은 진보적 역사가인 힐(Christopher Hill)과 알고 지내던 토니는,

외무부에서 소련문제를 취급하던 힐의 도움으로 줄리언 헉슬리 등과 1945년 7월 모스크바를 방문했다. 그는 러시아에 대해 대체로 호의적인 태도를 취했다. 러시아가 서방을 두려워할 충분한 이유가 있는 만큼 동구권을 블록으로 묶을 권리가 있다고 생각했다. 물론 서방 또한, 유사한 이유로 마찬가지라고 보았다. 그가 보기에 국가는 인간보다 더 악했고 국제정치에서 도덕은 간헐적으로만 무대에 등장했다. 한창 필명을 날리던 마르크스주의 역사가 홉스봄(Eric Hobsbawm)에 대해서는, 거만한 태도로 마치 자기만의 우월한 진리를 소유한 사람처럼 글을 쓴다며 못마땅해했다.

1947년 봄에는 폭격으로 부서져 떠나 있었던 블룸즈버리의 메클렌버러 스퀘어에 복귀했다. 냉전이 고조에 달하기 시작하던 1948년, 이번에는 방문교수 자격으로 다시 시카고대학을 방문했다. 왕성한 대중강연들을 통해 언론자유와 공산주의 실상에 대한 이해를 촉구하고 애틀리정부의 "평화적 혁명" 업적을 옹호하고 홍보하기도 했다. 그는 미국체제가 지닌 자유와 평등의 분위기를 높게 평가하면서도 미국문화는 낮춰 보았다. 미국을 영국 중심적 시각에서 바라본 셈인데, 전쟁 후에 적나라하게 드러날 영미 간 힘의 우열에 대한 감각과 식견은 많이 부족해 보였다.[101] 어쩌면 그에게 미국은 문명이라기보다는 하나의 장소에 불과했는지 모른다. 그가 1942년 7월 비어트리스에게 보낸 편지에 "미국의 제국주의적 심리가 발전하는 조짐들이 엿보이고 … 영국이 첫 번째 그리고 러시아가 그다음 타깃이 될 것"이라고 말함으로써 전후에 전개될 냉전을 예측했었던 것도 이런 문화적 편견과 관련이 없지 않았을 텐데, 미국의 장점에 대해서는 크게 감동받지 못했지만, 결점에는 민감한 안목을 지녔던 것이다. 그는 미국 시카고에서는 소련에 대한 이해를 넓힐 것을 주장했고, 영국에 돌아와서는 루스벨트 같은 개혁적 대통령을 선출했으며 노동운동이 활성화되던 미국에 대한 관용을 촉구하기도 했다.

LSE의 호의로 정년을 넘어서 학교에 남아 있던 토니는 1949년에야 은퇴했다. 은퇴 후 몇 년이 흐른 후 LSE에 대해 따뜻한 회고를 담은 연설을 했다. 거기에서 자신이 LSE를 사랑한 이유를 세 가지 꼽았다. 첫째, 학문 간 벽이 없고 지적인 역동성이 있다는 것. 둘째, 비격식적이고 평등주의적인 분위기로 전통을 계승하기보다는 전통을 만든다는 것. 셋째, 학문의 궁극적 목적을 학문 자체가 아니라 대중을 위하여 사회를 보다 정의롭게 만드는 데 두었다는 점이었다. 마지막 것은 LSE 설립자인 웹 부부의 정신을 인용한 것이다. 토니는 가령 옛 대학인 옥스퍼드와 케임브리지가 "교회와 국가 안에서 신을 섬긴다."고 늘 자부하지만, LSE는 그런 식으로 말은 하지 않되 실제로 그렇게 행동한다며 LSE의 우월성을 은근히 내비쳤다. 옥스퍼드의 학사학위가 전부였던 토니에게 1930년 맨체스터대학을 시작으로 시카고, 파리, 옥스퍼드, 버밍엄, 런던, 셰필드, 멜버른, 글래스고 등 대학에서 총 9개의 명예박사가 수여되었다.

1950년 총선에서는 애틀리 노동당정부의 업적을 치켜세우는 연설을 했다. 미약하나마 영국이 복지국가로의 진전, 국유화 그리고 경제적 평등이 가져온 권력이전 등 현실적 발전을 일궈냈다며 치하했다. 그러면서도 정부의 관료주의가 여전하고, 인민의 연대적 에너지가 활용되지 못했으며, 노사관계의 근본은 달라지지 않았고, 사립학교는 여전히 특권과 속물성의 온상이라며 애석해했다. 토니는 노동당이 1951년 총선에서 패배할 것을 예측했던 소수의 사람 중 하나였지만, 실은 노동당이 재차 집권할 자격을 잃었다고 생각하는 듯 보였다. 총선 때마다 더빈 등 그의 젊은 친구들의 당선을 위해 선거운동을 도왔다. 그러나 노동당보다는 노동운동이 지닌 도덕적 의의를 더 높게 평가했으니, 만약 노동운동이 자본주의에 대한 사회주의 공동체의 우월성을 다수에게 설득하지 못한다면, 그것은 승리할 수도 없고 승리해서도 안 되었다.

당지도부가 그에게 또다시 작위를 제안했을 때, 사회주의 정치인들이 적(敵)들의 장난감을 여전히 포기하지 못하고 있다며 안타까워했다. 그 즈음에도 노동당 지역활동, 모임, 봉사에 열심히 참여했고, 대학보조금위원회위원으로서 막대한 재정권을 동원하여 대학들의 민주화에 실질적인 힘을 실어줬다. 《가디언》에 기고하던 교육에 관한 사설, 칼럼, 서평도 멈추지 않았다. 여전히 WEA를 위해 많은 시간을 쏟았지만, 이제는 젊은 피의 수혈이 절실하다고 믿었다.

1951년 애틀리정권이 붕괴한 후 10년간 토니는 노동당 내에서 벌어질 수정주의 논쟁에도 적극적으로 관여했다.[102] 빈곤이 줄고 임금이 오르고, 건강과 교육 등과 관련해서도 노동계급의 상태가 과거에 비해 개선됐으며, 작지만 일정하게 권력이전도 있었다. 이런 성과로 인해 자본주의 기제의 자율성은 줄고 사회통제와 사회목적의 가능성은 증가했다. 그러나 토니가 보기에 노동당정부는 불평등 개선에는 이렇다 할 효과를 내지 못했다. 애틀리가 물러날 때 여전히 국가 전체 부의 절반이 인구 1%에 의해 소유되는 등, 사회주의의 제도화는 토니의 눈에는 아직 미미한 수준이어서 사회주의의 역동성은 찾아보기 힘들었다. 계급에 찌든 영국식 생활방식도 변함이 없었으니, 노동당 집권 6년 동안 사회주의적 가치는 헤게모니를 얻지 못했다.

그렇다고 토니가 에덴동산에서도 반역을 하는, 즉 어떤 정부의 실적에도 실망하는 최대강령주의자는 아니었다.

부와 권력의 우상숭배라는 두 개의 거대 배신의 지배는 길었다. 이런 신의 사칭자들(pretenders)에 뒤이어 우대권, 안락, 경력 등에 대한 숭배가 넓게 분산되어 나타났다면, 약간 얻은 바가 없지 않겠지만, 그것을 이루는 데 바친 한 세기의 노력에는 거의 값하지 못할 것이다.[103]

토니에 따르면 사회주의는 다수노동자의 삶에 생기와 영감을 주는 무엇을 의미했다.[104] 그는 이따금 자신의 사회주의가 원칙보다는 로치데일과 롱턴에서 경험했던 향수, 곧 도덕주의에 더 많이 빚지고 있다고 말했다.

그들이 그렸던 사회주의 사회는 지혜로운 사육사가 관리하는 순치되고 영양이 좋은 동물의 무리가 아니다. 그것은 공동목표를 향한 동지애 속에서 두려움 없이 함께 일하는 책임 있는 남녀의 공동체이다.[105]

그러나 자본주의에 대한 그의 혐오와 반항의 원천은 그것이 인간을 금전적 취득의 도구로 사용함으로써 개성을 죽이고 인간관계를 타락시켰다는 점이다. "영국사회주의는 … 탈인간화되어 왔다." 노동당 정부는 인민을 충분히 신뢰하지 않았거니와, 공장이든 이웃에서든, 그들에게 사회주의를 "일상적 삶에서의 영감을 불러일으키는 힘"으로 만드는 책임을 쥐어준 적이 없었다. 그러나 사회주의는 보통사람들의 에너지가 동원되어 지역적, 협력적 발의를 통해 실천되어야 한다. "민주주의자 없이는 민주주의를 할 수 없다."는 것이 그의 지론이었다.[106]
『평등』의 수정증보판이 1952년에 발행됐다. 추가된 7장('에필로그, 1938-50')은 일차적(핵심) 자유와 이차적(부차적) 자유를 구분하고 있다. 전자는 이동, 언론, 집회의 자유 등 근본적 권리를 논한 것이고, 후자는 생산적 자산의 소유나 소득지출 같은 경제활동과 연결된 것이었다. 이러한 구분은 평등주의가 핵심적 자유의 실종을 불가피하게 동반하리라는 주장에 맞서기 위해서였다. 토니는 사회주의적 조치들은 이차적 권리의 영역 안에서 작동하며, 핵심권리를 침해하는 것이 아니라 오히려 고양함으로써, 자유의 내용을 풍부하게 한다고 주장했다.

"평등의 사도" 떠나다

1953년에는 리처드 리스에게 헌정한 『공격』이란 제목의 책을 출간했다. 제1차 세계대전 시작과 제2차 세계대전 종전 사이에 발표된 논문과 에세이를 묶은 선집인데, 전쟁, 종교, 정치, 사회정의, 교육, 민주적 사회주의, 기독교윤리, 사회개혁 등 폭넓은 주제에 관한 그의 다양하고 영향력 있는 글 12편이 실려 있다.[107] 그는 교육과 정치에 관한 두 번째 선집을 구상했지만, 그의 사후인 1964년에야 제자 리타 힌덴이 편집하여 『급진적 전통(The Radical Tradition)』이라는 제목으로 세상에 나올 것이었다. 70줄에 접어든 1950년대에도 덴마크, 스웨덴, 호주 등 다양한 지역을 다니면서 강연을 했고 몇몇 주목할 만한 에세이를 《타임스문예부록》 등 잡지에 실었다.

늘 그랬듯이, 그에게 정치란 경제적 편이나 현재의 오류를 그대로 둔 채 미래의 유토피아를 꿈꾼다고 되는 것이 아니라 도덕적 전제를 토대로 했다. 이제 그는 이런 희망이 점차 희미해지고 있다는 것을 알았다. "특정의 원칙뿐 아니라 정치원칙이 존재한다는 개념 자체가 사라지고 있는 세상에서, 그런 확신이 낡고 아득한 신조로 보이는 것은 당연하다."[108] 그는 이제 외로워졌다. 건강을 확신 못하니 미래를 계획할 수 없고, 독창적인 작업은 엄두가 나지 않았다. 요청이 오면 응할 뿐, 삶은 점차 의존적으로 되고 삶의 어젠더는 주로 환경이 설정해 주었다. 남의 책들에 여러 서문을 써주었지만, 기획했던 책들은 씌어지지 않은 채였다. 칼럼보다는 서평이 주를 이뤘던 《가디언》의 글들도 1955년 2월을 마지막으로 그만두었다.

친구들이 하나하나 죽어가면서 끊임없이 조사를 써야 했는데, 조사는 그의 시간을 뺏기도 했지만, 무엇보다 삶의 기쁨을 앗아갔다. 편지에 일일이 답장하는 일도 그를 지치게 했다. 밀린 집세로 집주인의 눈총을 받기도 했고 찾는 책들은 종종 지넷이 이미 팔아넘긴 후였다. 그 와중에도 토니의 마지막 11번째 책, 곧 20년 전에 쓰기 시작했던 『제임스 1세 치하의 상업과 정치』가 1958년에 나왔다. 어찌 보면 그 책은 영국 시민혁명 두 세대 전에 "사회적 중력의 중심이 옮겨지자 정치권력도 그와 함께 이전했다."는 에세이 「젠트리의 부상」의 논지를 구체화했다고 볼 수 있는데,[109] 토니의 평생의 관심, 곧 "정치가 기업의 바퀴에 기름을 치고 사회가 다소곳이 그 둘을 향해 희망적으로 미소 짓는 저 고혹적인 경계지역"을 취급했다.[110]

같은 해 11월 20일 반세기 동안 함께한 지넷이 세상을 떠났다. 현실적이지 못하고 산만하며 덜렁대던 그녀는 자신과 집안을 가꾸고 정리하는 여자가 아니었다. 때론 외설적인 언사도 서슴지 않았다고 전해진다. 토니와 지넷 모두 중상류층 가정에서 자랐지만, 토니의 검소한 삶의 원칙은 지넷의 사회적 배경과 충동적 자의식과 늘 충돌했다. 지넷의 지저분하고 깔끔치 못한 모습보다 더 큰 문제는 그녀의 충동적인 낭비와 사치였다. 물건의 질보다는 가격을 더 중시했던 그녀의 소비행태는 토니뿐 아니라 경제적으로 보다 여유 있던 오빠 베버리지에게도―그녀는 오빠에게 성탄절과 생일 선물로 가구나 의상, 가방 혹은 현금을 요구하는 편지를 여러 차례 보냈다—짐이 되었다. 어떤 점에서 그녀는 토니에게 시련이었으나, 그녀의 죽음은 그에게 커다란 공허감을 안겨주었다. 잦은 병고에 시달렸지만, 그녀는 늘 친절했고 열정적으로 자선과 선행을 행했으며, 토니를 위해 문서를 정리하기도 했고 타이프를 치기도 했다. 지적인 여인은 아니되, 학위도 있고 책도 꽤 읽고 소설 한 권을 포함해 이따금 글도 썼다. 1934년에는 남편과 공저로 17세기 초 글루스터셔의 직업구조를 통계적으로 분석한 논문을《경제사리뷰》에 실은 적도 있었다.[111] 오빠 베버리지도, 지넷도 아이가 없었다. 토니가 자식이 없던 것은 의도적이었을까? 알 수 없다. 토니는 30대 초에 쓴『비망록』에 이런 기록을 남긴 바 있다.

> 대부분의 살인, 사기, 절도는 자신뿐 아니라 가족을 위한다는 이타적 목적으로 수행된다. 명분을 포기하는 이유가 자식들 때문이라 말한다. 그러나 그 자식들도 커서 같은 이유를 대며 인생을 그저 살금살금 기어간다면? 세상은 각 세대가 결혼 전에 했던 약간의 기여 이상은 발전할 수 없지 않을까? 내가 겪은 고약한 세상을 그대로 물려주는 것이 자식에 대한 의무일까?[112]

토니는 아내에게 때때로 분을 내기도 했지만 부부는 끝까지 서로에게 충실했다. 그러나 지넷의 가사운영방식, 사치, 잦은 병치레는 토니 자신의 재정, 일, 건강에 유익하지 못했으리라는 추측이 가능하다. 토니는 장기집권 중이던 맥밀런 보수당정부의 낙관—"이보다 더 좋았던 때는 없었다.(You've never had it so good.)"—이 절정에 있을 때, 말년을 맞았다. 그의 사회주의적 도덕의 이상은 아직 아득했지만, 그의 정치활동은 끝났다. 이따금 외출했지만 기력이 없어 외출은 길지 못했으며, 길거리에서 그를 본 사람들은 그의 남루함에 놀라곤 했다.

토니의 80세 생일이 가까이 오자 만찬이 기획되었다. 토니가 가장 사랑했다는 후학 리처드 티트머스가 지인들과 함께 쓴 애정이 담뿍 담긴 30여 쪽의 헌정소책자를 팸플릿 형식으로 묶어냈다.[113] 기념만찬에는 일백 수십 명의 학자, 정치인, 교육가, 친구들이 참가했고, 토니의 원에 따라 집의 가정부와 몇몇 노동자들도 초대되었다. 여러 사람이 축사를 했다. 전후 노동당정부를 이끌며 복지국가와 국유화 개혁을 단행했던 애틀리 경은 영국사회주의가 토니에게 엄청난 빚을 졌고 그 이유는 사회주의가 표방하는 최고의 원칙들을 토니가 정립했기 때문이었다고 말했다. 토니는 답사에서 그가 즐겨 다루던 주제들, 곧 영국노동자들의 민주주의 선호, 영국사회주의의 인도주의적 토대, 노동운동 내부의 갈등 등을 언급했다. 국내외에서 축하메시지가 답지했다. 《더 타임스》, 《가디언》 등 언론들이 토니의 80회 생일을 사설로 취급했다.

1961-62년의 겨울은 토니에게 특히 혹독했다. 1962년 1월 13일 감기로 마지막까지 머물던 메클렌버러 스퀘어를 떠나 피츠로이 스퀘어 요양원으로 옮겼으나, 이틀 후 수면 중에 숨을 거뒀다. 그의 침상 옆 탁자에는 톨스토이의 『전쟁과 평화』가 놓여 있었다고 전해진다. "나이외 다른 신을 두지 말라."는 제1계명처럼, 심지어 사회주의와 노동계급을 포함하여 지상의 어떤 것에도 궁극적 소망을 두지 않았던 삶이었다. 하물며 돈, 권력, 사람의 인정, 배타적 인맥 등 자신만의 개인적 왕국을 건설하는 일은 애초에 그의 관심사가 아니었다. 일체의 우상을 거부하고, 무엇에도 필사적으로 매달리지 않았던 삶이었으니, 임종 시에도, 또 한 세상으로 다리를 건너 옮아가듯, 무심한 모습이었다. 하버드의 로스 테릴(Ross Terrill) 교수는, 토니가 1912년 일기에

기록했던 간절한 바람(aspiration)이 50년 후에 그의 묘비명이 돼도 무방했으리라고 말한다.

> 삶에서 우리가 범하는 최대의 실수는 우리가 욕망하는 특정의 대상물을 탈취하는 것이다 … 만일 우리가 각자의 내면에 있는 부요함을 깨닫는다면, 우리가 소중히 여기는 우리 소유—성공, 칭찬, 인정, 업적, 무엇보다 물질적 안락—의 90%를 낭비하고 있다는 것을 알게 될 것이다 … 네가 가진 것을 던져버리는 일을 두려워 말라. 던져버릴 수 있고 포기할 수 있다면, 그것은 네 것이 아니다 … 네가 그것을 던져버린다면, 네 안에 있는 너보다 더 위대한 것, 그것이 무엇이든, 그 자리를 차지할 것이다. 그러니 가지들을 쳐내는 일을 결코 두려워 말라. 미래를 신뢰하고 위험을 택하라. 경제문제가 그렇듯이 도덕에서도 경솔한 사람은 심사숙고를 모른다.[114]

정신의 이 심오한 '비우고 채워짐'은 토니가 평생 몸으로 살며 익혔던 원칙이었고, 죽음을 의연히 맞을 수 있었던 이유였을 것이다. 삶을 두려워 않던 사람에게 죽음이 공포일 리 없었다. 영결식이 있던 날, 바람이 세고 비가 내리던 런던 북부 하이게이트 묘지에는 소수의 지인들만이 함께했다. 간단한 국교회 예배 후, 토니는 키 큰 포플러 나무들 밑, 지넷의 옆에 묻혔다. 한 노동자가 맨 처음 흙을 던졌다. 장례가 끝나자, 슬퍼하던 이들은 뿔뿔이 흩어졌다.

2주 후, 수많은 다양한 사람들이 트라팔가 광장의 '세인트 마틴 인 더 필즈' 교회에서 열린 기념예배에 모여들었다. 시편 15편 5절—"돈을 빌려주되 이자를 받지 아니하고 뇌물을 받고 무죄한 자를 해치 아니하는 자는 … 영영히 요동치 아니하리라."—이 낭독되었다. 토니를 친밀하게 회상할 사람들은 거의 세상을 떠난 뒤였다. 노동당수인 휴 게이츠컬은 짤막한 연설에서 "내가 만났던 최고의 사람"이라고 회고했고, 14년 동안 가정부였던 루시 라이스는 토니는 훌륭한 고용주였을 뿐 아니라 위대한 친구였으며 "내 인생의 커다란 한 장이 갑자기 끝났다."고 울먹였다. 토니는 가정부 등 몇몇 어려운 사람들을 위한 작은 기부금을 제외하고, 7,096파운드 전부를 평생 헌신했던 WEA에 남겼다. 《더 타임스》는 "청교도적 전사", 《가디언》은 "평등의 예언자", 《데일리 헤럴드》는 "영국사회주의의 대선지자"라는 수사로 그를 기렸다. 언론에 수많은 헌사와 오비추어리가 쏟아졌다. "평등의 사도" 토니가 다양한 계기에 던졌던 수많은 경구들, 그리고 그의 청렴과 정직과 검소한 삶에 대한 여러 일화들이 전해오고 있다.

2부

토니 사상과 기독교의 위상

3
신앙, 윤리, 실천

토니 신앙의 초월성과 현재성

토니 사상의 분석에서 거론하지 않을 수 없는 것이 기독교가 점하는 위상이다. 토니를 아는 모든 사람은 그의 삶과 학문에서 개인적 신앙이 갖는 중요성을 인정한다. 그럼에도 불구하고 그 신앙의 성격에 대해서는 엄밀하게 합치된 의견을 찾기가 어렵다. 그가 종교개혁 혹은 신교혁명의 사회경제적 효과들에 대해 행한 역사적 비판을 주목하여 앵글로-가톨릭[영국국교회 안에서 개혁적 유산보다는 교회의 권위와 예식, 직제, 성사 등 가톨릭 전통을 강조하는 고(高)교회파]으로 간주하기도 하고, 그 반대로 아널드 박사의 럭비에서 광교파 국교회주의를 교육받은, 따라서 종교적 의례나 종교체험에 의해 요동하지 않는 사람이라고 평하기도 하며,[1] 그의 비교의적, 비체계적 신앙과 평등주의 철학을 부각시켜 초대기독교적 관행에 근접했다고 말하기도 한다.

토니는 생애 말에 정규적으로 교회에 출석하긴 했지만, 그의 삶 전체에서 이는 예외적이었다. 교회에 출석한 경우에도 성찬식에 함께하는 일은 드물었다. 예컨대 그는 『비망록』에서 자신이 1915년 말 프랑스에서 군인으로 성만찬에 참여한 것은 수년 내에 처음 있는 일이라고 밝힌 바 있다. 아내 지넷이 1938년 오빠 베버리지에게 보낸 편지에도 그가 정례적 교회출석자가 아니며 크리스마스에만 성찬식에 참여한다고 적혀 있다.[2] 토니와 가까웠던 비어트리스 웹은 그의 종교에 대해 혼란스러워했다. 그녀는 1935년의 한 일기에서 "토니는 확신 있는 크리스천인가 아니면 종교적 심성을 지닌 불가지론자인가? 우리는 그를 크리스천으로 가정하지만, 나는 그 질문을 던질 용기나 무례함을 지니지 못했다."고 썼다. 언젠가 그녀는 토니에게 그가 무엇에 관해 기도하는가를 물었지만, 마거릿 콜에 따르면, "그녀는 그의 답을 끌어내는 데 실패했다." 1937년 토니와 웹 부부가 주말을 같이 보낸 후, 비어트리스는 토니와 종교에 관한 주제를 다시 끄집어내며 이런 신랄한 언급을 했다. "토니는 초자연적인 것을 얼마나 믿는가? 그는 자신을 크리스천으로 여기고 교회 성직자들과 교류하며, 결코 기독교교의를 부인하지 않지만, 분명히 그의 말과 글들은 모두 그것을 무시한다. 그는 영국교회의 속됨과 자본주의적 착취에 대한 무관심을 몹시 혐오하고 비난한다." 그녀는 토니가 '기독교신앙을 옹호하며'라는 라디오 프로그램이 나오자 자리를 피했다고 말하기도 했다. 비어트리스의 결론은 이랬다. "종합해 보면, 토니의 신앙은, 그의 자유주의적 친구들에겐 미스터리로 남아 있다."[3]

베버리지 가문의 합리주의 분위기 속에서 양육된 지넷에게는 이렇다 할 신앙심이 없었다. 토니가 그녀의 회심을 위해 어떤 노력을 했다는 기록은 없지만, 마침내 지넷이 성공회에 합류했을 때는 자신이 평생 원했던 바였다며 기뻐했다고 전해진다. 토니 부부가 비교적 자주

교회에 출석한 것은 말년에 이르러서였다. 토니는 교회인이라기보다 기독교적 정신을 구현하려 했던 도덕주의자였는지 모른다. 물론 크리스천과 도덕주의자는 배타적인 정체성이 아니다. "새 하늘과 새 땅"이 열리는 그날을 고대하는 크리스천이라면 인간세계에 현존하는 온갖 불의를 치유하고 창조의 질서를 회복하는 일에 동참하는 것은 자연스럽다. 토니 자신도 『비망록』에서 주목한바, 인간의 몸을 취하고 이 땅에 오셨던 예수가 언젠가 이 땅의 온전한 치유와 회복을 위해 다시 오리라는 신앙은, 인간의 도덕적 삶과 관련하여 많은 시사를 던진다.

실제로 기독교와 관련된 토니의 글과 활동들은 신학적 독트린이나 신앙 자체에 초점을 둔 것이 아니라 현실의 교회와 사회질서의 맥락을 향했다. 토니가 공개적으로 쓴 사실상의 첫 번째 글도 토인비 홀 시절인 1903-04년에 《데일리 뉴스》가 실시했던 런던의 종교센서스에 대한 리뷰였다. 그는 런던에서 기독교적 삶의 쇠락과 관련하여 "… 역사에서 가장 위대한 사회적 세력 가운데 하나가 점차적으로 또 머뭇거리며 사회의 결코 무시할 수 없는 부분의 삶들로부터 떨어져 나갔다."고 탄식했다. 1917년부터는 친구인 윌리엄 템플과 함께 교회의 사회적 책무를 일깨우기 위한 '생명과 자유운동'에 적극 참여했다. 전쟁 마지막 해에는 '기독교와 산업문제에 관한 국교회 조사위원회'에 있으면서 동 위원회가 발간한 대부분의 문건을 작성했는데, E. S. 탤벗 주교와 공저로 발간한 보고서 「기독교와 산업문제」를 통해 교회의 사회적 관심을 촉구했던 것도 그중 하나였다. 1920년대 초에는 역시 템플과 함께 '기독교정치, 경제, 시민권 대회(COPEC)'를 조직하여 사회문제에 관한 교회의 초교파적 관심을 촉구했다.[4] 그 외에도 토니는 여러 편의 종교적 글을 썼고 종종 기독교단체나 기독인들 앞에서 연설도 했지만, 매번 초점은 기독교를 사적 도덕을 넘어 사회구조문제에 적용해야 한다는 것이었다. 그의 노력은 사회주의자를 크리스천으로 변화시키는 것이 아니라 크리스천을 사회주의자로 만드는 일이었으니, 당대의 교회와 교회출석자를 향한 그의 특징적인 경구는 이랬다. "사람들이 마음의 변화를 원한다고 말할 때, 이는 통상 그 외 다른 것의 변화는 강하게 반대한다는 의미이다."[5]

교회를 향한 토니의 희망은 시간과 더불어 쇠락해 갔지만, 교회의 사회적 가르침에 영향을 미치려는 시도는 지속됐다. 1929년 예루살렘에서 열린 국제선교대회에 템플과 함께 참가해서 논문을 발표했는데, "동양인들은 지옥으로 가는 유럽인들의 길을 가려고 작정한 듯 보인다."며 아시아의 복음석 민족주의를 비판했다. 1937년 '교회와 사회에 관한 옥스퍼드 대회' 경제분과에서는 교회가 **"자본주의라는 반(反)종교"에 성수를 붓는 일**을 멈출 것을 촉구하는 메모랜덤을 발표했다. 토니가 기독교복음에서 길어 올린 것은 자본주의도 공산주의도 아니었다. 그는 전자의 "피할 수 없는 것에 대한 노예적 광심(狂心)"과 후자의 "역사는 스스로를 정당화한다는 교의"를 모두 비판했다.[6] 사적 수준에서는 사람들에게 지속해서 종교적 감화를 끼쳤다. 실제로 많은 사람들이 토니의 겸손함, 이타심, 평정심, 그리고 궁극적인 것들에 대한 감각을 보며 크리스천이 되었다고 고백했다. 그러나 교회가 1930년대 사회문제에 대해 취했던 모호하거나 기피하는 태도에서 토니는 당대 교회가 기독교의 목적에 봉사하고 있는지 깊이 회의했다. 토니에게 기독교는 의심할 바 없이 위대한 초월성으로 남아 있었지만, 그는 교회가 해야 할 일은 정치적이고 경제적이라고 느꼈다. 그것은 교회가 맺어야 하는 불가피한 열매였다.

토니가 교파적으로 모호하고 그의 신앙의 핵심이 쉽게 파악되지 않으며 교회출석마저 들쑥날쑥했다면, 기독교에 대한 그의 신앙이 시간이 흐르면서 선형적으로 쇠락하고 희석됐다는 주장 자체가 성립되기 어렵다.[7] 그러나 토니의 내적 삶에서 기독교신앙이 성격과 강도를 달리할지언정, 명료하고도 지속적인 실체로 존재했다는 점을 부인하기란 불가능하다. 가령 기독교정치에 대한 그의 1937년 강연이나 케임브리지의 '윌리엄 템플 협회'에서 행한 1949년 연설은 그가 기독교세계관과 교회의 사회적 사명에 얼마나 깊이 밀착되어 있는지를 보여준다. 다음 절에서 언급되겠지만, 『비망록』에서 단호하고 일관되게 드러났던 신앙적 신념이 인생 후반에 이르러서도 여전히 중요했던 것이다. 토니는 사회주의자들이 기독교 이상과 무관하게 살아간다는 점을 늘 안타까워했다. 동료기독교인들과 친밀한 관계를 유지한 것은 아니지만, 가령 그들의 무작정한 평화주의를 못마땅해했다. 사회적, 정치적 귀족 못지않게 영적 귀족의 교만도 부담스러웠다. 사람을 가리는 그를 사이비 크리스천이라고 빈정대고 놀리면, "주님의 명령은 사랑하라는 것이었지 반드시 좋아하라는 것은 아니었다."며 냉소하듯 반응했다.[8]

토니는 뒤에 캔터베리 대주교가 된 윌리엄 템플을 절친한 친구로 두는 등 여러 명의 크리스천 인사들과 개인적으로 가까웠지만, 그에게 가장 많은 영향을 미쳤던 인물은 그보다 한 세대나 위였고, "20세기 영국국교회의 가장 매력적이고 영향력 있는 주교"로 간주되던 찰스 고어였다. 고어는 워스터, 버밍엄, 옥스퍼드 주교를 차례로 역임한 옥스퍼드 교수로서 앵글로-가톨릭주의의 개혁과 근대화, 곧 그것을 교의에서 해방시키고 사회개혁에 연결시키는 일에 헌신했다. 그는 신앙의 초월성을 깊이 자각하면서도 교회는 자연과학, 윤리학, 사회와 소통해야 하며, 예수의 인성을 부각시키되 예수의 진정한 정신에 따라 살아갈 것을 주창했다. 신이 인간이 되었듯 기독교도 인간적이 되고, 교회의 가르침이 심판의 교의보다는 윤리적 교의에 터 잡아야 할 것을 강조했다. 대학생시절 토니는 기독교사회연맹(CSU) — 1889년 "교회는 사회적 증인이 돼야 한다."며 고어가 창립을 도왔던—의 회원으로 그와 처음 만났지만, 이후 30년 동안 대학개혁, WEA, 임금위원회 설립을 위한 입법운동 등과 관련하여 그와 긴밀히 협력했다. 토니가 『기독교와 자본주의의 발흥』을 그에게 헌정한 것도 "중도좌파 기독교 사회윤리의 증진을 위해 고어가 행한 주도적 역할을 인정"했기 때문이었다.[9]

토니는 신학적 교의에 관해서는 거의 쓴 것이 없고 신학적 논쟁에 관해서는 전문가가 아니었다. 그러나 그가 고어에서 끌어온 사회적 기독교의 정신은 그에게 미친 외적 영향들 가운데 가장 강력한 것이었다. 특히 고어를 통해 기독교인이 된다는 것은 **지속적인 부름에 응하는 것**이며, 매우 '어려운 과제'라는 것을 배웠다. 그는 멘토인 고어의 사회신학을 따라, 기독교는 교의보다 생활방식이며, 교회는 경제적 삶과 국가행위에 관심을 가져야 한다고 보았다.

그러나 신앙이 사적 영역에 갇혀 있는 사람들을 상대로 비신앙적 언어로 교회의 책무를 설득하는 일은 쉽지 않았다. 그의 정치적 연설, 에세이, 기고문은 모두 그 내용과 형식에서 세속적이었고, 그가 특정 정책을 옹호하고 사회주의를 권할 때에도 그것은 언제나 경험적, 객관적 그리고 세속적 근거에서 행해졌다. 과연 토니는 자주 불리듯이 '크리스천 사회주의자'였는가. 그는 1923년에 창설된 급진적인 '기독사회주의자협회(Society of Socialist Christians, SSC)'에 가입했다. SSC는 '사회주의기독교운동'과 합쳐져서 '사회주의기독교연맹'의 창설로 이어졌고, 그리고 이것이 모태가 되어 오늘날의 '기독교사회주의운동

(Christian Socialist Movement, CSM)˚이 출범했다. 이 모든 단체에는 토니의 자취가 역력했지만, 그는 단 한 번도 자신을 기독교사회주의자로 특정한 적이 없었다. 사회적 메시지를 종교적 언어로 전달하면 교회의 안과 밖 모두에서 거부감을 불러와서, 그 대상과 영향이 제한받을까 우려했기 때문일지 모른다.[10)]

토니의 추론과 입장 그리고 방식의 장단점이 무엇이든, 중요한 점은 그의 사회사상이 기독교적 정신의 토대 위에 굳건히 서 있었다는 것을 인식하는 일이다. 그에게 신적이고 초월적인 것은 옳고 그름을 판단할 궁극적 기준을 제공했다. 토니는 이를 '초자연적 준거'라고 불렀거니와, 그것은 사람이 만든 것이 아니기 때문에 애초에 논란의 대상이 될 수 없었다.

제도와 사상의 기존 질서가 전제하는 암묵적 가정은 사회는 순전히 인간적 혹은 '자연적' 질서에 속하며 인간에게는 행복의 길을 제시해 주는 신적 혹은 절대적 원칙 혹은 법칙들은 존재하지 않는다는 것이다. 그러므로 인간의 질서는 편의의 문제로 귀결된다 … 그러나 만일 사람들이 기독교교회의 가르침을 받아들인다면, 그들은 우주의 도덕원리의 주요 방향을 설정해 주고, 인간의 의무와 권리, 자유, 책임, 정의 등을 인간과 그의 신과의 관계의 성격이라는 별도의 영역에서 연역해 낼, 권위 있는 일단의 원칙들을 갖게 될 것이다.[11)]

토니는 기독교를 사적 신앙이면서 동시에 사회적 실천으로 보았고 또한 늘 후자를 강조했지만, 이 둘은 논리적으로 연결돼 있었다. 정의로운 행위는 순전히 은혜로 용서받고 의롭다 함을 얻은 자 그리고 '그날'에 대한 소망을 지닌 자의 감사와 감격의 마땅한 귀결이라는 것,

"믿음은 오로지 삶(사랑)으로만 자신을 드러낸다."(갈 5: 6)는 점에서, 이는 당연했다. 그리하여 앞에서 언급한바, 그가 1949년 케임브리지의 '윌리엄 템플 협회' 연설에서 경제와 사회관계들을 포함한 삶의 모든 영역이 기독교적 성찰과 행동의 대상이라고 말했던 것은 우연이 아니었다. 그에게 교회가 사회적 역할을 방기한다는 것은 반사회적 폭력을 행한다는 의미와 같았다.

> 인간 존재의 대부분을 차지하는 이해들, 의무들, 활동들을 내치는 것은 인간의 실존과 기독교신앙의 사회적 성격 모두에 폭력을 가하는 것이다 … 종교의 반대는 무종교가 아니라 반종교이다. 기독교가 떠난 집은 빈 채로 오래 남아 있지 않을 텐데, 그것은 부나 권력의 숭배 같은 어떤 형태의 우상에 의해 점유되기 마련이다 … 따라서 교회는 자체의 사회철학을 정립해야 하며, 거기에 비춰서 그것과 상충하는 듯이 보이는 정책, 관행, 제도들을 비판해야 한다.[12]

다른 강연에서는 또 이렇게 말했다. 교회는 "빈곤, 계약, 노동, 태만, 사치, 경제적 이익 등 문제들에 대해 기독교적 원칙을 수립해야 한다. 이런 제안이 새로운 것은 결코 아니다. 그것은 모두 기독교 전통 속에 이미 있다. 그것은 교부들, 스콜라철학자들, 종교개혁 신학자들에 의해 수립되었다."[13] 토니의 가장 유명한 저서인 『기독교와 자본주의의 발흥』이 환기하는 주된 주제도 종교개혁 이후 경제행위에 대한 급진적, 개인주의적 교회의 가르침이 중세교회의 가르침을 억압했다는 것이었다.

경제관계와 사회조직에 대한 교회의 관심을 근대의 창안물이라며 내치는 태도는 과거역사에서는 거의 지지받지 못했다. 우리는 그런 문제들이 종교의 영역에 속한다는 관점이 아니라 오히려 그렇지 않다는 입장을 설명해야 한다.[14)]

그러면서도 토니는 교회의 자선활동을 "계급특권의 희생자들에게 단순한 구급차역할"만 한다며 못마땅하게 생각했다. 그는 교회가 박애주의에서 벗어나 불의에 대한 예언자적 입장을 재발견할 것을 촉구했다. 「기독교와 사회질서에 관한 소고」라는 제목의 강연에서 했던 말이다.

극복해야 할 불리한 환경에 처하지 않은 이들이 끊임없이 환기시키듯이, 성품은 물론 환경을 극복할 수 있다. 그러나 자신이 처한 사회적 환경이 무자비한 경제이기주의에 의해 지배될 때 사람들이 봉사와 자기희생의 삶을 외치는 신조에 더 귀를 기울이리라고 말하는 것이 과연 합리적인가?[15)]

토니는 영국국교회가 사회경제적 문제들에 관해 명확한 도덕적 태도를 제시할 것을 줄기차게 요구했다. 그가 보기에 교회가 이를 실천했다면 두 가지가 결과할 것이다. 첫째는 신도가 줄어 규모가 작아진 교회인데, 그런 유형의 종교에 동의하지 않는 사람들과 정치적 반대자들이 떠날 것이기 때문이다. 둘째는 교회의 탈국가화인데, 이는 교회가 당대의 권력들을 자유롭게 비판할 것이기 때문이다. 토니는 이런 가능한 결말들에 대해 전혀 개의치 않았다.[16)]

개인윤리와 '복음의 정치적 명령'

토니의 초기 사회주의 사상에는 빅토리아시대 최고의 사회사상가이며 문화비평가인 러스킨(John Ruskin)의 시각, 곧 부를 물질적으로 이해하고 그 위에서 부를 추구하는 행위를 질책하는 관점이 흐르고 있다. 러스킨은 1860년대 초의 한 에세이에서 "삶 없이 부도 없다. (There is no wealth but life.)"며 빅토리아 정치경제학의 모든 중심 개념을 재정의하고 그것들을 본래적으로 도덕적 요소와 목적을 지닌 범주로 대체하려 했다. 그러나 사람들을 하나의 '종합'으로 인도하고자 했던 러스킨의 시도는 번번이 묵살되었다. "현대인은 내 글을 읽고 좋다고 말하면서도 개의치 않고 자신의 길을 계속 간다."[17] 러스킨의 시도는 토니 사상에서 반향을 울리지만, 그 또한 러스킨이 그랬듯 모든 경제학자와 불화한다는 것을 깨닫는다.

> 일부 경제학자들은 부를 감소시킨다는 이유로 특정의 개혁들을 공격했고, 또 다른 경제학파는 '부를 감소케 하고 정의를 행하라.'고 말하는 것이 아니라 그런 개혁들이 결국에 부를 감소시키지 않을 것이라는 주장으로 거기에 답했다. 나는 이런 답변이 틀리지 않다고 믿는다. 그럼에도 불구하고 그것은 악마적이다. 왜냐하면 그것은 인간의 삶, 정의 등이 대차대조표의 항목으로서 측정돼야 한다고 시사해 주기 때문이다.[18]

러스킨에게 경제적 문제는 처음부터 도덕적인 문제이며, 거기에서 행위와 목적이라는 보다 광범위한 문제들에서 유리된 경제학이라는, 별도의 기술적인 분야는 존재할 수 없다. 사람 간 관계에서 나타나는 모든 문제는 본질적으로 윤리적이기 때문이다. 토니 또한 "오늘날

경제문제로 불리는 것들은 도덕적 행위의 문제들"이라고 단언한다.[19]
『기독교와 자본주의의 발흥』에서는 이렇게 썼다.

> 고전고대의 철학자들이 시도했던 자유인의 직업과 노예의 직무의 구분,
> 부가 인간을 위한 것이지 인간이 부를 위해 존재하는 것이 아니라는 중세
> 적 주장, '삶 없이 부도 없다.'는 러스킨의 유명한 외침, 생산은 이윤 아닌
> 인간을 위해 조직돼야 한다고 다그쳤던 [그] 사회주의자[러스킨]의 논거 등
> 은 단지 인간의 진정한 본성을 표출하는 이상에 호소함으로써 경제활동의
> 도구적 성격을 강조[하려]했던 다양한 시도들이다.[20]

토니는 노동자와 빈자에게 재화를 재분배하는 것보다, 러스킨이
그랬듯이, 부 자체를 재정의하는 일 그리고 "보다 고차원적인 것"을
소중히 할 것을 가르치는 일에 더 헌신했다. 가령 재분배의 사회주의
보다 교육을 통한 자기증진의 사회주의에 더 힘을 쏟았다. 목적은 사
람을 더 부유하게 만드는 것이 아니라 자기실현을 이루게 하는 데 있
었다. 『비망록』에서도 부와 자유 혹은 빈곤과 자유의 결핍을 구분했다.

> 현대산업사회의 최대 악은 빈곤이 아니라 자유, 즉 자기결정과 삶의 물적
> 조건의 통제를 위한 기회의 결여이다. 절망, 무책임, 무모함이 거기에서
> 나오고 빈곤이 그로부터 비롯된다.[21]

물질적 진보는 자유의 대체물이 결코 될 수 없으며, 자기결정을 희
생한다고 최대다수의 행복이 찾아오는 것은 아니다. 『기독교와 자본
주의의 발흥』 말미에 나오는 내용이다.

기존의 경제질서와 그것을 재건하기 위해 제시된 수많은 기획들이 무너져 내리는 이유는 자명한 이치, 곧 아주 평범한 사람들도 영혼이 있고, 따라서 물질적 부가 아무리 증가해도 그것이 그들의 자존감에 모욕을 주고 그들의 자유에 손상을 가하는 조치들에 대한 보상이 되지 못한다는 점을 간과하기 때문이다.[22]

토니는 페이비언주의의 닻을 올리고 그것을 일으켰던 웹 부부가 제쳐두거나 거부했던 것, 곧 윤리적, 정서적 사회주의를 정확히 복구시켰다. 그에 따르면 영국에서 윤리적 사회주의의 힘과 중요성이 점차 쇠락한 것은 "손쉬운 도덕적 비난"보다는 "보다 어렵고 보상이 적은 작업인 자본주의의 관리의 문제"로 관심을 돌렸기 때문이다. 물론 토니도 현실주의를 무시하지 않았고 도덕화 혹은 "순전한 윤리적 헌신"이 지닌 한계를 익히 알고 있었다.

오늘날 우리의 과제는 경제활동을 인간생활의 다른 요소들과의 적절한 관계 속에 놓는 것이다. 그러나 우리가 경제적 동기를 아예 무시하고 부의 생산이 의존하는 물적 조건들을 간과한다면 우리는 단지 감상주의자와 몽상가가 될 뿐이다.[23]

그럼에도 불구하고 윤리의 우선성에 대한 토니의 확신은 그의 초기 관점일 뿐 아니라 훗날에 이르러서도 그의 사상과 삶에 지속적으로 어른댔다. 그가 과거 맥도널드 노동당정부의 실패와 권력에 대한 준비가 없었음을 질책했던 한 유명한 에세이(『노동당의 선택』)는 "사회주의는 개인적 태도와 집단적 노력, 두 측면을 암시한다. 후자의 성격은 전자의 성실성에 달려 있다."고 단언했다. 권력을 얻고 정부를 움직이

는 일—그가 보기에 에드워드시대 이후 노동당의 지배적 관심사였던
—만으로는 충분치 않다는 것이었다.

> 만일 노동당이 그저 다수만 획득하면 근본적 조치들을 실천할 수 있다고
> 생각한다면, 스스로를 속이는 것이다. 중요한 것은 그에 앞서서 실제 싸움
> 에서 노동당을 지지할 기질을 사회에 창출하는 일이다 … 필요한 것은 …
> 노조주의자들이든 지식인이든, 사회주의를 우선에 놓고 스스로가 신조
> 에 따라 살기 때문에 신조가 확신을 동반하는, 다수의 남녀를 만드는 일
> 이다.[24]

토니처럼 영국의 17세기 사에 관심이 많았던 역사가 크리스토퍼 힐
이 훗날 평했듯이, "토니의 사회주의는 산업의 국가소유 등 국가사회
주의 유형이 아니라 매우 개인적 유형의 사회주의이다." 토니의 사망
후 힐이 진보적 시사주간지 《뉴 스테이츠먼》에 기고한 오비추어리는
이 점과 관련해 토니 정치사상의 본질을 가장 정확히 포착한 듯이 보
인다.

> 토니는 어느 마르크스주의자 못지않게 자본주의의 성격을 잘 이해했고 경
> 제권력의 변화가 그의 정치적 목적의 조건임을 알고 있었다. 그의 모든 책
> 과 팸플릿에서 그는 이 점을 탁월하게 보여주었다. 그러나 그는 사회주의
> 가 근본적으로 인간행태에 관한 것임을 지속적으로 주장했다. 그는 웹 부
> 부와 공산주의자들이 공유했던 오류, 즉 정부기구의 변화 자체가 사람의
> 변화에 충분하다는 오류를 거부했다.[25]

사회에 요구되는 변화는 정부 안의 먼 권력의 문제가 아니라 변화

를 욕구하는 개인의 문제이며, 단순한 정치적 참여―회원가입, 모임, 선거운동―만으로는 충분치 않고 사회주의는 사람들이 어떻게 살며 타인들을 어떻게 대하는가에 관한 것이라는 점을 강조한 것이다. 물론 토니의 원칙은 결코 "편안한 원칙"이 아니었다. 도덕적 책임을 개인들에게 부과했기 때문이다.

그렇다고 토니를 막무가내한 방법론적 개인주의의 주창자로 볼 수는 없다. 예컨대 그는 사회주의를 알고 수용하는 사람이 많을수록 국가와 사회의 행태가 나아지리라는 취지의 말은 단 한 번도 한 적이 없었다. 정의로운 사회질서는 그리스도에 대한 우월한 증언자요 기독교적 삶의 번성을 위한 우월한 정원(庭園)임을 암시했지만, 죄의 속성과 경향을 지닌 인간이 만든 특정의 사회질서 자체가 궁극적인 질서가 될 수는 없었다. 그것은 오직 역사를 넘어서만 완성되기 때문이다. 앞 장에서 지적한 대로 토니는 제1차 세계대전을 겪으면서 사회와 우주의 원칙으로서 진보와 합리성에 대한 믿음을 사실상 버렸다. 그에게 인간은 거의 언제나 상상하는 것보다 더 악했으니, 노동계급이라고 해서 이러한 죄의 경향에서 면제되는 것은 아니었다.[26]

토니는 신학자가 아니었고 기독교교리에 관한 새로운 관점을 제시하지도 않았으며, 기독교 자체의 재건에 기여했는지도 의심스럽다. 그는 "방어적 싸움"을 해왔거니와, 교회를 향해 그가 던진 메시지는 이런 정도였을 것이다. "당신이 진정 기독교를 믿는다면, 그 믿음이 정치에서 발현되도록 하라. 왜냐하면 정치는 예수의 삶과 죽음이 회복하고자 했던 보통사람들의 삶에 막대한 영향을 미치기 때문이다." 그의 기독교교리는 단순한 것이었지만, 그의 신앙의 이런 단순성이야말로 그를 기독교신앙에 묶어둔 요인이었을지 모른다. 그는 그저 기독교인들에게 그들이 믿는 교의에 충실하여 그것을 정치적으로 표출하라고 촉구했다. 최소한 명백한 악들에 저항해야 한다면, 교회는 세상, 특히 사회주의 운동이 제기한 질문들에 답할 책임이 있었다. 성서와 교회전통은 이를 반복적이고도 명료하게 들려주지만, 그런 목소리를 다시 확인하는 과정에서 과연 교회가 갱신될 수 있을지는 또 다른 문제이다.

토니가 이해한 "복음의 정치적 명령(imperative)"은 가령 산상수훈(마태: 5-7)에서 예수가 지시한 바를 정치수단에 의해 실천한다는—신학자 니부어(Reinhold Niebuhr)가 '소박한 도덕주의'로 부른—의미가 아니었다. 원래 산상수훈은, 통상 알려진 것과는 달리 예수가 제자들, 곧 이미 예수를 경험하고 복음의 편린을 접한 사람들을 대상으로, 크리스천이라면 혹은 크리스천으로서 마땅히 살아야 할 혁신적 삶을 강론한 설교이며, 세속적 개인의 노력이나 정치기획과는 애초에 아무런 상관이 없었다.[27] 토니가 영국국교회 주류로부터 거리를 두었던 이유도 소박한 도덕주의를 지지하기에는 권력정치와 영국인의 정신세계에서 성경의 지배력이 쇠락하고 있다는 점을 너무 잘 알고 있기 때문이었다. 영국 상류계급의 "우아하고 말랑말랑한 합리성" 저변에는 기본적으로 반기독교적인 자본주의 메커니즘이 깔려 있고, 따라서 엘리트를 위로하고 그 정서에 동조하는 데 주안점을 두는 국교회의 주교들을 "예수의 이름으로" 따를 수는 없는 일이었다. 오히려 토니의 관심은 예수의 정신과 기독교의 가르침으로부터 현대정치의 형태에 맞게 추출된 중간수준의 몇몇 원칙들을 밝히는 데 있었다. 가령 모든 인간은 신이 보시기에 동등하므로 크리스천은 **능력이 아닌 가치에서 동등하다고 가정하는 사회질서**를 추구해야 하며, 당연히 교회는 영국의 계급체제를 거부해야 한다. 모두가 죄인이고 의인은 없으므로, 어떤 개인이나 집단에게도 절대권력이 주어져선 안 된다. 따라서 권력의 집중은 나쁜 것이며, 부나 가문에 따라 태생적으로 지배층에 속한다는 개념은 거짓이다. 부와 마찬가지로 권력도 공동체 전체에 고르게 분포돼야 하거니와, 토니가 공산주의 독재에서의 정치권력의 집중과 제어 안 된 자본주의에서의 경제권력의 집중 모두를 반대한 것은 이런 근거 때문이었다.[28]

그는 도덕적, 윤리적 합의는 이미 존재한다고 믿었다. 그리고 그 기원은 기독교였다.

> 사회적 삶의 개선을 향한 첫 번째 단계는 엄정한 도덕적 기준에 따라 사회행위를 판단하는 것이다. 감히 말하거니와 우리는 이미 어떤 행위가 옳고 그른지를 알고 있다. 이제 우리가 아는 것에 기대 행동하자 … 중요한 것은 새로운 사실을 수집하는 것이 아니라 보편적으로 수용된 원칙들을 특정의 사회조건에 적용하는 것이다. 윤리의 기초는 변수가 아닌 상수이며, 윤리적 절대성의 기원은 기독교의 공동의 자산인 가치와 태도에서 찾아질 수 있다.[29]

토니가 궁극적으로 지향하는 사회의 핵심가치인 형제애(fraternity) 혹은 동료애(fellowship)도 기독교복음에서 끌어왔다.[30] 기독교적으로 인간은 오직 신과의 관계에서만 충만함에 이를 수 있고, 인간과 신의 관계는 오로지 서로가 지체인 사람들의 인간관계를 통해서만 증시(manifestation)된다. 따라서 정치질서는 단순히 그것이 개인들에게 제공하는 복지의 양이 아니라 그것이 증진하는 사회관계의 질에 의해 평가돼야 한다. 이런 기준에 따르면, 개인의 성취를 중시하는 자본주의적 경쟁이 사회적 연대를 이끄는 사회주의적 협력에 비해 바람직하지 못하다는 점은 자명하다. 이런 이유들로 인하여 현대교회는 그

스스로가 자본주의에 부여한 암묵적 혹은 명시적 승인을 심각히 재고하고 철회해야 한다.

토니 자신이 기독교사회주의자로 불리길 원치 않았듯이, 그가 시도한 것은 기독교와 사회주의의 종합이 아니었다. 그는 단지 크리스천이라면 마땅히 사회주의 편에 서야 한다고 생각했다. 가령 그는 친구인 템플이 맨체스터 주교에 임명되자 불편부당을 이유로 노동당에서 사임했을 때 이렇게 나무랐다. "천국이 기독교 사회체제 이상의 무엇임을 인정한다면, 그것이 그보다 열등한 무엇이라는 견해를 취할 수는 없는 일이네." 그러나 토니는 천국은 초역사적 개념이므로 지상에서 정치적으로 순전한 천국을 건설하기 위해 신정정치(theocracy)를 시도한다면, 이는 오히려 지옥을 가져오리라고 믿었다. 특정의 정치질서를 천국으로 만들려는 것보다 기독교적 가치들을 정치질서에 스며들어 감화를 주는 편이 더 낫다는 것이다.

이와 관련하여 토니는 정치의 가능성 혹은 역량에 대한 과장된 인식을 늘 경계했다. 여기에는 노동계급이 지닌 상식에 대한 그의 믿음이 작용했다. 가령 종교가 아편이 될 수 있는 것처럼 사회주의도 또한 그러한데, 기독교와 사회주의가 결합되면 보통사람들의 "다르고, 불손하고, 고집을 부릴 자유"는 억압받는다. 이는 또한 기독교의 겸손함과도 배치될 터인데, 기독교의 승리는 세속적 권위의 강압적 방식이 아닌 복음의 방식, 곧 "작고 낮은 목소리"에 의해 얻어지기 때문이다. 기독교는 승리하면서 변질되고 쇠락했다는 것이 토니의 지론이었다.

> 교회는 승리하면서 입을 닫았다. 누룩 전체가 반죽덩어리와 섞이고, 교회가 '하나의' 사회가 아니라 사회 그 자체로 간주되었을 때, 교회는 자신이 빨아들인 대중에 의해서 불가피하게 희석되었다.[31]

요컨대 신정정치는 정치적으로도 종교적으로도 바람직하지 않았다. 토니는 정치와 종교가 단일의 사회적 명분으로 섞여들지 않는 것이 이 둘을 위해서 더 유익하다고 보았다. 그는 종교적 충동을 세속의 정치적 열정으로 전화하는 것을 원치 않았으며, 기독교와 사회주의로부터 정치적 종교를 만들기보다는, 복음의 급진적 성격으로부터 교회를 사회주의 편으로 만들고자 했다. 그렇다고 사회주의 사회질서를 천국과 동일시한 것은 아니었다.

기독교를 치유와 회복 그리고 구원의 체계가 아니라 단순한 도덕적 가르침의 차원에서 이해한다면, 기독교와 마르크스주의 간에는 많은 공동의 근거가 있다. 따라서 토니가, 이 둘의 종합이 시도된다면 그것은 마르크스주의적이라기보다는 기독교적이어야 한다고 했을 때, 이는 토니의 기독교가 단순한 윤리적 차원에 머문 것이 아님을 말해준다. 물론 물질은 마르크스주의 분석뿐 아니라 기독교적 가치에서도 중요하다. 성육신은 예수가 물질세계로 들어와서 그것을 치유하고 회복한다는 점을 함축하므로, 물질은 영적으로 중요한 의미가 있다. 예수의 재림도 예수가 사람을 하늘로 끌어올리는 것이 아니라 이 땅의 삶의 현장에 다시 와서 모든 뒤틀린 것을 바로잡는다는 사상이다.[32] 새 하늘과 새 땅을 연다는 말의 함의가 이와 합치되거니와, 궁극적 회복은 타락한 인간뿐 아니라 그로 인해 타락한 물질세계에도 해당된다.

마르크스의 우상 파괴적 충동 또한 기독교에 들어 있다. 가령 "처음이 나중되리라."는 예수의 말은 억압받는 계급이 궁극적으로 억압자들을 전복하리라는 마르크스의 신념이 기독교적 구속사와 상통하는 점이 있음을 말해 준다. 그러나 토니는 마르크스주의자가 아니었고, 마르크스의 역사주의나 레닌주의의 전위 엘리트론에 동의하지 않았다. 단순히 마르크스주의의 어떤 점에 동의하지 않은 것이 아니라, 그 자신이 존재적 차원에서 차별화된, "기독교 인간주의에 철학적 뿌리를 둔 민주사회주의자"였다. 마르크스가 변증법적 유물론자였다면, 어쩌면 토니는 크리스천 물질주의자였을지 모른다.

그러나 토니의 종교적 신념은 대체로 그의 삶과 사상에 스며 있을 뿐 언어로 팡파르를 울려대지 않는다. 모름지기 정치체제와 사회체제는 물론이고 역사적 저술들도 모두 특정의 인간관을 가정하고 있기 마련이다. 배후의 가정을 섣불리 드러낼 때, 신념체계 간의 불필요한 갈등이 불가피할 것이다. 토니는 때때로 그런 가정은 드러나서 밝혀지는 것보다 존재하지 않는 듯이 간주될 때 더 유용하고 힘이 있다고 믿었다. 더욱이 그는 수많은 어리석은 실책을 범한 기독교의 신뢰가 추락한 것을 잘 인지하고 있었고, 가능하면 교리를 전면에 내세우지 않았다. 그러면서도 그는 성경의 근거들로부터 평등, 동료애 그리고 인간본성에 관한 회의와 궁극적 희망 같은 중간수준의 원리, 개념들을 추출해서 그의 사회주의의 진정한 토대로 삼았다. 요컨대 신앙이 토니의 사회사상 형성에 근본적인 역할을 수행했음을 부인하기란 쉽지 않다.

『비망록』의 의의

영국의 지성사가 스키너(Quentin Skinner)의 말이다.

… 사람들은 뛰어난 사상가들의 사상에서 일관성을 발견할 때까지 그들의 저술을 샅샅이 뒤진다. 그리하여 저자의 의도와는 무관한 인위적 일관성

이 사상과 이론에 부여된다 ⋯ 이는 불가피하게 '일관성의 신화(mythology of coherence)'라 이름 붙일 만한 형태의 글쓰기를 낳거니와, 윤리학과 정치철학의 역사를 다룬 글들은 이런 신화로 만연돼 있다.[33]

사상가들의 사상은 "모순과 갈림(contradictions and divergences)"으로 점철된 변화를 겪는 것이 일반적이나, 수많은 평자들은 이 점을 간과하고, 사상의 일관성, 내적 통합성을 당연한 것으로 가정함으로써 추상화된 곡해(曲解)를 내놓는다는 것이다. 암스트롱과 그레이는 스키너의 이런 경고에 충실하여, 토니 사상의 성격에 관한 기존 해석들이 세 가지 잘못된 가정으로 인해 왜곡되었다고 지적한다. 그 가정들이란, 첫째, 토니 사상의 다양한 측면들 간에는 연속성이 존재하며, 둘째, 그것들을 하나로 묶는 고리는 기독교이고, 셋째, 그 증거는 토니의 초기 일기들에서 발견된다는 것이다. 이들은 이런 가정들이 상정하는 '본질적, 통합적 접근' 대신 '연대기적 접근'을 권고한다. 그 결과 내린 결론은, 토니 사상의 전개에는 일관성이 결여돼 있고, 그의 개인적 기독교신앙은 유지되었지만, 기독교 없는 정치는 온전할 수 없다는 그의 초기신념은 포기되었으며, 그가 출간을 염두에 두지 않고 작성한 일기(『비망록』)는 훗날 출간된 저서들에 나타난 사상을 예시(豫示)하는 믿을 만한 지침이 되지 못한다는 점이었다.[34]

메타이론적으로 말하면, 사상은 어차피 해석되기 마련이다. 그리고 모든 해석에는, 그것이 이론적 작업일 때는 더욱, 해석자의 관점이 불가피하며 또 필요하다. 따라서 차이와 변화에 주목하는 태도 또한 연속성과 유사성을 강조하는 자세와 마찬가지로 크고 작은 과장과 오류에 노출된다. 해석자의 지적 정직성과 치열한 토론을 위해 가능한 한 열린사회를 만드는 일, 인간으로서는 그 정도를 기대하는 것이 최선일 것이다. 해석자의 과제는 원저에 대한 편향적이거나 과도한 '읽어 넣기' 혹은 '읽어 내기'를 스스로 경계하여 자신이 택한 접근의 정당성을 사후적으로 확보해 나가는 일이며, 자기 해석의 반증 가능성을 스스로 허물어서는 안 된다.

토니 연구자들이 그의 사상에 담긴 기독교의 위상을 보기 위해 그의 일기인 『비망록』을 주목하는 이유는 거기에서 토니의 신앙적 입장이, 많지 않은 분량에 분산되어 있지만, 비교적 직접적으로 진술되었기 때문이다. 이 책의 논의에서 서서히 드러나겠지만, 토니의 경우 신앙은 삶과 사상에 유기적으로 엮여 있다. 그것은 신념과 원칙으로서 두루 그의 삶과 학문과 정치에 삼투하여 그것들을 배후에서 총체적으로 아우르며 토니 특유의 통찰력과 문제의식을 추동한다. 따라서 자본주의와 사회주의에 대한 분석 혹은 사회, 경제, 정치적 쟁점들과 관련된 현실의 **구체적인 정책적 모색이 이로부터 직접적으로 연역**되는 것은 아니다. 하버드의 토니 연구자 테릴이 "토니는 크리스천의 사회 원칙의 적절한 천명이 강력한 사회주의적 함의를 동반하리라고 믿었다 … 그가 자신의 사회주의를 전적으로 기독교에서 끌어왔는지는 확실치 않으나, 그의 사회주의를 기독교의 맥락 안에 위치시켰다."고 말했던 뜻이 멀지 않다.[35]

성경은 갈수록 다양하고 복잡해지는 현실정치의 쟁점들에 대해 이론의 여지없는 '기독교적' 대안을 직접적으로 제시해 주지 않는다. 다 같이 기독교신앙을 고백한다고 해서 현실을 보는 안목과 처방이 한 방향으로 수렴하는 것은 결코 아닐 것이다. 정책이나 사상을 신앙에서 연역할 수는 없으니 신앙을 자동적으로 정치적 입장으로 전화시키는 기독교정당운동이나 신정정치의 이상을 꿈꾸는 것이 얼마나 많은 불행을 동반한, 순진하고 어리석은 발상인지는 역사가 증명해 왔다.

"나는 멍청한 크리스천이 다스리는 나라보다 현명한 무슬림이 통치하는 나라를 택하리라."고 말한 이는 마틴 루터였다. "무릇 모든 선한 것은 하나님으로부터 온다." 했으니(야고보 1: 17), 새삼스러운 말이지만, 정치와 정책은 전문가들이 각축하는 일반은총의 영역이고 또 그래야 하는 곳이다.[36] 토니의 사상과 정책방향이 기독교정신에 토대를 두었다는 사실이 그 구체적이고 세세한 내용이 직접적으로 거기에서 기원하였다는 의미는 아닐 것이다.

『비망록』은 30대에 들어선 토니가 1912년과 1914년 사이 맨체스터에 거주하던 시기에 쓴 일기로서 그의 사후 10년이 지난 1972년에야 83쪽의 소책자로 출간되었다. 이 개인적 기록물은 당시의 사회상태나 산업상황에 대한 관찰, 친구나 학생의 기억될 만한 말들, 훗날 정식 글을 위한 생각들, 인간조건과 신앙에 관한 사적인 명상들을 모은 것이다. 그가 아직 노동당이나 사회주의 단체 혹은 공적인 정치구조와 긴밀하게 관계하기 이전이었기 때문에, 사회주의는 지극히 개인적 차원의 행위유형으로 논의되었고, 그의 사유방식은 대체로 급진적이고 비정통적이었다. 『비망록』이 토니 생전에, 즉 저자의 허락을 받고 출판된 것이 아닌 사적 기록물이기 때문에 매우 주의 깊게 다뤄야 할 책인 것은 분명하다. 토니가 30대 초에 그것도 2년이 채 안 되는 짧은 기간에, 출판을 고려하지 않고 기록한 사적인 감회에 학술적 의미를 부여하는 것이 과연 얼마나 정당한 일인지 합리적 의문을 제기할 수 있다.[37] 이러한 의문은 스키너가 경고한 연속성 가정의 위험성을 경계한 것이지만, 실은 그와 똑같은 이유, 즉 일기의 내밀한 사적 성격이 진정한 토니를 이해하는 데 결정적으로 소중하리라는 관점도 얼마든지 가능하다. 아래 서술의 주된 내용은 『비망록』에 담긴 토니의 신앙적 입장/고백이 저자의 인격과 성품을 경유하여 삶, 저술, 사상에 막대한 영향을 미쳤다는 것이다.

토니의 『비망록』에 담긴 다양한 주제들에 대해 행한 촌철살인의 코멘트들과 짤막한 에세이들은 저자의 가장 심오한 확신들과 내면세계에 대한 깊은 통찰을 엿볼 수 있게 한다. 토니는, **현실의 기독교와 교회를 향해** 평생 지속된 그의 비판에도 불구하고, 생애 마지막까지 단 한 번도 『비망록』에서 드러난바 크리스천으로서 자신의 신앙적 정체성을 포기하거나 기독교 자체를 회의했던 적이 없었다. 실제로 『비망록』이 토니의 사상을 연구하는 데 중요한 출발점일 뿐 아니라 어떤 점에서는 정초의 역할을 하는 소중한 자료라는 점은 많은 학자들이 공감해 왔다.

가령 라이트(Anthony Wright)는 『비망록』이 토니의 모든 저술의 "진술되지 않은 내적 핵(核)(unstated inner core)"으로서 그의 정치이론을 이해하는 데 핵심자료이며, 토니의 정치는 『비망록』이 기록한 그의 종교적 원칙에서 비롯됐다고 단정한다.[38] 그린리프(W. H. Greenleaf)는 "토니의 정치사상이 주로 그의 종교적 신념의 파생물이며 "기독교교의의 본질적 진리에 관한 정직하고도 열정적인 수용 위에 구축되었고", 『비망록』 이후의 연구들은 거기에서 강렬하게 표출된 크리스천 윤리와 신적 정의 개념을 전제하고 또 그것을 예증해 준다고 말한다.[39] 토니의 사회주의가 전적으로 기독교의 맥락 안에 있다고 말한 테릴은 "맨체스터에서 2년이 안 되는 기간 동안, 토니가 쓴 일기는 무엇보다 도덕원칙과 사회질서에 관한 그의 사상의 흐름을 보여주었다. 그것은 진지하고 강렬한 열망과 논증의 치밀함을 담은 것"이라고 주장한다. 『비망록』 편집자 중 한 사람인 윈터(J. M. Winter)는 서문에서 이렇게 말하고 있다.

[이 책만큼] 토니의 정신과 기질을 드러내주는 것은 없다. 토니는 깊은 기독교신앙과 강력한 격정의 사람이었거니와, 그의 정신과 기질을 가장 확실히 보여주는 것은 단연코 그가 맨체스터에서 1912년에서 1914년까지 기록한 이 일기이다 … 그것은 사회주의자와 학자로서 토니가 이룩한 평생의 작업들을 지탱해 주는 가정들에 관한 독보적인 기록이며, 여기에서 나타난 주장들의 맹아적 형태는 훗날 그의 3부작을 통해 만개할 것이다.[40]

왜 사회는 철학을 필요로 하는가. 수단에 대해 의견을 달리하는 것은 불가피하고 또 바람직하지만 목적에 대해서는 그렇지 않다. 정치적 의견의 다양성은 유익하지만 정치행위의 본질에 관해 합의가 없다면 그것은 또 다른 문제가 된다. 한 사회가 목적과 본질에 대한 최소한의 합의를 결여할 때, 사회적 삶은 이익들의 이전투구로 화하고 정당정치에는 일관되고 지속적인 진영은 없는데 변화무쌍한 단기적 진영논리만이 판칠 것이다. 통합이 바람직하다고 해서, 모두가 동일한 것을 향해 같은 방식으로 행동하는 외적 일치를 지향해야 하는 것은 아니다. 그러나 사회구성원들의 바람직한 심성은 상대의 행동이 마음에 안 들어도 그것이 도덕적 정당성을 지닌다고 볼 수 있어야 한다. **타인의 신념이 오로지 이기적 동기에 의해서만 좌우된다고 가정해서는 안 된다는 의미**에서 그렇다. 현대인의 경제적 삶이 결여하고 있는 것이 그 도덕적 정당성이다. 의견차이가 불화나 냉소로 변하는 것은 바로 그것이 부재하기 때문이다.[41]

오늘날 국가기구든 기업조직이든 그것의 내부규정을 아우르는 보편적으로 수용된 삶의 철학을 가지고 있지 못하다. 애초에 존재하지 않는 철학을 적용할 수는 없는 일이므로, 따라서 일차적 과제는 그것을 창출하는 데 있다.[42] 토니는 "사회문제는 양의 문제가 아닌 비율

(proportions)의 문제이며, 부의 양이 아니라 우리가 속한 사회체제의 도덕적 정의의 문제"이지만, 인류는 권리 대신 안락을 추구하는 비극적 실수를 범했다고 탄식한다.[43] 진정한 전투의 지형은 도덕적 지형이고, 개혁의 성과도 역사적, 장기적 관점에서 보아야 한다는 것이다.

『비망록』의 핵심사상은 사회의 '도덕화'이다. 행동습관이 내면의 양심과 충돌할 때 개인이 고통을 느끼듯이, 객관적 제도들이 시대의 도덕적 이상을 침해할 때 사회도 고통을 받는다. 토니는 서구사회처럼 오랜 세월 공동의 도덕적, 문화적 전통을 이어온 공동체는 사회경제적 삶의 행위준칙들에 대한 기본적 합의를 이뤄낼 수 있다고 보았다. 하나의 공동체로서 특정의 행위유형을 질책하고 어떤 것들을 승인하는 습관을 학습하는 것, 곧 도덕적 재건이야말로 경제적 재건과 사회평화를 위한 전제조건이라는 것이 그의 사상과 실천의 출발점이었다.[44]

토니에 따르면, 사람들은 통상 3단계를 거치며 사회문제를 바라본다.[45] 처음에는 가난 등을 개인적 불운의 문제로 간주해서, 그것을 사회의 주요 제도들과 연결시키지 않는다. 이 단계에서는 국가가 그것들을 만들고 후원한다는 개념이 없기 때문에 개선을 위해 국가에 기대지도 않는다. 두 번째 단계에서는 개인이 봉착한 사례들의 저변에 공통적인 무엇이 있음을 깨닫는다. 그것들이 체제를 구성하는 사회제도들과 관계 있고, 그 체제는 국가가 창출한 것이어서 법을 변경함으로써 변화될 수 있다고 확신한다. 개혁을 위해 국가를 바라보는 것이다. 마지막 단계에서는, 경제적 악을 제거하지 못하는 국가에 대해 분노한다. 그러나 이런 태도는 마치 교황이 개혁가가 아니라는 이유로 그를 향해 분노하는 것이 헛된 일임을 자각하고는, 사회는 결코 스스로 자신을 벗어날 수 없다는 점을 깨닫는다. 토니의 기본시각은 이랬다.

사회문제들에 대한 정부의 태도는 심각하게 잘못됐지만, 그 이유는 피차에 대한 개인들의 태도가 잘못됐기 때문이다. 현 사회의 개인들은 잘못된 보편적 가정들 아래에서 살아가고 있고 그들의 모든 행위는 그런 가정들이 빚은 성품에서 나오기 때문에, 선의를 지니고 있을 때조차도, 종종 해악적인 일을 범한다.[46]

그리하여 산업문제는 도덕적 문제이다. 가령 현대산업에 대한 노동자들의 문제제기는 노예제에 대한 문제제기와 본질적으로 같다. "산업개혁에서 이 시대가 당면한 도전은 노예제 폐지론자들이 직면했던 도전과 유사하다." 인간을 사물로 취급하면 안 된다는 반노예제 정서가, 왜 현대기업의 가장 특징적인 부도덕을 향해서는 표출되지 않는가? 노예를 어떻게 대우하는가가 노예제의 핵심문제가 아닌 것처럼, 사회문제들은 그저 빈자의 생활수준과 소득을 올린다고 해결되거나 단순히 사회 안의 부와 소득의 분배에 관한 문제가 아니다. 그것은 사회체제의 도덕적 정의에 관한 것이다.[47] 따라서 책임은 고용주만이 아니라, 타인을 인격체가 아니라 도구로, 목적이 아니라 수단으로 사용하는 데 아무런 잘못도 보지 못하는 현대인 모두에 있다. 그런데 이 점이야말로 노예제의 본질 아니던가. 가난을 덜어주고 잘못된 것을 수선하는 일은 선하고 필요한 일이지만, 그것이 사회문제는 아니다. 사회적 분열을 낳는 것이 단순히 빈곤이 아니라 도덕적 해악과 인간의 고귀함을 유린하는 것에 대한 의식일 때, 통상적 관계들이 정의롭지 못하다고 느끼는 공동체를 위해 구호체계를 만드는 일은 무의미하기 때문이다.[48]

이런 관점에 따르면, 격심한 파업파동도 보상을 둘러싼 물질적 갈등 아닌 산업에서의 새로운 도덕질서에 대한 요구에서 비롯된 것이다.

인류의 역사는 가난해도 매우 행복하고 만족하는 사회일 수 있고, 부유해도 매우 불행하고 불만에 찬 사회일 수 있음을 보여준다. 행복과 만족의 원천은 결핍을 충족하는 데 있는 것이 아니라 **자신과 동료의 사회적 지위를 도덕적으로 승인하고 만족스럽게 바라보는 능력**에 있기 때문이다. 빈곤의 원인과 그것의 치유방법을 안다고 해서 **인간의 양심이 만족하는 사회질서**가 만들어지는 것은 아니다. 토니가 보기에 중요한 것은 빈곤을 치유했을 때 우리가 스스로에게 더 큰 자부심을 느끼리라는 확신이었다.[49]

토니는 "노동계급은 50년 전보다 형편이 나아졌는데, 왜 소요를 일으키나? 도대체 혁명의 재료가 있는가?"라는 질문에 대해, 혁명의 확률은 혁명이 일어나는 나라의 물질적 불만에 비례하지 않으며 모든 경험이 이 점을 확인해 준다고 대답한다. 혁명은 외적 정치질서와 사람의 주관적 권리 개념 간의 격렬한 모순/상충이 있을 때 발생하며, 따라서 전자의 후퇴 못지않게 후자의 변화 혹은 발전에 달려 있다.[50] 이것은 인류가 쉽게 잊는 인간발전의 정신적 요소이지만, 그런 망각은 파탄을 결과한다. 물적 조건을 개선하는 기존 질서 안에서의 변화가 사람들이 부도덕하게 느끼는 질서 자체의 변화를 대체할 수 있다고 믿게 만들기 때문이다.

가령 미국혁명은 당시 식민지주민이 영국민의 대다수를 포함한 유럽의 거의 모든 주민보다 물적 불만이 훨씬 적은 상태에서 일어났다. 핵심은 영국의 식민지이론이 그들의 관례적 권리의식과 부합하지 않았고, 1760년 이래의 행정적, 입법적 조치들을 통해 그들에게 강요되었다는 점이었다. 프랑스혁명의 배후에 심각한 경제적, 물질적 불만과 잔인함, 실정이 있었다는 것은 부인할 수 없지만, 1789년의 프랑스농민의 경제적 형편이 당대의 수많은 독일농민 그리고 18세기 초의 상황에 비해 좋았다는 것 또한 익히 알려진 사실이다. 그것은 기본적으로 새로운 사상체계의 봉기였고, 인간의 가능성에 대한 새로운 개념/기준에 의해 촉발되었다.[51]

토니가 물적 풍요와 선한 사회의 연관성을 회의한 것은 윤리적 공동체였던 중세를 공부하면서였다. 그가 중세의 "온정적 가난(benign poverty)"으로 돌아갈 것을 주창한 것은 아니다. 토니가 "부를 숭앙하는 것이 아니라 경멸함으로써 가난을 정복하자."고 외쳤을 때, 이는 물질주의를 영적 가치에 종속시키는 새로운 철학을 수용하자는 것이었다.[52] 그는 노동계급의 참상에 말할 수 없이 분노했지만, 노동계급 중심의 해결방안은 지지하지 않았다. 분기하는 이해들의 타협과 화해를 일구고 제휴세력을 규합하는 등 "추악한 거래"는 현대사회의 도덕적 질환에 대한 치유라기보다는 그 징후였다. 그것은 타인을 도구 아닌 인격체, 수단 아닌 목적으로 보기를 거부하는 우리 모두가 책임져야 할 일이었다.[53] 현 사회에 만연된 잘못된 원칙들은 전 인구의 오도된 윤리의식이 배양한 것으로, 역사특수적인 현상이었다. 토니가 과거의 중세시대를 윤리적 공동체가 창출될 수 있는 하나의 사례로 본 것도 이런 인식과 무관치 않다.

따라서 **가장 시급한 과제는 초점을 경제문제에서 도덕적 평가로 이전하고 사회의 근본 가정 혹은 원칙들을 변화시키는 일이다.** 즉 현대인이 익숙하게 여겨온 잘못된 기준과 원칙이 판치는 땅을 청소하고 진정한 사회철학을 들여놓는 일이다.[54] 그러나 개혁가들은 빈자의 고통을 덜어주는 일에 집중하거나 기존의 규제와 조직을 "정비하는" 데만 관심을 보이며, 원칙들은 무가치하다고 여긴다.[55] (다음 장에서 보듯이) 페이비언들이 범한 중대한 오류가 이 지점이었다. 그들은 정치인들을, 그들의 원칙을 변화시키지 않고도, 선한 행동노선으로 유인

114

할 수 있으며, 숙의(熟議)를 통해 사회는 더 나아질 수 있다고 믿었다. 그러나 토니가 보기에 동일한 정신적 양식에 의존하는 사회는 발전할 수 없다. 아무리 솜씨를 부려도 엉겅퀴에서 무화과를 딸 수는 없고, 정치는 잘못된 철학이 만든—실은 근본원칙이 부재한—진공상태로부터 사람들을 구할 수 없다.

사회윤리와 기독교적 전제들

적어도 『비망록』을 쓸 무렵 토니는 도덕적 개선을 위한 **정치의 유효성**에 대해 지극히 회의적이었다. "현대정치는 권력과 이익의 조작에만 능하고, 현대사회는 도덕적 이상의 부재로 병들어 있다. 그런 사회를 정치로 치유하려는 것은 마치 굶주림으로 죽어가거나 유해한 공기에 오염된 사람에게 외과적 수술을 하려는 것과 같다."[56] 거짓철학의 부패한 영향으로 인해 정치는 더 이상 공동체의 근본적 도덕원칙들에 관심을 갖지 않으며 경제문제에 대한 기술관료적 관리에 온통 몰두해 있다. 『비망록』과 비슷한 시기에 쓴 것으로 알려진 『뉴 리바이어던 (The New Leviathan)』에도 현대 물질주의를 향한 신랄한 공격이 담겨 있다. 영국사회의 주된 문제는 경제적 결핍에 앞서 도덕적 에토스, 곧 포괄적인 윤리적 이상의 부재였다. 따라서 그는 효율과 기술에 초점을 둔 경제적 해결이 우선적 관건이라는 만연된 확신을 통탄해했거니와, 그 중심에는 "옳고 그름의 원칙을 편의의 원칙으로 대체한" 공리주의가 있었다.

제도와 사상의 기존 질서의 암묵적 가정은 사회가 순전히 인간적인 혹은

'자연적' 질서에 속하며, 사람의 행복추구를 인도할 신적, 절대적 원칙이나 법이란 존재하지 않는다는 것이다. 그리하여 인간제도는 편의의 문제로 귀착될 뿐 … '인간은 이러이러한 본성을 지녔고, 신을 향해 이러이러한 의무를 지닌 존재'라는 관념은 개입되지 않는다.[57]

토니는 공리주의를 비판하면서 버밍엄대학의 한 동료의 말을 인용한다.

사회주의 운동의 물질주의에는 위험이 내재돼 있으니 … 이 세대가 기독교의 전통적 교의들을 버렸기 때문에 다음 세대는 삶의 정신적 토대 전부를 부인하게 될 것이다 … 도덕적 행위만으로는 충분치 않다. 사람이 영적 실재를 믿지 않는다면, 이타주의는 어리석다. 자신이 세상에 특별한 목적을 위해 보내졌고, 세상 안에서 수행할 특별한 일이 있다고 믿지 않는다면, 왜 이웃사랑의 의무를 인지해야 하는가? 인간들 위의 상위 권력이 없다면, 이웃과의 관계는 무의미하다.[58]

신적 교의에 기반을 둔 도덕이야말로 문제해결의 출발점이었지만 현대사회는 기독교도덕의 기준에 부응하는 데 실패했다. 그러나 토니는 제1차 세계대전 전의 불안과 소요, 불화와 분열의 상황에서도 가치의 합의를 위한 토대를 마련하는 일을 비관하지 않았었다. 필요한 것은 현 사회를 초월하되 그 안에서 작동하는 원칙이었고, 종교만이 그 역할을 수행할 수 있었다. **계급과 부의 차이를 넘어서는 종교의 초월적 성격만이 통합을 위한 객관적 원칙으로 작동할 수 있다**는 것이다.[59] 옥스퍼드에서의 T. H. 그린의 크리스천 이상주의의 영향, 그린의 제자였던 찰스 고어 같은 성직자와의 교류, 그리고 고어의 "사회인지적 기독교"는 토니의 현실적, 지적 여정에 지침을 제공했다.[60] 토니에게 신의 존재는 "지금 눈앞에 없으나 실제로 존재하는 사람을 떠올리는 것보다 무한히 더 즉각적이고 직접적으로 경험할 수 있는 사실로서, 같은 공간에 있는 사람을 인식하는 것과 유사한 일"이었다.[61] 『비망록』 저변의 정서도 영적 존재로서의 인간은 "종교적 가치들로 자연스럽게 정향된다."는 확신이었다. 가령 노동계급의 혁명적 분노도 산업체제가 정신적 은혜와 경건함을 무시하고 조야한 공리주의를 선호한 데서 촉발되었다.[62]

토니는 인간 각자의 내면에는 영적 가치를 공유하는 데서 오는 옳고 그름에 대한 지식이 이미 존재한다고 보았다. 도덕은 기독교규범들에 대한 공유된 경험에 항구적으로 새겨져 있고, 기독교원칙들과 불가피하게 엮여 있다.[63] 이런 관점은 윤리와 관련한 기독교(국가)의 배타성, 혹은 기독교의 윤리적 전유(專有)를 고집하는 것이 아니다. 서방세계에서 수 세기에 걸쳐 공유돼 온 기독교 규범에 대한 공동의 경험이 가능하게 만든 윤리적 태도를 가리키는 것이다.

모든 인간은 무한한 가치를 지니며 따라서 편의에 대한 어떤 고려도 한 사람의 다른 사람에 대한 억압을 정당화할 수 없다는 것을 믿는 것이야말로 모든 도덕의 본질이다. 그러나 이를 믿기 위해서는 신을 믿어야 한다. 인간을 단지 사회적 지위로만 평가하는 것은 사회질서에 인간을 희생시키는 일을 승인하는 것이며, 상대를 목적 자체로 간주할 수 있는 것은 각 개인의 영혼이 상위의 권력에 관련돼 있다는 것을 알 때뿐이다. 사회질서 또한 그것을 초월하는 권능에 의해 평가되고 판단돼야 하거니와, 사회의 기본과정들은 기독교적 연원을 지닌 도덕적 사고와 일치해야 하기 때문이다.[64] 요컨대 토니에게 기독교신앙은, 드러나지는 않지만, 필수적이며 진정한 도덕적 토대였다. 그가 보기에 인본주의 사상은 스스로를 웃음거리로 만든다.

가령 『비망록』에서 엿보이는 평등에 대한 구상도 그의 기독교신앙에 결정적으로 빚진 것이다. 사람들은 인간평등에의 믿음은 무정부상태를 낳는다고 종종 말하지만, 그러한 믿음은 누구도 상대를 자신의 목적―아무리 고귀한 목적일지라도―을 위한 도구로 사용하는 것을 정당화하지 않는다. 토니는 평등의 문제를 물질이 아닌 도덕적 개념으로 사고했다. 진정한 평등은 경제적 재분배보다는 먼저 "인식적 재정향"을 통해 성취돼야 하기 때문이다. 모든 혁명적 기획은 하나의 장엄한 기준―곧 "저가 이 작은 자 중 하나를 실족케 할진대 차라리 연자맷돌을 그 목에 매고 바다에 던지우는 것이 나으니라."(누가복음 17: 2)―을 가진다. 누구도 옳은 일을 강요할 수 없거니와, 심지어 아무리 악하고 어리석은 부자일지라도 여전히 인간인 것이다.[65]

"인간의 개성 자체가 지닌 최상의 가치"는 각 개인의 영혼이 위의 힘에 연결됐기 때문이며, 이것을 깨달을 때에만 인간은 서로를 목적 그 자체로서 간주할 수 있다. 따라서 "인간의 평등을 믿기 위해서는, 신을 믿는 것이 필요하며", 그런 신앙만이 모두의 동등한 가치를 위한 토대를 제공한다. 공유된 하나님의 부성(父性)이라는 기독교적 전제 없는 인간평등 개념은 무의미하며, 세속적 평등주의는 근본적으로 흠결을 지닐 수밖에 없다. 모든 인간은 하나님의 피조물로서 동등한 가치를 지니므로, 신의 존재를 부인하면, 불평등의 신념을 조장함으로써 특정의 사람들이 다른 사람들의 이익을 위한 단순한 도구로서 환원되는 일이 가능해진다. 요컨대 토니에게 신에 대한 믿음과 인간의 근본적 평등에 대한 믿음은 늘 함께 갔다.

신의 형상을 지닌 피조물로서 인간 각자가 지닌 본질적 가치의 동등성이라는 존재론적 관점에 더해 모두가 신 앞의 존재라는 실존적 관점도 평등을 옹호한다. "인간이 무한히 위대한 것을 상상할 때에만 모든 인간적 차이는 무한히 사소한 것이 된다." 전능한 신을 상상하지 않을 때, 인간은 "차이를 만들고 강조하며", 인간대중을 목적 아닌 수단으로 환원시킨다.[66] 하나님의 무한한 위대성은 인간의 왜소함, 열등함을 자각하게 만듦으로써 인간 사이에 장벽을 세우는 일이 얼마나 비합리적인 일인지를 드러내준다. 인간이 천사들보다 "약간만" 낮게 창조됐다는 점(히브리서 2: 7)을 깨닫는다면, 교만이나 자기비하는 모두 얼마나 유치하고 어리석은 일인가! 이런 시각에서도 당연히 신앙의 상실은 불평등의 증대로 이어졌다. 요컨대 현대세계의 문제는 신의 위대함을 믿지 않으면서 인간의 왜소함(혹은 위대함—이는 같은 것!)도 믿지 않게 되고, 그럼으로써 인간 간의 차이를 만들거나 강조하고 거기에 집착한다는 데 있었다.[67]

근본적으로 신적 기원을 지닌 인간평등 사상에 걸맞은 행위는 무엇인가. 토니에 따르면, 사회발전을 위해 진정 필요한 것은 사람들이 자신의 행위의 결과에 대해 깊고 많은 정보를 갖는 것이 아니라, '옳고 그름'의 개념이 삶의 모든 관계에 적용된다는 점을 예민하게 깨닫고 깨달은 바대로 행동하는 것이다. 아는 바에 따라 행동하면 된다. 가령 우리는 사람이 자기행동이 이웃에 미치는 영향에 관심이 없다는 듯 사는 것이 잘못이라는 것, 금전적 이득을 위해 타인을 속이는 일이 옳지 않다는 것, 자기가 원치 않는 조건을 약자인 상대에게 강요하는 것이 잘못이라는 것을 이미 알고 있다. 사회학자들의 책무도 이처럼 문명사회가 보편적으로 수용한 행위준칙들을 여하히 특정의 사회경제적 조건에 적용하는지 보이는 일이다. 그런데 토니는 이런 지식을 기독교국가들의 공동자산이라고 보았다. 그것은 서유럽의 모든 주요 국가의 공유된 삶의 경험에 토대를 둔 것으로, 누구도 부인하지 않는

보편적 타당성을 지녔다.[68]

가령 서구사회에서 자연권과 정치적 가치들은 신적 교의에서 파생되며, 교회야말로 그것들을 구체화해서 적절한 기구였다. "하나님의 자녀이며 영생의 상속자인 인간은 세속적 질서의 주장들보다 우월한 권리들을 향유한다."[69] 『비망록』과 『뉴 리바이어던』 모두 정치사회체제에 대한 토니의 사유가 종교적 토대를 지닌다고 들려주거니와, 세속적, 물질주의적 에토스를 거스르는 윤리적 공동체의 회복과 이를 위해 필요한 도덕적 갱생의 과정에서 기독교교회가 담당해야 할 적극적 역할, 곧 정치의 종교적 기반을 강조하고 있다. 따라서 필요한 것은 어떤 정교한 도덕/사회철학을 새로 만드는 일이 아니다. 오랜 세월 기독교국가들이 공동자산으로 지녀온 도덕적 지식의 샘에서 길어올리기만 하면 된다.[70] 실제로 토니는 나이가 들면서 자신이 "학부시절에 비웃곤 했던 기독교교리에 담긴 놀라운 진리와 미묘함"을 새삼스럽게 확인하게 되었고, 모든 유익한 발견은 실은 자신이 익히 알아왔던 것이라고 고백한다.[71]

가령 "나 외에 다른 신을 섬기지 말라."는 제1계명은 어차피 인간은 무엇인가를 섬기게 돼 있다는 점을 말해 주지만, 신의 위대성을 잊은 인간은 신의 자리에 다양한 우상들—성공, 칭찬, 인정, 업적, 무엇보다 물질적 안락—을 들여놓고 신으로 섬긴다. 인간본성은 매일 새로운 우상을 찾아 새로운 욕망의 세계에 들어서고 진정한 신을 만날 때까지, 허기는 채워지지 않는다. 오히려 욕망이 영혼에 그림자를 드리울 때, 기회를 다시 얻지 못하거나 영원히 잃을까 전전긍긍하며 이것저것을 움켜쥐느라 더 분주해진다. 행복은 소유를 동반하며 욕망의 충족은 대상물을 탈취하는 능력에 달려 있다는 단순한 믿음 자체가, 행복을 위해 필요불가결한 내적 평화가 부재하다는 점을 말해준다.

토니는 기독교적 인간관의 정곡을 이처럼 예리하게 진술한다.

토니는 아무리 악을 고치려 노력하고 다짐해도 늘 실패하는 자신을 보면서, 자신을 끊임없이 악의 진흙더미 속으로 끌어내리는 '원죄'의 문제는 오로지 '은혜'로만 해결될 수 있으리라고 고백한다. 그러면서 '의지'를 내려놓고 어떤 권능이 알아서 움직이도록 내맡기면, 의식적으로 애쓰지 않아도 평화와 쉼을 얻게 되지만, 자신은 이 점을 삶 속에서 매일 배우면서 매일 잊어버린다고 탄식해 마지않는다.[72] 토니에 따르면, 기독교를 떠나 사적, 자연주의적, 반(半)신비적 종교로 간 사람들은 기독교의 본질적 특성이 모든 신조에 공통적이라는 판단 때문에 그리하지만, 그 길은 어디에도 이르지 못한다. 물론 신이 존재한다는 것을 알기 위해 반드시 기독교가 필요한 것은 아니다. 그러나 기독교의 차별성, 곧 새로운 독특성은 신이 특정의 역사적 인간—그 생애에 대한 기록을 우리가 가지고 있는—이 되고 그 인간 안에서 완전히 자신을 드러냈다는 선언에 있다.[73] 이것이 지닌 엄청난 의의는 단순히 신이 존재한다는 것이 아니라 존재하는 신이 보편 아닌 개별, 무한 아닌 유한, 원칙 아닌 인간으로서의 신인 그리스도라는 데 있다. 그리하여 수많은 사람들이 그리하듯, 성육신의 신을 믿는 기독교를 두고 자연종교를 선호하는 이는 자발적으로 집을 떠나 사막에서 방황하는 사람과 같다. 신이 존재한다는 지식만으로도 인간에게 엄청난 힘의 근원이 될 터이나, 그러한 지식은 그 자체로 크게 도움이 되지 못한다는 것이 토니의 관찰이다. 우리가 진정 알아야 되고 알기 원하는 것은, 그 신은 어떤 종류의 신이며, 통상적 인간교류에서 그는 누구인가라는 질문에 대한 답이라는 것이다.[74]

위대한 성취들은 열망에 머무는 정신이 아니라 참 쉼을 누리는 정신에서 오며, 그것들은 희망이나 두려움 아닌 확신이 맺어주는 열매이다. 그리하여 토니는 고백한다.

> 하나의 위대한 혁명[예수혁명]이 영원을 믿는 사람들로 하여금 세상을 더 나은 곳으로 변화시키게 하고, 인간을 영원히 해방시켰다고 믿는 사람들을 여러 혁명들의 전위에 세우며, 신앙을 운동으로 만드는 일에 헌신하게 만든다.[75]

모토는 "내가 하리라."의 의지적, 도덕적 결단이 아닌, '값비싼 은혜 (costly grace)'로 이미 용서받은 감격을 경험한 데서 오는 "나는 할 수 밖에 없다."이다.

> 이 점이야말로 기독교윤리의 가장 핵심적인 역설을 드러내준다. 곧 어떤 '권능'이 좀 더 심오한 의미에서 이미 세상을 위해 최선의 것을 예비해 놓으셨고 자신은 그저 미천한 도구라고 확신하는 사람들만이 세상을 뒤엎는 데 필요한 담력과 용기를 지닌다는 역설이 그것이다.[76]

평론가 리처드 리스가 토니가 죽은 다음 해에 BBC와의 인터뷰에서 토니를 "안정된 옛 세대의 마지막 대표자"로 말했던 것도 유사한 맥락이리라 생각된다.

> 나는 토니의 통찰력에 담긴 깊이, 지혜, 번득임에 의해 끊임없이 탄복했다 … 그리고 때때로 그가 결코 잃지 않았던 **기이할 정도의 비현실적인 신념**에 당혹해했다. 그것은 **늘 견고한 대지 위에 발을 딛고 있던 사람이 지닌 어떤 태도**, 금세기가 아니라 이전 세기에 태어난 사람에게 훨씬 친숙한 감정 같은 것이었다.[77]

122

토니의 마지막 제자이며 17세기 영국사가인 에일머(Gerald Aylmer)
에 따르면 토니는 "가장 먼저 크리스천이었고, 그다음에 민주주의자
였으며, 그다음에 사회주의자였다."

4
페이비언주의와
마르크스주의를 넘어서

역사주의와 유토피안주의의 거부

『비망록』을 쓰기 시작한 1912년 무렵 토니는 32세 저술가와 교사로서 자신의 영역에서, 적어도 정신적으로는 꽤 안정된 삶을 누리고 있었다. 그 무렵 부두, 철도, 석탄노동자의 잇단 파업 등 19세기 말 이래 가장 격렬한 산업분쟁이 그치지 않았다. 사회적 혼란이 연일 보도되는 와중에 영국사회주의 사상에 대한 재평가가 활발히 이루어졌다. 당시 영국사회주의의 대표적 흐름이던 페이비언주의와 길드사회주의는 각각 정치와 산업문제에서 구조와 행정문제에 집착하고 있었다. 이 둘 모두와 근본적으로 다른 사회주의적 입장의 정리가 시급했다. 파업파동의 원인을 주목하던 토니는 영국노동운동이 일관된 정치철학의 부재로 인해 불구의 상태에 있다고 진단했다. 사회조직이 어떤 형태―국가주도의 집산주의, 생디칼리슴 혹은 길드사회주의 등―를 취하든, 모든 수준의 제도변화는 일상생활의 행위를 인도하는 도덕

개념과 행위준칙의 변화와 함께 가야 했다. 그렇지 않으면 지배와 착취의 패턴은 반복될 수밖에 없었다.

그 즈음 토니 최초의 본격적인 경제사 연구서인 『16세기 농업운동』이 출간됐다. 16세기 인클로저에 대한 농민들의 반응을 취급한 책이었다. 경제사 연구에서도 부의 생산을 조직할 때 늘 따라오는 윤리적 딜레마에 비추어 경제문제를 다루어야 논의가 심화될 수 있었다. 『16세기 농업운동』은 역사를 도덕철학의 한 갈래로 보는 것이야말로 경제사 연구의 주제와 방법 모두를 결정한다는 그의 소신이 곳곳에 스며든 대작이었다. 『비망록』에서 지적된바, 앨프리드 마셜 유의 접근, 곧 경제문제는 과학적 초연함으로 접근해야 한다는 입장은 윤리적 판단이야말로 역사연구의 핵심적 요소가 돼야 한다는 토니의 관점과 정면에서 배치되었다.[78]

토니는 역사가로서 사회주의 정치에서 역사인식이 매우 중요하다고 믿었지만, 사회주의를 역사운동 이전에 인간의지의 문제로 인식했다. 따라서 토니의 인간주의적 사회주의는 우선 역사주의와 거리를 두었다.[79] 그가 『뉴 리바이어던』에서 보수주의나 개인주의자뿐 아니라 집산주의자들이 사회를 유기체나 기계로 상정한다며 불만을 표했던 뜻도 유기체나 기계는 자동적으로 특정 목적지를 향한다고 보았기 때문이다. 사회의 건강과 성공의 기준이 유기체나 기계의 완전성 정도가 될 때, 현실적 인간의 바람과 가치는 쉽게 배제된다. 페이비언 집산주의자, 공산주의자, 포괄적 이상사회를 내건 유토피아 사회주의자의 경우가 모두 여기에 속했다.

무엇보다 토니는 역사가 특정 시점에 멈출 수 있고 멈출 것이라는 유토피안의 가정을 받아들일 수 없었다. 거기에는 권위주의적 함의가 담겨 있었다. 절정의 시점 이후에는 누가 생각을 하고 선택을 하는가?

조지 오웰은 디스토피아를 그린 『1984』에서 "역사를 특정 시점에 동결하려는 거대하고 정밀한 노력"에 관해 말한 바 있다. 거기에서 인간은 수족과 톱니가 결합된 광대한 비인격적 도구의 역할로 환원된다. 특히 종교적 가치와 권위가 정치영역에 포섭될 때 "복종행위"에 대한 끝없는 요구가 뒤따르고, 정치가 종교가 되면서 엘리트는 권력의 사제가 된다.[80] 『1984』의 오세아니아는 자본주의도 사회주의도 아니며, 하이에크 같은 자본주의 옹호자도, 존 스트레이치 같은 공산주의 변론자도 그것이 지닌 진정한 야만성을 분석할 개념장치를 지니지 못했다. 토니가 "정적이고 마비적인 유토피아"를 거부한 것은 자유롭고 평등한 시민의 사회적 목표만이 국가의 적절한 원천이라는 점을 그것이 인지하지 못했기 때문이다. 토니 사고에 유토피아의 흔적이 있다면, 그것은 20세기에 만연한 형태의 유토피아/디스토피아, 곧 자연과 인간에 대한 완전한 통제의 열망을 동반한 것이 아니었다. 오히려 그것은 현대사회에서 명백히 드러난 악덕들을 피하려는 바람에 닿아 있었다. 그 열망은 통제가 아닌 올바른 관계에 초점을 두는 토머스 모어와 윌리엄 모리스의 전통과 맥을 같이하는 것이다.[81]

토니가 '민주적' 사회주의자로 불리는 까닭이 이와 관련이 있다. 그의 사회주의는 형이상학적 개념이 아니라 **민주주의가 공장 등 현장에서 실천되는 사회주의**이기 때문이다. 그것은 보다 나은 사회적 관계를 협력 작업을 통해 이루려는 끝나지 않는 도덕적 도전, 곧 보통사람들을 위한 "지금 이곳의 사회주의"이다. 역사가 개방된 과정으로서의 역사인 한, 사회주의는 도달된 안식처도, 역사에서 튀어나온 유토피아도, 단순한 경제적 계획의 시도도 아니다. 산업혁명이 역사의 한 사건이 아니라 지속되는 과정이듯이, 그것이 지향하는 사회도 종결된 유형의 신세계가 아니었다. 그것은 자유롭고 평등한 시민들 간의 올바른 관계로서의 사회주의이며, 역사는 열려 있되 역사 안에는 인간이 위치한다는, 상식적이나 엄중한 자각에 기초한 것이었다. 토니가 1930년대 지식계를 강타한 마르크스주의에 휩쓸리지 않았던 사정도 이와 무관치 않다. 그는 마르크스를 높이 평가했지만, 자신을 마르크스주의자로 간주하지 않았다. 그가 마르크스주의에 반대한 것은 자본주의를 반대한 근거와 흡사했다. 가령 프롤레타리아 독재로서의 사회주의는, 실현된다 해도 노동자 또한 불완전한 인간이므로, 불가피하게 실망을 안겨줄 것이다. 보통사람의 관점과 바람을 경시하는 스탈린체제는 토니의 사회주의와 애초에 거리가 멀었다.

토니는 정치, 경제, 군사적 프로그램으로 세상에 정의가 실현되리라 믿는 유토피안이 아니라 역사 너머의 소망을 품었던 종말론적 역사관을 지닌 사람이었다. 인간정신을 떠난 역사법칙이란 도무지 상상할 수 없었지만, 동시에 **이 땅에서** 사회적 삶의 갈등과 불완전성이 완전히 해소되는 최종적 목적지를 꿈꾸지 않았다. "기독교와 바람직한 사회혁명 모두에 치명적인 인간관은 인간을 자율과 책임의 능력을 지닌 존재가 아니라 기계나 노예로 간주하는 인간관이다."[82] 그가 보기에 산업주의는 인간을 "수족"으로 다뤘고, 스탈린주의는 "톱니"로 취급했다. 이 두 이데올로기가 목적과 수단을 병렬적으로 배열했을 때, 인간의 창조성은 추방되었다.

"부(富)를 멸시하라!"—페이비언 국가주의 비판

토니는 페이비언 집산주의를 향해서도, 그 정도는 덜할지언정 유사한 맥락에서 문제제기를 했다. 대체로 페이비언들은 정치체제를 그 자체로 너무 애호(愛好)했다. 특히 그는 사회를 기계로 보는 시드니 웹의 견해를 인정할 수 없었다. 민주적 사회주의는 에너지를 이용할 뿐 아니라 방출하는 데 관심을 보여야 한다는 것이다. 언젠가는 한 페이비언 만찬에서 "인간의 자식이라면 페이비언이 약속한 낙원에서는 결코 살 수 없을 테지만, 페이비언들은 이 점에서만은 침묵한다."고 직설적으로 말함으로써 좌중을 어색하고 당혹스럽게 만들기도 했다.[83]

토니는 수많은 정보에 기초한 실증주의적, 가치중립적 사회과학을 세우려는 당대의 지적 정통과 대립했다. 무엇보다 그의 엄밀한 도덕주의는 빈곤과 박탈에 대한 통계와 사실수집을 중시하는 페이비언의 접근에 의문을 제기한다. "사회학자들은 죄와 양심의 자리에 불편함과 사회복지를 들여놓지만 … 사회적 삶의 개선을 위한 첫 번째 단계는 엄정한 도덕기준에 의해 우리의 사회행위를 평가하는 것이다." 경제적 특권들을 폐지해야 하는 이유는 부의 생산을 저해하는 그것들의 비효율성 때문이 아니라 "그 자체가 도덕적으로 사악하기 때문"이었다.[84]

페이비언협회(Fabian Society)는 1884년 출범한 사회주의 단체로, 중산층 지식인들의 조사, 연구, 토론과 주로 지식인과 정치엘리트를 대상으로 한 '침투와 설득(permeation and persuasion)'을 위해 창설되었다. 당시 대표적 마르크스주의 단체였던 사회민주연맹(Social Democratic Federation, SDF)이 대중을 상대로 한 선동과 운동으로서의 사회주의에 역점을 두었던 것과는 대조적이다. 페이비언협회는 대외적으로 공식적 프로그램이나 원칙을 표방한 적이 없어서 단일의 페이비언주의를 규정하기란 쉽지 않으며,[85] 따라서 그 영향력도 협회 차원이 아닌, 페이비언주의의 대략적 원칙에 동의하는 페이비언 개인들 수준에서 자유롭게 행사된 것이었다.[86] 많은 사람들이 페이비언주의를 사상의 일관된 체계로 보기보다는 하나의 접근방법 혹은 산업의

생산적 조직을 위한 특정의 관점으로 이해하는 것도 이 때문이다.[87]

페이비언들이 주창한 사회주의는 일종의 국가사회주의이다. 현실에 존재하는 국가란 본래적으로 계급편향성을 지닌 것은 아니며, 활용하기에 따라서 얼마든지 유익하고 자비로운, 근본적으로 중립적인 도구가 될 수 있다. 결정적인 것은 '경제적 토대'가 아니라 '제도적 상부구조'였다. 상부구조로서의 국가에 대한 페이비언의 집착은, 국가가 철저하게 민주적 의회의 통제를 받는 한, 노동계급의 이해는 입법 등 국가활동을 통해 증진될 수 있다는 확신에 입각해 있었다. 실제로 협회의 초기멤버의 한 사람이었던 시드니 웹도 스스로를 제러미 벤담과 제임스 밀의 공리주의의 계승자라고 공언한 바 있지만, 법과 행정을 통한 개혁 가능성에 대한 무한한 신뢰야말로 페이비언들 모두의 사상을 꿰뚫는 일관된 태도였다. 이들이 대륙의 철학적 전통과는 뚜렷이 구별되는 영국자유주의의 급진적 전통 그리고 자료와 통계를 바탕으로 한 엄밀한 사실조사라는 실증주의적 태도를 국가행위의 중심 개념으로 삼은 것은 당연했다.

토니는 1906년 페이비언협회에 가입했다. 그는 비범한 사실수집가(fact-gatherers)인 웹 부부를 존경해 마지않았으며(1931년에 출간된 『평등』을 이들에게 헌정했다.), 1930년대 페이비언협회를 떠난 후에도 개인적 교류를 지속했다. "웹 부부의 집을 방문하는 일은 세상의 지혜와 사적인 비속함이 비범하게 결합돼 있는 … 상냥하고 겸손한 두 인격과 함께하는 것이었다."[88] 그러면서도 협회활동에는 소극적이었는데, 페이비언들의 국가 중심적 사고를 지지하지 않았기 때문이다. 『비망록』에는 당시 영국사회주의의 주류적 흐름이던 페이비언주의를 비판적으로 언급한 대목들이 여럿 눈에 띈다. 그 무렵 아내 지넷에게 "상당수의 페이비언들은, 영리한 사람들이 대체로 그렇듯이 위선자들이지.

(나는 영리하지도 못한 위선자이지만.)"라고 써 보냈다.[89]

토니가 특히 문제 삼은 것은 국가통제를 통해 사회가 개혁될 수 있다는 관점이었다. 그것은 사회주의란 기존의 구조에 '위'로부터의 행정적 처방을 부과하는 것이며 이로부터 보다 공정하고 평등한 사회가 '위에서 아래로' 건설될 수 있다는 시각이었다. 이런 인식에 따르면, 국가사회주의는 고전적 자유주의에 비해 더 합리적이고, 사회적 합의를 쉽사리 끌어낼 수 있기 때문에 자원을 활용하고 배분하는 데도 훨씬 효율적이다. 실제로 페이비언주의에서 사회주의는 종종 효율과 상당 정도 동의어로 취급되거니와, 가령 페이비언들은 경제적 특권이 폐지돼야 하는 이유를 그것이 비효율적이라는 데서 찾았다. 1912년 12월의 『비망록』에 담긴 기록이다.

사회문제들을 대하는 정부의 태도는 심각하게 잘못되었다. 문제는 잘못된 개인들의 태도이며, 그런 태도는 우리가 현 사회에서 특정의 거짓된 보편적인 가정들하에 살아가고 있기 때문이다 … 우리가 맨 먼저 해야 할 일은 그런 가정들 혹은 원칙들을 교정하는 것이다. 내가 보기에 페이비언들이 제대로 짚지 못한 지점이 바로 여기이다. 그들은 정치가들을 잘 조정하면 그들의 원칙은 불변인 채로 놔두고도 그들로 하여금 선한 행동을 하게 만들 수 있고 또 생각(이라는 영양소)만 충분히 섭취한다면 사회는 그 키를 몇 큐빗 크게 할 수 있다고 여기는 듯하다. 그러나 영적(靈的) 식단이 동일한 한 그리 될 수는 없는 일이다. 아무리 영리해진다 해도 엉겅퀴로부터 무화과과실을 딸 수는 없을 것이다. 내가 원하는 것은 그러한 도덕적 가정 혹은 원칙들이 무엇인지 명확히 밝히고 그것들을 대체할 다른 가정과 원칙들을 들여놓는 일이다.[90]

토니에 따르면, 페이비언들은 "방을 청소하면서, 영혼의 창문을 닫아둔 채로 있다."[91] 페이비언주의가 효율과 메커니즘에 관한 것이라면 토니에게 사회주의는 도덕과 개인적 갱생에 관한 것이었다. 무엇보다 산업체제가 '효율성'에 의해 정당화된다는 주장은 언어도단이었다. 정말 중요한 것은 효율성 여부가 아니라 얼마나 정의로운가의 문제이기 때문이다. "나의 모든 경험에 비춰볼 때 … 영국인들은 효율을 자유의 대체물로 수용하지 않을 것이다."[92] 자기이익에 따라 행동하는 사람은 협소한 상업적 문제에서조차 자신의 진정한 이익이 어디에 있는지 깨달을 수 없다. 인간은 이기심이 줄 수 있는 모든 가능성을 알기 위해서라도 어느 정도는 이타적이 돼야 한다. 가령 목전의 이익에만 관심 있는 사용자에게 노동자가 사용자를 신뢰할 때 일의 능률이 더 오르리라는 가능성은 이해되기 힘들다. 정의에 대한 내면의 갈증이 먼저 있어야 정의롭게 대하면 노동자도 거기에 반응하리라는 점을 이해한다. 토니에 따르면 페이비언주의 같은 사회개혁의 단순한 경제학, 즉 '수단의 경제학'은 이 지점에서 무너진다.[93]

페이비언의 국가주의와 정반대로 토니는 '아래로부터' 개혁, 곧 자발주의(voluntarism)에 희망을 걸었다. 자율, 독립, 자발적 노력을 통한 선한 사회의 성취야말로 그의 변함없는 신념이었으니, 그가 WEA 등을 통해 개인과 공동체를 교육으로 세우는 일에 평생 헌신한 것도 이런 인식의 당연한 귀결이었다. 사회주의는 정치체제와 시민사회의 제도 그리고 경제를 포괄하는, 민주주의의 오랜 훈련이 숙성시킨 점진적 산물이다. 당연히 그때 민주주의는 단순히 투표권행사를 넘어 "생활하고 일할 권리"를 포함하며, "정부유형일 뿐 아니라 사회와 삶의 방식의 유형"이어야 한다.[94] 이를 위해 민주주의가 정부와 법의 영역에서 소유권에 대한 이모저모의 제약이 동반된, 경제적 삶의 영역으로 확대되는 것이 불가피한데, 개인적 이윤을 위해 행사되는 추상적 권력은, 자의적 정치권력이 그런 것처럼, 민주주의와 양립할 수 없기 때문이다.

토니는 소유권형태와 관련해서도 다양한 경제적 실험을 주창함으로써 소유권과 조직의 형식과 관련해서는 유연함을 보였다. 페이비언 사상에 따르면, 석탄, 은행, 전력, 철강 등 주요산업들이 국유화돼야 할 것은 물론 사기업들이 정부기구가 정한 틀 속에서 작동해야 하며, 그때 국가는 공공이익을 보장하기 위한 충분한 권력을 소유해야 한다. 사실상 경제적 실험 개념에 뚜렷한 제한을 가한 것이다. 그러나 토니에게 국유화는 하나의 수단에 불과했으니, 국가는 국유화 외에도 국민복지와 관련된 다양한 정책들, 가령 투자, 신용정책과 고용 등과 관련된 주요정책에 관한 결정권을 다양한 방식으로 행사할 수 있다. 국유화는 노동자통제나 교육개혁, 급진적 자본재분배 등과 나란히, 평등을 실현하고 부의 사회적, 정치적 권력을 타파하고 적극적 시민권을 장려하고 기능수행이 권리와 보상의 기준이 되는 사회로 나아가기 위한 하나의 방법이었다. 이런 점에서 계획(planning)도 자본주의에 대한 대안적 만능약이 아니었다.

토니가 보기에 페이비언들은 통계와 사실을 축적하는 일, 곧 외루(外壘)에 너무 많은 시간을 쏟아부으며 결코 문제의 핵심에 도달하지 못했다. 핵심은 경제가 아니라 '도덕적 관계'였다. 토니는 "종교개혁 이전 500년 동안 사람들은 성직자의 부패, 부도덕, 비효율을 불평해왔다. 종교개혁은 요새가 공략됐을 때 찾아왔다."는 근대사가 A. L. 스미스의 말을 환기하며, 그것이 대부분의 혁명에 적용되는 심오한 진리라고 가르친다.[95] 그러면서 그는 현대산업체제의 기저에 흐르는 부도덕의 철학이야말로 우리가 공략해야 할 요새라고 단언한다.

사람들은 개인이 겪는 가장 큰 불행은 가난이며 소득을 희생시키는 행위는 어리석고 비현실적이라고 말하면서, 인간의 삶은 소득의 크기에 의해 판단되며 국가의 삶은 부의 생산에 의해 판단된다고 가정한다. 경제학자들은 부를 감소시키거나 증대시킨다는 이유로 특정의 개혁을 찬성하기도, 공격하기도 한다. 이런 답변이 사악하기 그지없는 이유는 인간의 삶, 정의 등을 대차대조표의 항목으로 측정해야 한다고 암시하기 때문이다.[96] 그러나 사회가 중요한 변화를 일구는 데 실패하는 근본원인은 단 하나, 개인들이 잘못된 삶의 철학을 지니고 있기 때문이다.

가령 웹 부부는 "경제적 특권을 폐지하라, 그러면 모두에게 살 만한 부가 돌아가고 모두가 정신적 삶을 영위할 수 있으리라."고 말한다. 그러나 토니에 따르면 경제적 특권이 폐지돼야 하는 일차적 이유는 그것이 부의 생산을 방해해서가 아니라 애초에 도덕적으로 옳지 않기 때문이었다. 철학이 변치 않는다면, 불로소득과 렌트가 범람하는 지금의 세상은 더욱더 탐욕의 전쟁터로 변할 것이지만, 설사 그런 특권들이 사라진다 해도, 인간은 여전히 다양한 수준에서 부와 문명 간에 선택에 직면하게 될 것이다. 철학과 원칙이 바뀌되, 부의 권력을 극복하는 진정한 길은 **부를 멸시하는 것**이 돼야 한다.[97] 그리하여 토니는 이렇게 말한다.

> 오늘날 우리가 중세시대 신학적 논쟁을 기이하고도 경멸적인 눈으로 돌아보듯이, 지금부터 300-400년이 흐른 후 인류가 경제문제에 대한 우리 시대의 어리석은 집착을 되돌아본다면, 사람들은 가장 중요한 문제는 경제문제라는 작금에 만연한 오류에 맞서 싸웠던 이들, 부를 경멸함으로써 가난을 정복하라고 가르친 이들의 이름을 숭배하는 마음으로 기억할 것이다.[98]

실은 페이비언들이야말로 가난을 만든 원칙의 구현자였다. 그들이 가난을 경감하는 것처럼 보일 때조차도, 실제론 자신들이 그토록 집착하는 사회환경에 대한 조사의 목전에 놓인 도로에 작은 불빛 한 줄기를 비춰줄 뿐이었다. 산업은 사람을 수단화하고 개성을 존중하길 거부함으로써 빈곤을 창출한다. 만약 자선가들이 빈곤을 창출한 산업체제를 그대로 둔 채 빈곤 자체에 매달려 경감하려 든다면 그들도 산업조직자들과 다름없이 개성의 권리를 심각하게 침해하는 것이다. 인류의 방향은 그 원천이 훨씬 깊은, 전혀 다른 도덕적, 지적 원인들에 의해 결정된다. 토니는 근본적 철학 개념을 도외시할 때, 세계는 막대한 손실을 입으리라고 보았다.[99]

토니가 지속적으로 환기한바, 우리 시대에 가장 시급하나 가장 소홀히 취급된 문제는 경제적 사실들이 아닌 경제적 권리의 문제였지만, 지난 반세기 동안 거의 모든 영국의 사상가들은 페이비언의 영향을 받아 경제적 권리의 성격에 대한 조사가 아니라 사실들의 수집에 온통 관심을 쏟았다. 이런 흐름은 이제 바뀌어야 했다. 미래 사회정책의 근본과제가 사회와 국가의 관계에 주로 관련된 것이라면, 순수한 개인주의나 순수한 집산주의는 이제 신뢰를 잃었다. 전자의 자유지상주의를 떠나되 후자의 스탈린식 공산주의에도 속하지 않는 다양한 제안들, 곧 페이비언주의, 생디칼리슴, 길드사회주의 등도 근본적 문제에 봉착해 있기는 마찬가지였다.

[페이비언식] 국가관리가 정신적 삶을 어떻게 무력화시키는가는 영국국교회가 증명했고, 생디칼리스트 경영이 어떻게 집단적 이기심을 조장하는가는 옥스퍼드와 케임브리지대학이 잘 보여주었다. 방대한 양의 사실을 수집하는 데 목매는 일은 해변에서 조약돌을 줍는 일과 같다. 아이들은 그렇

게 주은 조약돌을 서로를 향해 던질 뿐이니 … 오늘날 사회경제적 저술들의 경향은 방대한 양의 사실들을 모으는 것이지만, 그렇게 모인 사실들의 용도는 무엇인가? **어떤 마법으로도 사실이 원칙으로 변하지는 않는다.**[100]

페이비언들은 종종 지방정부 서비스의 놀라운 발전을 사회주의 승리의 징표로 거론한다. 그러나 토니는 페이비언협회의 소위 '가스와 상수도 사회주의', 혹은 1880년대부터 공정가격에 핵심서비스를 제공하기 위해 많은 영국도시들에서 진행되어 온 지역유틸리티 산업의 지방정부화에 대해서도 비판적 태도를 거두지 않았다. 토니가 보기에 이는 "문자를 숭앙하되 정신을 경시하는" 끔찍한 사례였다.[101] 그 모든 '발전'의 '동기'는 소비자를 위한 순전한 공리주의적 고려였거니와, 그것은 보다 정의로운 사회제도들을 도입하려는 열망이나 임금노동자에 대한 어떤 근본적 사유에 의해 단초가 열린 것이 아니었다. 거기에 영감을 불어넣은 것은, 자유무역을 둘러싼 소요가 그랬듯이, 오로지 값싼 서비스에 대한 적나라한 욕구였다. 제조업자들은 값싼 목면과 기계를 원하는 이유와 정확히 같은 이유에서 값싼 가스와 전기를 원한다. 여기에서 혁명적 변화의 어떤 맹아를 찾으려는 것은 연목구어의 도로(徒勞)에 불과했다.[102]

[이런 점에서] 노동계급과 영국노동운동은 한 가지 비극적 실수를 범했다. 그들은 자신들의 권리를 얻는 것에 목적을 두기보다는 안락을 추구했다 … 싸움은 옳고 그름이 아닌 많고 적음의 문제를 두고 저지대에서 수행되었고 노동자들은 부분적인 사회개혁에 맛 들여서 매수되었다.[103]

실업문제도 마찬가지이다. 실업자 구호를 시작으로 보험과 훈련계

획을 차례로 실시했지만, "무슨 권리로 공장을 소유한 갑은 공장에서 일하는 그의 파트너 을을 해고하고 고용하는가?"라는 근본적 질문은 아무도 던지지 않았다. 물론 갑은 적절한 법적 절차 없이 을을 해고할 법적 권리가 없으며, 을은 법정이나 대표자위원회에 갑을 제소할 수 있어야 한다. 토니가 보기에, 을에겐 그의 직업에 대한 법적 이해, 소작권이 주어져야 한다는 것이다.[104]

토니의 페이비언주의와의 불화는 근대의 지배적 사회철학인 공리주의에 대한 보다 심각한 문제제기에 닿아 있다.[105] 어떤 점에서 페이비언들이 도덕을 배제하고 효율과 편이에 초점을 맞췄을 때, 그들은 벤담의 '최대다수의 최대행복 원리'를 모범적으로 실천하고 있었다.

> 그들은 공공복리의 기준을 곧장 벤담으로부터 취해왔고, 급진적 개인주의자들에 대한 그들의 비판도 이런 포뮬러의 한계 속에서 진행된 것이다. 말하자면 그들은 '진정으로, 다수의 복리를 증진시키는 경제체제'를 최상의 것으로 여겼다. 그들에게 문제는 목적이 아니라 언제나 수단이었다. 그리하여 사람들이 자신들만큼 현명해진다면, 목적은 그대로 둔 채 자신들의 수단을 택하리라고 자신만만해했다."[106]

토니는 '다수의 물적 풍요'라는 목적 자체 그리고 다수의 행복을 위해 소수에 부과되는 반사회적 혹은 착취적 관행에 대해 공리주의자들이 보인 무관심에 문제제기를 한 것이다. 가령 그는 "생산자에게 가해지는 잔혹한 조건들을 관용함으로써 얻어지는 값싼 상품을 상상해보라. 그런 조건들은 정당화되는가?"라는 질문을 던진다. 토니가 원한 것은 절대적으로 적용되는 절대적 기준이었으며, 도덕적으로 옳지 않은 것은 그 결과가 무엇이든지 즉시 멈춰져야 했다. "편의가 아무리 크다 할지라도 … 불의를 정당화하지는 않는다 … 다수의 복지보다 상위의 법이 있다. 그 법은 모든 개성에 내재된 최상의 가치이다."[107] 최대다수의 최대행복을 위한 모든 제도는 그 자체로 선한가라는 질문은 이런 맥락에서 제기된다. 노예제는, 다수에게 이롭다는 이유로 정당한가? 값싼 물건이 노동현장의 잔혹한 조건들을 통해서만 얻어진다면, 그런 조건들은 정당화되는가? 백인국가의 부가 작은 후진국가의 무자비한 착취를 통해 증대됐다면, 착취는 정당한가? 대부분의 사람은 아니라고 답할 테지만, 그런 답은 벤담의 원칙과 화해할 수 없을 것이다. 억압받는 노동자들이 속한 어떤 부문도 대다수 소비자로 구성된 공동체에 견주면 소수자이며 벤담의 원칙은 그들을 항구적으로 억압하는 데 대한 정당화를 제공한다.

> 사회제도의 목적이 행복이라고 말하는 것은 거기에는 공동의 목적이라는 것이 전혀 없다는 의미이다. 왜냐하면 행복이란 개인적인 것이고, 행복을 사회의 목적으로 삼는 것은 사회를 사적인 목적의 성취에 목매는 수많은 개인들의 욕망들로 해체한다는 의미이기 때문이다.[108]

여기에서 행복은 원자화 경향과 밀접히 연결돼 있어서 우리가 성취해야 할 집단적 의무와 가치는 소실된다. 토니는 이런 사회를 '탈취사회'라고 불렀다. 그런 사회는 인간의 정신을 사회적 의무들의 이행이 아니라 자기 자신의 이익을 추구할 권리의 행사에 고정시킴으로써, 부의 취득기회가 무한하다는 환상을 심어주며, 탈취욕구라는 인간의 가장 강력한 본능 중 하나를 멋대로 활보하게 만든다. 강자에게는 힘의 무제한적 자유를 약속하며, 약자에게는 언젠가 자신들도 강해질 수 있다는 희망을 서약한다. 이 둘 모두의 눈앞에는 황금의 로또,

모두가 얻을 수는 없지만 누구나 추구할 수는 있는 무한 팽창의 도취적 비전이 매달려 있다. 그런 사회에서 개인은 우주의 중심이 되고 도덕적 원칙들은 편의적 선택으로 환원되며, 공동체 내의 사회적 삶의 문제들은 극도로 단순화된다. 사람들은 종교적이지도, 지혜롭지도, 예술적이지도 못하게 되는데, **종교와 지혜와 예술이란 한계를 수용한다는 것**을 함축하기 때문이다.[109]

당연히, 토니의 관찰에 따르면, 벤담, 리카도, 제임스 밀 등 공리주의의 대표적 주창자들의 음울한 수학적 신조는 사회적 피륙(fabric)의 근본을 변화시키는 데는 별 역할을 하지 못했다. "그들은 시민이 소득의 십일조를 게으른 정부에 세금으로 내는 것을 끔찍한 불의로 간주하면서, 1/5을 게으른 지주에게 렌트로 지불하는 것은 지극히 합리적이라고 생각했다."[110] 더욱이 그들은 권리가 자연권 개념이 아니라 효용에서 기인한다고 주장하면서도, 특정의 권리가 특정의 기능에 상대적이라고 주장하는 지점까지 자신의 분석을 밀어붙이지 못했다. 영국 공리주의자들은 자연권이란 말을 피하면서도, 그 안에 담긴 내용과 크게 차이가 없는 권리 개념을 말했고, 절대적 재산권과 경제적 자유를 사회조직의 의심의 여지없는 중심 개념으로 수용했다.

무엇보다 공리주의의 실천적 부당성은 그것이 행복을 오로지 물질적 개념으로 이해했다는 데 있다. 토니는 자본소유주의 물질주의뿐 아니라 노동자들의 물질주의에 대해서도 비판적이었다. 그가 여러 계기에 썼듯이, 가령 평등은 양이 아닌 원칙에 관한 것이며, 모두에게 동일한 양이 주어지거나, 혹은 빈자가 부자에 비해 가난하지 않다고 해서 달성되는 것이 아니다. 하자가 있는 경제관계는 단순히 "빈자가 받는 부의 몫"을 증가시킨다고 교정될 수 없다.

평화는 모두가 주급 3파운드를 받을 때 오는 것이 아니다. 사회의 물질적, 객관적인 외적 구조가 개인들의 주관적 정의 관념에 조응한다고 느끼는 원칙들에 토대를 두고 있다는 것을 모두가 인지할 때 찾아온다.[111]

벤담 원칙의 수용은 옳다고 판단된 것을 확인하는 방법과 옳고 그름을 판단하는 기준을 혼동한 데서 비롯되었다. 기준을 묻는다는 것은 이것을 거부하고 저것을 승인하는 이유를 묻는 것이다. 우리가 마땅히 적용해야 하는 기준은 진정으로 초월적이고 종교적이고 신비하다. 가령 우리가 노예제나 작업장의 혹사나 약한 인종에 대한 정복자의 착취를 비난한다면, 비록 이러한 것들이 최대다수에게 편리하다 할지라도, 우리는 다수의 편리가 소수의 삶의 파괴와 비교될 수 없으며, 전자의 편이가 아무리 크다 해도 그것이 후자에 가하는 어떤 불의도 정당화하지 못한다는 점을 인지하기 때문이다.[112] 왜냐하면 인간의 성품은 우리가 아는 가장 신적(神的)인 것이며 그것을 침해하는 것은 인간성을 증명하는 작은 증서 자체를 없애는 것이기 때문이다. 토니에 따르면, 이것이야말로 우리가 언제나 어디에서나 인식해야 하는 원칙이다.

예컨대 사람들은 생산가를 낮춘다는 이유를 대며 개인을 억압한다. 심지어 어떤 사회주의자들은 실제로는 생산가가 낮아지지 않지만, 만일 생산가를 낮춘다면 그런 행위는 정당화된다는 전제를 받아들인다. 그러나 틀린 것은 바로 그 전제이다. 만일 기업이 오늘날처럼 자기보존이 모든 악을 정당화한다는 마키아벨리의 원칙에 따라 운영된다면, 유일하게 옳은 길은 일부 사회주의자들이 하듯 특정 상황에서의 적용 문제를 다툴 것이 아니라 원칙을 버리는 것이다.[113]

물론 우리는 경제적 악을 제거할 의무와 책임이 있고, 양심에 따라 자신의 기준을 적용하는 데 실패할 수 있다. 그러나 핵심은 "기준이 존재한다는 것" 자체를 부인할 수는 없다는 것이다. 실수와 실패는 경험을 통해 교정될 수 있으나 기준의 존재를 부인하는 것은 근본과 방향의 문제이다. 개인들이 경제행위를 판단하는 어떤 기준도 인지하지 못한다면, 좋은 법이 만들어지는 재료인 도덕적 문제도 존재하지 않는다.[114] 토니에 따르면, 현대정치가 고귀하고 중요한 정서와 믿음에 호소하는 일에서 실패하는 이유는, 사람들이 정치의 주관심인 행위의 문제가 필연적으로 도덕의 문제를 제기한다는 사실을 암묵적으로 부인해 왔기 때문이다.

다수의 행복보다 상위의 법이 있으니, 그 법은 다름 아닌 모든 인간 개성이 그 자체로 지닌 최상의 가치이다. 현대인들은 행동 이전에 행동의 모든 결과를 알아야 한다고 가정한다. 그러나 유익보다는 해악이 더 많을까 두려워서 노예제나 노동혹사를 금지하는 일을 주저하는 것은 강도나 살인이 일어나는데도, 희생자가 악당일지 모른다는 이유로 그를 고통 속에 내버려두는 것이 더 낫지 않을까 망설이는 것과 같다. 토니는 단언한다. "규칙은 단순하고도 명백하다. '어떤 편이(便易)도 억압을 정당화시킬 수 없다.'는 것이다. 이 원칙에 맞게 행동하라."[115]

열린 사회주의와 마르크스주의

토니는 평생 물질주의를 혐오했다. 사회주의는 번영의 성장과 균등한 배분에 관한 것만이 아니라 삶의 질 개선에 관한 것이다. 그가 애틀리정부의 업적을 높이 사면서도, 영국 사민주의가 보다 도덕적으로 유익한 사회로의 질적 이전 없이 물질적 향상만 이뤄낸 것이 아닌지 의심했던 것도 이러한 인식 때문이었다. 가령 그는 새롭게 국유화된 산업들이 전통적 위계구조를 그대로 취하고 있으며, 권력과 책임이 노동자에게 이양되는 경제민주주의의 토대를 마련하는 데 실패했다고 비판한다. 노동자의 물적 조건은 의심할 바 없이 개선되었으나, 비대한 관료, 먼 경영, 의회의 비효율적 감독기능 등으로 인해 공공복리가 사적 풍요에 우선하며, 공동의 인간성을 충족하는 것이 지침이 되는 사회주의 사회로의 도약은 한참 미완으로 남았다.

토니의 반(反)물질주의는 특정 계급에 국한된 것이 아니었다. 그가 당대 대부분 유형의 계급편향적 영국사회주의에 대해서 불편한 심기를 표했던 이유이기도 하다. 그렇다고 토니가 역사적 설명에서 경제적 요인들이 지니는 우선성, 인간행동에서 물질주의가 갖는 본질적 역할 등을 몰랐거나 무시한 것은 아니다. 관념에 대한 연구가 물질을 배제한 채 이루어져서는 곤란했으니, 가령 그는 산업혁명사에 관한 개인교습강의 초기에 물질적 요소가 노동자들의 삶, 직업, 공동체에 미치는 영향을 강조했고, 마르크스주의를 하찮은 것으로 내친 적이 결코 없다.

오히려 토니는 가치, 사상, 원칙의 중심성을 인정했지만, 일방적 인과관계의 환원론은 거부했다. "한 시대의 문명이란 다양한 요소들이 상호작용하는 하나의 연결된 전체를 형성한다." 모든 현상이 작용과 반작용의 연쇄과정이고 또 결과라면, 관념적 결정론, 경제적 결정론의 극단적 입장과 단선적 설명은 부인된다. "강력한 생존력을 지닌 독트린들은 매우 종종 탐구보다는 시장터의 자식이다."[116] 그러나 역시 최종적으로 중요한 것은 정신이었다.

경제적 힘들의 끌고 당기는 압력에 초점을 두는 철학은 뿌리와 토양을 무시하고 꽃망울만 이상화하는 역사해석상의 손쉬운 감상주의이다. 그러나 그러한 힘들은 자동적인 동인이 아니다. 그것들은 인간의 정신과 의지라는 변혁적 매개를 통과할 때 비로소 … 우회적인 동력이 된다. 후자는 전자에 반응하면서, 자기 고유의 패턴을 부과한다 … 최종적으로 중요한 것은 물질적 도전이 아니라 인간의 응전이다.[117]

토니가 문제 삼은 것도 물질주의 자체가 아니라 물질주의 정신이었다.[118] 그가 경제사에 빠져들수록 역사탐구에서 물질주의적 설명의 한계를 느끼고 종교 등 비물질적 요인들의 영향을 점차 옹호하게 된 경위가 여기에 닿아 있다. 『16세기 농업문제』로부터의 인용이다.

경제사가에게는 관념이 사건 못지않게 중요하다. 사회적 편의라는 개념이 주로 경제적 조건의 산물이긴 하지만, 그 개념을 태동시켰던 환경이 사라진 후에도 그것은 오랫동안 지속되는 동력을 지니며, 격변과 격변의 사이에 사건들 자체를 순응시키는 압도적 힘으로서 작용한다.[119]

토니가 『16세기 농업문제』를 저술한 목적은 인간의 정신적, 초월적 신념과 관행의 장기적 변화가 초래한 물질주의적 결과를 보여주는 데 있었다. 이 점에서 토니는 정치적, 지적으로 마르크스주의와는 한참 떨어져 있다. 가령 사적 유물론은 너무 폭넓은 접근을 취했기 때문에 개인행태와 인과관계의 문제에 대해 세심한 답변을 주지 못했다. 마르크스주의의 조야한 환원주의는 그 자체를 계급적 환원이라는 모순에 빠지게 만들어서 "… 부르주아 도덕에 대한 공격은 그 도덕만큼이나 정당성을 지니지 못한" 결과를 낳았다. 정치, 문화적 제도들은 물질주의적 힘의 산물일 뿐 아니라 자체의 본래적 정신을 발전시키고 맥락과 외부요인들에 무관하게 스스로의 역사를 만들어간다. "그들은 일단 태동하면, 자체의 생명력과 일련의 가치들을 획득한다. 그것들은 전설이 된다. 그런 가치들과 그 전설은 그 자체가 원인적 힘이다."[120]

마르크스주의에 대한 토니의 이론적, 실천적 비판은 경력 말기에 주로 부각되었지만, 기본적으로는 그가 초기부터 지녀왔던 일련의 태도에서 벗어난 것이 아니다. 가령 근대사에서 마르크스 역사학이 가장 많은 관심을 기울인 프랑스혁명은 토니가 자신의 개인교습강좌들에서 가르쳤던 주제였지만, 토니는 물질주의적 해석을 거부하고 관념주의적 해석을 선호했다.

혁명의 배후에 방대한 경제적, 물질적 불만, 끔찍한 부정, 잔인함 그리고 실정이 있었던 것은 사실이다. 그럼에도 불구하고 그것은 본질적으로 새로운 사상체제의 반란이었고 새로운 기준에 토대를 둔 것이었다. 이것들이 없었다면 물질적 불의는 그렇게 대단한 것으로 폭로되지 않았을 것이며, 따라서 프랑스혁명은 인간 가능성의 새 개념에 의해 막대한 영향을 받았다.[121]

이 단계에서도 그는 역사에서 인간행위자의 위치, 따라서 어떤 형태의 결정론보다도 우연의 중요성을 강조했던 것이다.

우리가 사회발전을 얘기해야 한다면, 우리는 그것이 인간의 행동을 통해 일어나며, 그런 행동은 끊임없이 폭력적이거나 그저 근시안적이거나 혹은 의도적으로 이기적인 것이었다. 오늘날 우리에게 불가피하게 보이는 사회조직의 형태도 한때는 여러 경쟁적 가능성들 가운데 하나로서 전망이 불투명했었다는 점을 기억해야 한다.[122]

결국 토니의 마르크스주의 비판은 정치와 역사에서의 유물론적 설명에 대한 보다 포괄적인 조명(照明) 속에서 나왔다. 토니는 인간의 자율성과 도덕적 선택을 하는 인간의 능력을 깊이 그리고 지속적으로 신뢰했다. "사람들은 17세기의 영국혁명을 고전적인 '부르주아' 혁명이라고 말한다. 그러나 17세기의 영국에서 어떤 계급이 '부르주아'였는가?" 중요한 것은 계급이 아니라 인간이었다. 실제로 토니의 주된 작업도 사적 유물론을 전도시켜 경제적 토대가 문화와 가치 등 상부구조를 결정하는 것이 아니라, 가치들 자체가 작용과 반작용의 끊임없는 과정에서 토대형성에 기여한다는 점을 보여준다. 당연하게도 그는 영국학계의 마르크스주의자들에 대한 의구심을 떨치지 못했다. 그가 보기에 마르크스주의적 사회주의자들은 충분히 혁명적이지 못했다. 물질주의적 목표들을 수용했지만 전리품의 분배를 두고 논란을 벌였다는 것이다.

그들은 자본주의 사회가 비난받는 것은 노동자가 자신이 생산한 것의 등가물을 얻지 못하기 때문이라고 말한다. 맞다. 노동자는 그렇지 못하다. 그러나 왜 그래야 한단 말인가? 자본주의 정신에 대한 진정한 비판은 사람은 오로지 자신이 생산한 것만 얻어야 한다는 관점 속에 포함되어 있다. 마치 우리가 주식지분에 따라 배당금을 받는 금광의 주주인 것처럼! 죽지 않는 영혼의 무게를 달아서 그것이 경제적으로 유용하지 않다는 이유로 싼 가격을 매기는 일은 야만적이고 비인간적이며 야비한 원칙이다 … 이 원칙이 의미하는 바는 부는 그것만을 좋아하는, 따라서 그것을 갖기에 가장 부적절한 사람에게 돌아가야 한다는 것이다. 미국의 최초 정주자가 노예를 수입했을 때, 이익을 볼 기회가 생겼다고 생각했다. 그 결과는 수 세기에 걸친 참상, 시민전쟁, 방화와 폭력이었고, 그리고 아마 이 세기가 끝나기 전 또 한 차례의 더 끔찍한 전쟁이 있을지 모른다. 이 점을 명확히 보게 된 우리는 이제 한 나라를 높이는 것은 의로움이라는 것을 알게 되 었다. 200~300년 후 역사가들은 우리가 최초 노예소유주들을 손가락질하 듯이 19세기 자본가들을 가리킬 것이다. **마르크스주의적 사회주의자들은 충분히 혁명적이지 못했다.**[123)

자본주의 문제를 저임의 문제로 본다면, 이는 수단과 목적을 혼동 한 것이다. 목적이 불변인 채 자본주의가 대체된다면, 사회주의마저 도 수많은 대안들 중 하나에 불과하게 될 것이다.

사회주의의 토대는 오로지 인간에게만 적합한 특정 유형의 삶과 사회가 있다는 판단이다 … 나는 진보의 불가피성에 대한 마르크스의 확신을 믿 지 않으며, 사회발전이 자동적인 상향 나선형을 그리며 사회주의에서 절 정에 달할 것이라고 생각하지도 않는다 … 그 반대로 지속적이고 고된 노 력이 없다면, 길은 위가 아니라 아래를 향할 수도 있고, 사회주의가 달성 된다 할지라도, 그것은 어떤 신비한 역사적 필연이 아니라 인간정신과 의 지의 활력이 창출한 것일 것이다.[124)

특히 토니는 소련체제를 말할 수 없이 회의적으로 바라보았다. 실 은 공산주의나 소련에 대해 어떤 환상도 지니지 않았고, 소련을 사회 주의로 간주하지 않았다. "러시아 경찰집산주의와 서유럽의 사회주의 의 대비는 너무 명확해서 강조할 필요도 없다."[125) 당연히 그가 개인적으로 존경해 마지않던 웹 부부가 소련 공산체제를 긍정적으로 평가한 것에 동의할 수 없었다.

1939년의 '몰로토프-리벤트로프협약' 이후에는 소련에 대한 그의 경멸적 태도가 강화되었다. 그러나 그 무렵 시카고에서 행한 일련의 강연에서 그는 소련체제의 본질과 미국 민주주의의 강점에 대한 깊은 이해를 촉구했거니와, 미국에서는 소련에 대해 관용적 태도를 가질 것을 주장했고 영국에 와서는 미국에 대한 넓은 이해를 촉구했다. 영미 연대는 불가피하지만 반면에 소련을 더 이해하고 공존할 수 있는 방법을 끊임없이 모색해야 한다는 것이 그의 입장이었다.

토니가 좌우를 초월할 수 있었던 이유는 하나의 방법을 고집하기보다는 **방법에 대해 열려 있게 만들 정도로 목적이 급진적이고 굳건했기 때문**이었다. 역사는 **목적의식을 추구하는 자유시민의 끊임없는 노력**이 없었다면 아무런 놀라운 것도 성취 못했을 것이다. 가령 토니는 자본주의에서처럼 스탈린주의와 파시즘을 민주사회주의라는 그 자신의 램프에서 발산하는 빛줄기들을 가지고 만났다. 그때 그것들은 부와 권력의 전제라는 두 가지 악을 부각시켰다. 공산주의의 문제는 관료적 과잉보다는 정부와 정당체제를 목적으로 세웠다는 점이다. 인간이 목적이 되어야 하지만, 자본주의는 인간을 수단으로, 스탈린주의는 기계의 부품으로 취급했다.[126]

무엇보다 민주주의는 전술로서가 아니라 그 자체로 가치를 지녔다. 사회주의란 부분적으로는, 민주주의가 형식적, 법적, 헌법적 영역에서 산업과 산업영역으로 확대되는 것이다. 민주주의의 토대는 보통 사람들의 위엄, 동등한 가치 그리고 자기통치능력에 대한 존중과 신뢰이다. 자본주의는 민주주의를 거의 불가능하게 만들었고, 공산주의는 인간본성에 너무 겁먹어서 민주주의를 시도하지 않았다. 토니가 보기에 민주주의에 주저하며 스탈린주의를 승인한다면, 이는 자본주의에 대한 비판마저도 불가능하게 만든다. 노동계급의 애국심과 판단력을 신뢰하지 못하고 그들의 의견과 양심을 정치 밖으로 몰아내는 소련체제를 승인하면서, 어떻게 노동계급의 협력적 힘과 연대의식을 부인하며 노동을 자본에 팔도록 강요하는 영국산업체제에 저항할 수 있는가? 그에게 마르크스의 일반화들은 "1840년과 1880년 사이의 소수 유럽 국가들에 대한 주관적 지식"에 근거해 있었다. 이런 협소한 경험적 근거야말로 마르크스 예측들의 부정확성에 기여했다. 경제적 요인의 작동에 대해서는 부당하게도 기계적 관점을 취한 반면, 직접적은 아니지만 인간의 정신과 의지를 통해 작동하는 비경제적 요인들의 중요성은 크게 과소평가했고, 결국 그의 체계에서 인간이라는 내용을 사상(捨象)시켰다는 것이 토니의 관찰이었다.

무엇보다 토니에게 국가는 사회적 목적이 요구하는 바에 종속되는 도구였다. 토니는 국가개입의 전체주의적 경향과 관련한 하이에크 등 고전전 자유주의자들의 우려에 맞서 국가행동의 유용성을 옹호했는데, 하이에크의 불안을 "고담준론을 일삼는 신경과민의 교수"의 그것으로 일소에 부쳤다. 그러나 「영국의 사회민주주의」에서는 국가를 그 자체의 목적을 지닌 하나의 실체로 보는 헤겔주의적, 마르크스주의적 국가 개념 혹은 철학적 전통을 공격하면서, "정치체제에 대한 유일하게 건전한 시금석은 그것이 인간의 삶에 미치는 영향"이라는 소신을 재확인한다. 토니에게 그런 전통은 그저 비합리적이었거니와, "상이한 역사, 경제환경, 헌법적 장치, 법체계 ⋯ 등을 지닌 '국가'라 불리는 실체가 있다는 사상은 ⋯ 순전한 미신이다."[127] 그는 소련정부의 경제 실적을 인정하면서도, **인권을 대체할 상위의 목표란 없으며**, 앞에서 지적했듯 "러시아의 경찰집산주의와 서유럽사회주의의 대비는 너무 명료해서 강조할 필요도 없다."고 강조했다. 특히 토니는 영국사회주의를 소련의 그것과 구분하여, 애틀리정부의 성취를 긍정적으로 평가했다. 전후 영국국가의 확대에 나타난 민주적 성격은 영국사민주의와 공산주의 간의 어떤 비교도 무의미하게 만들었으니, 애틀리정부는 "대중의 지지를 받는 사회주의 정부가 어떻게 체제의 권력관계에 변화를 가져올 수 있는지 보여주었다." 영국에서의 계획은 전체주의와는 달리 민주적 감시하에 진행되었고, 자유를 침해하기보다는 확대해 왔다는 것이다.

　토니의 사회주의 사상은 민주주의, 자유, 사회주의 등의 개념들에 대한 이해를 높임으로써 정치이론을 성숙시켰다. 민주주의에 관해서는, 사회경제적 민주주의가 확보될 때 비로소 정치적 민주주의도 확보될 수 있으니, 그가 의회민주주의를 수용한 것은 그런 조건하에서였다.[128] 자유에 관해서는 자기실현을 위한 개인의 선택 개념을 포용함으로써 초기저술의 의무중심적 자유 개념을 완화했는데, 그가 정부개입을 주창한 이유도 공공선의 고양을 위한 것이었다. 토니에게 사회주의는 어떤 신비한 역사적 필연이 아니라 인간정신과 의지의 에너지가 만든 것이다. 그때 점진주의는 내용의 급진성이 지속적으로 담보되는 것을 전제로 유효했다. 애틀리정부가 국유화와 복지국가 영역에서 일정한 성취를 이룬 것은 사실이되, 그것은 노동자가 더 이상 위로부터 부과된 목적의 도구로서 자신을 보지 않고 경제기업의 관리에 적극적으로 참여할 수 있다는, 심리적 변화를 자극하려는 어떤 시도도 하지 않았다는 것이 토니의 시각이었다.

　토니는 생애 후반에 이를수록, 사회주의가 탈인간화되었다고 탄식했다. 이는 자본주의의 제도화된 물질주의에 대한 해결책으로서 사회주의의 옹호에 평생을 바쳐온 이론가로서는 참으로 쓰디쓴 감상이었다. "페이비언주의 같은 주류사회주의가, 방은 청소했지만 영혼의 창은 열지 못했다."는 『비망록』에서의 문제의식으로 회귀하고 있는 듯이 보였다.[129]

> 어느 정도의 물적 부는, 종종 그러하듯이 사람들이 신으로 섬기지만 않는다면, 중요하다 … 그러나 그것은 목적이 아니라 수단으로서 중요하다. 문명은 소유의 양이 아니라 삶의 질의 문제이다. 그것은 재화와 서비스의 산출이 아니라 그것을 어떻게 활용하는가에 의해 판단된다. 공공복리를 사적 과시보다 소중하게 생각하며 … 상대적으로 가난할지라도 빈한한 가운데서 정신의 활동을 고양하는 조건을 위해 자원을 배분하는 … 사회는 아직 멀어 보이지만, 적어도 빛을 향해 방향을 틀었다. 영국사회주의가 힘써 창출해야 하는 사회가 그런 사회이다.[130]

토니의 자본주의 붕괴 담론은 당대 영국 내의 경향들에 대한 평가에서 비롯됐으며, 어떤 역사적 발전의 추상적, 목적론적 이데올로기에서 온 것이 아니다. 변화를 위한 그의 관점은 근본적으로 도덕적이었고, 도덕적 설득의 교의는 자유 개념을 전제했다. 인민의 변혁행동은 비인격적 힘들의 기계적 반응 아닌 도덕적 행위이고, 선택은 외적 자극에 대한 자동적 반응 아닌 인간의지의 표출이었다. 그의 이행론은 사적 유물론 아닌 이상주의, 관념론, 경제세력들의 권력보다는 관념과 사상의 힘에 토대를 둔 것이다. 훗날 그는 추론적 역사철학을 본래적으로 전체주의적인 것으로 간주해 전면적 공격을 감행했다. 이처럼 토니는 역사적 결정론보다 인간의 선택에 방점을 찍었지만, **선택은 신의 영광을 위해**, 신에 대한 섬김의 개념으로 서술되었다.

요컨대 토니는 급진주의자였지만 마르크스주의자는 아니었다. 오히려 그는 노동당좌파의 비마르크스주의적 윤리적 사회주의에 속했다.[131] 그 기원은 19세기 영국노동계급의 구체적 조직생활과 러스킨, 오웬 등 도덕주의자들의 산업주의 비판이었으며, 기독교적 유대, 런던 기득권층에 대한 반감, 평화주의적 국제주의 거부 그리고 동료애를 향한 향수였다. 무엇보다 토니 사회주의의 보편성은 그의 인간주의에서 나온다. 그는 열린 역사관을 고수함으로써 전체주의의 광풍을 견뎠다. 인간덕성에 대한 기독교적 냉철함, 인간의 가능성에 대한 기독교의 관대함 그리고 공동의 인간성에 대한 신념에 기댄 그의 급진성은 역사적 환경의 우연과 부침에 따라 요동치지 않았다. 계급과 경제요인의 중요성을 인지하고 강조했지만, 마르크스주의적 요소를 보다 광범위한 종합으로 통합해 냈다. 가령 『기독교와 자본주의의 발흥』에서 보듯, 영국역사 연구를 상당 정도로 마르크스주의적 토대 위에서 진행시키되, 자본주의의 탈취적 성격을 기독교와 교회사의 맥락에서 논의했다. 그의 사상에는 기독교와 마르크스주의가 은밀하게 상호 침투했다.

3부

자본주의 비판과 대안: 탈취사회에서 기능사회로

5
탈취사회의 잔인한 평화

전쟁, 평시체제의 연장

『탈취사회』(1921)는 자본주의적 인간과 체제에 대한 토니의 가장 명징한 분석과 비판이 담긴 책이다. 제1차 세계대전 종전 직후 영국사회의 혼란 속에서 세상에 나왔으니, 출발점은 전후사회에 팽배한 불안감이었다. 토니는 전쟁발발과 함께 쓰기를 중단한 『비망록』에서 전쟁의 본질에 관한 깊은 사유를 드러낸 바 있다. 어떤 점에서 『탈취사회』는 전쟁을 보는 저자의 시각을 평시체제를 향해 조명한 것이다. 따라서 전쟁은 책의 구상에 중요한 단초를 제공했다. 의미심장하게도, 토니는 전쟁을 한 사회가 평시에 배양해 온 습관과 이상의 연장이라고 보았다. 평화 시 인간의 전반적 경향이 전투적 품성을 고양하고 경제조직이 호전성과 잔인함을 환호한다면, 전쟁은 이미 도처에 있고 전선은 어디에나 형성돼 있다.

토니는 16세기에서처럼 20세기에도, 경제팽창과 과두적 권력에의 욕구 그리고 국민국가의 무한 주권 개념을 전쟁의 주된 원인으로 보았다. 따라서 1930년대 파시즘에 대한 적절한 대응은 먼저 국내적으로 사회주의로의 진보를 이루는 것이었다. 토니는 사회주의를 위해 국내적 투쟁을 잠정적으로 중단해야 한다는 당시 사회주의자들과는 달리 이런 입장을 고수했다.

> 언제나 산업전쟁의 진정한 원인은 국제전쟁의 진정한 이유만큼이나 단순하다. 사람들이 **자신의 욕망보다 상위의 법**을 인지하지 못한다면, 욕망들의 충돌은 불가피하게 싸움을 부른다. 왜냐하면 설사 갈등하는 집단이나 국가들이 자신들보다 상위의 원칙에 복종할 의사가 있다 하더라도, [그런 원칙이 부재한 상황에서] 그들이 서로에게 복종해야 할 이유는 없기 때문이다.[1]

국내적이든 국제적이든, 적나라한 권력투쟁에 대한 대안은 서로 다투는 권력집단보다 강력한, 상위의 권위 혹은 원칙에 복종하는 것이라는 자각, 그것이 토니의 관점이었다.

> 사회를 생존투쟁의 장으로 간주하는 사람들을 싸우지 않게 만드는 기계적 장치란 없다. 유일한 길은 산업, 재산, 사회적 삶의 기존 제도들에 나타난 선악과 성공/실패의 기준들을 포기하고, 평시의 사회를 노골적 권력, 잔인함, 욕망이 자비와 온유함을 압도할 수 없는 장(場)으로 만드는 것뿐이다.[2]

토니는 국제관계를 단순히 계급관계로 환원하지 않았다. 제1차 세계대전도 통상의 좌파이론가들이 규정하듯, '자본주의 전쟁'이 아니

156

었다. 사회주의적 민주주의라고 평화만을 지향하는 것은 아니며, 사회주의 국가도 얼마든지 공격적 전쟁을 유발할 수 있다. 단지 자본주의가, 그것이 낳는 사회의 무정부상황으로 인해, 사회주의 사회보다 전쟁을 조장하는 경향이 더 크다고 생각했다. 반면에 자본주의 국가들도 영국처럼 민주적이라면, 파시스트국가들보다 전쟁을 일으킬 가능성이 낮다. 부와 권력이 특권엘리트에 집중된 곳에서는, 보통사람들은 정부행위와 자신들의 행위를 동일시하지 못하고, 정부의 전쟁동원에 쉽게 응하려 하지 않을 것이다. 그러나 탈취사회는 사회주의의 반(反)테제일 뿐 아니라 평화에 대한 위협이기도 하다. 그것은 사람들이 타인의 자유와 위엄을 탈취하도록 허용하고, 나라들이 다른 나라들에게 똑같이 하도록 용인하며, 사회를 개성을 존중하는 동료에 대신 권력을 숭앙하는 정글로 만들기 때문이다.

토니의 관심은 누가 전쟁을 시작했느냐 따위의 "쓸데없는 토론"에 있지 않았다. 가령 그는 제1차 세계대전이, 상당한 정도로, 서구 특히 독일인과 영국인의 사회경제적 삶을 지배하는 일상적 기준과 이상에서 비롯된, 자연스런 결과라는 점을 폭넓게 인식할 것을 촉구한다. 이런 맥락에서 그는 약소민족의 운명을 결정할 권리가 자신에게 있다는 프러시아의 오만이 현대산업체제의 지배층의 심성과 동일하다며 전율했다.

기존 사회질서는 성공적이고 부도덕한 간계를 보상한다는 의미에서 마키아벨리적이고, 인간을 목적 아닌 도구로 부린다는 점에서 비인간적이며, 힘을 찬양하고 약자를 경멸적으로 짓밟으며 인간으로서 인간의 가치를 불신한다는 점에서 이교적이다.[3]

『비망록』에서 누누이 강조된바, 원칙에의 호소는 사회재건을 위한 필수조건이다. 만일 사회가 "성공은 그 자체로 정당화된다."는 거친 심성을 당연시한다면, 이는 전쟁을 유발하는 유형의 본능과 다르지 않다. 따라서 평화와 전쟁의 악순환에서 벗어나려면, 전쟁은 국내의 전선에서 먼저 진지하게 치러져야 한다. "전쟁의 끔찍함을 종식시키려면, 먼저 평화의 끔찍함을 종식시켜야 한다."[4] 가장 시급한 일은 "산업, 재산, 사회적 삶의 기존 제도들"의 새로운 윤리원칙을 세우는 것이지만, 현대 자본주의 사회는 기존 원칙의 폐기에도, 새 원칙의 정립에도 실패하고 있었다. 특히 전후 영국의 사회질서는 도덕적, 심리적, 산업적, 정치적으로 심각한 해체상황에 있었으니, 그가 당대를 전시를 방불케 하는 비상시국에 빗댄 것도 무리가 아니었다.

> [비상시국에서는] 잘 다져진 길을 착실하게 따라가는 것만으로는 충분치 않다. 길이 어디로 향하는지 알고, 그 길이 막다른 골목으로 이어진다면 다른 길을 택해야 한다. 다른 길을 택하는 일은 성찰을 요구한다 … 가는 길이 명확지 않은 여행자가 해야 할 일은 전속력으로 내달리기보다는 어떻게 옳은 길을 찾는지 성찰하는 일이다 … 국가도 마찬가지여서 현재 처한 상황과 취해야 할 것에 대한 명징한 사고가 필요하다. 요컨대 국가는 원칙을 지녀야 한다.[5]

사회제도란 "개인의 정신을 지배하는 도덕적 가치들의 가시적 표현"이므로 "도덕적 가치의 변화 없이 제도의 변화는 불가능"하다. 과제는 "가치의 척도를 재배열해서 경제적 이해를 삶의 전부 아닌 한 요소로 만드는 것"이다. 의회, 산업조직 등 모든 복잡한 기구는 "투입된 것만을 가는 맷돌과 같아서 아무것도 넣지 않으면 그저 공기를 갈 수밖에 없다."[6] 사회문제가 도덕의 문제일 때, 해결은 제1원칙, 곧 **인간 본성의 깊은 내면을 충족시키는 보다 항구적이고 포괄적이며 초월적인 철학적 준거 틀**을 만드는 데 있다.

> 풍요는 협동적 노력에 의존하며 협력은 도덕원칙 위에서만 가능하다. '생산성'을 앵무새처럼 되뇌는 사람들은 … 조잡한 품질의 장화가 낡아진 것을 발견하고는 좋은 품질의 가죽으로 만든 장화 대신, 같은 종류로 크기가 두 배인 장화를 주문하는 사람과 같다.[7]

『탈취사회』는 잘못된 철학이 빚은 사회경제적 해악을 주로 취급한 책이다. 그것이 『비망록』의 도덕주의에 닿아 있는 것은 명백하지만, 동시에 거기에는 저자가 『비망록』 이후 축적한 사회경험과 경제지식이 반영돼 있다. 토니는 사회적 의사로서 환자로 하여금 '저변의 원인들'을 대면하라며 압박한다. 토니에 따르면 현대사회를 떠받치는 기계론적 철학은 가장과 전제에서 인간을 목적으로 대우하지 않으며, 정의 아닌 편의와 효율에 집착한다.[8] 근본적 흠결을 지닌 사회경제적 질서로부터 갖가지 사회경제적 질병들이 뒤따랐다. 탈(脫)기독교적 세속주의와 자유주의로 인해 과거의 사회윤리는 해체되고 있었지만, 그것을 대체할 새로운 가치는 출현하지 않았다. 중간계급은 전쟁으로 "무도회장의 마루가 무너져 내렸지만, 허공에서 춤추는 시늉하는" 사람들이었다. 사반세기 후 폴라니(Karl Polanyi)는 본래 시장은 사회체제의 하위체계였음을 지적할 터이지만, 이미 토니는 과거 도덕의 일부였던 경제적 삶이 이제 도덕적 규제에서 해방된 도덕부재의 영역이 되었다고 관찰했다.[9] 『탈취사회』로부터의 다소 긴 인용이다.

종교개혁이 교회를 세속정부의 한 부서로 만들었을 때 … 그 변화의 본질은 사회제도와 경제활동이 거기에 의미와 기준을 제공했던 공동의 목표에 연결돼야 한다는 사상이 실종된 것이다 … 불완전하나마 사회조직에서의 공동의 목적을 지지했던 권위들이 퇴위하면서 사회사상에서 목적이란 개념 자체가 자연스럽게 사라졌다 … 공동의 목적에서 오는 상호 의무를 통해 모든 인류가 서로에게 그리고 신에게 연합되어 있다는 사상, 즉 비록 모호하게 이해되고 불완전하게 실현되었을지라도 과거에는 사회적 피륙을 엮는 근본원리로 작용했던 개념은 교회와 국가가 사회생활의 중심에서 주변으로 물러나면서 사람들의 마음에서 떠나갔다. 그 자리에 대신 들어선 것은 사회와 무관하게 스스로의 덕목을 지닌 사적 권리와 사적 이해라는, 절대적이고 파기할 수 없는 자연적 질서였다. 그것들은 궁극적인 정치적, 사회적 실재였기 때문에, 사회의 다른 측면들에 종속되는 것이 아니라 사회의 다른 측면들이 그것들에 종속되었다 … 국가는 이러한 권리를 침해할 수 없고 오히려 그 유지를 위해 존재했다. 그런 권리들 가운데 가장 명백하고 근본적인 것은 재산권이다. 개인과 개인의 계약을 통해 형성된 사회는, 계약의 자유를 유지함으로써 재산권의 무제한한 행사를 확보해 주는 한 그 목적을 달성한다.[10]

사적 권리와 사익으로 교회와 국가가 주변화되고 사회가 권리들 위에 새롭게 세워지면서, 사적 목표의 추구가 곧 공공선의 성취가 되고, 개인권리의 행사는 공공선을 위한 도구가 되었다. 재건을 위한 행동 이전에 성찰이 무엇보다 필요한 시기였지만, 잘못된 진단에 매여 있던 기득권층은 징후와 원인을 혼동하여 생산성증대와 그것을 통한 빈곤의 완화를 앵무새처럼 외치고 있었다. 그러나 로마제국 이래 최대로 증대했다는 생산성은 오히려 경제적 불만을 고조시켰다. 빈곤은

그저 완화되어야 할 사회문제가 아니라 사회적 혼란의 징후이며 결과였다.[11]

탈취사회의 탄생

토니에 따르면 이 모두 사회윤리의 부재로 인해 공동의 사회목표가 상실되고 사적, 기계적 사회관이 지배하면서 사회권력이 정당성을 잃은 데서 비롯되었다. 공유된 목적과 원칙의 부재가 기업의 조직원리로 되고, 정당성을 상실한 권위는 한시적이고 편의적인 권력에 의존한다. 부의 취득을 규제하는 원칙들이 소멸하고 보상의 측정을 위한 보편적 기준과 노사 양측의 '공유된 이해'가 사라지자, 인간본능에 호소하는 소유적 개인주의 이데올로기가 자산권력에 기초한 '비합리적 불평등'으로의 문을 열어 젖혔고 산업분쟁 등 갈등이 불가피하게 뒤따랐다.

요컨대 현대산업사회는 공동의 목표를 결여한 사회, 권위 없는 권력의 사회, 의무의 수용 없는 권리만이 주창되는 사회, 그리하여 본질상 산업적 불화의 사회였다.[12] 토니는 그러한 사회를 부의 취득에 몰두하여 전력투구하는 '탈취사회'로 규정했다.

탈취사회에서는 첫째, 권리가 기능과 분리되고, 둘째, 사유재산에 절대적 신성성이 부여되며, 셋째, 경제이익의 무한 추구가 정당화된다. 기능은 "사회적 목적을 구현하고 표출하는 활동"이다. 그것의 "본질은 행위자가 개인적 이익이나 만족을 위해서가 아니라, 보다 상위의 권위에 기능의 이행을 책임져야 한다는 점을 인식하는 데 있다." 그런데 현대산업사회에서는 "개인의 권리가 그 행사가 기여하는 사회적 목적과 무관하게 주창된다."[13] 자산은 노동과 기능에서 분리돼서 J. A. 홉슨이 말한 비자산(improperty), 곧 무기능자산(functionless property)이 되었고, 탈취와 권력 자체가 목적이 되었다.[14] 토니는 사유재산제도와 산업조직을 각별히 주목했다. 무기능자산의 결과가 가장 극명하게 드러나는 영역은 산업조직이다.

> 산업의 토대가 되는 원칙들은, 적용은 어려울지언정 단순하기 마련이다. 그것들이 간과된다면 난해해서가 아니라 아주 쉽기 때문이다 … 산업이란, 공동체가 필요로 하는 서비스를 제공함으로써 삶을 영위하는, 다양하게 경쟁하고 협력하는 사람들의 결합체이다 … 산업은, 그 기능이 서비스이므로 공동체를 향한 권리와 의무를 지며, 그 방식이 결사이므로, 구성원들은 서로에게 권리와 의무를 지닌다. 전자가 방기되면 특권을 낳고, 후자가 경시되거나 왜곡되면 억압이 발생한다.[15]

산업조직이 공동의 사회윤리라는 안정된 기반을 갖지 못할 때, 권리가 기능을, 사적 이익이 사회적 목표를, 사적 이해가 공동이해를 대체한다. 도덕적 제약에서 해방된 산업조직은 방대한 불평등을 야기하는, 이름뿐인 공동체이다. 그때 사회는 항구적으로 병적 초조함 상태에 놓이고, 계급, 이해, 집단들의 적의에 찬 투쟁으로 인해 문명 자체의 파괴가 위협당한다. 산업활동에서 목적 개념이 제거된 사회는 불평등을 인지하거나 예방, 제어할 수 없다. 그것을 인지하는 순간 "경제적 힘들의 기계적 작동보다 상위의 원칙이 있다는 것을 인정하게 되고, 모든 부는 그 자체가 목적이고 경제활동들은 모두 동일하게 정당하다는 견해가 포기돼야 하기 때문"이다.[16] 토니에 따르면, 올바른 산업조직을 이루려면 두 가지 조건이 충족돼야 한다.

첫째, 그것은 최상의 서비스가 기술적으로 가능하도록 공동체에 종속돼야 하고, 서비스를 제공하지 못하는 사람들에겐 보상이 주어지지 말아야 한다. 기능의 본질은 산업조직 자체가 아니라 그것이 봉사하는 목적을 실현하는 데 있기 때문이다. 둘째, 경영권이 부여된 사람들은 지배받는 사람들에게 책임을 져야 한다. 통제되지 않는 권위에 의해 지배되지 않는 것이야말로 경제적 자유의 조건이기 때문이다 … 요컨대 산업의 문제는 기능과 자유, 이 둘의 문제이다.[17]

개인의 권리냐 사회적 기능이냐

토니는 자기이익을 추구할 권리행사와 사회의무의 이행을 병치시키며, 개인의 무제한한 권리와 사회기능 개념—경제활동이 사회에 적극적으로 기여해야 한다는—사이의 잠재적 갈등에 주목했다.[18] 대부분의 19세기 동안, 개인적 권리와 사회적 기능이라는 두 원칙 간의 대립이 지닌 중요성은 "사적 이익과 공공선 간의 불가피한 조화"라는 독트린에 의해 은폐되었다.

그러나 정상적인 사회라면 권리는 조건적으로, 곧 공공목적의 맥락에서 행사되며, 산업의 제 과정은 자본소유주의 이익이 아닌 공공서비스를 강조하고 사회적으로 유용한 목적을 충족시켜야 한다. 기능과 목적은 도덕적 내용을 지니거니와, 상이한 계급들과 생산자집단의 관계를 결정하는 기준뿐 아니라 도덕적 가치들의 척도도 제공한다. 그때 핵심적인 기준은 기업이 "얼마나 배당을 지불하는가?"가 아니라 "무슨 서비스를 제공하는가?"이다.

『탈취사회』도 『비망록』처럼, 인간본성의 기본속성으로서의 권리 개념을 평가절하고 권리에 기반한 사회를 통렬히 비판한다. 권리기반 사회에서는 경제적 확장과 연결된 '자유들'이 발전하면서 도덕은 사회 영역으로부터 퇴출된다. 특히 절대권리라는 개념은 탈취사회가 발전하는 데 각별히 두드러진 역할을 한다.[19] 프랑스혁명 발발 이전까지 영국에서의 권리들은 국가의 침해로부터 개인의 자유를 보호한다는 방어적 기제였다. 혁명의 여파가 영국에 미치면서 그것들은 사회조직의 주된 원칙이라는 적극적 개념으로 전환됐고, 정부에 대한 요구를 함의하는 공세적 독트린이 되었다. 그때 '인간의 권리'라는 추상적 신조는 그것이 지닌 교의적, 혁명적 함의로 인해 영국민의 성향과는 합쳐지지 못해 꽃을 못 피웠으니, 포괄적 원칙으로서의 권리가 상업적 이익의 추구를 촉진하는 편의적 개념으로 축소되었다. 이런 흐름이 경제권리와 공공선의 자연적 친화성을 주창한 애덤 스미스의 정치철학을 반영하고 강화해 주었음은 물론이다.

본래 자연권은 취득성향이라는 강력한 인간본능에 호소하기 때문에 자본주의 사회에 매력적이다. 그러나 근대권리이론이 성숙한 것은 사회적 목표의 상실, 곧 공동체 이익에 우선하는 개인의 권리에 자연권이라는 특권적 지위를 부여했기 때문이다.[20] 개인들에게 경제이익을 추구할 절대적 권리를 용인하는 원자화된 사회는 전(前) 산업사회에 존재했던 도덕적 기준을 소멸시켰고 축재(蓄財) 위주의 무자비한 물질주의적 사회를 만들어냈다. 즉 현대인은 사회의 공동체적 필요를 앞서는 권리 개념을 고양시킴으로써 공공목적이 주변으로 밀리는 소유적 개인주의로 퇴보했다. 이는 앞에서 논의했던 『비망록』의 논조와도 합치한다. 거기에서 토니는 제 권리가 "독자적인 지위를 누리며", 사회의 다른 측면들이 거기에 종속되는 "궁극적인 정치적, 사회적 현실"로 돼서 "절대적이고 파기 불가능한" 실체로 격상된 것을 통탄해 마지않았었다.

모든 권리는, 모든 권력이 그렇듯이 조건적이고 파생적이다. 권리들은,
그것들이 존재하는 사회의 목적으로부터 연원하며, 그 목적의 좌절 아닌
성취를 위해 조정(調整)되어야 한다. 이 점이 실천적으로 의미하는 바는,
사회가 건강하려면, 인간은 스스로를 권리의 소유자로서가 아니라 기능의
이행과 사회적 목적의 도구를 위한 수탁자로서 간주해야 한다는 것이다.[21]

추상적 권리—즉 기능과 유리된—에 대한 토니의 반대는 전면적
이었다. 어떤 권리도 사회영역과 독립적으로 기능하거나, 다른 가치
들에 비해 특권적 지위를 향유할 수 없다. 사회는 권리의 옹호 이전
에 먼저 의무의 수행을 위해 조직돼야 하며, 사회가 보호하는 권리들
은 사회적 의무를 이행하는 데 필요한 권리들이다. 권리는 의무에 종
속될 때 정당성을 획득한다는 개념은 『비망록』의 주제들 중 하나였다.
『탈취사회』 또한 개인은 "사회적 목적의 도구"라는 점을 분명히 했다.[22]
물적 자원은 사회적 기능들을 수행하는 데 필요한 정도만 허용돼야
한다. 사치품에 대한 토니의 반대는 도덕적 근거뿐 아니라 실천적 이
유에 따른 것이다. 사치품생산에 투입된 국가의 부뿐 아니라 그 생산
을 위해 고용된 사람들의 삶이 낭비된다는 의미에서, "[사치품은] 다른
물품들이 충분히 생산된 후에 생산되거나, 아예 만들어지지 말아야
한다."[23]
권리는 본래적으로 분열적이다. 권리를 주창할수록 응집적으로 기
능하는 공동체의 능력이 제약되기 때문이다. 그렇다고 토니가 권리 개
념 자체를 거부한 것은 아니다. 그는 조건적 사유재산권 등 조건적 권
리 개념을 강하게 옹호한다. 핵심은 현대사회가 기능의 수행과 무관

한 권리들에 토대를 두고 있다는 점이다. 개인은 자산의 자유로운 처분권과 경제이익의 자유로운 추구권으로 무장한 채 세상에 나오며, 경제권리는 경제적 기능에 우선하고 그로부터 독립적이어서 어떤 상위의 허가도 필요치 않는, 자체의 덕목을 지니는 것으로 상정된다. 사회에 대한 서비스도 경제활동을 추구하는 목적이나 그것을 평가하는 기준이 아니라, "마치 석탄의 타르가 가스 생산의 부산물이듯이", 권리 행사를 통해 우연히 발생하는 부차적 결과일 뿐이다.[24]

그 결과 부의 획득과 향유를 주 내용으로 하는 재산권은, 아무런 서비스도 행해지지 않는 경우조차, 심각하게 위협받지 않는다. 그것은 어떤 사회적 정당화도 필요로 하지 않거니와, 사회적 목적에 기여하는 정도에 따라 평가되는 기능이 아니라, 그 자체의 독립적인 실효성을 지닌 권리로 간주되기 때문이다. 상업과 제조업을 평가하는 기준이 사회적 목적의 이행 여부 혹은 정도에 있다면, 재산과 경제활동은 절대적이 아닌 우연하고도 파생적인 권리가 된다. 그것들이 기능에 상대적이고, 기능을 적절히 수행하지 못할 때 철회될 수 있다는 뜻이다. "상응하는 어떤 기능도 뒤따르지 않는 권리"가 특권이라면, 재산권은 특권인 것이다.[25]

재산권의 다양성

기능과 무관한 재산권에 대한 보상과 수동적, 무기능적 자산의 증대는 사유재산을 정당화하는 도덕적 근거를 앗아갔다. 자본은 인간 노동의 개입 없이는 쓸모가 없다는 점에서 자본의 본질적 수동성을 주장하는 마르크스의 노동가치설은 일견 정당해 보인다. 그러나 자본주의의 주된 분화는 재산소유자와 무산자 사이가 아니라, 적극적 재산소유자와 수동적 재산소유자—전자의 건설적 노력에 기생하여 살아가는—사이가 돼야 한다.[26] 즉 토니는 자본주의 사회의 분할 혹은 주된 계급적 적대관계는 부르주아지와 프롤레타리아 사이라는 주장을 배척하고, 자신들의 창조적 능력을 사용하는 노동하는 사람들과, 어떤 지적, 신체적 노력도 들이지 않고 지대와 배당 그리고 여타의 불로소득에 의존하여 보상만 거두는 사람들 간에 나타난다고 보았다.

> 진정한 경제적 분화는 고용주와 피고용인 사이가 아니라 과학자부터 노동자까지 건설적 일을 하는 사람과, 건설적 일에 기여하든 아니든 관계없이, 타인에게 행사하는 기존의 재산권의 보존에 주된 이해가 있는 나머지 전부와의 분화이다.[27]

당연히 수동적인 주주의 지위는 용납되지 않는다. 주주에게 부여된 우선순위에 비춰, 현대기업은 태만과 취득성향을 체제적 특성으로 지니며, 따라서 기본적으로 비효율적이다. 여기에 언제나 단기적 이윤을 선호하는 자본가들이 더해지면서, 혁신은 만성적으로 결핍되고 사회의 정체가 뒤따른다. 그런 사회는 본질상 스스로 개혁할 수 없기 때문에 낭비제거, 소비자보호, 경제수행의 개선 등을 위해 **국가의 개입이 경제영역으로 확대되는 것이** 불가피하다.[28]

그러나 앞 장에서 강조했듯이 토니에게 국유화는 원칙적인 목표가 아니었다. 경제단위들의 국가수용은 그 자체가 목적이 아니라 자본주의적 제 관계를 개혁하고 사회적 목적을 달성하기 위한, 상황에 따라 편의적으로 활용해야 할 실용적 정책이다. 실제로 토니는 국유화

외에도 협동조합적 관리, 길드체제, 지방정부수용 등 사회적으로 수용될 수 있는 다양한 유형의 소유형태 가능성을 제시했다. 이행단계에서 사적 소유자는 경제기업의 통제권이 일절 거부되며, 투자지분에 대한 고정된 이자율이 지급됨으로써 그들의 탈취는 선제된다. 이런 조치들은 그 자체로 바람직한 것이 아니라 잠정적인 것이다. 토니는 경제를 **다양한 소유형태들이, 각자가 기능적 목표를 이행하는 한, 피차 공존하며 유지되는 일종의 실험의 장**이라고 생각했다.[29]

토니는 19세기 이래 충돌했던 재산에 관한 두 개의 대립되는 이론, 곧 사유재산은 본래적으로 잘못되었다는 대륙 사회주의자들의 견해와 사유재산권은 불가침의 권리라는 프랑스 자코뱅과 영국 토리의 보수주의적 입장 모두를 어리석은 현학 내지 탁상공론으로 경계했다. 모두 재산권이 다층위의 여러 권리들을 동반하는 "가장 모호한 범주"라는 점을 무시했다는 것이다.

그에 따르면 재산권은 그 형식적 유사성에도 불구하고, 경제적 성격, 사회적 효과 그리고 도덕적 근거 등에서 무한한 다양성을 지닌다. "사유재산은 문명의 초석"이라거나 "재산은 절도"라는 겉으로는 상반된 듯 보이는 진술들도, 재산의 특정 형태가 상술되지 않는 한 무익하고 무의미하기는 마찬가지이다.[30] 이러한 취지에서 토니는 자신의 서비스에서 취한 재산과 타인의 서비스로부터 얻은 재산을 그 상대적 비율에 따라 아홉 가지로 분류하기도 했다.[31]

그럼에도 불구하고 재산소유의 양태는 사회적 목적에 '적극적으로' 기여하는 정도에 따라, 자산소유자들이 사회적 목적에 의해 동기가 부여되고 그에 따라 행위하는 정도에 따라 정당성이 부여된다. **"사회는 기능에 기초하여 조직돼야 한다."**는 원칙을 적용하는 일은 단순하고 직접적이다. 그것은 정당한 사유재산과 그렇지 못한 사유재산을

가르는 기준이 돼야 한다.

물론 재산권은 생산자의 노력의 결과가 탈취되지 않도록 보장한다는 뜻에서 법적 권리일 뿐 아니라 도덕적 권리이다. 재산에 대한 안전 없이 부는 생산될 수 없고 사회는 유지될 수 없기 때문에 그것은 소유자뿐 아니라 노동자 그리고 소비자를 위해서 보호받아야 한다. 이러한 견해는 사회는 재산소유자가 수행하는 사회적 서비스 혹은 기능에 따라 조직돼야 하며, 재산권은 그 소유자가 수행하는 사회적 서비스와 관련하여 정당화된다는 원칙과 배치되지 않는다.

소유권이 탈집중화되고 분산된 조건하에서 사유재산제도는 통합의 원칙으로 작동할 수 있다. 그것은 부자뿐 아니라 빈자에게도 일정한 안전과 독립을 확보해 주고 사회적 지위의 유사성을 공유함으로써 오는 경제적 차이의 혹독함을 완화시킨다. 그러나 산업사회의 가장 특징적인 조건들을 만나면 효과는 정반대여서, 사유재산제도는 통합 아닌 분열의 원칙이다. 그것은 소득은 물론 문화, 문명 그리고 생활방식의 차이를 동반하는 권력과 무력감을 굴욕적으로 대비시킴으로써 경제적 차이의 칼날을 날카롭게 벼린다.[32]

문제는 현대산업사회에서 재산소유권이 과거와 달리 수동적이라는 점이다. 오늘날 장인의 도구나 농부의 토지처럼, 뚜렷한 기능을 수행하던 자산은 급격히 축소되고, 자산의 대종은 서비스나 기능의 수행과 무관하게 수익을 발생시킨다. 대부분의 재산소유자들에게 그것은 "노동의 수단 아닌, 이익의 획득과 권력의 행사를 위한 도구"이며 이익이 사회적 기여와, 혹은 권력이 책임과 연결된다는 보장은 거기에 없다. J. A. 홉슨이 이런 자산을, 소유자에게 자기 노동의 결실을 안겨주는 권리와 다르다는 뜻에서 '비자산(improperty)'이라 불렀듯이, 토니는 수익이 서비스에서 격리된, 곧 취득, 탈취, 권력을 위한 자산을, 소유자가 자신의 전문성 발휘 혹은 가계 유지를 위해 적극적으로 사용한 자산과 구별하여, '수동적 자산'이라 부른다.[33] 토니가 무용물(futilities)로 불렀던 이러한 '기능 없는 재산'의 범주에는 온갖 과시적 소비의 장치들, 소비사회의 무용한 생산품들이 포함된다. 이런 것들의 생산은 즉각 중단되어야 한다.

한편 채굴권이든 도시지대든, 대부분의 현대자산은 법이 특정인에게 타인의 근면에 대한 부과를 허용하는 사적 조세의 한 형태를 띠고 있다. 그것들은 자산을 창조적 능력에서 분리시키고 사회를 두 계급, 곧 수동적 소유권을 지닌 계급과 자신의 적극적 노동에 의존하는 계급으로 분화시킨다. 따라서 노동이 생산하는 부의 증가분에 대한 조세라는 점에서 봉건적 부과금과 별반 다를 바 없다.[34] 수동적 자산의 통상적 효과는 한 사회가 산출하는 잉여를 기능 없는 소유주들에게 이전하는 것이다. 이는 사회제도로서의 '특권'을 창출하며, 그런 특권은 우연적, 잠정적이 아닌 필연적, 항구적인 불평등의 근원으로 작용한다. 그리고 그 불평등 위에 소득뿐 아니라 주거, 교육, 의료, 생활 방식 등을 아우르는 계급제도의 전 구조가 축조된다.[35]

그리하여 문명을 구성하는 두 요소는 인간의 적극적 노동과 인간이 사용하는 도구, 곧 수동적 자산이다. 전자를 공급하는 사람들은 그것을 유지, 증진시키고, 후자를 소유한 사람들은 통상 그것의 성격과 발전 그리고 관리를 주도한다. 토니의 관찰에 따르면, 과거에 재산의 보호는 통상 노동의 보호를 의미했지만, 지난 2세기 동안의 경제발전과정에서 그 관계는 역전되었다. 창조적 활동이 수동적 자산에 종속되면서 인류대중은 정치적으로는 자유를 누리되, 주된 관심이 소유에 있는 소수가 자신의 이익을 보호하기 위해 부과한 규범 아래서 살아간다.

사적 권리가 절대적이면 안 되는 이유는 국가권력이 절대적이면 안 되는 이유와 같다. 권리의 무제한한 행사가 용인될 때, 산업평화뿐 아니라 국제평화도 불가능하다. 권리는 개인이 자신이 속한 공동체에서 수행하는 기능에 상대적인데, 거기에 제한을 두지 않으면, 그 결과는 사적 전쟁의 성격을 띨 것이고 사회조직은 조만간 붕괴가 불가피하다. 앞에서 인용했듯이, 모든 권리는 조건적이고 파생적이다. 모든 권력이 조건적이고 파생적이기 때문이다. 그것은 그것이 행사되는 사회의 목적으로부터 파생되며, 그 목적의 구현에 기여하도록 사용돼야 한다는 점에서 조건적이다. 이것의 실천적 의미는, 사회가 건강하려면 사람들은 자신을 권리의 소유자가 아니라 기능의 이행을 위한 수탁자, 사회적 목적의 도구로서 인식해야 한다는 것이다. 무기능재산은 정당한 재산의 가장 큰 적이며, 그것을 가능케 하는 사회유기체를 파괴한다. 그것은 애초에 그것을 창출했던 창조적 에너지 그리고 공동목표에의 서비스로 묶였던 사람들 간의 연대를 훼손한다. 모든 재산은 기능의 원칙 위에서만 도덕적이고 건강하다.[36]

기능과 목적에 비춰볼 때, 대다수 기업들이 소유계급을 위한 부의 취득을 위해 설계된 현대 자본주의 사회는 명백히 실패하고 있었다. 토니가 주창한 경제개혁은 집단적 필요의 충족과 경제활동을 삶의 목적 자체가 아니라 수단으로 만드는 인간가치들을 근본적으로 재배열하기 위한 것이다. 이런 점에서 문제는 "행사할 만한 재산권"이 있는 사람에게 한정되지 않는다.

길고 쓰라린 경험이 밝혀주듯이, 혁명들도 그것들이 전복시킨 체제로부터 깃발을 취하는 경향이 있다. 절대적 재산권 신조는 종종 절대적 노동권이란 상응하는 신조를 낳거니와, 반사회적이고 비인도적인 면에서는 덜할지

라도, 후자도 전자 못지않게 독선적이고 불관용적이며 무분별하다 해도 그리 놀랄 일은 아니다.[37]

노동자도 불완전한 인간일 뿐이라는 토니의 거듭된 진술은 이 땅에서 완전한 낙원은 불가능하다는 기독교의 원죄와 종말론적 세계관을 연상시킨다. 인간이 할 수 있는 일이란 끊임없는 '접근(approximation)'일 터인데, 사회사상가 티트머스가 토니의『평등』서문에 쓴 표현을 빌리면, "[목적지에] 결코 완벽히 도달할 수 없으나 [그것을 향하여] 언제나 성실히 추구하는(never to be completely attained but always to be sincerely sought)" 자세이다.[38]

『탈취사회』는 그 명징성과 일관성으로 인해 토니 정치저술 중 가장 만족할 만한 것으로 평가된다. 제1차 세계대전 이전의 토니 사상이 개인행위에 초점을 두었고, 따라서 사회일반에 적용하기가 어렵고 주관적이었다면, '기능' 개념은 사회적으로 유용하거나 해악적인 것을 구별해 주는 보다 명료하고 덜 논쟁적이며, 어쩌면 더 객관적인 기준을 제공했다고 볼 수 있다.

물론『탈취사회』에서도『비망록』에서의 도덕적 언명은 포기되지 않았으니 경제적 삶의 목적들이 도덕적 기준과의 관련 속에서 논의되었다. 단지 그것들을 달성할 수단과 사회적 필요의 충족이 저자가 자본주의와 초기에 조우했던 때보다 훨씬 높은 우선순위를 부여받고 있다. 그러면서도 그 책은 가령 어떤 경제기능과 목적들이 정당하며, 그것들을 판단할 기준은 무엇이고 그에 대한 결정은 누가 하는지 그리고 그의 개혁이 요구하는 산업조직은 무엇인지 등에 대한 직접적이고도 구체적인 답을 제시하지는 않는다. 토니는『탈취사회』의 결론에서 교회가 경제적, 사회적 행위의 도덕성 논의를 꺼린다는 점을 비판하면서 사회행위의 고유한 기독교적 기준이 회복될 것을 주창했는데, 이로써 교회가 "삶의 한 부문을 통째로" 포기한 데 대한 차후의 역사적 연구인 『기독교와 자본주의의 발흥』으로의 길을 예비했다.

6
기능사회를 향하여

기능적 자산의 원리

앞에서 논의했던 대로, 토니는 생산과 축적이 그 자체로 목적이 되는 사회를 '탈취사회'라고 불렀다. 반면에 생산과 축적이 그 수단인 사회적 목적에 기반하여 형성된 사회를 '기능사회'로 명명했다. 『탈취사회』에서 본격적으로 소개된 개념인 '기능'은 회복돼야 할 도덕적 기준, 새 질서의 조직적 이상, 그리고 자산, 권리와 의무 등 여타 개념들의 토대로서 작동한다. 토니는 『탈취사회』 이후 여러 계기에서 탈취사회와 기능사회를 명시적, 암묵적으로 대비시켰다.

한 사회가 부의 취득을 사회적 의무의 이행과 결부시키고, 보상을 서비스에 따라 배분하되 서비스를 수행치 않는 자에게는 거부하며, 사람의 소유가 아니라 그의 잠재력, 창조력, 성취를 중시한다면, 우린 그런 사회를 기능사회로 부를 수 있을 터인데, 그런 사회가 가장 강조하는 주제는 기능의

수행일 것이기 때문이다.[39]

기능 개념은 중세적 사회관계에 대한 역사적 연구에서 비롯됐지만, 토니가 한때 속했었던 길드사회주의 운동과도 무관치 않다.[40] 그것의 중세적 연원을 거론한 그린리프는 존 러스킨의 영향을 주목한다.[41] 실제로 중세 유기체사회와 기능사회에는 많은 유사성이 발견된다.

사회제도들은 거의 신성하다 불릴 만한 특성을 지니는데, 왜냐하면 그것들은 외형적이고 불완전하게나마 최고의 영적 실체를 표상하고 있기 때문이다. 이념형으로서의 사회는 다양한 계층들로 이루어진 유기체이고, 인간의 활동들은 종류와 중요도에서 상이한 기능들의 위계를 형성하거니와, 그 기능 하나하나가 모두에게 공통된 목적에 의해, 아무리 미미할지라도, 지배되는 한, 그 각자는 자신의 영역에서 고유한 가치를 지닌다. 천상의 질서가 그렇듯이, 그 질서를 어렴풋이 반영하는 사회도 안정적인데, 왜냐하면 위를 향하여 분투하기 때문이다.[42]

물론 토니의 기능 개념은 중세 기독교의 유기체 개념의 단순한 반복이 아니다. 그것은 개방적 개념으로서, 대략 상위의 권위에 대한 책임의식을 가지고 수행하는 사회적 목표를 구현하는 활동 정도로 정의될 수 있을 것이다. 『탈취사회』가 권위를 사회질서의 포괄적 목적에 대한 기여, 즉 기능에 따라 구분하며 정당화하는 것도 유사한 맥락이다. 상위의 권위란 공동체 일반을 지칭한다. 러스킨의 영향도 무시할 수 없다. 토니는 산업사회에 관한 러스킨 사상을 다룬 한 기고문(《옵서버》)에서 『탈취사회』에 실릴 내용을 다룬 바 있다. 전(前) 산업사회를 향한 러스킨의 애정, 길드에 대한 그의 옹호 등을 떠올리며 사회적 목적, 공동체 등과 관련해 기능을 논했다.

기능은 사회적 목적 사상을 구현, 표출하는 활동으로서 정의될 수 있으며
… 그 핵심은 행위자가 단지 사적 이익이나 개인적 만족 때문이 아니라 어
떤 상위의 권위에 대한 책임 때문에 기능을 수행한다는 것을 인지한다는
점이다.[43]

기능 개념 자체는 전(前) 산업사회에서 영감을 취했을지언정, 종교
에 의존한 것은 아니다. 기능사상은 빈자에 대한 태도에서도 중세유
기체 개념과 차이를 보인다. 후자에서 빈자보호는 기독교사랑의 발현
이지만, 토니에게 빈자는 복지수혜와 적절한 노동조건에 대한 권리를
지닌다. 오히려 토니는 스콜라주의가 후원한 중세유기체의 자선 개념
에 담긴 시혜적 온정주의 정조를 비판했거니와, 그로 인해 사회적 삶
은 화석화됐고, 정체된 신분사회가 가능했다고 지적한다.

[16세기가 물려받은 경제사상의 배경과 관련해] 이론적으로, 종교적 견해는
사회질서를 개선이 아니라 수용되어야 하는 불변의 것으로서 간주하는 정
태적 견해를 완벽하게 지지했다 … 그 주창자들은 발은 노동을 위해, 손은
싸우기 위해 그리고 머리는 지배를 위해 생겨났다는 전통적 교의를 반복했
다 … 개인적 도덕성의 전통적 기준을 유지하는 데 주된 관심이 있었다.[44]

중세기독교와 토니 이론 공히 탐욕을 비판한다. 그러나 토니는 성
경의 명령에 직접적으로 의존하기보다는 거기에서 연역된 태도, 곧
모든 인간은 수동적으로 타인의 노동에 의존해 이익을 취하기보다는
적극적으로 경제활동에 참여해야 한다는 도덕적 입장을 견지했다.

한 계급에 의한 과도한 경제적 탈취가 경제발전을 위한 재투자 자원을 위축시키는 부정적 효과를 낳는다는 실용적 고려도 작용했을 것이다. 요컨대 토니의 기능 개념은 계급적 지위를 떠난, 동적이고 열린 개념이었다. 그 유사성에도 불구하고 토니는 유기체가 중세기독교 사회질서 개념의 핵심요소라는 이유로 무비판적으로 그 개념을 채택한 것이 아니었다.[45] 이런 점에서 토니 사상이 중세질서나 스콜라철학자들에 대한 숭앙에서 비롯되었다는 단순한 해석은 경계돼야 옳다.

기능의 수행은 결과 아닌 동기나 의도, 특히 도덕적 의무 관념에 의해 추동된다. 이때 책임이란 궁극적으로 행위가 공공선에 얼마나 기여하는가의 문제에 귀착되는데, 토니는 17세기에 강조점이 공공목적에서 사적 이해로 이전된 것을 통탄해 마지않았다.[46] 기능은 인간의 의지를 핵으로 하는 비타협적인 도덕적 개념이지만, 개인들은 동시에 "사회적 목적"에 종속된다는 점에서 거기에는 어느 정도 결정론적 요소가 담겨 있기도 하다.[47] 토니는 사회적 기능의 소멸을 역사적으로 논의하면서, 인류가 신과 맺은 공동의 관계와 사회영역에서 교회의 역할과 개입을 주목했다. 이는 그가 기능 개념에 종교적 의의를 부여하고 있음을 보여주기도 하지만, 상위의 권위가 초자연적 실재가 아닌, 때로 공동체 일반을 지칭하기도 한다는 점을 암시한다.[48]

토니의 기능 개념은 세 가지 특징을 지닌다.[49] 첫째, 기능은 목적과 서비스 개념과 분리될 수 없다. 둘째, 그의 기능은 주어진 질서에 대한 적응에 초점을 둔 것이 아니라 현상을 평가하는 원칙으로서 제시되었다. 가령 그는 기능분석은 기능주의 이론가인 로버트 머턴이 "사회구조의 정태성에 초점을 두고 구조적 변화의 연구는 소홀히 취급하는" 경향이 있으며, 이런 경향은 무엇이든 사회에 기능적이면 그 사회를 위해 중요한 것으로서 수용하는 통상적 습관에서 나온다고 비판한다.

셋째, 핵심적 질문은 "무엇에 대해 기능적인가?"인데, 토니의 답은 "사회의 총체적 삶에 대해 기능적"이어야 한다는 것이다. 특정의 제도와 정책에 대한 시금석은 현대인의 삶 전반에서 그것이 수행하는 기능에 있다. 토니는 기능의 원칙을 전 사회에 적용했고, 그것의 준거점은 공공선이었다. 그의 기능 개념은 두 개의 다른 개념, 곧 목적과 서비스로 세분된다. 토니의 사회주의에서 권리의 토대를 제공하는 것은 사회의 총체적 목적 그리고 각 개인들이 그 목적에 기여하는 특정의 서비스이다.[50] 이 둘을 차례로 간단히 살펴보기로 하자.

토니가 보기에 산업화 과정은 필연이 아니었다. 인간지혜의 부재로 인해, 그것은 단순한 경제 메커니즘이 사회적 목적들을 대체하는 방식으로 전개되었다. 신의 소멸/부재는 공동체의 방향상실로 이어졌으며, 17세기에 형성되던 사회는 자의적 권력과 기능 없는 자산의 길을 열어 젖혔다. 그 사회는 "신과 전혀 무관하게 살아가며, 모든 것을 자신의 손안에 움켜쥐기를 원하고, 이웃과는 아무것도 나누려 하지 않으며, 지구상에 홀로 남기를 바라는, 결코 만족을 모르는 사람들"이 만들었다.[51] 거기에는 피조물의 오만, 소유욕망, 취득성향, 인간의 소외 등 토니의 정치사상이 맞서 싸운 모든 악의 목록이 있었다. 일찍이 마키아벨리는 자율적 정치에 대해 말했지만, 토니가 주목한 것은 자율적 경제의 부상이었다. 한때 "윤리학의 한 분파"였던 경제학은 가치가 효과적으로 미칠 수 있는 영향 저 너머의 자주적 메커니즘이 되었다. 그 결과 수단이 목적으로 되고, 산업화는 '산업주의(industrialism)'로 되었다는 것이다.

토니는 산업주의를 군국주의에 빗댔다. 군국주의가 군대 아닌 사회의 특성이듯이, 산업주의는 공장의 특징이 아니라 공장의 의의에 대한 사회의 평가를 보여준다. 현대사회의 진정한 지배자가 된 산업계의 거물들은 산업이 인간을 위해 존재하는 것이 아니라 인간이 산업을 위해 존재하는 듯 말한다. 이는 마치 프러시아인들이 때때로 전쟁을 위해 존재하는 인간 운운하는 것과 다름없거니와, 가령 의무교육의 연한을 올리는 것을 반대하면서 어린아이의 작은 손이 북부지역의 공장의 작업에는 불가결하다는 논리를 댄다는 것이다. 산업의 진정한 목적은 "인간의 유익을 위해 자연을 정복하는 것"이지만 생산과 축적이 그 자체로 목적이 되는 것은 상궤를 일탈한 것이다. 그리하여 토니는 "군사적 전통과 정신이 프러시아를 위해 군국주의를 결과한 것과 마찬가지로 상업적 전통과 정신은 영국을 위해 산업주의를 낳았다." 고 관찰한다.[52]

> 통합과 다양성의 결합은 활동들을 목적의 원칙들에 종속시키는 사회에서만이 가능하다 … 그런 사회는 활동들을 사회의 주인 아닌 종의 자리에 적절하게 위치 지운다. 우리 문명의 짐은, 많은 사람이 생각하듯 단순히 산업생산물의 분배나 전제적 행태 … 같은 것이 아니다 … 산업 자체가 인간이해들 가운데서 배타적 우위의 자리를 점하게 되었다는 것이다 … 경제문제에 대한 이러한 집착은 역겹고 혼란스러운 만큼 국지적이고 한시적이다. 미래세대는, 오늘날 종교분쟁에 대한 17세기의 집착이 그렇게 보이듯이, 그런 집착을 한심하게 바라볼 것이다. 실제로 그 집착은 그것의 주된 목표가 갖는 중요성이 훨씬 덜하기 때문에, 합리성마저도 떨어진다.[53]

산업주의는 수단을 목적으로 만들었을 뿐 아니라 인간관계도 타락시켰다. 토니는 "인민대중이 자신이 경작하는 토지와 작업하는 도구의 주인"이었던, 과거의 소자산소유자들 중심의 사회를 높이 평가했다. 산업주의는 노동자들을 전인적 인격체에서 부품으로 전락시켰다.

오늘날 그들은 "정치적으로는 시민이되, 산업에서는 시민도 동업자도 아닌 수족에 불과하다."[54]

산업의 목적에 관한 토니의 견해에 따르면, 오로지 인간노동이 사회적 유익을 위해 고안된 기업에서만 자본을 고용해야 한다. 이것이 인간과 사물의 정당한 관계이다. "노동은 사람들로 구성되고 자본은 사물로 구성된다. 사물이 사용되는 유일한 길은 인간에 봉사하도록 적용되는 것이다." 그런데 산업주의가 승리하면서 우선순위의 역전이 통념이 되었다. "마치 우리의 이교도 선조들이 그들이 우상으로 숭앙했던 나무와 금속조각들이 풍년을 가져다주고 전쟁에서 승리하게 만들었다고 상상하듯이, 자본이 노동을 '고용한다.'"[55] 현대인들은 도구—플라톤에게는 오직 노예들만의 용도였던—로 사용되고 있다며, 토니는 탄식했다.

그에 따라 노사관계의 심리도 가망 없이 오염됐다. 노동자의 지위가 격하되고 분노가 쌓이면서 노동조합도 기업소유주들과 마찬가지로 사회적 목표를 상실하는 정도에 이르렀다. 공장과 탄광에서 노동자의 사기가 저하되고 실적이 떨어졌지만, "대중이 노동자가 일꾼으로 취급되도록 허용한다면, 대중은 노동자의 의지와 두뇌의 서비스를 요구할 수 없다. 대중이 노동자가 숙련된 전문가의 열정을 보여주길 원한다면, 그에게 전문가적 책임을 수행하도록 충분한 권한을 부여해야 한다."[56] 산업의 진정한 목적을 달성하는 일은 불가능하게 되었다.

사회적 목적은 산업의 존재이유이다. 생산과 축적 자체가 목적인 사회는 탈취사회이고, 상위의 사회적 목적에 수단인 사회는 기능사회이다. 이는 구체적이고 경험적인 평가의 문제이다. 가령 "소유자를 위해 돈을 버는 것"이 목적이 되는 정도가 클수록, 그리고 생산, 투자, 산업안전 등에 관한 결정이 소유자의 이윤 이외의 기준에 따라 이루어질수록, 탈취사회도 되고 기능사회도 된다. 산업은 공공이익을 위해 봉사할 때 사회적 목적을 지닌다. 이때 공공이익은 정치와 관련된 개념이거니와, 토니는 사회정책이 민주주의 방식으로 정의된 공공이익에 기능적인가 여부에 따라 판단돼야 한다고 보았다. 그리하여 정치의 업무는 공공이익을 구체화하고 추구하는 것이다.[57] 사회적 목적은 충족된 이해 혹은 필요의 폭에 의해 확인되기도 한다. 예컨대 학업연령을 14세 미만으로 낮추는 것을 금한 1918년의 피셔 교육법―토니가 많은 영향을 미쳤던―은 어린이의 이해가 그 법을 반대했던 공장주의 이해보다 더 크다는 점을 확인시켰다.

토니가 제시한 것은 루소의 일반의지이론이 아니었다. 사회적 목적의 궁극적 테스트는 경험적이며, "표출된 인민의 의지"를 말한다. "무엇에 기능적인가?"라는 질문에 대한 토니의 답변은, "민주적 절차를 통해 사람들이 자유롭게 표출하거나 동의한 사회적 목적에 관련하여", 정도로 요약될 수 있고 그 실천적 초점은 "정치교육을 통해 사회적 목적을 만들어내려는 시도"였다.[58] 국가공동체는 권력을 집중시키는 것이 아니라 시민들 사이에 목적을 창출함으로써 형성된다. 인간이 공동으로 지니는 목적들 외에 다른 권위는 없거니와, 인간 공동의 목적이 최고의 유일하고 궁극적인 권위이고, 권리란 바로 이런 목적에서 나오는 것이다.[59]

기능의 한 면이 사회적 목적이라면, 다른 면은 그 목적을 촉진하는 일에 참여하는 것이다. 토니는 이 참여를 서비스라고 불렀다. 산업은 "공동체가 요구하는 서비스를 다양한 정도의 경쟁과 협력을 통해 공동체에 제공함으로써 생계를 유지하는 사람들의 결합체"이다.[60] 목적은 산업의 존재이유, 서비스는 주로 그 심리와 관련되되, 이 둘은 분리 가능한 것이 아닌데, 목적은 사기에 영향을 미치고 서비스의 원칙은 산업의 방향과 관련된 기본결정들에 작용하기 때문이다. 토니는 서비스 수행과 이윤추구를 산업의 역동적인 두 원칙으로 대비시켰다.

토니의 가장 중요하고 독창적인 사상은 기능 개념을 자산에 적용시킨 데 있다. 자의적 권력과 무기능자산이야말로 사회사상과 사회실천에서 근본적인 두 요인이거니와, 그것들은 그의 역사연구, 정치적 저술에 연결되며, 다시 인간본성에 대한 그의 기본신념에 닿는다. 이 둘을 몰아내지 않는 한 어떤 사회주의도 불가능하다는 것이 토니의 신념이었다. 그가 특히 주목한 것은 무기능자산 그리고 그것과 쌍을 이루는 무조건적 재산권이었다. 보상이 보상받는 자가 수행한 서비스와 분리된 것, 그것이야말로 현대경제문명의 근본문제였다.

> 현대사회는 부가 수단 아닌 목적이라는 믿음, 곧 모든 경제활동은 그것이
> 사회적 목적에 기여하든 않든, 동일하게 존중받아야 한다는 믿음 위에 서
> 있다. 그리하여 보상은 서비스와 분리돼서 아무런 기능을 수행하지 않을
> 지라도 정당화된다.[61]

부는 기회에 따라 분배된다. 그러나 기회는 부분적으로는 재능과 노력이 만들기도 하지만 대체로는 출생, 사회적 지위, 교육에의 접근성, 유산 등, 요컨대 자산에 더 크게 의존한다.

그리하여 생산증가에는 아무 기여도 안 하면서 생산물의 배분에 참여하는 '산업연금자계급'은 용인될 뿐 아니라, 번영의 비결이 그들의 노력 덕분이라는 듯이, 박수와 존경을 받으며 주도면밀한 보호를 받는다. 기능에 따른 보상원칙이 부재한 가운데, 모든 소득이 오직 양적으로만 평가되기 때문이다. 반면에 인류의 대다수를 형성하는, 노동하되 큰 보상을 얻지 못하는 이들은 무익하고 하찮은 존재라는 일상

적인 비하에 노출된다. 요컨대 기능이란 기준이 망각될 때, 양적인 부가 유일한 기준으로 남게 되고, 기능사회가 근면한 장인들의 창조적 재능을 존중하듯이, 탈취사회는 부의 소유 자체를 숭앙하며 사회적 존경의 토대로 만든다는 것이다.[62)]

그러나 지대수익자들(rentiers) 또한 행복을 느끼지 못하기는 마찬가지이다. 부의 취득에 제한을 두는 기능 개념이 폐기되면서 부를 의미 있고 존경받을 만하게 만드는 기준 자체가 폐기돼 버렸기 때문이다. 사람들은 그들을 부러워할지언정, 그들은 스스로를 존경할 수 없으니, "단테 『신곡』의 「지옥편」에 나오는 영혼들처럼, 욕망을 성취함으로써 형벌에 처해진 것"이다.[63)]

요컨대 토니의 기능 개념은 공동의 도덕적 목적에 터 잡은 사회적 일체성에 대한 중세적 개념 그리고 러스킨 등이 주창한 산업자본주의에 대한 사회적, 문화적 비판의 전통과 맥이 닿아 있다. 그것은 사회적 목적이 깃든 사회, 공동의 목적이 인정되고 추구되는 사회에 특징적인 개념이다. 그러나 현대사회는 목적을 메커니즘으로, 기능을 권리로, 통합의 원칙을 분열의 원리로 대체했고 경제적 삶과 재산의 대부분을 무기능적으로 만들어버렸다. 무기능적 재산이 옛 재산소유형식들을 몰아내면서, 재산소유는 역사적 재산권이론들이 제공한 전통적 정당화를 박탈당한 채, 그것이 봉사하는 어떤 기능으로부터도 독립돼서 거기에 상응하는 어떤 기능도 접목되지 않은 권리, 곧 특권으로 축소되었다. 이제 진정한 대립은 사적/공적 재산이 아닌 기능적/무기능적 재산의 그것이 되었다. 문제는 사적 소유권 자체가 아니라 노동에서 분리된 사적 소유권, 곧 어떤 종류의 그리고 어떤 목적을 위해 사용되는 재산인가이다.

토니 사상은 재산을 신보다는 인간의 노동과 삶에 결합시킨다. 부는 사회적 방식으로 생산되고, 따라서 사회적 성격을 지닌다. 러스킨은 "삶 없이 부 없다.(There is no wealth but life.)"고 말했지만, 부가 사람을 위해 존재해야지 사람이 부를 위해 존재해선 안 된다. 토니가 기능 개념을 재산에 적용했을 때, 같은 맥락이었다. 토니는 또한 재산을 개성과 연결시켰다. 재산은 인간의 창조성에 미치는 영향과 독립적으로 선하거나 악할 수 없다. 사유재산은 문명의 기초라거나 절도라고 말하는 것은, 이 점에서 무의미한 언명이다. 토니가 제시한 것은 재산과 일/삶의 관계에 관한 변증법적 관점이었고 주된 관심은 재산의 기능에 있었다.

재산권에 대한 제약들이 재산권에 대한 정당화가 아니라 그에 대한 혁명적 도전으로 간주되었던 시절이 있었다. 왜냐하면 농민이나 소(小)장인의 재산을 옹호하려면 그것을 집어삼킴으로써 성장하는 독점업자와 대부업자를 공격할 수밖에 없기 때문이다.[64]

재산소유권의 성격은 존 로크 이래 많은 변화를 겪었다. 토니는 이런 변화를 주목했다. "소유권을 기능으로서 정당화하는 고려들은 그것을 부담이라며 비난하는 고려들에 다름 아니다. 재산은 절도가 아니지만, 절도의 대부분은 재산이 된다."[65]

만일 재산이 의미하는 바가 인구의 90%의 사적 소유물이라면, 사회주의자들의 목표는 재산을 약화시키는 것이 아니라 오히려 보호하고 증가시키는 것이 되어야 한다 … 근본문제는 소유의 규모가 아니라 소유의 종류 … 즉 노동에 사용되는 재산이냐 노동 없이 소득을 벌어들이는 재산이냐의 문제이다.[66]

소유권을 정적(靜的)으로 인식하는 한, 소유권은 재산문제의 핵심이 아니다. 토니는 정적 소유권 개념 대신 동적 기능 개념을 강조했다. 가령 그가 국가소유 문제에서 매우 유연한 태도를 취했던 이유도 공공소유 자체가 사회적 연대를 가져오는 것이 아니기 때문이었다. 그는 여러 계기를 통해 목적으로서의 국유화를 반대한다는 점을 분명히 했다.[67] 국유화는 언제나 수단이었고 소유권에 대한 토니의 태도는 소득의 기준으로서 '실적(merit)'에 대한 입장과 유사했다. 기능 개념은 동적이고 연대적인 데 반해 그 둘은 지나치게 정태적이고 개인주의적이었다. 보상이 사회적 목적을 촉진하는 서비스의 수행에 달려 있을 때, 당연히 협력적 활동이 장려된다.

사회적 기능에 기초한 보상체제는 평등주의적이기 쉽다. 토니는 산술적으로 결정된 평등보다 이처럼 동적으로 유도된 평등이 더 바람직하고 현실적이라고 보았다. 소득이 사회적 관계에 영향을 미치는 한, 사람들은 사회적 목적에 참여함으로써 적절한 사회적 거리 안에 피차를 위치 지을 수 있다.

> 1910년에 1%를 겨우 웃도는 인구가 국가 부의 30%, 5.5%가 44%를 차지함으로써 전 소득의 70%와 56%를 각각 98.9%와 94.5%의 인구에 남겼다 … 1919년에는 총소득의 1/12이 약 1/480 인구에 돌아갔고, 총소득의 절반을 대략 1/9에서 1/10의 인구가 차지했다.[68]

1910년 영국 전체의 금전적 소득의 44%를 가져가는 상위 5%의 부자 대부분은 어떤 서비스의 수행도 없이 보상을 받는 사람들이었다. 토니가 "탄광을 전혀 본 일이 없는 신사가 그 음침한 장소의 내용물을 런던과 시골별장의 우아한 방들 안으로 증류하는 연금술"을 말했

던 맥락인데, 당시에는 광산사용료와 도시지대가 '서비스 없는 보상'의 가장 두드러진 예들이었다.[69]

노동 없이 단지 소유함으로써 삶을 영위하는 사람은 불가피하게 타인의 근면에 의존하게 되고, 따라서 결코 장려될 수 없는 값비싼 사치품과 같다. 토니는 광산소유주와 부재지주들을 플라톤이 『국가』에서 시인을 다루듯 취급했는데, "그들은 무에서 유를 뽑아내고 말로써 사람들을 홀리는 능력"이 닮았으므로 모두 화관을 씌워서 정중하게 나라 밖으로 안내되도록 해야 한다고 말한다.[70] 토니는 자본주의하에서 변화된 재산소유권의 성격에 직면한 역사적 재산이론의 부적절성을 지적하며 재산소유권의 성격이 급진적으로 변화될 것을 주창했다. 그에 따르면 기능의 수행을 위해 경제적 삶을 조직하는 데 요구되는 첫 번째 단계는 어떤 기능도 수행하지 않는, 특히 무기능적 부재주주가 소유자인 유형의 사적 자산들을 폐지하는 것이었다.

거듭 환기돼야 할 것은, 재산과 산업에 기능의 원리를 적용하는 문제에서 핵심은 목적 개념에 초점이 맞춰져야 한다는 점이다. 특히 산업조직은 경제활동의 목적을 숙고하여 거기에 적응해야 한다. 보상은 수행된 서비스에 대해서만 주어지되, 자본은 가능한 가장 낮은 가격에 고용돼야 한다. 무엇보다 중요한 것은 모든 산업이 비용과 이윤이 완전히 공개된 채로 운영되어야 한다는 점인데, 공개성이야말로 경제적, 정치적 남용을 방지하고 서로를 신뢰하도록 만들기 때문이다. 재산과 관련해서는, 목적은 소유가 의무로부터 분리된 모든 형태의 자산을 폐지하는 데 있다. 동시에 노동자가 이윤 혹은 자신의 노동에 대한 통제권을 단순히 지대수익자들과 공유하지 않고 자유롭게 자신의 일을 수행하게 만드는 경제조직의 형태를 장려하는 것이다.[71]

물론 적절한 경제활동의 영역에서는 노동자소유가 장려되되, 방법은 개별 사례들에 따라, 원칙 아닌 편의의 문제로 유연성을 확보해야 한다. 다시 말하거니와, 토니에게 국유화는 하나의 수단이지 목적이 아니다. 어떤 산업에서는 공공소유가, 또 다른 산업에서는 사유자산이 확대되기도 할 텐데, 산업의 원칙에 해악을 주는 것은 사적 소유 자체가 아니라 **노동에서 분리된 사적 소유**이기 때문이다. 토지나 자본의 사적 소유는 언제나 악이라는 일부 사회주의자들의 주장은 사적 재산에 신비한 신성성을 부여하는 보수주의자들의 생각만큼이나 어리석은 탁상공론의 현학에 불과하다는 것이 토니의 일관된 관점이었다.[72]

근본적 문제는 **소유의 성격, 곧 일을 위해 사용되는 기능적 자산인가 아니면 일을 하지 않고도 소득을 가져오는 무기능자산인가**의 그것이다. 소유형식은 조직, 금융구조, 행정, 소비자대표, 생산자 참여 등과 관련하여 수많은 다양성을 지니기 때문에 헌법적 상상력을 최대한 동원해야 한다. 소유권의 성격의 문제가 해결되면 경제단위의 크기의 문제는 스스로 해결해 나갈 수 있다.[73] 그리하여 현대의 경제적 삶에서 실종된 목적 개념이 복귀되면, 기능의 원칙은 사회경제적 삶의 초석으로 재차 확립되고 정당한 형태의 재산과 부당한 형태의 재산을 가르는 기준이 될 것이다. 그때 활동들은 보편적 사회목적에 대한 기여의 관점에서 정의될 것이다.

전문업, 기능사회의 산업조직원리

토니는 목적의 원리에 따라 기능의 수행을 위해 조직된 산업을 전문업(profession)이라고 불렀다. 그것은 그저 같은 종류의 일을 하며 생계를 버는 개인들의 집단도, 중세의 길드처럼 구성원들을 보호하고 자 조직된 배타적인 단체도 아니다. 전문업은 구성원들의 보호에 앞 서 "공중에 보다 나은 서비스를 제공하기 위해 특정의 기준을 적용토 록 구상된 규칙들에 따라 작업을 행하는 사람들의 결사체"이다.

기준의 높고 낮음과 무관하게, 모든 전문업은 공동체의 이익을 보호하고 자신을 규율하는 규칙을 지닌다. 그 핵심(본질)은 구성원의 자질과 상품의 품질에 관한 일정한 책임을 떠안는다는 것이다 … 어떤 규칙은 무분별한 경쟁으로 인해 그 직종의 경제적 기준이 하락하는 것을 방지할 노조관련 규정이고, 또 다른 규칙은 투기적 이윤의 유인을 배제함으로써 구성원 누 구도 자기 일에 대해 순수한 직업적 이해 이외의 것을 갖지 못하도록 하는 것을 주된 목적으로 한다 … 또한 전문업은 서비스의 질을 유지하는 의무 를 스스로에게 부과함으로써 금전적 이득의 동기가 개인의 필수품이나 탐 욕에 부당한 영향을 미치고 공동의 목표가 좌절되는 것을 방지한다.[74]

기존 산업과 전문업 간의 차이는 단순하고 명료하다. 전자의 유일 한 기준이 주주들에게 제공하는 금전적 보상이라면, 후자에게 성공 의 시금석은 금전적 이익이 아니라 그것이 수행하는 서비스이다. 가 령 의사들은 금전적 이익이 아무리 커도 행해서는 안 되는 특정의 행 위가 있다는 것을 인지하며, 학자는 대중을 속여서 돈을 버는 일이 옳 지 않다는 것을 숙지하고, 판사나 관료는 정의를 거래하여 수입을 올 리지 말아야 하며, 군인은 사적인 이해관계보다 국가에 대한 서비스 를 앞세워야 한다. 즉 전문업은 목적 자체가 성공의 기준이 돼야 하는 데, 그때 개인들의 성향, 욕구, 야망은 기능수행을 증진하는 것을 목 표로 하는 조직의 규칙들에 종속된다.

산업이 전문업으로 조직되려면, 두 가지 변화가 필수적이다.[75] 첫째는 자산소유자 아닌 공중의 서비스를 위해 경영이 수행되고, 둘째는 엄정한 공공적 감독하에, 서비스 유지의 책임이 실제로 일을 수행하는 사람들에게 주어진다. 토니가 주주자본주의를 비판한 맥락이 또한 이와 같다.[76] 첫 번째 변화가 필요한 이유는 경영이 오로지 이익추구에만 관심이 있는 사람들에게 맡겨지는 한, 공익을 위한 산업경영은 불가능하기 때문이다. 대부분의 주요산업에서 일반화된 주식회사 조직은 자산소유자의 유급 대리인에 의해 경영되며, 그 성공 여부는 주주들에게 얼마나 많은 수익을 안겨주는가에 의해 판정된다. 따라서 배당금이 증가된다면 서비스가 악화되고 노동자가 불이익을 당해도 문제가 되지 않는다. 일과 소유권이 점점 더 분리되는 상황에서, 거대기업의 주주 대부분은 그저 주주일 뿐이어서 배당액이 확보되는 한 경영에 무관심하며 주가의 등락(조짐)에 따라 언제라도 주식을 팔고 떠날 준비가 돼 있는 사람들이다.

당연히 주주의 경제적 이익과 일반 공중의 그것이 일치하지 않는 것이 일반적이다.

> 한 사회는 자본을 포함한 물적 재화의 가격이 낮고 인간의 가치가 높을 때 부유해지거니와, 사실상 '부'라는 단어 자체의 의미가 다른 데 있지 않다 … 노동은 사람으로, 자본은 사물로 구성되며, 사물이 사용되는 유일한 방식은 사람에 대한 서비스에 적용되는 것뿐이다.[77]

잉여는 통상 경영자나 종업원이나 공중에게 돌아가는 것이 아니라 주주에게 귀속되며, 이런 상황은 노자의 갈등을 불가피하게 만든다. 그러므로 기능원칙을 산업에 적용하는 일은 재산권의 변화를 동반한다. 그런 권리는 산업이 복무해야 하는 목적에 기여하지 않기 때문이다.

어떤 집단이든, 내부의 갈등하는 집단들을 화해시키고 결속을 가져다주는 것은 그것이 지향하는 공동의 목적뿐이다. 다양한 직무를 수행하는 노동자들 간에, 혹은 노동자와 소비자 간에는 기능의 분화가 존재하며, 각자는 자신의 영역에서 자신의 직무를 수행하는 데 필요한 권위를 지닌다. 그러나 노동자와 (소유 외에는 아무런 기능도 수행하지 않는) 소유자 간에 기능의 분화란 있을 수 없다. **자본소유자의 기능이 자본의 제공이라면, 그것을 얻는 데 필요한 보상을 지불하면 되며, 그에게 필요 이상의 보상을 허용하거나, 자격이 안 되는데도 단지 소유자라는 이유 때문에 생산에 대한 통제권을 부여하는 일은 금지해야 마땅하다. 따라서 노동자와 소유자 사이에 시도되는 균형이란 개념 자체가 애초에 성립하지 않는 것이다.**[78]

권리들의 충돌 문제는 권리를 기능이 아닌 힘의 관점에서 바라봄으로써 해결할 수도 있다. 그러나 기능이 아닌 힘에 의한 조정은 노동을 강제적으로 만든다. 이는 은밀하고도 점잖은 형태로 노예제를 다시 들여오는 것이다.[79] 19세기 말 무렵에도 거의 모든 나라에서 노동이 집단적으로 일을 거부하는 것을 범죄로 취급했다. '일을 거부할 권리'가 범죄시되는 상황에서는 노사갈등으로 표출되는 권리의 충돌이 발생하지 않거니와 애초에 한쪽의 권리가 소멸됐기 때문이다. 오늘날에는 정부가 강제적 중재에 나서기도 하지만, 그런 시도는 양자의 동등성과 기존 관계들의 안정을 당연한 것으로 간주한다.[80] 요컨대 기능이 아닌 힘을 통해 권리의 충돌을 해결하려 한다면, 이는 노사갈등은 물론이고 정부의 강제조정 또한 허구로 만드는 일이 되기 쉽다.

이런 교착상태를 벗어나는 유일한 길은 자본소유자의 재산권을 절대화하여 그 자체를 목적으로 삼지 않는 것이다. 모든 재산이 재산이라는 이유 하나로 동등하게 신성하다는 가정을 버리고, 자본이 사용되는 목적, 곧 자본의 기능이 무엇인지를 정직하게 물어야 한다. 그때 우리는 자본가의 재산권이 목적 아닌 수단이며, 그 기능은 인간의 노동을 돕고 거기에 복무하는 것이지, 인간의 기능이 우연히 재산을 소유한 사람을 위해 복무하는 것이 아님을 깨닫는다.

실제로 인간의 행위를 형성하는 세력들을 논함에 있어서 윤리적 판단은 핵심적이며, "인류의 집단적 문제에 있어서 잘못된 독트린은 언제 어디서나 잘못된 행동보다 더 치명적이다."[81] 노예제에 대한 태도 변화는 인간의 집단의식이 시간과 더불어 변할 수 있다는 가장 좋은 증거이다. "인간을 재산으로서 사고 파는 것이 치욕적인 것이라면 왜 어린이노동이나 임금착취 같은 현대산업의 가장 특징적인 부도덕성들에 대한 인간의 정서가 바뀔 수 없는 것인가."[82] 당연히 도덕적 혐오에 대한 인간의 시야는 인간의 소유로부터 인간노동의 소유 문제로 확대돼야 하는 것이다.

이처럼 산업이 재산권소유자의 금전적 이익이 아니라 서비스의 수행을 위해 조직되려면, 무엇보다 생산에 대한 통제권이 자본소유주들로부터 생산을 직접 담당하는 사람들로 이전되어야 한다. 고용주가 동시에 관리인(즉 노동자)인 경우에는 변화가 상대적으로 용이하지만, 현대의 고용주들처럼 대부분이 금융가여서 생산이 목적이 아니라 순전한 금전적 배당의 수단인 경우에는 노동자와 소유자(혹은 그 대리인) 사이에는 공동의 목적이 결여되고, 따라서 주주와 노동자를 대표하는 기관에 의한 공동관리체제는 거의 불가능에 가깝다.[83] 그리하여 재산소유자의 경영통제로부터의 해방, 재산소유권의 성격 변화를 위한 조치는 국가에 의한 입법 등 외부로부터 와야 한다. 핵심은 **이윤과 통제**

권리로서의 자본의 사유재산권을 철폐하는 것이다. 그다음 단계는 재산권을 구성하는 요소들을 해체하고 세분화해서 그 권리들을 재배분하는 일이다.

이런 시도는 두 가지 결과를 가져온다.[84] 첫째, 사람이 일을 보다 효율적으로 하기 위해 자전거를 사용하듯이, 자본도 산업을 돕기 위해 사용되는 물건이기 때문에, 그것이 고용될 때는 가장 값싼 가격에 고용돼야 한다. 둘째, 자본의 소유자는 "집주인이 부엌에서 세입자가 만드는 음식을 간섭하거나, 배를 빌려준 사람이 뱃사공이 배를 젓는 속도를 관여해서는 안 되는 것처럼", 생산을 통제하지 말아야 한다. 자본소유주에게는 산업자본을 얻는 데 필요한 비용, 곧 **최저이자가 선(先)지불되며 배당을 허용하거나 산업의 통제권이 부여돼서는 안 된다.**

전문업의 특징은 구성원들이 기능의 수행을 위해 자신을 조직한다는 점이다. 역시 이때도 국유화는 그 자체가 목적 혹은 무차별적으로 적용되는 원칙이 아니라, 사적 소유자가 아무런 긍정적 기능도 수행하지 못할 때 시도되는 하나의 수단에 불과하다. 따라서 국유화에 대한 찬반 논란은 초점을 벗어난 무익한 일이다. 국유화는 소비자보호, 낭비제고, 노동자요구 부응 등 실천적 필요성으로 인하여 사적 소유 형태에 대한 대안으로 제시되지만, 그것은 다양한 경영방식/형태와 조응하고 양립할 수 있다. 소유권이란 하나의 권리가 아니라 권리들의 다발이기 때문에 전체를 동시에 공략할 수도 있지만 부분들을 들어낼 수도 있는 것이다. 핵심은 사인의 손에 무기능자산을 방치하는 것이 아니라 자산의 분산된 소유이다. 유상이든 무상이든 공공이전을 통하지 않고, 자본소유주가 대리인을 통해 산업을 통제하는 일을 종식시키는 가장 합리적인 방식은 **자본에 대해 고정된 봉급 그리고 고정된**

이자를 받되, 모든 잉여이윤은 기금화하여 사용자와 노동자를 대표하는 중앙기관으로 하여금 관리하도록 하는 것이다.[85]

계급구조의 두드러진 특징은 임금을 위해 일하지만 소유 혹은 통제는 하지 않는 다수와 생산수단을 소유하고 산업조직과 정책을 결정하는 소수 간의 분화이다. 따라서 산업사회 경제구조의 특징 중 하나는 경제적 위계의 상, 하층 지위 간의 구분이 매우 선명하다는 점이다. 발의와 통제기능 그리고 집행기능의 분리에서 발생하는 권위의 집중에 있어서 이런 사회는 "경사는 급하고 꼭대기는 뾰족한 피라미드"를 닮아 있다. 기업의 법률적 통제권은 일반주주에 속해 있지만 실제로는 그의 지분을 사용하고 그를 대신해 행동하는 기업가에 속해 있다. 자산계급은 편의에 따라 직접 혹은 대리인을 통해서 산업의 조직과 행위와 관련된 결정을 내리며, 법이 규정하거나 자발적 협의가 정한 한도 내에서 자신의 행동에 대해 상급권위에 책임을 진다. 그들의 지휘를 받는 임금소득자들은, 사용자가 제정하되 국가와 노조의 개입이 가능한 규율에 순종하는 조건으로, 자신들의 생계를 위해 필요한 장비, 공장, 기계를 사용한다.

소투자가들의 수가 증가하면서 주식회사가 성장하고 그만큼 산업적 통제의 토대도 확장된 측면이 있다. 그러나 주식회사가 소유권을 분산시키는 데 일정 부분 기여했더라도 통제는 집중화되었으니, 단위기업의 규모가 커가면서 점차 커가는 임금소득자 집단이 상대적으로 적은 수의 기업가들 통제 밑으로 들어가는 과정이 불가피하게 가속화되었다. 오늘날 기업의 세계에서 급속도로 진행되는 연합과 합병으로의 움직임도 거기에 한몫 거들었다.[86] 임금과 근로조건의 문제와 더불어 지위와 통제의 문제가 부각된 것은 경제적 통제권의 집중이 결과하는 보다 명확한 수평적 분화의 한 징후이다.

그러나 사회란 여러 집단이 생산을 목적으로 결합하는 경제기구만은 아니며, 지출과 생활습관의 다양한 기준과 경제적이고 사회적인 척도에서 상이한 지위를 점하는 사회집단들의 체제이다. 그것은 경제적인 동시에 사회적인 패턴을 지닌다.[87] 이제 '노동'과 '경영' 간의 전통적 기능분리는 더 이상 경제현실과 부합하지 않는다. 지금까지 일방이 주도하던 둘 사이의 다툼은 이제 양쪽 모두의 관심사가 돼야 한다. 지혜로운 노동조합이라면, "문을 발로 차고 벽을 망치로 부수는 것이 아니라, 골조 자체가 다시 축조될 수는 없는지 그것의 재건을 위해 협조하는 것"이 자신에게도 좋은 일인지 여부를 숙고해야 할 것이다. 역사의 특정 시점에 한 산업이 어찌어찌 취하게 된 조직형태는 불변의 고정된 것이 아니다. 산업이 노조의 요구들에 응하는 능력은 부분적으로 그것이 조직되는 방식에 달려 있다.

따라서 그런 요구들이 심각하게 받아들여지려면 조직의 장단점을 검토하는 것이 필수적이다. 고용주들 편에서는, 자신들이 오랫동안 익숙해져 온 노동과 경영 간의 특정의 영역분리가 변경 불가한 신성한 것이라는 형이상학적 교의를 떨쳐버려야 한다. 노자협력에 관해 열변을 토하다가 다음 순간에는 파트너로서의 노동의 통상적 권리를 부인하는 일은 더 이상 용납될 수 없다. 임금소득자도 자산소유자들 못지않게 자신의 확립된 기대치에 걸맞은 동등한 배려를 요구할 수 있으며, 경제위기로 인해 그런 기대가 흔들릴 때는 보상의 형식으로 피해를 입은 개인들에게 적정한 공여가 이루어져야 한다는 것을 자각해야 한다. 또한 스스로는 꺼리는 효율의 기준이 종업원에게만 적용될 수는 없다. 경영자가 노동자의 임금요구를 평가할 권리가 있는 것처럼, 노동자도 조직의 효율과 경영기법의 현대화에 흡족해할 권리를 누려야 한다.[88]

이 모두를 위해 핵심적인 과제는 산업의 실상을 완전히 공개하는 것이다. 소비자가 부당가격으로부터 보호받고 임금소득자가 탈취당하지 않을 보장을 받아야 한다면, 산업의 실태와 세부사항에 대한 모든 사실이 정기적으로 공개되는 것이 두말할 나위 없이 중요하다. 이때 주주를 보호하기 위해 필요할 기업회계의 제출방식과는 별개로, 모든 주요산업의 상황에 대한 연례보고서를 발간하는 것은 정부부서의 의무가 돼야 한다.[89] 그런 보고서는 투자된 자본, 자본이윤과 총매출, 기업들의 생산비와 그 구성요소, 유통비용과 공장 혹은 생산가격과 소비자가격의 차이, 그리고 기업집단, 연합, 합병을 둘러싼 세부사항 등에 관한 핵심 사실들을 일반인도 이해할 수 있도록 논평과 설명을 곁들여 상세하게 제시해야 한다.[90] 책임과 유리된 권력이 국가의 독(毒)이라면, 그런 권력이 경제적 노력을 위한 강장제가 될 수는 없다.

그리하여 토니는 **자본소유권에 관해서는 세 수준, 곧 자본의 가격으로서 이자에 대한 권리, 이윤에 대한 권리, (관리자와 노동자를 주주에 예속시키는) 통제권의 논의가 그래서 절실하다**고 말한다. 그에 따르면, 이 권리들이 모두 소유권에 귀속되는 것은 물론 아니며 또한 반드시 공존할 필요도 없다. 산업자본의 사적 소유가 사라지지 않는 한, 개혁가들의 목표는 사전에 고정된 이자율만을 보상토록 하고 일체의 통제권을 불허함으로써 그 영향력을 될수록 완화하는 것이다. 자본의 세계화가 넓고 깊게 진행된 현 상황에서 이런 제안이 지닌 현실성을 차치한다면, 이는 소유권문제와 관련된 토니의 가장 독창적인 제안이다. **고용주에게는 무제한의 이윤이 아니라 경영자로서의 서비스에 대한 고정된 봉급과 그의 자본에 대한 고정된 이자가 보장되고, 주주에게는 이미 선이자가 지급되었기 때문에 성공적 기업운영이 발생시킨 잉여는 배당금이 아니라 고용주와 노동자가 공동으로 관리하는 중앙**

기금에 흡수되어 보다 효율적인 미래 서비스를 제공하기 위한 산업적 설비를 갖추는 등 산업 전체의 이익을 위해 사용된다. 여기에 더하여 공정하고 투명한 회계처리와 감사제도를 도입하여 산업 전반에 대한 집단적 책임을 지도록 만들 수 있다면, 이제 더 이상 "자본이 노동을 고용"하는 것이 아니라 "노동이 자본을 가장 저렴한 가격으로 고용" 하는 기능사회로의 명실상부한 진입로가 열릴 것이다.

요컨대 소유권 성격의 이런 변화가 주는 이점 세 가지는, 그로 인해 자산(이라는 사물)에 의한 산업의 지배를 폐지하고, 이윤을 고정이자 율로 채권자에게 돌림으로써 무기능 주주들에 대한 이윤지불을 종 식시키며, 산업을 전문업으로 전환시켜, 다양한 종류의 노동자들이 자본소유주의 이익이 아니라 공중의 서비스를 위해 업무를 수행토 록 함으로써 산업평화를 위한 유일한 가능한 토대를 마련해 준다는 점이다.[91] 보수주의자들도 기존의 집중체제가 노동자의 자유를 어느 정도 훼손할 수 있다는 점을 인정한다. 이 점을 상쇄하기 위해 그들이 전가의 보도로 내미는 것은 이른바 효율성 담론, 곧 노동자에게 산업 통제의 주된 책임을 맡기면 효율성이 위협받게 된다는 주장이다. 그 러나 토니는 산업구성원 자신들에 의한 전혀 새로운 유형의 산업통제 체제가 만들어지고 그에 따라 노사관계의 재편이 이루어진다면, 노동 자들로 하여금 생산과정에서 최대한의 잠재력을 발현케 함으로써 효 율성 제고의 길을 열어주리라 확신했다.

특히 경제적 효율성은 모든 건전하고 활력적인 사회가 영위되는 데 필수적이지만, 효율성을 하나의 도구가 아니라 주된 목적으로 삼는다 면, 이는 효율성 자체를 파괴하는 일이다. 왜냐하면 복잡한 문명에서 의 효과적인 행위는 협력을 전제하기 때문이다. 그리고 협력의 조건 은 노력의 대상인 목적들과 성취를 평가할 기준들, 이 둘 모두에 대한 합의이다. 목적들에 대한 합의는 다양한 목표물 각각의 중요도를 결정하는 가치기준의 수용을 의미한다. 자연이 지속적이고 체계적인 노력에 대해서만 보상을 하는 희소한 자원의 세계에서, 분명 그러한 기준은 경제적 가능성들을 고려해야 한다. 그러나 그 자체가 그저 경제적이어서는 안 된다. 왜냐하면 경제적 이해와 여타 이해들—가령 여가를 늘리거나 교육을 증진하거나 노동을 인간화하기 위해 치를 가치가 있는 희생—의 상대적 중요성이야말로 바로 그 기준이 밝혀야 할 문제이기 때문이다. 그것은 하나의 전체로서 인간본성이 요구하는 바에 대한 특정한 개념에 근거해야 한다. 인간본성에서 경제적 필요의 충족은 매우 중요하지만, 그것은 여타의 필요 또한 만족시킬 것을 요구하는데, 그것이 그 활동들을 합리적 체계 위에서 조직할 수 있는 것은 오로지 이런 필요들의 상대적 중요성을 명료히 파악하는 한에서 가능한 일이다.[92] 요컨대 토니에 따르면 **효율이란 궁극적으로 심리적 토대의 문제이며, 그것은 기계적 조정을 넘어, 상호신뢰만으로도 서로 공감하고 도울 수 있는, 갈등하는 인간들의 지혜로운 협력에 의존한다.**[93]

소유권문제가 일단락되고 경영문제가 대두하면, 생산적 일을 하는 사람들이 배당금이 아닌 서비스 제공이라는 산업의 목적을 위해 마음껏 에너지를 발현토록 해야 한다.[94] 주주의 대리인에 의한 산업경영을 대체할 경영방식은 무엇인가? 앞에서도 지적했듯이, 산업의 서비스가 얼마나 효율적이며, 또 그 목적은 얼마나 잘 구현되고 기능은 얼마나 잘 수행되는지 알려면, 우선 경영의 과정과 결과가 투명해야 한다. 기업의 비밀주의가 경쟁을 위한 합리적 무기라는 주장도 있지만, 실은 "효율적 경쟁의 조건은 공개성이고 비밀주의의 주된 동기는 효율적 경쟁을 방해한다."[95] 이윤과 비용의 완전한 공개가 보장되지 않는다면, 책정된 가격의 적정성이나 생산에 참여하는 다양한 집단들에 대한 보수 요구에 대해 판단하는 것이 불가능하다. 그런데도 산업계가 비밀주의라는 수치스런 전통을 유지하는 이유는 비용이 더는 낮아질 수 없는 수준까지 줄었고, 이윤이 극대화된 사실을 은폐하고자 함이다. 그러나 산업 전반의 생산비용과 이윤이 공개되면, 사기의 증진이 효율성에 미치는 엄청난 효과로 인하여 생산성은 증대된다.[96]

전문업으로서의 산업의 조직은 무기능자산의 철폐뿐 아니라, 공개성 원칙을 통한 전문업 자긍심의 고양, 나아가서 생산의 효율성 또한 증진시킨다. 경영에 대한 노동자 참여의 요구는 통상 경제적 자유 혹은 산업민주주의의 이름으로 제기되지만, "정치적 자유는 산업적 자유가 있는 곳에서만 존재할 수 있으며, 산업민주화야말로 정치민주화의 전제조건"이라는 것이 토니의 입장이었다.[97] 공공소유에 대한 반대 논리로 종종 제기되는 권위의 집중은 자본주의의 본질 자체에 깊이 뿌리내리고 있어서, 사실상 노동자의 삶과 생계의 문제와 관련해 행해지는 사적 통제에 닿아 있다. 토니가 그런 통제체제를 "산업적 봉건주의"라 부른 것도 무리가 아니다.

때때로 보수주의자의 효율성 담론은 노동자의 권력 향상이 대중의 이익을 침해한다는 논리로 발전한다. 노동자로서의 소비자가 높은 임금과 단축된 시간을 주장한다면, 소비자에게 어떻게 값싼 재화가 공급될 수 있겠는가? 산업은 시간단축과 고임금 그리고 생산저하의 악순환 속에 갇히게 되며, 종국에는 긴 노동시간과 저임금을 낳으리라는 논리이다. 즉 산업민주화는 생산효율을 저해하고 그로 인해 노동자가 생산자로서 얻는 이익보다 소비자로서 잃는 것이 더 많게 되리라는, 요컨대 모두가 더 많이 요구하기 때문에 궁극적으로 모두가 더 적게 받으리라는 주장인 것이다.[98] 그러나 토니가 보기에 이런 주장은 형식논리적으로는 그럴듯하나, 임금상승은 필연적으로 비용상승을 동반한다는 조악한 가정에 입각해 있기 때문에 방향이 잘못되었다. 오늘날 산업조직에서는 노동자가 잃는 것을 소비자 일반이 반드시 얻는 것은 아니며, 소비자가 지불하는 것이 반드시 노동자 일반에게 돌아가지도 않는다. 만일 그 순환이 악(惡)하다면, 그 악은 그것이 폐쇄적이라는 데 있는 것이 아니다. 오히려 언제나 절반 정도만 열려 있어서, 생산의 일부가 생산적 에너지에 아무런 기여를 하지 않는 소비로 빠져나가고 이것을 익히 아는 생산자는 자신의 잠재적 생산에너지마저 충분히 활용하지 않는다는 데 있다.

만일 평화란 것이 갈등의 완전한 부재를 의미한다면, 어떤 산업조직도 산업평화를 이뤄낼 수 없다. 중요한 것은 그러한 "불일치의 불꽃이 계급전쟁의 횃불로 타오르지 않도록" 하는 일이다. 이를 위해서는 오히려 파이의 전체 크기가 공개돼서, 무기능자산 소유자가 생산자와 소비자 모두를 탈취한다는 점이 드러나야 한다. 그렇지 못한 상황에서 소비자를 탈취한다며 생산자를 비난하는 것은 초점을 한참 벗어난 지적이다. 이는 소수의 자산소유자가 자신이 지닌 막강한 경제력을 동원하여, 소비는 많이 하고 생산은 적게 하는 자신들을 향한 비난을 소비는 적게 하고 생산은 많이 하는 대다수 생산자와 소비자들에게 전가하는 것이다.[99] 토니가 보기에 재산소유자들이나 정부가, 무기능자산의 유지를 고집하면서 자기 눈의 들보를 제거하길 거부하는 한, 노조의 눈에 있는 티끌을 두고 통탄해하는 것은 어리석고 부질없는 일이다.

오직 노동자만이 노동자의 권력남용을 제어할 수 있거니와, 노동자만이 자신의 주장을 제기할 권한이 있기 때문이다. 생산자에 의한 소비자 탈취를 제어하는 첫째 단계는 그리 복잡하지 않다. 모두를 생산에 참여시켜(즉 완전고용을 통해서) 특정 그룹의 노동자가 공중을 희생해서 자신의 주장을 고집할 유혹을 애초에 제거하는 것이다. 만일 노동만이 보상의 유일한 자격요건이라면, 고도로 조직된 생산자집단에 의해 공동체가 착취당할 위험은 점차 사라질 것이다. 왜냐하면 비생산자에게 보상이 주어지지 않는다면, 한쪽 생산자가 더 많이 취하면 다른 쪽 생산자가 더 적게 취할 것이 명백해지기 때문이다. 그러나 강한 전략적 지위에 있는 노동자집단이 동료노동자를 희생해서 공동체를 탈취한다는 진술은 오늘의 상황에서는 큰 의미가 없다. 왜냐하면 공동체가 탈취되려면 먼저 존재해야 하는데, 경제영역에서 공동체의 존재는 오늘날 사실이라기보다는 갈망일 뿐이기 때문이다.[100] 그리하여 노동자의 의식이 깨어 있을수록, (존재하지 않는 허상인) "공동체/사회의 이익"에 호소함으로써 특정 노동자집단의 요구에 저항하는 일은 실패에 직면하기 쉽다. 경제적 지평만 고려한다면, 오늘날 존재하는 것은 하나의 사회가 아니라 불안하게 병렬적으로, 그러나 격리된 채 있는 두 개의 사회이며, 그 두 사회는 노동으로 사는 사람들의 사회와 거기에 의존해 사는 사람들의 사회이다.[101] 이런 분화가 존재하는 한, 공동의 적에 맞서 싸워야 하는 노동자 일반은, 노동계급 안의 특정 분파가 문제를 일으키는 것을 용납할 수 없다. 당연히 **무기능자산의 철폐가 먼저 이루어지지 않는다면**, 집단내부의 갈등이 사라지는 단결된 사회라는 이상은 실현이 불가능하다.[102]

또 하나 짚어야 할 문제는 유한계급의 삶과 소비행태, 나아가서 그들의 존재 자체가 생산이 증가하지 않은 원인들 중 하나라는 점이다. 노동자들은 더 많은 생산을 요구하는 소비자의 종이 아니라, 그 주된 목적이 배당금에 있고 배당을 주는 한 어떤 종류의 생산도—그것이 아무리 하찮고 무익한 것일지라도—아무런 차이가 없는 주주의 종이기 때문이다. 따라서 노동자가 보다 많은 부가 생산되는 데 비례해서 공동체에 이익이 돌아간다는 점을 확신하지 못하는 한, 그에게 공동체를 위해 더 많은 부를 생산하라고 다그치는 것은 초점을 비껴간 것이다. 그러한 확신은 산업이 수행되는 목적인 공중과의 직접적인 관계에서, 모든 비용이 제해지고 난 후에 남는 잉여가 사적 개인이 아니라 공중에게 귀속되리라는 것을 인지하는 때에만 가능하다.[103]

변화의 동력과 가능성

토니의 관찰에 따르면, 빅토리아시대 대부분의 산업은 굶주림과 두려움이라는 두 가지 힘에 의해 움직였고, 고용주는 그 둘 모두를 통제했다. 고용주는 최대의 노동유연화를 향유했으며, 원하는 대로 고용과 해고를 할 수 있었다. 노동자들은 항시적으로 실업의 공포를 감내해야 했고 언제라도 자신들을 각개격파할 수 있는 권력을 수동적으로 수용했다. 사람들은 이런 산업체제를 효율적이라며 칭송하기도, 비인간적이라며 비난하기도 했지만, 그 숭배자들은 "그 체제가 통했다! (It worked!)"며 지치지도 않고 옹호했다.[104] 에드워드시대가 진행되면서 효율과 산출이 저하되고 노동자의 육체적, 정신적 통제와 규율을 위해 동원했던 장치들이 하나하나 힘을 잃자 임금, 노동시간, 해고의 위협 등 사용자의 노동유연화 전략은 힘을 잃어갔다. 새로운 각성이 노동자들 사이에 커져갔으니, 교육과 경험을 통해 무지를 벗어나면서 과두적 사적 자본가들에 휘둘리던 '산업정부'를 항구화시킨 요인, 곧 노동자의 수동성도 점차 사라졌다.

제도가 인간본성에 적응해야 하는 것이지, 그 역이 아니며 … 노예제가 작동하는 것은 노예들이 그것을 허용하기 때문이고, 자유가 작동하는 것은 사람들이 자유를 경험했기 때문이지만, 노예제와 자유가 함께 갈 수는 없다 … 왕이 벌거벗은 채로 활보하는 이유는 신하들이 그가 옷을 입고 있다고 주장하기 때문이지만, 한 어린아이나 바보에 의해 그 주술이 풀리는 순간, 양복장이가 신하들의 그 모든 아부보다도 더 중요하게 된다. 만일 경제활동이 위축돼서 고통받는 대중이 그 질환을 끝내길 원한다면, 더 이상 작동하지 않는 동기들을 칭송하는 일을 멈출 것이다.[105]

과거 자본주의가 실업과 굶주림이라는 도구를 통해 행사했던 규율 대신, 자발적 책임의식과 자기 직업에 대한 전문인의 자긍심이라는 새 규율이 들어섰다. 이때 자유에의 요구는 작업의 효율과 산출 증가에 대한 요구와 상충하지 않았다. 노동자의 자발적 신뢰와 협력이 아니라 기껏 금융과 기술적 편의에 의존해 부의 산출량 증가를 꾀한다면, 이는 "바람을 멈추게 하기 위해 새를 향해 총을 쏘는 것"과 다름없었다. 토니가 보기에, 새로운 규율을 수용하지 않은 채 생산의 복음을 반복하여 외치는 기업인은, "인간의 타락이나 구원의 기획 등 복음의 본질을 세심하게 피해감으로써 청중의 환심을 사려는 기독교 변증론자"와 아무런 차이가 없었다.[106]

토니는 전문업 노동자들의 집단적 자긍심(espirt de corps)이야말로 효율의 토대라고 확신했다. "전문가 정신이야말로 중력과 같은 힘을 지닌 것이어서, 우상화한다면 어리석은 일이되, 그것을 경시하는 것 또한 마찬가지의 단견이다."[107] 가령 모든 노동은 혐오스럽고 사람들은 최소의 노력으로 최대의 수입을 얻으려 한다는 격언은 현실을 제대로 설명하지 못한다. 힘들고 불쾌한 일을 기꺼이 수행하도록 다그치는 힘은 단순히 금전적 보상이 아니라 그 개인이 속한, 그리고 그가 자신의 가치를 인정받고 싶어 하는 공동체의 여론과 전통이다.[108] 산업재조직의 필요성과 목적은 산업이 생산자조직의 적극적 협력을 얻어 공중을 위해 경영되도록 하는 것이다. 그러나 협력은 책임을 동반하고, 책임은 권력을 동반한다. 신뢰하지 않는 집단을 향해 최선을 다하라거나 자신들이 참여하지 않는 통제권력 아래 있는 조직을 신뢰하리라고 기대하는 것은 무익하고 헛되다. 전문가적 책무를 수행하는 능력은 그 수행을 방해하는 장애물을 제거하기 위해 동원할 수 있는 권력과 그 권력을 사용할 수 있는 의지에 달려 있다.[109]

그리하여 만일 노동자가 수족으로 대우받는 것을 공중이 허용한다면, 노동자의 의지와 두뇌의 서비스를 받을 자격이 없다. 노동자에게 숙련 전문가의 열정을 원한다면, 전문가의 책임을 수행할 충분한 권력을 확보해 주어야 한다. 공중이 원하는 효율적인 서비스는 오직 인간으로부터만 얻을 수 있고, 이는 산업이 책임 있는 전문업이 될 때 비로소 가능한 일이다.[110]

결국 노동자의 집단책임이야말로, 점차 소멸해 가되 과거로부터 지속돼 온 노동유연화를 위한 규율에 대한 대안이며, 그것은 고용주와 노조 모두의 지위에 근본적 변화를 요구한다. 산업의 경영이, 자신들을 위해 최대한의 수익을 탈취하는 것이 주 관심인 자산소유주 혹은 그 대리인의 수중에 있을 때 노조는 방어적 조직이었다. 기업문제에 대한 그들의 문제제기는, 경영이 명백히 비효율적으로 이루어질 때조차도 경영에 대한 간섭으로 비난받았다. 무기능자산이 철폐되고 생산의 통제가 생산자와 소비자를 대표하는 단체로 이전된다면, 공중과 노동자의 관계도 밀접해지고, 순전히 방어적이었던 노조조직의 역할도 비판과 반대를 넘어 권고와 발의 그리고 동료들에 대한 직업적 책무의 이행 요구 등 보다 적극적으로 바뀔 것이다. 이런 상황에서 소비자가 제공받는 서비스는 노조가 과거의 규율을 대체할 새 규율을 얼마나 성공적으로 정착시키느냐에 달려 있게 된다.[111] 소비자를 위한 높은 생산성도 그들이 일의 열정과 효율성 그리고 전문가의 자긍심을 유지할 수 있을 때 비로소 보장될 것이다. 노동자의 협력도 산업이 공중에 봉사하는 전문업으로 전화되고 오직 그런 봉사만을 기준으로 평가될 때에만 확보될 수 있다. 권력과 권위는 기능과 함께 가는 것이다. 노동자는 산업규율의 책임을 떠안음으로써 자유로워지거나, 그것을 거부함으로써 노예로 살아가거나, 둘 중 하나를 선택해야 한다.[112]

요컨대 전문업, 곧 권리 아닌 기능에 기초한 산업조직은 세 가지 점을 명확히 해야 한다. 첫째, 권리는 서비스의 수행을 동반할 때만 유지되며 그렇지 못할 때 폐기되고, 둘째, 생산자는 생산이 궁극적으로 향해야 하는 공동체와 직접적인 관계 속에 있기 때문에, 생산에 대한 그들의 책임은 서비스 아닌 이익에 주된 관심이 있는 주주에 예속되어 소실되는 것이 아니라 명료하게 부각되며, 셋째, 서비스 유지의 책임은 그것을 수행하는 사람들의 전문조직에 의존하고, 소비자의 감독과 감시를 받으며, 경영과 관련해서 그 조직들은 의무이행에 필요한 만큼의 목소리를 낸다.[113] 이 모든 것에서 토니가 지속적으로 환기하고자 하는 점은 이것이다.

체제나 기구가 아무리 바뀌어도, 인간본성에 내재된 이기심, 탐욕, 분노 등 사회적 질병의 원인들을 피해갈 수 없지만, **그런 성정이 부추겨지지 않는 환경을 만들 수 있고**, 사람들이 자신의 원칙에 맞게 살도록 할 수는 없지만, **그러한 원칙 위에 사회질서를 구축할 수는 있다.**[114]

올바른 산업조직의 첫째 조건은 지적인 전환이다. 그런 전환의 핵심은 조직의 목적이 개인에게 제공하는 기회에서 그것이 수행하는 사회기능으로 옮아가야 한다는 것이다. 조직에 대한 평가는 이렇게 명확히 인식된 목적에 비추어 이루어져야 한다. 현대사회의 경제적 삶이 항구적인 병적 불안의 상황에 처한 이유는, 자연을 정복해서 인간에 봉사한다는 산업의 목적이, 먼저 그 조직에 종사하는 사람들 내면에서 적절히 구현되지 못하고, 오히려 기능 아닌 개인적 이익을 위한 기회로서 간주되기 때문이다. 경제조직의 문제를 그것이 복무하는 목적의 관점에서 접근하되, 베이컨이 말했던바 인간의 노력은 "신의 영광과 인간곤궁의 구제를 위해" 수행돼야 한다는 정신을 거기에 적용하는, 그러한 마음의 습관을 성숙시키는 것이다.[115]

토니에 따르면, 그때 목적이란 세 가지 원칙을 의미한다.[116] 첫째, 제한(制限)의 원칙은 해야 할 것과 해서는 안 될 것을 구분해 주고, 둘째, 통합의 원칙은 노력들이 향하는 공동의 목표를 제공하며 갈등의 원인이 될 수 있는 이해들을 포괄적 목표에 종속시키며, 셋째, 분배와 할당의 원칙은 그 목적에 의해서 모든 지위가 부여되고 모든 활동의 가치가 매겨진다는 것이다. 이것들이 가리키는 바는 공동의 작업을 수행하는 다양한 집단들에게 적절한 위치를 지정해서 질서를 우연이나 권력 아닌 원칙 위에 수립하고, 보상을 행/불운이 아니라 기능에 기초하게 함으로써 어떤 기능도 수행하지 않는 사람에게는 보수를 지불하지 않도록 한다는 점이다.

논리적으로도 통합과 다양성의 결합은 활동들을 목적의 원칙에 종속시키는 사회에서만 가능하다. 그런 원칙은 다양한 계급들과 생산자 집단들의 관계를 결정하는 기준일 뿐 아니라, 도덕적 가치들의 잣대이기 때문이다. 무엇보다 그것은 경제활동 자체에 사회의 주인 아닌 종으로서의 적절한 위상을 부여한다. 토니가 보기에 종종 말해지는 것과는 달리 우리 문명의 짐은 생산물이 잘못 분배되었다거나, 산업이 독재적이라거나, 그 운영이 심각한 갈등으로 막혀 있다거나, 등만이 아니다. 핵심은 산업이라는 물적 대상이 인간의 관심/이해 가운데 배타적으로 압도적인 위치를 점하기에 이르렀다는 것이다. "자신의 소화기관들이 제대로 기능하는가에 너무 골몰하다가 제대로 살아보지도 못하고 무덤으로 직행하는 건강염려증 환자"처럼, 산업사회들은 부(富)를 얻는 수단에 열광적으로 압도되어 부를 얻는 목적 자체를 잃고 말았다.[117]

미래세대의 눈에는 경제에 대한 그러한 집착이 "종교분쟁에 대한 17세기의 집착"처럼 한심하게 비칠 것이다. 이는 이런 집착이 합리성을 결여한다는 점을 말해 주는데, 그것은 상처에 염증을 더하고 사소한 생채기를 악성 종양으로 만드는 독소이다. 이런 독소가 제거되고 산업 자체를 올바른 시각으로 보게 될 때까지 사회는 그것을 괴롭히는 산업의 특정 문제들을 해결할 수 없다. 이를 위해 시급한 것은 경제적 이익을 삶의 전체 아닌 삶의 한 요소로 간주하도록 **가치들을 재정향/재배열**하는 일이다. 그런 사회는 구성원들에게 이익에 상응하는 서비스를 동반하지 않는 모든 이익의 기회를 포기하라고 설득해야 한다. 그런 이익을 위한 투쟁이야말로 전 공동체를 광분(狂奔) 속으로 밀어넣기 때문이다. 산업은, 경제활동을 산업이 수행되는 사회적 목적에 종속시킴으로써 산업의 도구적 성격을 강조하도록 조직돼야 한다.[118]

기능사회는 탈취사회에 대한 토니의 대안이다. 토니에게 사회주의는 구조일 뿐 아니라 역동적 원칙이었고, 시민권이 개인의 역할을 위한 원칙이듯이, 기능은 사회의 전반적 작동을 위한 원칙이었다. 그의 기능은 사회학에서와는 달리, 순전한 객관적 혹은 정적 개념이 아니며, 다원주의자들의 저서에서 보듯 소그룹을 격상하거나 칭송하지도 않는다. 그것은 전 사회를 위한 역동적 원칙이고, 그 준거는 공공선/공동선/공동의 이익(common good)이다.[119]

토니의 기능 개념이 의미하는 바는 첫째, 사회적 목적, 둘째, 사회적 목적을 촉진하는 데 수행된 서비스이다. 목적이 산업의 존재이유를 함축한다면, 서비스는 산업의 정당한 심리를 함의한다. 토니가 무기능자산을 공격한 이유는 그것이 서비스 요구 없이 보상을 가져다주기 때문이다. 마찬가지로 그가 무조건적 재산권을 공격한 이유는 권리란 절대적이 아니라 목적과 서비스로부터 파생돼야 하기 때문이다. 재산문제의 핵심은 소유권이 아니라 기능 혹은 기능의 부재이다. 목적과 서비스가 재산에 연결될 때, 부와 소득의 분배를 위한 그리고 집산주의와 생디칼리슴을 가로지르는 산업의 지배구조를 위한 토대가 나온다. 같은 논리로 토니는 기능으로부터 사회전반의 권리의 기초를 끌어냈다. 기능은 자연권보다 훨씬 명료한 토대이다. 그것은 사회로 하여금 권리를 적극적인 도덕적 힘과 사회적 목적에 연계되도록 한다. 그것은 권리를 부여할 뿐 아니라 모두로부터 의무를 요구한다. '기능에 근거한 권리'만이 현대산업사회가 절실히 필요로 하는 통합의 원칙을 제공할 것이다. 이런 원칙의 작동과 관련하여 토니는 제1차 세계대전을 반쯤 실현된 패러다임으로 보았다. 가령 솜 전투의 전선에서 사람들은 형제들이었거니와, 우선순위를 정하고 협력적 노력을 촉발시킨 공동의 목적에 복무하고 있었기 때문이었다.[120]

토니의 사회주의는 한 사회가 사회적 목적을 제시하고 그 목적에 따른 기능에 비추어 우선순위와 보상체계를 정할 수 있다는 그의 확신에 근거했다. 억제 안 된 자본주의에 대한 그의 비판은 그것이 경제과정으로 하여금, 민주적 과정을 통해 도달되는 사회목표가 규정해야 할 목적을 결정하게 허용한다는 점이었다. 토니가 스탈린주의를 용인할 수 없었던 것도 그것이 사회목적을 계급문제에 가둠으로써 **사회목적의 문제**를 우회했기 때문이었다. 그것은 정부가 "계급적 순수성"에 의해 운영만 되면 사회목적은 저절로 해결되고, 권력문제는 계급문제로 단순화돼서 정책문제와 분리될 수 없는 것으로 가정했다. 그러나 토니는 권력도 생산성처럼 목적과 분리될 수 있고, 프롤레타리아가 권력을 잡는 순간 사회주의의 도덕문제가 시작되리라고 보았다.

그는 생산성에 대한 자본주의적 숭앙을 염두에 두고는 이렇게 말했다. "인간이 인간인 한, 가난한 사회도 올바른 삶의 질서를 발견하지 못할 정도로 가난한 것은 아니며, 부유한 사회도 그것을 찾을 필요가 없을 정도로 부유하지 않다."[121] 요컨대 권력도 부도 그 자체 목적이 아닌바, 목적이란 자유롭고 평등한 개인들 간의 올바른 관계이기 때문이다.

4부

평등의 논리, 윤리, 전략

7
불평등이라는 종교

불평등, 그 "평온한 잔인함"

『평등』은 토니의 유명한 3부작 가운데 마지막 책이다.[1] 토니가 1929
년에 행했던 '핼리 스튜어트 강연(Halley Stewart Lectures)'에 토대를
둔 저술로서 1931년 처음 출간된 후 세 차례 판을 더했다. 그것은 평
등사회를 위한 총체적 사회개혁과 그를 위한 전략을 상술한 책이다.
LSE에서 토니의 가장 사랑하는 제자였으며 전후 영국의 탁월한 사회
사상가인 리처드 티트머스는 『평등』의 1964년 판(제4판) 서문에서 이렇
게 말했다.

토니는 평등을 재능이나 업적 혹은 개성의 평등이라는 순진한 의미에서
논하지 않았다. 그의 관심은 보다 근본적인 법 앞의 평등들에 있었다 …
가장 우선적으로 고려해야 할 것은, "계급과 소득 같은 천박한 관심거리와
무관한", 각자가 지닌 독특성이다 … '사람들은 계발할 가치가 있는 자질

을 공동의 인간성 안에 지니고 있으며, 부, 출생, 사회적 지위의 차이를 넘어 공동의 필요에 부응하고 공동의 계몽과 공동의 향유의 원천이 되는 제도들을 견고한 토대 위에 창출한다면, 모든 공동체는 그런 자질을 최대한 발굴해 낼 수 있다는 것'이 토니의 신념이었다.[2]

토니는 영국에서 불평등은 거의 종교라고 관찰했다. 불평등을 당연시했던 귀족사회의 쇠락과 함께 원칙과 이상으로서의 불평등 숭배는 쇠락했지만, 신조로서 소멸한 불평등은 관습으로서는 여전히 살아 있었다.[3] 그는 LSE에서 행한 '17세기 영국역사에 관한 강연들'에서 "모든 종류의 소득은 그 기원이 무엇이든, 동일하게 존중돼야 한다는 대담한 주장을 담은 … 영국인의 기이한 평등관은 널리 설득력을 얻는 권위를 획득하였다."고 탄식했다. 토니에 따르면, **소득의 정당성은 소득의 기원을 밝혀야 비로소 논의가 시작**될 수 있다.[4] 법적, 정치적 특권을 공격해 폐지한다고 사회적, 경제적 특권이 해소되는 것은 아니었다. 토니의 눈에 그런 태도는 봉건적 과거의 불평등을 비난하면서 산업사회의 불평등을 축복하는 것과 다를 바 없었다.

'불평등의 종교'가 지배하는 사회에서는 조건과 권력의 불평등이 누적적으로 커진다. 물적 환경뿐 아니라 교육, 건강, 자유, 선택, 문화, 삶 자체가 불평등의 질병을 앓는다. 조건과 권력의 불평등이 누적될 때, 사회적 연대가 좌절되고 협력적 에너지의 기반이 되는 공동문화의 건설과 보편적 복지(행복)의 확산은 불가능해진다. 공동체의 계급 분화가 심화되면서 계급에 따라 조직된 사회적 적대감이 증폭된다.[5] "불평등에 기초한 체제는 자연을 거스르고, 종국에는 붕괴한다." 핵심은 소득의 평등이 아니다. 사회엘리트가 누리는 이점과 특권의 종식이다.

우리는 금전적 소득의 균등화를 일구는 데 실패할지 모르며, 그것은 중요하지도 않다. **원하기만 한다면**, 우리는 기존 사회체제의 특징적이고 파멸적인 악인 계급적 특권과 계급적 장애라는 추악한 문제 전체를 영구히 종식시킬 수도 있다 … 과제는 환경, 교육과 문명의 수단, 안전과 독립의 평등이고 이것들의 성취를 위한 제도적 개혁을 일구는 것이다. 중요한 점은 그것을 완벽히 실현해 내는 것이 아니라 성실하게 추구해야 한다는 것이다. 한 사회의 건강을 위해 핵심적인 것은 그 사회가 향하고 있는 목표이다.[6]

특정한 개인의 운명이 개인의 특성 아닌 그가 사회체제에서 점하는 지위에 의해 결정된다는 점이야말로 토니에겐 도덕적으로 가장 역겨운 것이었다.

만일 우리가 서로를 있는 그대로 존중한다면, 서로를 소유 때문에 존중하는 일을 멈춰야 한다. 요컨대 영국민의 세습적 질병인 **부를 향한 숭배**를 폐지해야 하는 것이다. 그리고 부를 향한 숭배를 없애려면, 인간의 본성상 단지 부자라는 이유로 존중받는 계급을 철폐해야 한다.[7]

『평등』의 전반적 정조는 분노이다. 토니는 영국사회의 근본결함들에 대해 격분을 자제하지 않고 있거니와, 구약의 선지자들의 경고를 연상시키는 대목들이 넘친다. 도덕적 가치가 실용적 '편의'의 문제로, 목적의 세계가 수단의 세계로 전환되면서 사회윤리라는 공동자산의 소실과 함께 도덕적 혼란이 불가피해지기 때문이다. 불평등은 반인간주의적일 뿐 아니라 지속될 수 없다. 토니에겐 도덕적으로 혐오스러운 것이 경제적 이익을 준다 해도 옹호될 수 없었다.

도덕적 혼란에 터 잡은 사회는 산업/사회적 평화도, 경제적 진보도 이룰 수 없다. 불평등이 가져다주는 생산역량의 기회비용은 막대해서, 협력의 원칙에 따라 조직된 사회와 경제가 달성할 수 있는 것들을 제약할 뿐 아니라 기득권층의 이익을 항구화함으로써 생산을 오도하고 기본적 필요를 억압한다. 행복의 기준은 상대적이기 때문에, 평균소득이 낮더라도 평등의 정도가 큰 사회는 평균임금이 높으면서도 덜 평등한 사회보다 더 행복하다. 사람들은 이런 자명한 이치를 무시하고, 부의 총산출이 낮다는 이유를 들어 불평등을 옹호한다. 그러나 불평등으로 인한 적대감과 불신은 그 자체가 부의 낮은 산출의 한 원인이기 때문에 순환논리에 빠진다.[8]

자본주의 경제체제와 민주적 정치체제 사이에는 본래적 긴장이 있다.[9] 장기적으로 방임된 자본주의는 민주주의를 위협하며, 불평등은 민주주의에 대한 모욕이다. 토니에게 민주주의의 기반을 확장한다는 것은 금권주의를 몰아내고 평등주의적 사회를 들여앉힌다는 뜻이다.

민주주의가 정치체제로만 머물고 더 나아가지 않을 때 정치체제로서도 불안정하다. 민주주의는 통치의 형태일 뿐 아니라 사회의 유형이며, 그 유형에 조응하는 삶의 방식이 돼야 한다. 민주주의가 사회유형이 되려면, 두 가지 점이 요구된다. 첫째, 그 기원이 환경이든, 교육이든, 금전적 소득이든, 일부에게 혜택을 주고 나머지에게 고통을 주는 모든 형태의 특권은 단호히 제거돼야 한다. 둘째, 지금은 종종 무책임한 전제자로 군림하는 경제권력은 명료하게 정의된 한계 내에서 움직이고 그 행동에 대해 공공기관에 책임을 지는 사회의 종복으로 전환돼야 한다.[10]

불평등이 지속되는 이유 중 하나는 그것이 판단능력을 무디게 만들기 때문이다. 불평등은 "그 수혜자들의 삶을 부드러운 배려의 오리털로 감싸서 자신들의 가식을 정당화할 속된 필요성을 덜어주고 추락할지라도 안락한 쿠션 위에 떨어지도록 보장"해 준다.[11] 자신들이 누리는 이익은 당연한 것으로 간주하되, 이웃들의 유사한 요구에 대해서는 돌변해 비판적인 태도를 취한다. 동일한 인간의 상이한 집단에 상이한 기준을 자연스럽게 들이대는 이런 태도를 토니는 **"평온한 잔인함 (tranquil inhumanity)"**이라 불렀다. 일상적으로는 한없이 온화하고 겸손하지만 그들의 자격에 의문을 제기하는 순간, "양은 … 분노로 포효하는 사자가 된다."[12]

토니가 보기에 영국에서 불평등에 대한 무관심은 특정 계급이 아닌 국민적 특성, 곧 사회경제적 지위를 가로지르는 일반적 기질이자 마음의 습관이었다. 가령 사람들은 가난과의 전쟁을 수행하면서도 특권에 대해서는 종종 눈을 감는다. 문제는 상층계급의 노동계급에 대한 태도 못지않게 노동계급의 상층계급에 대한 태도이다. 노동계급의 '경제주의'에 대한 좌파 내의 비판은 낯선 것이 아니지만, 실제로 상당수의 노동자들은 너무 쉽게 만족하는 경향이 있어서, 근본적 쟁점들을 잊어버리고 임금인상으로 매수될 만반의 태세가 돼 있다. 주인들이 탈취해 간 경제적 성과물들을 다툴 때조차, 스스로를 불신하면서 주인들의 도덕적 전제들을 기꺼이 수용하고자 한다. 그들은 물질적 궁핍과 실업에 대해 분노하면서도, 부와 경제권력의 심각한 차이로 인해 불가피하게 발생하는 도덕적 굴욕에 대해서는 침묵할 때가 훨씬 많다. 그들은 돈의 권력이 자신들을 폭압하고 있다는 사실을 알며 불만을 터뜨리지만, 돈을 사회의 압제자로 만드는 것은 상당한 정도로 그들 자신이 돈을 숭앙하고 있기 때문이라는 점을 충분히 깨닫지 못한다. **자본주의가 자본가들뿐 아니라 자본가가 되려고 노심초사하는**

노동자 자신들에 의해 지탱된다는 점 그리고 불의가 지속되는 것은 부자가 빈자를 착취하기 때문만이 아니라 너무 많은 빈자들이 부자를 가슴 깊숙이 동경하기 때문이라는 점을 늘 자각하는 것은 아니다. 매튜 아널드가 말했듯이, 불평등의 결과로 한 계급은 방종해지고 또 다른 계급은 위축되는 것이다. 자신들의 요구에 대한 독자적 확신의 강력한 뿌리가 없으니 그들의 행동에는 자신감이 없다.[13] 요컨대 "무자비한 소수의 전제 못지않게 냉담한 다수의 무관심이 진정한 민주주의를 가로막는다."[14] 그사이 과거에 권위를 행사했던 소수는 신비한 지혜, 만나(manna)를 지니고 있어서 번영과 재난을 가져오는 마술적 영향력을 휘두른다. 여기에 공동문화가 들어설 여지는 없다.

공동인간성, 공동문화

동의어 반복적이되, 공동체에 필요한 것은 공동의 문화이고, 공동문화가 없으면 공동체가 형성될 수 없다. 가령 전시경험이 대중, 정치인, 관료에 미친 영향 때문에 노동당정부는 평등화 정책을 상대적으로 쉽게 도입했지만, 토니의 평등은 비상시 국력증강을 넘어 공동문화가 증진되는 문제였다. 공동문화는 상당 정도의 경제적 평등을 전제한다. 이때의 평등은 동일한 금전적 소득이 아니라 환경, 교육과 문명수단에의 접근, 안전과 자율 등과 관련된 **사회적 배려의 평등**이다. 경제기준과 교육기회에서 편차가 클수록 공동문화의 성립은 불가능하다. **특권은 한쪽에겐 시혜의식과 오만을, 다른 쪽에겐 굴종과 분노의 심리를 만들어낸다.**[15] 그러므로 공동문화를 위해서는 이 두 악이 모두 제거돼야 한다. 공동문화는 따라서 새로운 피조물이다. 그러나

그것은 "갈망한다고 만들어지는 것이 아니라 사회조직의 실천적 기초 위에서 건립되어야" 한다.[16]

사회는 그 구성원의 행위가 사회의 목적에 따라 정당하게 평가받고, 물적 자원이 개개 구성원의 위엄과 교양을 고양하기 위해 사용되는 정도만큼만 문명화된다. 부와 권력이 극심한 격차를 보이고 그 격차를 유지, 칭송하는 제도들이 무차별하게 옹호된다면 그런 목적의 달성은 촉진되기보다는 오히려 좌절된다. 부와 권력의 극단적 불평등은 사회적 갈등이 전개되고 진영들이 결집하는 토대를 결정하기 때문에, 문명 아닌 야만의 징표이며 치유돼야 할 병폐이다. 천국이 "먹고 마시는" 문제가 아닌 "의와 평화"에 관한 것이라면, 문명 또한 무가치한 목적들을 달성하기 위해 나날이 정교해지는 수단을 축적하는 것이 아니다.[17] 당연히 **한 사회의 문명화 정도는 소유의 크기가 아니라 소유의 양태 그리고 소유물의 사용방식에 달려 있다.**

> [평등한 사회란] 능력과 품성에서 개인들 간에 심대한 차이가 있지만 모두가 동등하게 인간으로서 배려와 존경을 받을 권리를 지니며, 힘이 많고 적음에 상관없이 모든 구성원이 각자 소유한 힘의 분량을 저마다 최대로 활용할 수 있도록 조직된 사회이다.[18]

앞에서 논의한 대로, 토니 사회주의의 도덕적 측면은 "정확히 그의 기독교신앙에 그 원천이 있다."[19] 토니의 평등사상도 모든 사람은 공동의 인간성을 지녔고, 신의 무한한 위대함을 상상하면 인간들 간의 차이는 무한히 작아진다는 기독교 관점에서 비롯되었다.

신의 위대함에 대한 믿음이 사라지면서 인간의 무한한 왜소함(혹은 위대함

—이는 같은 것이다)에 대한 믿음도 사라지자, 현대세계는 인간들의 차이를 창출하거나 강조해야 한다 … 그리하여 인간도 한쪽은 **신과 같은 존재** 그리고 다른 쪽은 **풀과 같은 육신**으로 나뉘어졌으니 ….[20]

토니는 물론 "인간으로서 인간"은 모든 차이를 뛰어넘는 가치와 특성을 지닌다고 믿었다. 그가 기독교의 쇠락과 "불평등이란 새로운 종교" 간의 연관성에 각별히 주목한 것도 이런 맥락이었다. 토니는 이사야 벌린이 말했던 차별의 근거로서 '충분한 이유'의 존재를 단호히 부인한다. **사람들을 불평등하게 취급할 충분한 이유란 도무지 가능하지 않다**는 것이다. 그의 '공동인간성 독트린(doctrine of common humanity)'이 말하는 공동인간성은 동일한 역량의 문제가 아니다. 그는 "모든 인간이 동일한 자질을 지니고 태어났다는 환상을 믿지 않았다." 오히려 역사 그리고 통상적 경험과 관찰은, 인간은 예외 없이 모두가 두드러진 한계를 지닌다는 기독교적 관점을 그에게 확인시켰다. 그에 따르면 인간은 홀로 살 수 있을 정도로 순결하지 않으며, 최소한의 존경을 받을 만한 기본자질을 지니지 못할 정도로 비참한 존재가 아니다.[21] "모든 인간의 동등한 가치"라는 『평등』의 중심 개념이 이런 인식에서 비롯되었다.

> 『비망록』이 명료히 보여주듯이, 인간의 동등한 가치는 토니의 개인적, 사회적 도덕의 전구조의 중심 핵, 곧 모든 것이 근거하는 기독교원칙의 암반(巖盤)이다 … 모든 사람이 하나님의 자녀이므로 각자는 무한히 소중하며, 자기발전의 가능성이 풍부한, 수단이 아닌 목적이다.[22]

『비망록』에서 토니는 동등한 가치라는 기독교적 개념을 평등과 도덕을 위한 유일하게 건실한 토대로 제시하고 있다.

> 모든 도덕의 본질은 이러하니, 곧 모든 인간이 무한히 중요하며 따라서 어떤 편의적 고려도 한 인간의 다른 인간의 억압을 정당화할 수 없다 … 우리가 서로를 그 자체로 목적으로 간주할 수 있는 것은 **각 개인의 영혼이 상위의 [신적] 권능에 관계돼 있다는 점**을 깨달을 때뿐이다.[23]

요컨대 토니의 평등 개념은 신의 존재에 전적으로 의존하고 있다. 그는 "인간의 평등을 믿으려면, 신을 믿는 것이 불가피하다."고 확신했다. 인류의 선조가 '말씀'에서 연유했다는 점이야말로 모든 인간의 동등한 가치를 믿는 유일하게 건실한 토대이며, 상호 의무와 도덕은 이런 신앙적 태도와 불가피하게 엮여 있다. 그런 점에서 모든 인간은 신과 관련하여 공유된 열등함을 지니는 존재이다. 인간들 간의 차이는 이런 공동의 인간성에 비추면 사소하고, 근본적이지 않다. 신은 각 개인을 그 자체로 목적으로 존중하기 때문에 인간은 인간을 가르는 차이보다 더 본질적인 공동의 인간성을 공유한다. 이런 사상에 입각할 때, "인간은 어떤 우주적 계획 속에서 점하는 위치에 비춰보면 모두 무한히 위대하거나 무한히 왜소하기 때문에, 서로에게 자신의 지적, 도덕적 우월성을 뽐내는 것—부와 권력을 가져다주는 기술의 우월성의 경우는 말할 것도 없고—보다 더 어리석고 천박한 것은 없다."[24] 인간 간 차이를 뛰어넘는 공동의 인간성이 존재한다면, 한 인간이 타인을 도구화할 수 없고, 강제 아닌 동의가 질서의 토대가 돼야 한다. 즉 인간사회의 질서는 사람들이 자유롭게 자신의 의무를 인지할 때 찾아오며, 의무는 인간본성의 평등성이 인정될 때만 인식된다. 강제는 무질서와 혁명으로 이어진다.

강제는 질서의 토대처럼 보이나 실상은 그렇지 않다. 현대산업사회의 곳곳에서 보이듯이 인간사회에 강제만 있다면, 질서 아닌 무질서가 따라오게 되고, 극단적 경우에 우리가 혁명으로 부르는 상황으로 귀결될 것이다. 질서가 있는 곳에서 강제는 개인의 권리의식의 외적 일반화일 뿐이다. 도로법은 강제적이나, 바보 외에는 누구도 그것을 범하길 원치 않는다.[25]

따라서 평등의 전제조건은 공동의 인간성을 지닌 모두가 기본적 혹은 인간적 필요가 충족되는 것이다. 균등한 건강과 같은 동일한 결과가 아니라 물적 생활필수품에 대한 균등한 접근을 요구한다. 모든 인간은 사회적 지위에 관계없이 기본적 생활수준의 도달에 기여하는 조건 속에서 살아야 한다. 그리하여 매튜 아널드, 존 스튜어트 밀은 능력과 성취에서의 평등이 아니라 환경, 제도 그리고 생활방식에서의 평등을 강조했고, 개인적 재능에서의 불평등이 아니라 사회경제적 환경의 불평등을 주목했다. 그들의 관심은 생물학적 현상이 아니라 정신적 관계 그리고 그런 관계 위에 서 있는 행동이었다. 인간은 인간이기 때문에 사회제도들―재산권, 산업조직, 그리고 공공의료와 교육체제―은 분열적인 계급차이가 아니라 통합시키는 공동의 인간성을 강조하고 강화하기 위해, 가능하면 계획돼야 한다는 것이다.[26]

토니가 비판한 불평등 또한 다르지 않다. 이런 점에서 그는 "한 사람이 다른 사람의 도움을 필요로 하는 순간 평등은 사라진다."고 말했던 루소와 달랐다. 그는 모든 불평등이 사회조직 자체에서 기원한다고 보지 않았고, 사회 속에 얽힌 인간보다 고립된 인간이 더 낫다고 생각하지 않았다. 루소는 개인의 삶을 질식시키는 권위체들의 억압을 문제 삼은 반면, 토니는 개인의 삶을 비인격적 경제 메커니즘의 결과물들에 노출시키는 사회적 무정부상태가 해소돼야 한다고 보았다.[27]

토니의 불평등은 **자본주의적 사회라는 특정 형태의 조직**이 낳은 산물이다.

배려의 평등과 다양성의 사회

토니에 따르면 존 스튜어트 밀은 정신과 취향의 다양성을 최대한 용인하는 일의 중요성에 어느 누구보다 민감했다. 밀이 "인간본성을 위한 최선은 아무도 궁핍하지 않고 누구도 더 부해지려고 욕망하지 않는 상태"라고 주장하며 사회정책이 평등을 증가시키는 방향으로 취해져야 한다고 촉구했을 때, 개인의 개성과 품성의 다양성을 억압하자는 것이 아니었다. 오히려 그런 다양성이 충분히 꽃피고 저마다에 걸맞은 보상을 향유하는 것은 상당한 정도의 경제적 평등을 특징으로 하는 사회에서만 가능하다는 점을 전달하고자 한 것이다. 밀이자신의 공리주의가 쾌락, 고통, 효용으로 환원되는 것을 통탄해하며 "인간의 발전과 완성"을 궁극적 가치로 추구하는 "좋은 정치"를 말했던 맥락이 또한 여기서 멀지 않을 것이다.[28]

건강, 교육 등 몇몇 초보적인 문제들을 제외하면, 인간은 필요로하는 것이 다르고 그런 상이한 요구들은 오로지 상이한 형태의 공여를 통해서만 만족스럽게 충족된다. 토니는 상이한 사람에 대한 상이한 대우를 선호했지만, 공여의 평등—이는 공여의 동일성이 아니다—은 가치의 위계가 아니라 사람들이 지닌 다양한 필요 위에 서 있어야 한다고 말한다.

그것은 다양한 필요들을 똑같이 취급함으로써가 아니라 그것들 각각에 어울리는 다양하고도 가장 적절한 방식으로 충족되도록 보장하는 일에 동일한 관심을 기울임으로써 달성될 터인데, 이는 마치 의사가 다른 체질의 환자에게 다른 치료를 처방하고, 교사가 다른 교과과정을 통해 상이한 유형의 재능을 계발하는 것과 같다.[29]

요컨대 배려의 평등은 특성에 따른 공여에 연결된다. 토니는 각자의 개성을 열정적으로 옹호했거니와, 개인들 간의 개성적 차이는 제거되기보다는 함양되어야 한다. 실제로 한 사회가 모든 구성원을 위해 배려의 평등을 확보하려고 노심초사할수록, 공동의 인간적 필요가 충족되고 나면, 상이한 집단과 개인들의 특별한 필요를 위한 처방은 더욱 다양화될 것이다. 그러나 능력이 남들보다 뒤처지는 개인과 계급이 배려를 덜 받아야 한다거나 법적 지위, 건강, 혹은 경제적 조치와 같이 공동체가 통제할 수 있는 문제들에서 열등한 취급을 당해야 하는 것은 아니다.[30] 토니는 모든 사람은 동일한 권리를 지니나 그것이 동일한 대상물에 대한 권리는 아니라는, 보수주의 사상의 태두 에드먼드 버크의 말을 이렇게 평한다.

버크는 모든 사람이 동등한 권리를 지니지만 권리의 대상마저 동일한 것은 아니라고 말한 바 있거니와, 이런 구분에는 칭송할 만한 진리가 담겨있다. 그러나 불행히도 철학자의 경구에 통탄할 정도로 무관심한 자연은, 빛, 신선한 공기, 온기, 휴식 그리고 음식 등 특정의 것들은 모든 자녀에게 똑같이 필요하며 만약 그것들을 동일하게 향유하지 못한다면, 그로 인해 누구는 권리가 행사되기도 전에 일찍 죽고 누구는 너무 쇠약해서 그런 권리를 효과적으로 구가할 수 없기 때문에, 그들이 결코 동일한 권리를 누린다고 말할 수 없도록 만들어놓았다.[31]

토니의 관심은 보다 초보적이고 통상적인 것이었다. 사회는 "모든 구성원이 자신이 소유한 잠재력을 최대한 동등하게 구현하도록" 조직돼야 한다. 그는 최고의 정치적 선은 자유라는 하이에크의 말에 동의했지만, 그와는 달리, 자유를 개인의 자기실현이라는 개념과 자신의 의무를 수행할 자유라는 함의가 내재된 것으로 이해했다. 모든 사람에게는, 형태는 다양할지라도 자기실현의 원칙만 적용한다면 불평등은 감소될 수 있을 정도로 충분한 '금광'이 있다.[32] 다양한 기질과 재능에도 불구하고 그들의 공통된 인간성 안에는 배양할 가치가 있는 자질을 지니고 있으니, 공동체가 공동의 필요를 충족시키고 그런 자질을 고려하여 부와 출생과 사회적 지위의 차이를 덜 강조하는 경제조직과 사회제도들을 계획한다면, 그런 자질은 최대한 계발될 것이다. 물론 개인 간의 차이는 결코 사라지지 않을 것이며, 이는 개탄할 것이 아니라 환영해야 할 일이다. 그러나 그런 차이의 존재가 환경, 조건, 기회의 평등을 위해 가능한 모든 조치를 취하지 않는 근거가 될수는 없다. 오히려 그것은 그런 조치를 위해 배전의 노력을 기울일 이유가 되는데, 그것이야말로 재능의 다양성이 확실히 결실을 맺는 길이기 때문이다.[33]

모두에게 합리적인 보상만 주어진다면, 특별한 책임에 대해 특별한 보상이 따른다 해서 아무도 불평등하다고 생각하지 않는다. 상이한 종류의 일은 그것을 독려하기 위한 상이한 조건을 필요로 하며, 정의의식은 모두에게 동일한 대우를 해줌으로써 충족되는 것이 아니기 때문이다. 그것은 상이한 개인들을, 동일한 필요를 지닌 인간으로서 동일하게 취급함으로써 그리고 상이한 조건을 요구하는 상이한 서비스를 수행함으로 인해 상이하게 취급함으로써 충족된다. 혐오스러운 것은 한 사람이 나머지 사람들에 비해 더 많이 가져간다는 것이 아니다.

역겨운 것은 한 사람이 나머지 사람들에 비해 더 많이 번다는 것이 아니다. 환경, 교육, 생활습관을 공유하는 공동체가 존경과 배려와 관련하여 공유된 전통을 발전시킨 곳에서는 그런 세세한 회계작업은 잊혀지거나 무시되기 때문이다. 정말 역겨운 일은 특정 계급이 다른 계급이 누리는 문명의 유산에서 배제되고 궁극적이고 심원한 인간의 동료애가 하찮고 피상적인 경제적 격차로 인해 빛을 잃는 것이다. 중요한 것은 모두가 동일한 금전적 소득을 받는 것이 아니라, 사회의 잉여자원이 운영되고 적용되는 방식이 그런 문제를 사소한 것으로 만드는 일이다.[34]

다시 말하거니와 종종 얘기되는 것과는 달리 불평등을 비판하고 평등을 욕망하는 것은, 인간이 성품과 지성에서 동일하다는 낭만적 환상을 품는 일이 아니다. 더더욱 토니는 모두의 소득이 동일해야 한다는 수량적 평등을 지지하지 않았다. 그는 "상이한 개인들 간의 보수의 차이는 남되, 상이한 계급문명 간의 대비가 사라진" 사회를 꿈꿨다.[35] 철폐돼야 할 것은 상이한 계급문화이며, 존경과 배려의 공동문화 속에서도 소득의 불평등은 존재할 수 있다는 것이다. 각자의 천부적 재능은 심대하게 다를지라도, **개별적 차이가 아니라 사회조직에서 기원한 불평등들**의 제거를 목표로 하는 것이 문명사회의 특징이다. 사회적 불평등들이 감소한다면 사회적 활력의 원천인 개성의 다양성은 훨씬 더 만개할 수 있다. 관건은 **사회의 잉여자원이 운영되고 적용되는 방식**이 금전적 보상의 문제를 사소한 것으로 만드는 일이다.[36]

토니가 수량적 평등 못지않게 피한 것은 비례적 평등이다. 이사야 벌린이 인정했듯이, 비례적 평등이란 사람들을 자의적이 아닌 합리적이고 유관한(relevant) 기준에 근거해 대우해야 한다는 '공정성' 개념으로 수렴한다. 그러나 공정성으로서의 평등은 토니가 말하는 평등이 아니다. 비논리적, 비합리적이고 변덕스런 불평등을 없애도, 즉 합리적 불평등일지라도 불평등은 더 심각하고 해악적일 수 있다는 것이 그의 주장이었다. 무엇보다 그것은 토니의 중심 개념인 "인간이 단지 인간이기 때문에 소유한 동일한 가치"에 대한 평가에 기반하고 있지 않다.

개인적 일을 통한 소득은 자산에서 오는 소득과는 분명 다른 범주에 속한다. 그러나 그런 소득 안에서조차, 통상 개인의 자질보다는 사회구조의 압도적 힘에서 기인하는 요소가 존재한다. 흔히 사람들은 우리의 실패는 환경 탓이요 성공은 자신의 노력 덕분이라고 믿는 경향이 있다. 물론 난관을 뚫고 스스로 길을 개척한 성공한 전문인이나 사업가가 자기가 이룩한 성취를 자신의 근면과 능력의 결과물이라고 간주하는 것은 자연스럽다. 그러나 만일 경기의 규칙이 일부 선수들에게 지속적으로 유리하도록 짜여졌다면, 모든 선수가 세심하게 규칙을 준수한다 해서 그 경기가 공정해지는 것은 아니다. 사회계층들을 둘러싼 환경의 차이가 오늘날처럼 극심할 때는, 개인이 벌어들이는 소득이 그의 자질과 밀접히 관련된다는 주장—이것이 주장으로 불릴 만한지는 모르겠지만—은 명백히 허구적이다.[37] 무엇보다 상속제도의 영향은 상이한 집단과 개인들이 서 있는 지형, 그들에게 열려진 기회의 범위, 그리고 그들이 겪어야 하는 경제적 압박의 정도를 결정함으로써 여타의 모든 불평등의 효과를 더욱 고조시킨다.

우리 사회에는 경제적 지위의 세습적 불평등이 존재하거니와, 그것은 보다 조야한 형태의 봉건제가 해체된 이후에도 살아남았다 … 이런 현상들이 가져다준 이익과 무력감은 '사회적'이라고 부르는 것이 적절할 터인데, 그것들은 사회제도의 산물이며 사회의 행동을 통해 지속되거나 교정될 수 있기 때문이다.[38]

기회의 평등이라는 환상

오늘날 평등사상을 못마땅해하는 사람들도 기회의 평등 개념에는 대체로 동의한다. 그러나 가장 널리 퍼진 평등 개념인 기회의 평등 또한 토니의 평등이 아니다. 재능에 기초하여 동일한 발전기회를 부여하는 일은 모두가 동일하다는 의미가 아니라 개인들 간의 **자연적 재능 차이와 아무런 관련이 없는 사회적 불평등들**을 감소시키자는 뜻이다.[39] 곧 사람들은 서로 다른 재능에 대한 보상을 얻을 권리가 있으며, 제도가 발생시킨 차별은 수용할 수 없되 자연적 재능으로 인한 차별은 정당하다는 것이다. 그리하여 능력주의는 사회적으로 소중한 것이 된다.

기회평등 개념은 그것이 시장경제와 긴밀히 결합돼 있다는 이유로 인해 진보진영 내부에서는 종종 논란의 대상이 돼왔다. 시장경제에서는 동적, 생산적 사회체제를 낳는 수단으로서 경쟁적 투쟁의 중요성을 강조하기 때문이다. 그리하여 기회평등의 옹호자들은 사회의 계층화가 심화돼도 거기에 아무런 제약도 가하지 않는다. 토니가 기회평등 개념을 수용했다면, 이는 그것이 봉건질서가 부과하는 여러 제약을 제거하는 데 기여하는 한에서였다. 유사한 맥락에서 토니는 개인의 능력을 위축시키고 경제발전을 가로막는 법적 장애를 제거하는 데 자유주의 철학이 기여한 바를 인정했다. 그러나 토니는 시장 메커니즘이 해방의 원칙을 억압의 원칙으로 퇴화시킨 것처럼, 시장에서의 기회균등 또한 새로운 형태의 불평등을 야기하는 토대가 되었다고 지적한다.[40] 법적, 관습적 특권이 떠난 자리에 시장적 불평등이 들어섰다는 것이다.[41]

토니는 기회평등의 역사적 맥락을 검토한 후 그것이 왕, 귀족, 성직자의 특권에 대항하던 때, 곧 법적, 정치적 불평등의 제거가 초미의 압도적 관심이던 시절에 유행한 해방적 구호였다고 관찰한다. 봉건주의와의 싸움에서 기회평등은 중요한 개념이었으니, 그때 그것은 법적 불평등과 사법적 특권을 무너뜨리는 지렛대로서 형성된, 권력의 소유가 아니라 제약들로부터의 자유라는 소극적 언어로 제시된 개념이었다.[42] "다리 밑에서 움막을 짓고 살거나, 빵을 훔치는 자는 부자든 빈자든 평등하게 처벌한다."는 법은 공정할 뿐 아니라 너그럽기도 한데, 사회체제 덕에 기회를 잡은 사람과 그렇지 못한 사람들 모두에게 기회를 제공하기 때문이다.

그러나 자본주의는 정치적, 법적 평등을 넘어 경제사회적 평등이라는 새로운 문제를 제기하며, "골짜기와 산의 정상 사이의 공간을 메우는 집단적 운동"을 요구한다.[43] 경제적 삶의 변화로 인해 기회평등 개념은 진보구호로서의 시의성을 잃었다. 그것은 기회와 자기실현의 관계정립이 매우 복합적이라는 사실을 무시하며, 그것이 결과할 사람들의 관계에 대해서는 대체로 침묵한다. 그것이 가능하려면 불리한 조건들이 없어야 할 뿐 아니라 역량(capacity)이 뒷받침돼야 한다. 그것은 공동체의 모든 구성원이 출신, 직업, 사회적 지위와 무관하게 신체, 성품, 지성이 부여받은 본래적 자질을 최대한 발현할 기회를 동등하게 부여받을 때, 오직 그때에만 획득된다. 누군가는 역량이 사회적 환경에 의해 질식되거나 위축되고, 또 누군가는 그로 인해 혜택과 편애를 누린다면, 그 정도에 따라 기회균등은 우아하나 실제로는 초라한 가공물로 전락한다. 그때 그것은 현실의 세계를 떠나 장황한 수사의 세계로 들어간다.[44]

토니가 '올챙이 철학(Tadpole Philosophy)'이라고 부른 바에 따르면, 영리한 올챙이가 자신이 처한 불편함과 화해하는 일은 가능하다. 대부분은 올챙이로 태어나서 죽는 것이 전부일지라도, 운이 좋으면 언젠가는 꼬리가 나오고 입과 배가 부풀려지면서 마른 땅에 민첩하게 뛰어오를 수 있고 성품과 능력만 뛰어나면 올챙이도 개구리로 올라서게 만드는 덕목들을 옛 친구들에게 들려주리라 희망을 갖기 때문이다.[45] 가령 개인의 신분상승을 가능케 하는 기회가 존재하면 경제적 격차로 인한 개인적 아픔은 경감될 수 있고, 실력만 있으면 오를 수 있는 교육적 '사다리'가 있는 한, 우리의 허술한 초등교육—과밀학급, 유해환경, 낙후된 시설—의 질이 부차적인 문제가 되리라는 주장이 그래서 힘을 얻기도 한다. 그러나 극히 소수의 올챙이만이 개구리가 될 기회를 지닌다는 사실은 변할 수 없다. "올라갈" 기회는 "꽤 괜찮은 정도의 실질적 평등"의 대체물이 아니며, 그로 인해 소득과 사회적 조건의 극심한 격차가 하찮게 되는 것도 아니다. 오히려 고도의 실질적 평등이 존재해야만 상승의 기회들은 확산되고 일반화된다. 따라서 이런 기회들이 실질적이 돼서 기회균등이 약속하는 사회적 이동성 전망이 실현되려면 "탁 트인 길이 펼쳐져야 할 뿐 아니라 출발선이 같아야 한다."[46]

계급상승의 가능성은 지극히 소수의 예외적 개인들에게만 열려 있지만, 그러한 지극히 미미한 가능성은, 근원적 불평등으로 인해 대다수 인구가 자신의 재능을 충분히 발현할 수 없는 체제에 능력주의라는 윤색을 덧칠해 준다. 따라서 기회균등 개념은 광범위한 사회적 배제의 맥락에서 평가돼야 한다. 개인이 능력에 따라 사회적 지위를 점한다는 기회균등의 기본원칙은 나무랄 수 없되, 그것은 역사적으로 변형되어 개인의 상향이동 역량은 그가 속한 사회계층에 의해 조건 지어진다. 가령 대부분의 인구가 적절한 의료, 주거, 교육을 제공받지 못한다면, 기회균등 담론은 개인들의 기회를 박탈한 계급체제를 위한

상투적 정당화 기능을 수행한다.[47]

요컨대 환경의 평등이 웬만큼 자리 잡지 않은 상황에서 상향이동의 기회는 환상일 수밖에 없다. 상승의 기회란 전자가 웬만큼 정착될 때 저절로 마련된다. 그리하여 개인의 출세를 위한 기회제공의 중요성만을 온통 강조하는 교의는 말할 수 없이 편파적이다. 그것이 출세를 열망하는 재능에게 자유로운 경력의 기회를 제공할 필요성을 강조하는 점에서는 옳을지 모르나, 본질상 소수만이 잡을 수 있는 기회라는 점 그리고 경제사다리를 오를 수 없고 종종 아예 오르길 원치도 않는 사람들도 능력 있는 소수 못지않게 선용될 수 있는 보편적 문명수단이라고 암시한다는 점에서는 옳지 않다. 그것이 사회이동성을 매우 중시한다는 점은 옳지만, 효과적인 이동은 법적 제약을 없애기만 하면 확보될 수 있다거나, 그렇게만 된다면 경제적 자유는 사회계층이 낳은 해악에 대한 충분한 예방책이 되리라고 함축한다는 점에서는 터무니없다.[48]

따라서 기회평등이란 개념에 대한 입에 발린 찬사는 종종 그것이 의례적인 치사에 머물러야 한다는 '이해' 위에서 행해진다. 가령 그것은 사유재산권의 신성성이나 이윤추구 활동을 간섭하지 않는다는 것을 조건으로 받아들인다. 여타의 고상한 원칙들처럼, 지배하려 하지 않는 한 그것의 군림은 장려된다. 힘 있는 집단이 취약한 집단을 착취하는 일을 막아주고 건강과 문명의 외적 조건들을 공동의 자산으로 만드는 조치들이 없다면, 기회균등이란 말은, 취향에 따라 재밌기도 하고 잔인하기도 한, 하나의 농담에 불과하다. 그것은 달갑지 않은 손님에게 "형편상 그가 응하지 못할 것을 뻔히 알면서도 내미는 초대장의 무례한 정중함"이다.[49]

몇몇 노예가 해방돼서 노예소유주로 되었다고 해서 노예제가 견딜

만해지는 것은 아니다. 설사 계급구조가 주기적으로 개편된다 할지라도 특정 시점에 누구는 좌절의 구덩이에 빠지고 누구는 환호작약하는 것이 사소한 문제로 되는 것은 아니다. 임노동자와 자산소유자 간 권리의 형식적 평등은 지배와 복종의 실제적 관계를 가리는 점잖은 휘장일 가능성이 크다.[50]

8
평등의 전략―"평등을 선택하라!"

가능한 몇 가지 조치들

불평등은 소수의 안락과 특권을 위해 다수의 필요를 희생하고 자원을 오용하며 국민의 재능과 기술의 개발을 어렵게 만든다. 토니는 매튜 아널드를 따라, 사람들로 하여금 "평등을 선택하라!"고 호소한다. 그의 정치이론은 사회의 방향이 사회적 세력이나 냉혹한 발전법칙이 아니라 인간의 선호와 가치에 의해 결정된다는 소신 위에 서 있다. 가령 그는 『평등』에서 평등사회를 위한 총체적 사회개혁을 위해 기회평등, 생활필수품에 대한 접근의 평등, 배려의 평등, 결과의 평등 등을 상술하고, 이러한 원칙 혹은 기준에 비춰 동등한 교육공여, 정치적 평등, 산업민주주의를 정당화하며 평등 개념을 사회적 변화를 위한 실천적 무기로 제시했다.

앞에서도 지적했듯이, 토니는 영국의 국민적 기질이 대륙국가들의 그것과는 달리, 추상적 평등 개념을 혐오한다는 사실에 변화가 없다는 것을 잘 알고 있었다. 그가 주목한 것은 추상적 원칙으로서의 평등이 아니라 "평등으로의 분산된 진전"이었다. 『탈취사회』에서는 영국이 추상적 원칙들에 대한 불신을 포기하지 않고 기능사회의 가치들을 수용하지 않는다면, 머지않아 자본주의의 몰락이 불가피하리라는 비관적 진단을 했었다. 그러나 『평등』은 토니의 정치적 정향이 거대담론보다는 실용과 현장을 강조하는 페이비언의 점진주의와 집산주의의 방향 쪽으로 다소 기울고 있다는 인상을 준다. 표면적으로는 그 책이 웹 부부에게 헌정된 데서 드러나기도 하지만, 정치적 민주주의가 서서히 완결되면서 국가에 의한 개입주의적 조치들이 순차적으로 도입되었고, 실용주의적 개입들이 평등이란 가치를 고양시켰다는 인식 때문일 것이다. 실제로 토니는 제1차 세계대전 전후 사회 서비스와 산업입법들이 확대되면서 평등 개념이 사회복지의 영역으로 점진적으로 확대되고 보다 인도적 사회로의 진전이 있으리라고 조심스럽게 낙관했다.

이런 낙관의 기저에는 그가 제시한 평등을 위한 세 가지 조치가 있다. 첫째, 사회 서비스와 누진세제의 확대 등을 통해 의료, 교육, 복지의 공동체 서비스를 위한 기금을 마련하고, 소수의 소비에 사용됐을 부를 공공이익이라는 목적에 적용되게 함으로써 기회와 환경의 격차를 완화한다. 둘째, 노동조합주의와 산업입법을 장려하여 한 집단이 경제적 압박을 통해 자신의 의사를 상대집단에게 부과하는 능력을 제한함으로써 경제권력의 불평등들을 완화시킨다. 셋째, 공기업과 협동조합운동 등의 발전을 통해 인민 혹은 소비자에게 최소 이자율을 상회하는 이익을 확보해 주고 경제정책의 주도권이 자본가와 그 대리인의 손에서 사회에 책임지는 권위체의 관할로 이전되게 만든다.[51] 그 외에도 사립학교는 재정능력과 무관하게 모든 어린이에게 개방하며,

상설 산업위원회 혹은 '기획처'를 설립하여 산업에 대한 개입과 재조직 권한을 부여함으로써 경제를 주도하도록 하고, 국유화는 목적이 아닌 수단이되, 핵심 산업들을 국유화하고 새 국유산업에서 노동자들이 경영 책무를 떠안게 해야 한다.[52] 이것들은 가능하면 급속하게 실천에 옮겨져야 하지만, 경제권력의 균형에 급진적 변화가 동반되지 않는 한, 도처에서 견제되고 좌절될 것이다. 그러나 그렇다고 해서 그것을 하찮게 취급해서는 안 되거니와, 자본주의라는 성채(城砦)를 성공적으로 공략하려면 "지성과 결의에 찬 지구전"이 필요하기 때문이다.

이 세 원칙은 실질적이라기보다는 절차적 원칙이다. 토니에게 결과의 평등이 지닌 의의는 **재화의 균등한 배분 아닌 불균등한 배분의 정도**를 제한하자는 의미에 닿는 것이었고, 그 핵심은 경제적 부와 경제권력이 너무 적은 수의 사람에게 집중되는 것을 막는 데 있었다. 토니는 상이한 가치의 노동에 대해 상이한 보상을 하는 것을 완전히 수긍했거니와, 금전적 보상의 차등화가 공동체를 위해 행한 서비스의 차등적 가치에 의해 정당화된다는 견해를 다양하게 드러내 보였다. 『평등』에서, 차등적 보상에 대한 유인책들이 고려되기에 앞서서 기본필요가 충족돼야 한다는 점을 명백히 했지만, 유인들에 대한 그의 태도는 이전보다 훨씬 너그러웠다.

그러나 토니가 수용할 준비가 되어 있는 부의 불평등의 정도에 대해서는 한계가 있었고, 당대의 분배상황은 그 한계를 명백히 넘어서고 있었다. 그리하여 그는 빈자의 소득은 증가하고 부자의 부는 감소해야 한다고 주장했다.[53] 이전 저술들에서는 다수가 박탈에 시달릴 때 과도한 부는 부도덕하다고 진술했지만, 『평등』에서는 극단적인 부와 빈곤은 반사회적이고, 사회적 관계를 타락시켜 한쪽에는 굴종과 분노를 다른 한쪽에는 오만과 시혜의 태도를 불러온다고 지적한다.[54] 빈부의 간극은 모든 시민이 피차 교류하는 응집적 사회를 만들기 위해 축소되어야 한다. 이때 소득불평등을 줄이는 일은 사회적 배제를 두 방향에서 공략한다. 노동계급의 빈곤을 완화하고 중간계급과 상층계급이 사회적 교류에서 이탈하려는 능력을 제한하는 것이다. 이를 위해 고율의 상속세와 누진세를 적용한다. 이런 조치들이 빈자로의 직접적 현금이전을 의미하는 것은 아닌데, 그런 방식은 노동계급가정들을 위한 추가적 기금 조성에는 실질적인 기여를 할 수 없기 때문이다. 조야한 금전적 재분배정책은 진보진영도 마땅히 피해야 하거니와, 토니가 보기에 그것은 우익 비판자들이 사회주의를 비판하는 작업을 단순화함으로써 조장된 신화였다.[55] "조세를 통한 잉여자원의 기금화"는 의료, 주거, 교육의 공여에 투자돼서, 상호존중을 바탕으로 한 동료애의 수단을 확보해 줄, 모두의 기본필요를 충족시켜야 한다.[56]

전통적으로 권력은 정치권력과 관계해서 논의되었지만, 소수 기업에게 소유권이 집중되는 현대산업사회는 경제권력의 분석을 불가피하게 만든다. 보편선거권의 출현과 함께 정치적 평등을 위한 투쟁은 끝났을지 모르나, 경제권력을 위한 싸움은 이제 막 시작되었다.[57] 따라서 경제구조의 민주화는 진보세력의 본질적 과제인데, 오늘날 경제 내의 권력관계는 정당한 권위가 아니라 순전히 힘의 논리에 서 있기 때문이다. "강꼬치의 자유는 피라미에겐 죽음이다."[58] 민주적 의사결정이 아니라 엘리트 주도로 기업권력이 행사되는 자본주의의 약탈적 성격은 사적 개인들이 공적 이익에 대해 특권적 지위를 부여받는다는 것을 의미한다. 이러한 경제력 행사는 정치적 민주주의를 포함해 한 사회의 민주적 근간을 위기에 빠트리고, 인구의 대다수를 자본가의 변덕에 의존하는 불안한 지위로 떨어뜨린다. 그러므로 경제에 대한 통제력을 보다 광범위한 공동체로 이전하는 메커니즘을 통해 경제력을 정당화하는 일이야말로 토니의 평등 어젠다에서 매우 핵심적이다. 『평등』에서는 길드사회주의의 의의가 많이 시들해졌다.

토니가 경제력 행사와 관련하여 제시한 조건은 세 가지이다. 첫째, 그것은 공동체가 승인한 사회적 목적에 합당하게 행사돼야 하며, 둘째, 사회적 목적을 위해 요구되는 것 이상으로 확대돼서는 안 되고, 셋째, 자의적으로 행사될 때는 취소될 수 있어야 한다. 이러한 원칙들은 실천적 프로그램으로 구체화된다. 가령 경제의 주요산업들(commanding heights)은 규제와 국유화를 다양하게 조합하여 공공통제 아래 놓이도록 한다. 노동자의 권한과 책임이 확대되어, 노조는 경영층과 합동회의를 통해 회사의 미래방향에 대한 정책에 참여한다. 이윤, 이사회권력, 소비자관계 등과 관련된 문제는 정부기관이 확립한 규범을 따라야 한다. 요컨대 **토니의 평등 개념은 부와 경제문제에서 권력의 불평등을 포괄하는 넓은 범위에 걸친 것**이다. 이때 정치적 민주주의의 규범에 따른 사회제도들은 동료애에 근거한 사회의 결속에 핵심적 요소이다.[59]

교육과 평등사회

토니의 평등을 논할 때 빠뜨릴 수 없는 것이 교육에 대한 그의 생각이다. 그의 평등사상은 그의 교육관과 교육 분석에서 처음으로 실천적 형태로 투영되었다. 토니는 교육이론가는 아니었다. 그러나 그에게 교육은 영국을 보다 정의로운 사회로 만들고, 자본주의 문화의 소유적 개인주의를 무너뜨리는 수단이었다. 토니가 WEA와 성인교육의 선구자였음은 누누이 논한 바와 같다. 교육개혁에 대한 그의 헌신은 시간이 지나면서 더욱 커갔으니, 1928-44년 기간 WEA 의장을 지내는 등 수많은 교육관련 기관에 위원과 자문관으로 참여했고 1920-30년대에는 영국의 중등교육개혁에 시간과 열정을 바쳤다. 국가교육정책에 대한 그의 관여는 전전의 윤리적 사회주의의 연장선에서 행해졌다. 실제로 교육은 그의 정치적 입장에서 본질적 요소였는데, 윤리적 전환은 가치와 가정들의 변화로만 얻을 수 있고, 교육이 그 핵심역할을 담당하기 때문이다. 토니의 교육적 관심은 탁아소에서 대학수준의 교육까지 두루 걸친 것이었다.

토니는 탁아소 건립과 중등교육개혁, 옥스퍼드와 대학개혁, 개혁된 중등교육 졸업생 증가와 기술과 전문직 노동자의 필요성 등을 충족할 대학체제의 확대, 새로운 대학의 건립 등을 쉼 없이 주창했고 관련입법을 위해 동분서주했다. 무엇보다 아이들의 교육기회는 부모의 재산 차이에 따라 달라야 한다는 사상은 야만이었다. 그것은 부모재산의 차이가, 과거에 그랬던 것처럼 개인의 안전과 법적 지위의 차이로 연결돼야 한다는 개념처럼 기이하고 혐오스러운 것이었다. "육체와 정신은 별개가 아니라 단일 인격의 서로 다른 측면들이며, 자연이 합해놓은 것을 교육당국이 갈라놓을 수 없다." 교육과 건강은 함께 가며 "대학은 의사와 능력이 있는 한 소득에 관계없이 공동체의 모든 사람에게 접근 가능해야 한다."는 것이 그의 지론이었다.[60] "포도가 가시나무에서 자라지 않고 무화과가 엉겅퀴에서 열리지 않을지라도, 토양과 햇빛 그리고 비가 없으면 포도는 포도나무에서 무화과는 무화과나무에서 자라지 않는다."[61]

목표는 단순했다. 교육평등이란 모두를 위해 교육기회를 확보해주는 것이다. 그는 모든 계급의 아동들이 동일한 학교에 출석하기 전까지 영국의 교육체제는 결코 문명사회에 값하는 것이 될 수 없다고 보았다.[62] 그것은 계발을 위해 상이하게 취급돼야 할 다양한 재능들이 있다는 점을 인식하고, 유형은 다양할지라도 질적으로는 차이가 없는 시설을 제공함으로써 모든 어린이를 공평하게 대하는 문제이다.[63] 당면과제는 기본교육의 보편적 무상제공이었다. 특히 그는 대부분의 14세 졸업생들이 비숙련노동의 열악한 노동환경에 처하게 되는 현실을 보면서 의무교육연한을 16세로 하는 것의 중요성을 누누이 강조했다. 그러나 정부를 설득하는 것과 기득이익계층을 설득하는 일은 전혀 다른 문제였다. 그는 영국산업계가 청소년노동에 많이 의존하는 현실과 14세를 지난 어린이들 중 극소수만이 교육을 더 받을 가치가 있다는 기득권층의 가정에 역겨움과 분노를 느꼈다. 당연하게도, 그가 보기에 아이들을 더 긴 기간 학교에 붙들어두면, 소년들의 작업을 어른들이 떠맡아 실업률이 감소되고, 실업기금에서 절약이 발생하여 교육지출의 증가분을 상쇄할 수 있다.

토니의 교육관련 저술 중 가장 유명하고 쉽게 쓴 「모두를 위한 중등교육」(1922)은 교육개혁을 위한 지방정부의 이니셔티브와 노동당이 추진해야 할 정책적 단계들을 중요하게 다룬 팸플릿이다. 토니는 목전의 최대 교육과제는 중등교육인구의 대폭적 확대이며, 11-16세까지 초등학교 졸업생들은 "무상의 보편적" 중등교육을 받아야 하고, 고등학교는 14세가 아닌 16세에 시작해서 18세까지 지속돼야 하며, 졸업생들에게는 18세까지 의무적 연속교육을 도입해야 할 것 등을 주장했다. 토니는 이런 개혁을 위한 캠페인을 지속하면서 이처럼 상대적으로 작고 비용도 많이 들지 않는 변화가 정부와 기득권층의 무관심, 냉담, 반대로 인해 번번이 좌절되는 것을 말할 수 없이 탄식했다. 그는 교육보다 국방과 술 소비에 더 많이 지출하는 영국사회를 관찰하면서는, 영국을 "집을 중무장한 요새로 만들고 거실에 앉아서 매일 술을 들이키며 자식들을 최소한의 식량만을 준 채 탄광에 보내는" 개인에 비유하기도 했다.[64]

토니가 1924년에 발표한 팸플릿 「사회주의 정책」은 교육을 민주주의에 연결시킨 글이다. "사회주의자의 이상인 개인들의 자유로운 협력에 기초한 사회는 가능한 한 최대로 확산된 교육에 의존한다."[65] 팸플릿의 목적은 교육이 사실과 허구를 분별하게 하는 비판정신의 창출에서 중심적 역할을 한다는 것이었다. 분별력 있는 유권자만이 계몽된 선택을 할 수 있거니와, 교육이야말로 계몽된 의견 형성을 위한 수단이고 현대사회의 주된 약점인 정치인과 언론 등에 의한 기만을 조직하는 거대한 기술에 굴복하지 않게 함으로써 민주주의의 실천적 작동에 기여한다.[66] 학교와 교과과정을 계획할 때 가장 우선적으로 고려할 사항은, "아이들의 바람직한 장래에 관한 기성사회의 의견"이 아니라 "어떤 조건하에서 아이들은 가장 조화롭고 완전하게 자기계발을 할 수 있는가?"의 문제여야 한다. 교육적 성과에 대한 평가는 아이들을 기존의 틀에 적합하도록 준비시키거나 기성세대가 바람직하다고 여기는 규범을 습득시키는 것이 아니라, 성인이 되었을 때 고유한 자신의 세계관을 지닐 수 있도록 하기 위함이다.[67] 토니에게는 시민 개개인이 독립된 판단력을 행사할 수 있는 역량이 무엇보다 중요했고, 따라서 교육은 지식과 정보를 주입하는 것 아닌 개별성의 정신을 함양하도록 설계돼야 한다.

노동자교육을 통해 보통사람의 정신을 자유롭게 하고 뼈대를 곧추세우는 일은 사회주의적 시민권의 핵심이다. 무엇보다 교육은 노동계급을 자본주의적 "신화(神話)의 최면"에서 각성시키는 원동력이었다. WEA는 이를 위해 작동 중인 시민권 패러다임이며 또한 보다 넓고 깊은 시민권의 토대를 놓는 도구적 장치였다. 교육은 사회주의가 요구하고 또 창출하는 사회적 연대의 통로여야 하거니와, 토니는 교육을 신분상승의 수단으로 보는 자유주의적 교육 개념을 "사다리" 개념이라며 비판했다. "교육을 통해 개인의 관점이 지닌 한계를 넘어 동료와 공유할 수 있는 이해들의 세계에서 파트너가 된다." 토니에게 교육권은 개성의 성취를 위해 그리고 사회적 선을 위해 핵심적 권리였다.[68] 특히 보편교육은 보통사람들이 정치와 산업적 삶에서 정책결정의 주도권을 갖도록 하며, 따라서 양 영역의 민주적 결손을 완화시킨다.

앞에서 언급했듯이 토니의 기능사회는 윤리적 공동체 창출에의 기여라는 관점에서 평가되는 다양한 소유형태들을 지닌 일종의 실험의 장이다. 다양성은 먼저 교과과정의 개혁을 위한 제안에서 반영돼야 하며, 평등의 이름으로 개성의 다양성을 질식시켜서는 안 된다. 평등주의적 교육체제는 각 학생의 **독특한 필요를 평등하게 고려**해야 한다는 의미이다. 가령 그는 모두가 누려야 하고 축소가 불가능한 최소한의 권리와 기준들을 넘어서면, 각자에게 유익이 되는 다양성과 전문화의 영역이 있음을 인정했다. 그는 재능에 따른 교육선발과 교육공여의 다양성을 반대하지 않았으며, 특히 중등교육의 다양화 필요를 여러 계기에 걸쳐서 주창했다.[69]

즉 교육자원에의 평등한 접근은 모두를 똑같이 취급하는 것이 아니라 **개별적 필요를 동등하게 고려한다**는 취지인 것이다. 따라서 토니는 능력별 학급편성(streaming)을 반대하지 않았다. 오히려 표준화된 전국적 교과과정이 아닌 다양한 교과과정을 제공함으로써 중앙정부가 교육공여를 독점하는 것을 비판했다. 이는 재산과 관련하여, 사회적 목적에 기여한다는 조건만 충족되면 다양한 소유권형태가 공존할 수 있다고 본 그의 재산이론 그리고 리바이어던 국가나 집산주의에 대해 품었던 그의 의구심에 합치한다. 『평등』의 1938년판 서문에서는 다양한 개인들의 다양한 필요를 충족시키는 것은 진정한 평등에 기초하여 조직된 사회의 특징적인 모습이라고 더 나아갔거니와, "평등이 증진될수록 다양성도 커진다."는 것이 그의 신조였다.[70]

> 불평등을 비판하고 평등을 욕구하는 것은 … 사람들이 그 성격과 지성에서 동등하다는 낭만적인 환상을 품는 것이 아니다. 그것은, 사람들의 자연적 재능이 심대하게 다르기 때문에, 그 근원이 개인의 차이가 아니라 사회 자체의 조직에 있는 불평등들을 제거하는 데 목표를 두는 것이야말로 문명사회의 특징이라는 것, 그리고 사회적 활력의 근원이 되는 개인의 차이들은 사회적 불평등들이 감소될수록 더 풍성하게 표출되리라는 점을 주장하는 것이다.[71]

토니의 말년을 잘 알고 있고 토니의 업적을 알리기 위해 애썼던 언론인이며 노동당의원이었던 제거(Lena Jeger)가 "토니가 평등의 위대한 사도인 것은 맞다. 그러나 이것이 평등주의(egalitarianism)를 의미하는 것은 아니다. **인간 성품의 명예로운 측면인 불평등들**을 발전시킬 기회의 평등이야말로 그의 목표이다."라고 기술한 것도 물론 같은 맥락이다.[72]

문제는 토니의 "다르나 균등한(separate but equal)" 원칙에서 '다름'은 실천에서는 불평등을 내재한다는 점이다. 교육적 다양성은 언제나 불가피하게 일종의 교육적 차별(apartheid)을 낳을 수밖에 없기 때문이다. 사립학교(public schools)에 대한 토니의 입장 또한 비슷하게 이해되어야 할지 모른다. 공적 지원을 받는 학교는 능력에 따라 모두에게 개방돼야 한다는 것이 그의 입장이지만, 일체의 공적 보조금을 받지 않는 사립학교는 어찌할 것인가? 토니가 사립학교를 폄하한 이유는 교육이 사회적 분열을 완화해야 함에도 불구하고 사립학교는 사회적 결속에 오히려 해가 되기 때문이었다. 토니는 생애 내내 공동의 문화 안으로 사회계급과 지위를 통합해야 한다는 주제를 지속적으로 환기했다. 그가 사립학교에서 부과하는 학비가 그곳에 다니는 학생들을 사회적으로 배타적으로 만들며, 가난한 집안의 재능 있는 아이들의 입학을 불가능하게 만든다는 점을 간과한다는 것은 있을 수 없었다. 그러나 토니의 영혼은 사립학교제도에 반발했을지언정, 사립학교를 폐지하자는 주장에까지 이르지는 않았다. 럭비를 다니며 경험했던 바, 사립학교의 교육적 기준, 다양성, 실험성에 대한 그의 존중 때문일 것이다. 또한 그는 사립학교의 폐지가 개인적, 제도적 자유에 대한 침해가 될 수 있다고 인식했다. 그의 목표는 사회적 엘리트주의를 그보다 훨씬 더 수용할 만한 교육적 엘리트주의(academic elitism)로 대체하는 것이었지만, 사립학교문제, 특히 그것이 영국사회에서 확대재생산해 내는 불평등구조와 관한 한, 그의 구상에는 사실상 어떤 구체적 전략도 담겨 있지 않았다.[73]

『평등』의 공과와 함의

토니가 처음으로 평등의 실질적 내용을 구체화하고 일련의 원칙에 비추어 그것의 실천적 적용을 논한 대작이 『평등』이다. 정의사회에 대한 토니의 비전은 모두가 교육적 공여와 정치적, 산업적 민주주의뿐 아니라 물적 조건에서도 최소한의 기준을 요구할 권리가 있는 사회이다.

비록 평등 같은 추상적 원칙에 대한 영국인의 불신으로 인해 단편적이고 실용적 방식으로 적용되고 있다 할지라도, 토니는 이런 비전이 비현실적이 아니며 오히려 이미 실현의 도정에 있다고 믿었다. 가령 지각 있는 사회가 자신의 잉여를 활용하는 첫째 용도가 보편적 건강수준을 높이는 데 있다면, 두 번째는 교육기회의 균등화이고, 세 번째는 인생의 우발적 사고에 대비함으로써 임금소득자가 직면하는 재난의 가장 큰 특징인 불안감을 완화하는 일이다. 그런 공여의 확대는 금세기 사회정책이 성취한 가장 괄목할 만한 발전이었다. 불과 한 세기 전만 해도, 극빈자의 구제를 제외하면, 거의 모든 나라에서, 질병, 노년 그리고 실업에 따른 전 비용을 개인저축이나 친지의 소득을 통해 개인들이 부담해야 한다고 가정되지 않았던가.[74]

만일 모든 개인이 과학발전이 허용하는 건강한 환경에서 양육되고, 모두가 16살까지 세심하게 자긍심을 키워주는 교육을 받으며, 성인이 된 뒤에는, 웬만큼 열심히 일하면 자신과 가족이 인생의 위험들에 짓눌리지 않고 맞서 싸울 수 있다는 것을 안다면, 기존 불평등들 가운데 최악의 것들은 소멸의 길에 들어선 것이다.[75] 소득불평등조차 직간접적으로 줄어들 텐데, 세금을 통해 거대소득이 감소하고 특권과 우발적 장애들이 점차 제거될 것이기 때문이다.

매년 산출되는 부 가운데 일부는 그것을 버는 개인들의 현재소비를 위해 사용되고, 일부는 산업과 상업의 처분에 맡겨지고, 일부는 국가에 지불되어 공공서비스의 유지를 위해 사용된다. 사회는 어떤 목적에는 소득의 지나치게 적은 부분만을 사용하고 다른 것에는 불비례적으로 많은 부분을 지출할 수도 있고, 각 목적에 골고루 적당히 소비하면서도 지혜롭지 못한 지출을 할 수도 있다.[76] 이런 서비스들이 가져다줄 이득은 따지지 않고 비용만을 한탄하는 것은 재무재표의 한쪽

만을 보고 회사상황을 평가하는 것과 다름없이 어리석은 일이다.[77]

『평등』은 영국사회주의 사상의 발전에서 중요한 이정표를 제시했을 뿐 아니라 1945년 이후 노동당정부들의 의도와 성취에 선견지명의 지침을 제공한 책이다.[78] 그러나 거기에서 평등에 대한 보편적, 철학적, 개념적 토론 혹은 역사적 개념으로서의 평등 자체에 대한 논의는 찾아보기 힘들며, 그런 점에서 그 책이 정치사상사에 획기적인 기여를 했다고 보기는 어렵다.[79]

토니의 "평등한 배려" 개념도 문제가 없다고 볼 수 없다. 그것이 오히려 차별을 정당화하는 데 이용될 가능성도 배제할 수 없다. 예컨대 미국의 인종분리정책도 흑인에 대한 "동일하나 다른(equal but different) 공여"라는 근거에서 정당화하는 것이 가능하다. 또한 토니는 모두를 위한 균등한 교육적 배려 원칙을 제시했지만, 어떤 기준을 적용할지 등 그것이 현실에서 어떻게 가능한지에 관해서는 상술하지 않았다. 정책결정에서 교육청의 광의의 지침 안에서 학교들이 많은 자율성을 행사하는 분산된 구조하에서는, 토니의 선의에도 불구하고 얼마든지 불평등한 공여가 결과할 수 있다. 그는 이러한 위험을 공동체의 모든 계층의 아이들이 동일한 학교를 다니게 함으로써 웬만큼 해소할 수 있다고 보았지만,[80] 앞에서 지적했듯이, 사립학교체제의 지속에 대해서는 기이하게도 관용하는 태도를 보였다. 그가 사립학교의 수가 매우 적으리라고 암시하고 있기는 하지만, 이 점이 그의 교육에서의 평등주의 원칙을 손상시킨다는 점은 의심의 여지가 없다. 의료의 민간 공여 문제도 그는 묵인하고 있다. 그가 주된 관심을 보인 것은 노동계급의 삶을 황폐케 하는 가장 만성적 문제를 집단행위로 제거하는 문제였다.[81]

또한 토니는 이전 자유주의 시대의 역사에서 그리도 중요했던 시민적, 법적, 종교적 평등의 범주들, 영국의 정치제도 등이 사회경제적 평등과 관련하여 지니는 함의를 논의에서 배제했고, 점차 첨예하게 될 여성문제나 인종불평등은 사실상 혹은 전혀 취급하지 않았다. 토크빌, 존 밀 등 평등사회의 장단점을 논의했던 선임 연구자들에 대한 간헐적 언급은 본격적인 탐구로 이어지지 못했다. 평등의 개념적 분석, 곧 평등을 어떻게 정의하고 왜 그것이 산업사회의 본질적 목표가 되어야 하는지 등의 문제는 논의의 대상이라기보다는 당연한 것으로 치부되었기 때문에 독자는 반대논거들을 접할 기회를 갖지 못한다. 열정적 도덕주의, 이타적 동료애에 대한 토니의 강조는 독자를 감동시키고 공감을 불러일으킨다. 그러나 많은 경우 저자는 상대적으로 소수인 특권엘리트를 향한 공격에 치중하고 있기 때문에, 때때로 나머지 사회를 끌어올리기보다는 그들을 끌어내리는 데 더 관심이 있는 듯이, 의도와는 다르게 오해받기도 한다.

그의 경제학도 문제가 적지 않다. 가령 토니가 천명한 목표는 "금권주의를 몰아내고 평등사회를 들여오는 것"이지만, 거기에서 사업가는 언제나 탄광소유주나 지대수익자이며 현대세계에서 점차 중요해진 소고용주나 창조적 기업가가 아니었다. 그는 투자와 목적 있는 생산의 중요성을 강조하면서도 영국의 급진적 정치경제학 전통에서 중요한 소비는 현대경제의 엔진 아닌 유한계급의 오락 정도로 경시한다. 그리하여 그는 분배를 위한 소득주도전략이나 보다 넓은 의미의 케인스주의적 총수요전략 등은 아예 논의의 대상으로 삼지 않았다. 그와 동시대를 살았고 맥도널드정부의 경제위원회에서 같이 활동했던 케인스의 경제사상이 평등과 관련하여 지니는 압도적 함의를 생각할 때 이는 다소 기이한 일이다. 마르크스주의 비평가인 R. 윌리엄스의 지적대로, 토니는 사람들이 자신의 입장에 쉽게 설득돼서 도덕적

갱신의 원칙을 수용할 것으로 가정함으로써, 정치사상가로서 자신의 한계를 스스로 설정했는지 모른다.[82]

『평등』은 유명하지만 잘 읽히는 책은 아니다. 토니의 최고의 작품들 역시 책보다는 에세이나 논문들일지 모른다. 그의 글쓰기 스타일과 접근이 지형도보다는 이정표에 더 적합하다는 주장도 그래서 가능하다. 그러나 『평등』은 그가 초기에 거리를 두었던 페이비언 국가사회주의자의 저작처럼 읽힌다. 그는 경제적, 공적 삶의 전면적 사회화를 주장하지는 않았지만, 법적, 재정적 수단을 통해 영국제도들을 개혁하기를 원했고, 국가와 제도에 대한 그의 이런 강조는 개인, 영적 필요, 신 등이 그의 사상의 특징이었던 전쟁 이전 시절과는 뚜렷이 구분된다. 경제적, 물질적 평등의 성취를 주장한 것도 『비망록』의 노골적인 반물질주의적 태도와는 놀라운 차이를 보이고 있다. 또한 과거에는 개인들을 주된 행위자로 한 논쟁과 설득을 수단으로서 중시했지만, 지금은 국가권력과 강제의 힘이 주는 효과를 보다 진지하게 고려하는 듯하다.

청년기의 토니가 보다 창조적이고 급진적인 사상가, 머리보다는 가슴의 사회주의자, 국가기구를 통한 [위로부터의] 정치적 부과를 거부한 민주주의자였다면, 나이든 토니는 도덕적 노선만으로는 불충분하다는 것을 깨달은 현실주의자가 되었는가? 전자의 '사회주의자를 만드는 일'은 후자의 '사회주의를 부과하는 것'보다 늘 어려운 전략이지만, 그만큼 전자의 열매는 더 지속적이고 항구적일 것이다.[83] 분명한 것은 이런 모든 논의의 과정에서 그가 자신의 신앙적 입장을 변함없이 견지했다는 점이다. 가령 1953년에 출간된 에세이집 『공격(The Attack)』에서 인간평등을 신으로부터 끌어왔던 젊은 시절을 회고하면서, 그는 그런 태도가 사회와 관련한 자신의 깊은 내면의 개인적 신념을 가장 잘 진술한 것으로 스스로 평가한 바 있다.

토니는 『비망록』의 중심 주제, 곧 인간의 인간됨은 신이 부여한 것이고 신과 공유하는 것이며, 이에 비하면 모든 사회적, 민족적, 인종적 차이는 사소하며 신의 의도와 목적을 거스르는 것이기 때문에, 그 성격상 반(反)기독교적이라는 인식에서 추호도 벗어나 본 적이 없다.

> 그러므로 기독교적 인간 개념의 당연한 귀결은 강력한 평등의식이다. 평등은 모든 사람이, 똑같이 키가 크고 살이 쪄야 하는 것이 아닌 것처럼, 동일하게 영민하거나 동일하게 덕스럽다는 의미가 아니다. 그것은 모든 사람이 단지 그들이 인간이라는 이유 때문에 동일한 가치를 지닌다는 의미이다.[84]

물론 인간은 서로 다르기 때문에 각자의 필요는 다른 방식으로 충족돼야 한다. 실제로 토니는 인간속성과 필요의 다양함을 인지했고, 이러한 차이를 수용하기 위해 공여의 형식도 마찬가지로 다양해야 할 것을 추천한다. "중요한 점은 평등의 본질이 그러한 다양성이, 계급, 소득, 성, 피부색 혹은 민족 같은 우연이 아니라 인간가족의 다양한 구성원들의 진정한 필요에 근거해야 한다는 데 있다는 점이다."[85] 여기에서 평등은 기회나 결과의 평등이 아니라 지위와 존경의 평등이며, 인간은 하나님이 보시기에 평등하므로 서로의 평가나 행동에서 평등해야 하며 모두가 필요에 따라 공정하게 취급돼야 한다. 토니 평등의 신적 기원을 고려할 때, 그는 세속적 국가사회주의자 아닌 크리스천 평등주의자로 불리는 것이 훨씬 적절할지 모른다.

무엇보다 토니는 평등문제를 분배정의의 지평에서 사회관계의 지평으로 끌어올렸다. 동등한 권리뿐 아니라 평등주의적 제도의 결과에 관심을 기울였으며, 인간의 공동의 삶의 부요함을 위해 평등과 불평등이 지닌 함의의 중요성을 부각시켰다. 그에게 분리된 개인의 조건인 양적 평등은 관계로서의 평등에 비해 덜 중요했다. 공동의 문화는 욕구한다고 해서 창출되는 것이 아니다. 그것은 사회조직이라는 실제적 토대 위에 구축되어야 한다. 그는 "부를 독점하면 사람을 흩고 부를 분배하면 사람을 모은다."는 중국 고사를 자기 평등의 궁극적 지점으로 삼았다.[86] 토니는 사람을 모으기 위해 평등을 원했다. 토니의 평등은 "동료애를 위한 평등"이고 그것은 자유주의적 평등론과는 사뭇 달랐다. 그는 개인을 대우하는 문제뿐 아니라 개인이 대우받는 방식이 전 사회의 건강에 미치는 결과에 관심을 기울였다. 그가 평등을 추구한 것은 사회관계의 영역에서였고, 그것은 동료애라는 최고의 선을 위한 수단이었다.

그리하여 토니의 (사회적) 기능 개념은 '공공선' 주장에 닿게 되고, 이는 다시 그의 평등 개념을 벼려준다. 토니의 평등은 재화가 아니라 관계 개념이거니와, 이는 인간은 동일선에서 출발하며 노력은 경쟁적 기준에 따라 보상받아야 한다는 자유주의적 평등 개념을 거부한다. 후자가 원자적 사회를 가정하며 경쟁을 전제하고 경쟁을 격화시키는데 반해 토니의 공공선, 자기실현, 기능 등 개념들은 경쟁요인을 피하며 거기에 제약을 가한다. 물적 배분이 경쟁이 아닌 기능에 따라 이루어지면, 개별성을 결정하는 요인들은 경제적 요인들과는 다를 것이다. 경쟁이 왕성하게 이뤄져야 하는 곳은 금전적 보상 이외의 영역이다. 토니는 사회경제적 평등사상을 동일한 가치 개념에서 도출하되, 그것을 자기실현과 사회기능과 연결시켰다.

『평등』의 제2판이 출판되던 1938년 영국 총부의 2/3를 상위 1%가 소유하고 있었고, 그가 중요한 책을 썼던 1920년대 대부분 기간 여성 선거권 등 정치적 민주주의는 미완에 있었으며, 세습상원의 권력은 여전히 막강했다. 어떤 점에서 기능사회에 대한 토니의 호소는 17세기 영국시민혁명 당시 자연권만큼이나 급진적이었다. 토니의 평등은 차이를 무시한 동일한 대우라는 기계적인 개념이거나, 막강한 독재자가 급작스런 산술적 재분배를 통해 부를 일시적으로 평등화했다고 실현되는 것이 아니다. 그것은 평등을 사회정의의 전 맥락에 위치 지으려 했다는 뜻에서 자유주의의 소극적 평등과는 달리, 적극적 평등주의라 부를 만하다. 토니에 따르면, 탐욕과 물질주의는 특정 계급의 독점물이 아니기 때문에 특정 유형이 압제계급을 제거한다고 해결되는 것이 아니었다. 장기적으로 정말 중요한 것은 사람들이 사회조직의 핵심적 토대로서 받아들이고, 마침내 사회의 중심적이고 항구적인 과정들 속으로 구축되어야 하는 **원칙**이었다.

5부

생각을 멈춘 기독교

9
자본주의와 '종교-경제 이원사상'

"토니의 세기"가 함축하는 것

역사학자 트레버-로퍼는 1540-1640년 기간을 "토니의 세기"로 명명했다. "토니 이후 그 시기를 연구해 온 역사가들은 무의식적으로라도, 불가피하게 그의 해석에 영향을 받는다. 이제 그들은 사회학자들이 사회를 마르크스 이전의 언어로 사고할 수 없듯이, 그 시기를 토니 이전의 언어로 사고할 수 없다."[1] 실제로 토니는 1500-1700년 사이의 영국사회에 대해 놀랍도록 일관되고 고무적인 그림들을 남겼거니와 오늘날까지 그것은 역사연구에서 고정된 준거점으로 남아 있다. 토니가 영국근대초기를 연구하는 역사가가 된 이유와 경로는 무엇인가?

차세대 사가로서 역시 17세기에 집중했던 크리스토퍼 힐에 따르면, "토니의 위대한 기여는 올바른 질문을 던졌다는 것이다." 토니는 특정의 제도, 상황, 관행이 만든 문제들이 무엇이든, 그 선행 작업으로서 애초에 그것들이 왜, 어떻게 생기게 되었는가를 우선적으로 질문했다.[2] 그가 역사적 시각에서 당대의 문제를 바라본 것은 현재를 이해하기 위해 과거에 대한 이해가 불가피하다고 보았기 때문이다. 그에게 과거를 해석하는 일은 "시체를 불러내는 것이 아닌 살아 있는 것을 소환하여 우리 자신의 시대의 문제들을 새로운 각도로 조명하려는 것이다."[3]

특히 자본주의의 기원은 언제나 토니를 사로잡던 주제였다. 그것은 도시화와 산업화의 조건들을 창출했던 생산양식과 사회조직유형의 역사적 기원을 설명하는 문제였고, 런던 이스트엔드, 글래스고, 로치데일, 롱턴에서 마주친 사회문제들에 대한 이해를 위해서 긴요했다. 따라서 토니가 인클로저(enclosure) 운동의 전후맥락, 전개, 효과를 주목한 것은 자연스러웠다. 공동지 탈취, 대규모 사유농, 농업의 상업화, 인구의 도시이동 등 농촌생활의 변화를 조사하는 것이야말로 자본주의의 탐구를 위한 출발점임을 직감했던 것이다. '봉건주의에서 자본주의로의 이행'이라고 명명된 그 변화는 두 세기 이상 지속되었다. 그것은 증가 일로에 있던 도시인구를 먹이기 위한 농업생산성 증대, 산업혁명을 위한 노동력 창출을 가져왔고, 과거와의 근본적 단절을 동반한 경제근대성 연구를 위해 결정적인 단초를 제공했다. 어찌보면 그의 유명한 개인교습강좌들은 이런 탐구가 성인노동자학생들의 교육을 통해 결실을 맺었던 현장이었다.

고전 경제학자들은 정치경제를 거의 자연과학으로 간주해서 "경제적 인간"을 바위나 중력처럼 불변의 사실로 가정했다. 토니가 자본주의를 역사적으로 파악한 것은 당대 영국에서는 드문 일이었다. 가령 트리벨리언이 주도하는 휘그전통은 근대사의 중심 주제를 자유를 위한 투쟁으로 보며, 네이미어(W. Namier)를 대표로 하는 토리전통은 사상보다는 권력에 초점을 맞춘다. 이 접근들은 모두 자본주의의 발흥

시점에 대해 관심을 보이지 않거니와, 토니는 16세기와 17세기를 영국자본주의의 요람으로 분석하는 독창적인 관점을 취했다.[4] 그는 앞의 두 접근에 속하는 역사가들을 "자기시대의 유행을 인류의 속성으로 착각하는 지적 부락민(villagers)"으로 불렀다. 그는 영국사회가 특유의 영국성을 간직해 왔을 뿐 아니라 자본주의적임을 드러내 보이고자 했는데, 자본주의의 출현은 비교적 최근의 일이며, 자본주의의 승리는 그에 앞서는 사회철학의 풍요로운 전통들을 희생해서 얻은 것이라는 점을 강조했다.[5]

토니는 1909-12년 사이에 4월 개인교습이 끝나면 매 여름학기(Trinity Term)에 옥스퍼드의 올 솔스에서 가르쳤고, 1910년부터는 베일렬에서 열리는 WEA여름학교에서 강의했다. 최초의 본격적 경제사 저술인 『16세기 농업문제』를 위한 자료수집과 집필에 몰두했던 것이 이즈음이었다. 토니는 1912년에 발간된 그 책을 WEA의 두 친구, 템플과 맨스브리지에게 헌정했는데, 어찌 보면 그 책 자체가 WEA의 산물이었다. 그것은 "방직공, 옹기장이, 광부, 기술자의 우애에 찬 육체노동자들이 책으로는 쉽게 배울 수 없는 정치학과 경제학의 문제들에 대해 내게 많은 것을 가르쳐준 개인교습강좌의 동료노동자들"에게 진 빚을 기록한 것이었다.[6] 원래 WEA의 강의교재로 위탁받아 시작되었지만, 학문적 깊이와 도덕적 열망이 종합된 대작―742개의 상세한 주석이 포함된―이 되었다. 기존의 견고한 사회가 새로운 현상에 의해 도전받을 때, 그런 도전에 대한 대응은 "인간사의 올바른 행위에 대한 일군의 살아 있는 가정들"에서 나온다. 토니에 따르면 『16세기 농업문제』는 그런 가정들에 대한 역사적 탐구였다.

『16세기 농업문제』는 튜더왕조 시기 농촌에서 진행된 계급균형의 변화를 기술한 책이다. 토니는 인클로저의 유형과 단계들을 세밀하게 조사했다. 그 결과 인클로저가 본격적으로 진행되기 이전, 즉 **16세기 이전의 농촌경제**는 활기가 넘쳤고, 인클로저는 여유 있고 근면한 농부들이 농촌발전의 일환으로 소규모적으로만 허용했다는 점을 밝혀냈다. 그러나 튜더왕조에 들어서서 목초지가 전통적 농업보다 더 많은 이익을 가져다주자 점차 대농장 소유주들에 의한 대규모 인클로저가 실행에 옮겨졌다. 섬유산업이 성장하면서 모직생산, 따라서 목초지 조성의 유인이 커졌고, 농산물생산이 줄면서 곡가와 물가전반이 지속적으로 상승했다. 지주의 공격적 탈취와 더불어 지대가 치솟자 소농들은 목초지를 위한 대규모 임대농으로 통합되었다. 17세기 말에 이르면 공동경작지에 울타리를 두르거나 그것을 대규모 농지로 전환하는 일이 성행하고, 토지의 개념 자체가 바뀌기 시작했다. 토니에 따르면, "정치적 기능과 의무의 토대로서의 중세적 토지 개념에서 소득창출을 위한 투자로서의 근대적 토지 개념으로 서서히 이행"했다.[7]

16-17세기에 이러한 통합과정은 대지주들이 주도했다. 왕은 정치적 이유로 사회적 정체 혹은 안정을 원했지만, 경제적 혼란이 정치적 무질서로 이어지자 거기에 저항했다. 따라서 통합이 가장 왕성하게 진행됐던 시기는 헨리 8세의 죽음(1547년) 이후 조성된 튜더 중기의 위기와 17세기 중엽의 시민혁명과 찰스 1세의 처형 등 스튜어트왕권이 약화됐던 기간과 일치한다.

전통적 휘그 역사해석에 따르면 17세기는 부패한 왕을 몰아내고 명예혁명에서 일단락된 개인과 조합체의 자유가 증진된 세기였다. 그러나 토니는 경제, 사회, 정치를 새롭고도 용의주도하게 엮어낸 급진적 논거를 제시했다. 무엇보다 토지에서의 변화를 근대성의 기원에 연결시켰는데, 위기는 전통적 농촌경제를 파멸시킨 탐욕스런 귀족으로부터 찾아왔다고 지적한다. 핵심은 튜더왕조의 경제상황을 이용해서 자신의 토지보유를 늘릴 수 있었던 중간자유농(향신 혹은 젠트리(gentry)로 불리는, 자작농과 귀족 사이의 계층)의 부상(浮上)이 가져온 변화였다.

영국의 많은 지역에서 자작농(yeomanry) 사이에 진행된 상향운동은 물질적 부의 배분에서의 변화를 의미했고 거기에 조응하여 사회적 세력들의 균형과 정치권력의 통제에 변화가 일어났다 … 분명 자작농의 정치권력은 증대되고 있었고 자기 계급에 대한 자긍심은 더욱 커갔다.[8]

16세기에는 "경제적 문제들이 아직 사적이고 정치적, 도덕적 문제들로부터 분리되지 않았다." 그러나 토니는 '젠트리의 부상'으로 인해 그런 분리가 시간문제일 뿐이라고 내다봤다.

오래되고 안정된 사회의 구조가 급격히 변화된 것은, 경제적 삶의 토대에서 어떤 급진적 혁명 혹은 인간의 사회적 편의 개념에 어떤 커다란 변화가 일어났던가, 아니면 가장 그럴듯한 것으로 경제적, 정신적 변화가 함께 일어난 것을 시사한다.[9]

『16세기 농업문제』는 16세기 경제적 변화에 대한 도발적 문제제기이다. 그것은 저자가 자신의 학문적 경력 내내 던지게 될 문제의식, 곧 경제변화와 종교사상과의 관계 그리고 튜더 경제변화의 결과로 초래된 사회적 변화 등에 관한 줄기찬 탐구의 단초를 열어주었다. 경제사의 전문적 훈련을 전혀 받지 않은 청년으로서는 대담하고 야심적인 주제였다. 그러나 또 한편 생각해보면, 전문적 훈련의 맥락에서는 생성되기 어려운 과감하고 열린 질문들을 던질 수 있다는 것 자체가 독학(獨學)만이 줄 수 있는 이점일지도 모른다. 실제로 토니는 역사가의 건조한 문체가 아니라 자기만의 독특한 문학적 스타일로, 강력한 도덕적 목적을 견지하며 역사를 써내려 갔다. 토니의 경제사저술에서 전형적으로 나타나는, 비전문가적이되 역사, 문학, 신학의 경계를 허문 학제적이고 혁신적인 연구가 그래서 가능했다.[10] 토니는 학문의 세분화, 전문화를 본능적으로 불신했거니와, 수학모델 등 경제학의 추상적 이론화 경향을 말할 수 없이 안타까워했다.[11] 실제로 그에게 경제사는 경제의 문제에 한정되지 않았다. 그가 경제사 연구에서 종교와 도덕의 역할을 부각시킨 것은 그의 이러한 학문적 정향을 일정하게 반영해 준다.

『16세기 농업문제』에서 경제, 도덕, 종교의 관계는 단지 일별되는 데 그쳤지만, 그 문제는 그보다 대략 15년 후에 출간된 토니의 가장 영향력 있는 역사서『기독교와 자본주의의 발흥』에서 본격적으로 취급된다. 그사이에 그는 1914년에 WEA의 두 명의 교사와 공동편집으로『영국경제사: 자료선집』을 선보였고, 1920년에는 LSE의 경제사 강사가 되었으며, 1924년에는 LSE 동료교수인 E. 파우어와 함께『튜더 경제자료집』세 권을 편집해서 출간했다. 1926년 7월에는 LSE에서 열린「경제사학회」출범모임에서 초대회장으로 취임했으며, 1934년까지 동 학회 저널인《경제사리뷰》의 공동편집인으로 활동했다. 경제사에 대한 토니의 학문적 관심은 이후에도 지속되었다. 1930년대 중엽에는 아내 지넷과 함께 글로스터셔의 직업구조를 분석한 논문을 발표했는데, 1640년 이전 영국농촌사회의 가장 특징적인 모습은 아직 임노동이 희소했고 자산은 광범위하게 분산돼 있었다는 것이 그 핵심내용이었다.[12] 1936년에는 옥스퍼드의「포드강연」의 초청강사로서, 스튜어트 왕조를 연 제임스 1세하의 정치와 경제에 관해 강연을 했고, 거기서 다룬 주제는 훗날 그의 마지막 저술인『제임스 1세 치하의 상업과 정치』

(1958)에서 본격적으로 취급된다. 17세기 사회구조에 대한 토니의 이런 관심은 1941년에 발표한 두 편의 획기적인 에세이 「해링턴의 당대 해석」과 「젠트리의 부상, 1558-1640」에서 결실을 맺는다.

특히 1941년 《경제사리뷰》에 발표한, 16세기 경제적 격변이 초래한 사회변화를 다룬 유명한 에세이 「젠트리의 부상」은 16세기를 명실상부한 '토니의 세기'로 굳혀준 논문이다. 그것은 영국학계에 '젠트리의 부상' 논지를 둘러싼 역사/정치적 논쟁을 점화시켰으며, 대학원생들에게 경제사 연구의 열풍을 불러일으켰다고 전해진다. 주된 주장은 제목에 나타난 시기 동안 경제와 정치의 흐름이 중간규모의 토지를 소유한 사회집단들에 유리하게 전개되고, 그 과정에서 젠트리가 신(新)귀족으로 대두하면서, 구 지배계급과 거기에 도전하는 새 계급 간에 새로운 균형이 형성되었다는 점에 초점이 맞춰져 있다.[13] 소지주, 즉 젠트리의 부와 지위가 대지주들의 그것에 비해 상대적으로 훨씬 더 증대된 데에는, 인플레이션이나 소지주들이 행사한 세밀한 금융통제, 헨리 8세가 단행한 수도원해산 시 막대한 토지들이 팔리면서 소지주의 수(數) 급증, 그리고 대규모 토지를 여러 지역에 분산 보유한 귀족들과는 달리, 소규모로 결속된 토지를 지녔던 소지주들이 변화하는 경제조건들을 더 잘 활용할 수 있었다는 사실, 등 여러 요인들이 복합적으로 작용했다. "대지주계급은 일부 귀족가문을 몰락시켰던 변화들에 덜 노출된 반면, 명민한 농민과 상인들은 상업적 진보의 과실을 더 잘 거둬들였고 농업방식을 개량했다."[14]

증거에 대한 논란이 없는 것은 아니나, 요컨대 그 시기 중소지주들의 숫자와 부는 늘어난 반면 전통적 귀족인 대지주들의 그것은 감소했는데, 가령 수도원해체는 귀족의 점진적 쇠락과 젠트리라는 새로운 귀족의 부상을 위한 토대를 마련하는 데 결정적인 역할을 했다는 것이다.

토니의 젠트리 정의는 다면적이다. 핵심은 젠트리가 "이전에는 자작농과 귀족 사이의 지주들 그리고 영지의 임차인으로서 신분이 낮았던 농부들이 주를 이루었고, 지금은 증가일로에 있던 부유한 농민들 그리고 잡다하나 치밀하게 결속된 전문인과 부자상인들로 구성"되었다는 점이다. 사회적 복합성에 민감했던 토니는 사회변화에 대한 마르크스식의 환원을 거부했다. 「젠트리의 부상」은 사회학적, 마르크스주의적 용어를 피하면서, 일반화에 대한 예외들을 인정하며 성급한 정치적 결론을 끌어내려 하지 않는다. 트레버–로퍼, 쿠퍼(John Cooper), 헥스터(Jack Hexter) 등 정치와 역사해석에서 보수적 입장을 고수하던 학자들은 토니의 접근이 마르크스주의적이라고 비판하지만, 앞에서도 밝혔듯이 토니는 자신의 저작 전반에서 마르크스주의와 공산주의에 대해 동조적인 입장을 취한 적이 없었던, 역사적 유물론자가 아니라 오히려 역사적 관념론자에 훨씬 가까웠다. 중소지주의 역사를 설명할 때도 이데올로기나 역사이론이 아닌 자신의 학문적 논리에 따라, 생산력과 생산관계보다 관념의 변화를 더욱 주목했다.[15]

토니는 마르크스보다 정치사상가 해링턴(James Harrington)의 관점에서 훨씬 많은 영향을 받은 듯이 보인다. 해링턴은 1656년과 1657년에 잇달아 발표된 『오세아나』와 『인민정부의 특권』에서 각각 공위기의 영국과 대반란의 기원에 대해 고찰했다. 그에 따르면, 정치권력과 국가의 성격은 자산소유의 분배에 의해 결정된다. 자산소유 젠트리가 왕과 대영주를 희생하여 부상하자 국가권력이 요동했고 1640년대의 내전으로 귀결된 정치적 긴장이 창출되었다. 해링턴은 귀족의 경제적 쇠락, 새로운 도시자산계급의 부상, 왕권에 도전하는 하원의 권력과 의지의 성장을 당대의 사회적 추세로 진단했다.[16] 마르크스주의 사가들은 토니의 젠트리 역사를 1640년대 부르주아혁명을 촉발했던 부상하는 부르주아지의 증거로서 환영했지만, 토니는 이러한 직접적이고 조야한 접근을 용인했던 적이 없다. 「젠트리의 부상」에는 어떤 정치적 함축이나 결론도 담겨 있지 않다. 토니의 역사연구는 그가 스스로 경험했던 문제들, 특히 그가 『비망록』에서 묘사했던 에드워드왕조 자본주의의 냉혹한 성격에 대한 체험에서 자극받은 것이었다.

중세의 절망, 중세의 소망

『16세기 농업혁명』(1912)에서 시작된 토니의 근세 탐구는 『기독교와 자본주의의 발흥』(1926)을 향해 가며 『탈취사회』(1921)를 경유했다. 『탈취사회』는 토니를 역사학자라기보다는 도덕가로서 비치게 만들었다. 특히 영국역사에 관한 에세이인 제2장은 아직 형성 중에 있던 그의 사상을 다양한 청중을 상정하며 거시적으로 쓴 것이다. 출발점은 종교개혁이었다. 토니는 종교개혁이 도덕과 관점의 점진혁명으로 시작해서 단계적으로 근대자본주의로 이어진 것으로 파악했다. 한때 공공문화의 중심에 놓여 있던 종교가 사적 영역이 되면서 사람들의 일상적 삶에서 멀어졌다. 그리고는 개인주의가 들어섰고, 그것은 "사회제도와 경제활동이 공공목적에 관계되며 … 사적 행위가 그런 것처럼 도덕적 기준에 따라야 한다."는 사상을 대체했다.

피차 연결된 존재로서의 인간 그리고 신과 연합된 온 인류라는 개념—이는 모호하게 상정되고 불확실하게 구현되었으나 공동의 목적과 관련된 데서 오는 상호책무들로 인해 가능했다—은 한때 사회적 피륙을 짜는 근본원리였지만, 교회와 국가가 사회생활의 중심에서 주변으로 물러나면서 사람들의 마음에서 사라졌다. 그 구조물에서 쐐기돌이 제거되자 남은 것은 사적 권리와 사적 이해, 곧 사회 자체가 아니라 사회의 재료였다.[17]

교회와 국가가 책무를 포기하자 권위체들의 기능은 개인의 권리, 특히 재산권을 보호하는 데 모아졌다. 18세기 사회는, 사적 권리의 절대성에 대한 존 로크의 주장을 따라, "개인이 자신들의 경제적 이익을 추구하는 데 어떤 도덕적 제약도 수용하지 않았다." 수 세기 동안 자체의 도덕적 목적에 비춰 사고되던 사회는 이제 무(無)도덕한 "자기조절적 메커니즘"에 불과했다. 결과는 산업화의 맥락과 토대를 제공한 "사유재산과 무제한의 경제적 자유"의 체제였으니, 18세기의 개인주의적 교의들이 기형적임을 깨닫기 시작한 것은 19세기에 들어서였다.

어쨌든 그런 교의들은 종교개혁과 그로 인한 총체적 사회철학—널리 수용된 사회적 목표들의 틀 안에서 욕구들을 조절하고 표출한 철학—의 파멸이 뒤늦게 낳은 산물이었다. 물론 이런 관점은 17세기 이래 영국급진주의 역사에서 친숙한 주제였다. 곧 타락 이전의 조화와 통합의 세계가 파열과 분열 그리고 착취로 이어졌다는 주장이다. 11세기 노르만의 굴레가 덧씌워지기 전의 자유롭고 번성하던 앵글로색슨의 영국, 음습한 악마적 공장에 의해 점거되기 전의 '행복한 영국(Merrie England)'에 관해서는 『16세기 농업문제』에서도 꽤 취급되었다. 그것은 16세기 토지에서 기원한 자본주의의 발흥과 전개가 점차 침식시킨 상상의 황금시대였다.[18]

『기독교와 자본주의의 발흥』은 이 주제를 본격적으로 다룬 책이다. 그것은 토니로 하여금 당대의 대표적 경제사가 지위를 획득하게 만든 그 자체로서 완결된 연구서이지만, 어떤 점에서는 『16세기 농업문제』

의 후속 작품이면서 동시에 1921년에 출간된 『탈취사회』의 연장선상에 있다고 볼 수 있거니와, 『탈취사회』 출간 이듬해인 1922년 런던의 킹스 칼리지에서 행한 강연—1918년 사망한 신학자, 사회개혁가인 H. S. 홀랜드를 기리는 기념강연—을 토대로 썼다. 토니는 그 책을 멘토인 찰스 고어에게 헌정했고 고어는 짤막한 추천서를 써주었다.

『기독교와 자본주의의 발흥』은 도덕체계와 분리된 자율적 경제학을 승인한 사회이론이 경제적 가치보다 사회적 가치들을 더 근본적으로 여겼던 기독교국가의 유기적 사회이론을 어떻게 대체했는지 논한다. 18세기 계몽주의가 "암흑의 시대"로 명명했던 시대가 지나고 자유주의적 산업주의 이데올로기가 승리하자, 정치경제학은 19세기 말 옥스퍼드에 그린의 이상주의가 등장할 때까지 사실상 영국을 지배한 정치철학으로 기능했다. 개인들의 취득욕구가 모두를 위한 선을 조화롭게 산출한다는 신조는 "일종의 종교"였고, 어떤 점에서는 사실이기도 했다.[19]

가격과 이자를 엄격하게 통제했던 중세사상의 공헌은 가격과 이자에 관한 특정 이론에 있는 것이 아니었다. **신적 위계질서가 인간사의 모든 측면을 포괄한다는 개념**이야말로 중세가 16세기에 물려준 가장 중요한 유산이었다. "경제문제를, 종교가 그 정점에서 모든 이해와 활동을 아우르는, 위계적 가치체계의 일부로서 취급하려고 시도했던 것이야말로 중세의 사상체계가 지닌 운명이었다."[20] 마치 18세기에 경쟁이라는 현실이 경제조화사상에 의해 정당화되었듯이, 계급압제, 착취, 농노제 등 봉건적 질서를 떠받치던 구조물의 내용들은 인간 신체의 비유에 토대를 둔 목적 지향적, 기능적 사회이론에 의해 합리화되었다.

사회는 인간신체가 그렇듯이 다양한 부분들로 구성된 유기체이다. 각 부분은 기도, 방위, 상업, 농업 등 자신의 고유한 기능을 수행한다. 각자는 자신의 지위에 합당한 보수를 받으며 그 이상을 요구해서는 안 된다. 계급 내에서 평등이 있되, 한 사람이 두 사람 몫을 가져가면 그의 이웃은 그만큼 궁핍해질 것이다. 계급 간에는 불평등이 있어야 한다. 그렇지 않다면 계급은 자신의 기능을 적절히 수행할 수 없거나, 우리에겐 낯선 생각이지만, 자신의 권리를 누릴 수 없다. 농부는 자신보다 높은 지위의 사람들을 넘볼 수 없고, 영주는 농부를 약탈할 수 없다. 장인과 상인은 각자 직업을 통해 생계를 유지할 정도만 받아야 하며 그 이상을 취해서는 안 된다.[21]

중세에 사회는 경제적 이기심의 표출이 아닌, **다양하되 상호적인 책무들의 체계**에 의해 결속된 것으로서 이해되었다. 사회는 경제기구가 아니라 영적 유기체이며, 경제활동은 방대하고 복잡한 통합체 내부의 한 하위요소로서, 그것이 물적 수단을 제공하는 도덕적 목적에 비추어서 통제되고 제약돼야 한다.[22] 16세기에 보수적 개혁가들이 경쟁적 농업이라는 "생소한 병폐"에 직면했을 때, 그들은 "영주와 소작인 사이에 상호 친교의 유대가 맺어져 있어서 영주는 소작인을 자식처럼 보호했고, 소작인은 자식이 아버지를 대하듯 자연스럽게 영주를 사랑했고 공경했던" 흘러간 시대를 그리워하며 탄식했다.[23] 각 계급이 자신에게 주어진 기능을 수행하고 그에 걸맞은 권리를 향유하는 한 사회적 안녕은 저절로 따라 온다고 생각했다. 물론 이제 그 시절은 사라졌고, 설사 타임머신이 있어서 그때로 돌아간다 하더라도 실제로 그런 조화로운 삶을 만날 수 있을지는 알 수 없다. 그러나 18세기의 물리학, 19세기의 진화사상이 그랬듯이, **16세기에 들어서도** 중세의 목적론적 사유는 일상사에 대한 해석 전반에 영향을 미쳤다.

가령 **17세기 초에도** 영국에서 순전히 금전적 손익의 관점에서 경제조직이나 활동을 논하는 일은 여전히 덕스럽지 못한 일로 취급됐다. 사회이론은 윤리학과 종교 분야에서 끌어온 교의들로 넘쳤고, 교회윤리의 막강한 영향으로 경제현상들은 사적 윤리의 관점에서 표현되었다.[24] 이탈리아에서 경제적 합리주의가 꽤 진척되었지만, 전형적 경제체제는 스콜라철학자들의 머리에서 나왔다. 대중교육은 설교나 『부자와 빈자(*Dives et Pauper*)』 같은 훈육서의 몫이었고, 종교교사들은 교파를 막론하고 사회윤리라는 실천적 문제에 대한 답을 위해 여전히 성서, 교부들, 교회법과 그 해설자들에게 호소했다. 2세기 후에는 주로 경제적 편이의 관점에서 펼쳐질 논쟁들이, 아직은 도덕과 종교의 맥락에서 규칙적이고 불가피하게 수행되었다.[25]

루터주의자든 칼뱅추종자들이든 혹은 앵글리칸이든, 제1세대 개혁가들은 경제적 거래와 사회관계를 규제하는 **선한 양심의 규율들**을 타협할 의사가 없었다. 사실을 말하자면, 탐욕이나 방탕 등 르네상스의 도덕적 해이에 맞서기 위해, 오히려 그런 규율들을 더 엄정하게 해석하려는 경향을 보였으니, 속죄와 갱생을 갈망하는 그들의 열정은 교회를 넘어 타락한 세속사회를 향한 것이기도 했기 때문이다. 종교지도자들의 목적은 초대교회의 순수함을 되살려 교의와 교회는 물론이고 행위와 제도들도 새롭게 다시 세우자는 것이었다. 이러한 혼란의 와중에 군주, 귀족, 기업가들은 각자의 본성에 따라 행동했고 자기의 이익을 챙기기에 분주했다.[26]

그러나 기독교윤리는 개인들의 관계는 물론 사회조직에 있어서도 여전히 최종적 권위로 간주되었으니, 경제적 이익집단들조차 전통적 기독교윤리에 호소함으로써 스스로를 변론했다. 구교와 신교의 다양한 분파들은 교리, 교회, 국가에 대해 다양한 수준에서 상이한 태도를 취했지만 단 하나, 곧 사회도덕이 교회의 관할이라는 데는 모두가 동의했고, 필요하다면 적절한 규율과 함께 그것을 가르치고 강제할 만반의 준비가 되어 있었다.[27] 이런 상황에 대한 중세저자들의 주된 기여는 경제이론의 방법론이 아니라 그들이 내건 전제에 있었다. 특히 근본가정 두 개가 16세기와 17세기의 사회사상에 깊은 자국을 남겼는데, 하나는 경제적 이익이 삶의 진정한 문제, 곧 구원에 부차적이라는 것이고, 다른 하나는 경제적 행위가 개인행위의 한 측면에 불과하며, 도덕의 제 규범 아래 구속된다는 것이다.[28] 물론 물질적 부는 이차적이지만 필요했으니, 그것이 없다면 인간은 생존해 갈 수도, 서로를 도울 수도 없기 때문이다.

현세적 축복을 욕망하는 것이 정당한 이유는 그것을 최우선으로 하여 그 안에 안주하는 것이 아니라 오히려 그런 축복을 진정한 행복을 위한 보조물로 간주하여 그것이 우리의 공동체적 삶을 고양하고 덕행을 위한 도구로 작용하기 때문이다.[29]

성 안토니노는 인간이 부를 위해 존재하는 것이 아니라 부가 인간을 위해 존재한다고 말했다.[30] 이런 진부한 말에는 적어도 **타락 이후 세상에서 사유재산은 필요한 제도**라는 함의가 담겨 있다. 물건이 사적으로 소유될 때 일을 위한 분발(奮發)은 늘고 분쟁은 준다. 그러나

사유재산제도는 **인간의 연약함으로 인해 양해되고 허용되는 것**이지 그 자체가 바람직한 것으로 칭송돼야 하는 것은 아니다. 인간의 본성이 도달할 수만 있다면, 이상적인 것은 공산주의이다.[31]

266

사유재산제도의 "양해"와 "칭송" 사이를 비집고 타락한 인간의 죄성(罪性)이 다양하게 그 모습을 드러냈다. 무엇보다 봉건적 소유관계는 가장 적나라하고 몰염치하게 행해지던 착취를 제도적으로 뒷받침했다. 그것은 "강제노역, 농민들 자신의 소작지에서 가장 절박하게 일손이 필요한 바로 그 순간에 행해지던 추가부역, 종류가 셀 수도 없이 많은 세금과 부과금, 영주의 방앗간에서 곡식을 찧고 영주의 오븐에서 빵을 구워야 하는 강제적 의무, 영주법정의 자의적 재판" 등을 동반했다.[32] 그것을 경험한 사람이라면 그 잔혹함을 모를 수 없었으니, 농노의 최우선적 바람은 돈을 모아 배상금을 지불하고 하루빨리 노역의무를 벗어나는 것이었다.

　교회는 농노제에 대해 어떤 입장을 취했던가. 드물게 예외적인 경우는 있되, 대체로 고개를 돌리거나 무시하는 쪽이었다. 교회가 농노도 인간답게 대우받아야 한다고 말했을 때, 그것은 자선과 구호(救護)의 차원을 크게 벗어나지 않았다. 그마저 한때 유럽 전체토지의 1/3에서 1/2을 소유한 막강한 지주였던 교회의 성직자를 포함한 영주들의 개별적 선행의 문제였거니와, 교회의 선한 권고가 농노제라는 제도 자체를 향한 문제제기로 이어지는 경우는 거의 없었다.[33] 이따금 "정신 나간 신부들"이 있긴 했지만, 농노가 부의 대종을 형성하던 제도교회는 신중하게 발걸음을 옮겼으며, 물질적 안락의 유혹이 복음적 양심에 패하는 경우는 좀처럼 없었다. 교회는 정직하지 못했던가, 아니면 이원주의라는 '무지의 질병'에 빠져 있었던 것인가.

　교회법은 농노제를 전제했고, 중세의 거의 모든 성직자, 학자, 저자도 농노제를 가정하거나 옹호했다. 가톨릭 최고의 신학자 아퀴나스조차 농노제를 죄의 결과라고 설명하면서도, 경제적 근거에서 정당화했다.[34] "그리스도는 모든 인간을 자유롭게 만들었다."는 사실을 환기시켰던 것은 교회가 아니라 반란하는 농민들이었으니, 영국의 '농민반란'(1381)과 프랑스북부의 농민폭동인 자크리 난(1358), 독일농민의 거듭된 봉기는 차후 어떤 운동에서도 볼 수 없는 격렬한 분노의 표출이었다.[35] 마침내 농노해방이 왔을 때—프랑스에서는 농노제가 18세기 말, 독일에서도 19세기까지 지속되었다—그것은 경제운동이나 프랑스혁명의 인도주의적 자유주의에 빚진 바 컸다. 그 과정에서 교회는 침묵하거나 심지어 거기에 저항하거나, 아니면 그저 무관(無關)했다.[36]

진실을 말하자면, "교회는 승리하면서 입을 닫았다. 마치 누룩이 반죽과 섞이듯, 교회가 국가와 사회에 스며들어 거대하게 부푼 하나의 반죽덩어리가 만들어졌을 때, 이미 자신이 빨아들인 대중에 의해서 불가피하게 희석된 교회는 스스로 거룩함(구별됨)을 잃어갔다." 세상의 복음화를 앞질러 교회의 세속화가 먼저 진행되었던 것이다. 이 '비극적 화해' 앞에서 비판자들은 "용납돼서는 안 될 것들이 얼마나 많이 용인되었던가!"라고 탄식했고, 예찬자들은 "용납될 수 없는 것들이 얼마나 많이 유연해졌는가!"라며 환호했다. 준엄한 도덕으로 개인을 질타하던 중세교회가 하나님의 질서를 앞세워 구조적 악들을 침묵하고 방관한 것은 놀랄 일이 아니다.[37]

그러나 간과할 수 없는 것이 하나 있으니, 16세기에 와서도 개인과 사회를 향한 교회의 도덕적 가르침과 선포는, 그것이 어떻게 사회적으로 구현되고 실천되었는지의 문제와는 별개로, 한시도 중단된 적이 없었다는 점이다. 아마 설교와 팸플릿이 세상을 구원할 수 있다면, 16세기는 진즉 낙원이 됐을 것이었다.[38] 근대가 특정의 경제행위를 '경제적 편의'—이에 관한 해석은 분분하다—개념에 기대 정당화하는 데 반해, 중세의 경제사상은 실천과는 별개로 경제적 편의의 상위 개념으로서 도덕적 권위가 존재한다는 입장에서 출발했다.[39]

계시의 옥좌에 이성이 앉고

17세기 중엽, 특히 왕정복고(1660년) 이후 모든 것이 달라졌다. 토니가 16세기에서 18세기 사이를 가로지르는 두 세기의 거리가 엄청나다고 말한 것은 이런 맥락이었다. 이성이 계시의 자리를 차지하고 종교적 권위 대신 편의가 정치제도들을 평가하는 기준으로 자리를 잡으면서, 중세 이후 그때까지 정치이론과 사회경제적 윤리를 주조했던 신학적 틀은 파탄 났다. 신학은 학문의 옥좌에서 땅으로 내려와 여러 학문들 중 하나로 되었고, 신학과 윤리학의 한 갈래로 유야무야 숨어 있던 정치학은 삶의 방대한 영역들을 두루 아우르는 통합적 분야가 되었다. 인류 최고의 권위체이던 교회가 거룩함을 잃고 세상과 다름 없이 되자 이번에는 세상이 교회를 무시하기 시작했으니, 교회는 자기만의 성에 갇힌 채 삶의 한 영역으로 더욱 위축되었다.

국가가 교회에 표한 존경심은 형식적이었고, 교회는 국가의 정치적, 사회적 관심사에 관여하지 않았다. 이제 국가는 어떤 초월적, 초자연적 위임에 호소하여 자신의 권위를 정당화하지 않았거니와, 국내외의 적들로부터 불변의 절대적 자연권을 향유하는 개인을 보호하는 것이 주된 존재이유였다. 로크의 "사람들이 공화국으로 결속하고 또 스스로를 정부의 통치에 맡기는 가장 크고 주된 목적은 재산의 보존"이라는 사상, 교회와 국가는 "피차 적절한 균형을 유지하되 어떤 필연적 관련성도 갖지 않는 별개의 대등한 영역"이란 개념이 힘을 얻기 시작했다.

정치사상뿐 아니라 경제사상도 새로운 세계를 펼쳐 보였다. 기독교 도덕주의자들과 윤리신학 안에서 행위의 옳고 그름을 따지자는 결의론(casuistry) 주창자들이 떠나자 놀랍게 발전하던 수학과 물리학으로부터 방법론적 영향을 받은 정치산술학과 비인격적 경제적 힘들에 미적분학을 적용하는 경제과학이 그 자리를 차지했다.[40] "자체의 법칙을 지닌 독자적인 영역"이란 원리가 상업세계에도 보편적으로 적용되기 시작했다. 이런 상황은 베스트팔렌 조약(1648)과 함께 종교갈등의 시대가 막을 내리고, 영국이 도발한 "후안무치한 상업전쟁"인 영국과 네덜란드 간의 전쟁(1665-67)과 더불어 경제민족주의 시대가 시작되면서 더욱 가속화되었다.[41]

종교-경제 이원론, 즉 종교와 경제적 이해는 피차 분리되고 동등한 두 영역이며 어느 쪽도 주제넘게 다른 쪽을 침해할 수 없다는 신조는 **17세기 중엽에만 해도** 상상하기 힘든 것이었다. 19세기 영국에서는 "교역과 종교는 별개 문제"라는 대담한 신조, 혹은 "경제적 이해와 윤리적 이상을 분리하여 그 각각을 구획된 감방 속에 안전하게 가두는 철학"은, 그 최초 주창자들도 꽤 당혹해했을 정도로, 무조건적인 확신과 함께 널리 수용되었다.[42] 토니에 따르면, 이런 신조와 철학이 "혐오스런 자가당착에서 의심의 여지없는 진리의 지위로 옮겨갈 수 있었던 것"은 오로지 점진적으로, 이론과 실천을 두루 아우르는 전쟁을 치른 후였다.

스콜라철학자들이 제기한 경제이론들, 대부업과 토지 탈취 그리고 부당 가격을 향한 좌파 종교개혁가들의 맹렬한 비난, 전통적인 종교적 규제를 위한 완고한 튜더 정치인들의 호소, 그리고 자신들이 무너뜨렸던 것보다 더 엄격한 경제규율을 구축하려던 칼뱅과 그 추종자들의 시도 등은 모두 **실천보다는 사상에서** 힘을 발휘했다. 이 모두는 사유재산제, 시장거래, 총체적 사회조직 그리고 그 활동들의 전체 범위는 결코 절대화될 수 없으며, 종교의 법정에서 스스로를 정당화해야 한다는 가정 위에 서 있다. 그것들은 모두 부에 대한 무제한적 욕구, 소유에 대한 무절제한 욕망에의 탐닉이야말로 기독교의 가장 치명적인 적이라고 단언한다. 그리하여 종교는 상업에서 손을 떼야 한다는 주장[즉 앞에서 거론됐던 종교-경제 이원론]은 처음 제기되면서부터 문학과 교리뿐 아니라 관습과 법을 통해 구현된 정반대의 방대한 교의에 맞닥뜨렸던 것이다.[43]

그러나 실천의 영역에서는, 교회는 산업화와 물질주의적 윤리의 도전에 직면하여 전통적인 도덕적 역할을 유지하는 데 실패했다. 교황의 위선과 공모해 부를 추구했던 가톨릭은 부패했고 개신교는 "교의적 맹목"에 갇혀 있었다. 루터주의, 칼뱅주의, 청교도주의 교의들에서는 이원주의가 두드러졌다. 토니는 기독교가 사회영역으로부터 불명예스럽게 퇴진하고, 종교적 교의가 새롭게 대두하는 경제질서에 대한 직접적 반대자에서, 시간과 더불어 적극적 옹호자로 전환된 것을 말할 수 없이 탄식했다. 그는 『비망록』과 『탈취사회』에서 교회야말로 사회의 도덕적 질환을 해소하고 계몽된 윤리적 이상을 공급하는 데 핵심적 역할을 수행해야 한다고 말한 바 있었다. 이제 그의 관심은 교회를 떠나 세속적 정치제도로 옮아갔고, 『기독교와 자본주의 발흥』에서 이런 경향은 더 두드러졌다. 현대기독교에 대한 토니의 기대가 수그러든 것은 자본주의라는 거대한 우상 앞에 기독교와 교회가 먼저 전투를 포기했기 때문이었다. 신교혁명은 중세기독교를 해체하면서 그것이 지닌 장점마저 무너뜨렸다는 것이 토리의 시각이었다. 신교혁명 이후 기독교의 각 분파는 자본주의라는 새로운 현상과 대면하면서 거기에 변혁적 영향을 미치기보다는 교리적 독단에 빠져 자본주의의 압도적 영향에 노출되고, 중세기독교가 사회경제적 윤리와 관련하여 지닌 장점마저 긍정적으로 계승하는 데 실패했다는 것이다. 다음은

『기독교와 자본주의의 발흥』을 중심으로 토니가 분석했던 바에 기대, 인간의 사회경제적, 윤리적 삶과 관련하여 신교혁명을 주도했던 인물들의 기독교사상 내용과 변화양상을 살펴본 것이다.

10

신교사상의 그늘

루터, 칼뱅, 청교도

　종교개혁에 뒤이은 모든 혁명의 아버지 루터는 혁명적 보수주의를 가장 잘 표상한 인물이다. 그는 사제주의 등 가톨릭의 교의와 부패한 교회 내 위계체제를 반성경적이라고 질타했던 종교적 급진주의자였지만, 중세의 사회적 위계질서를, 거기에 담긴 지위(status)와 복종의 원칙과 함께, 의문의 여지없는 신의 질서로 승인했던 사회경제적 보수주의자였다. 사회는 상이한 권리와 역할을 지닌 불평등한 계급들의 유기체라는 중세적 개념은 변화를 저항하던 보수주의자들에겐 더할 수 없이 든든한 논거였으니, 루터 또한 이 "의문의 여지없는 신조"로 무장한 채 그가 사회의 필수적인 토대로 간주했던 농노제를 옹호했고 반란하는 농민을 향해 비난을 퍼부었으며, 독점주의자의 탐욕을 질타했던 똑같은 열정으로 그가 영적 타락 못지않게 미워했던 경제적 개인주의와 맞섰다. 가령 농노제를 폐지하려는 시도에 대해 루터가 느겼던 분노와 공포는 훗날 프랑스혁명을 향해 에드먼드 버크가 느꼈던 것 이상으로 강렬한 것이었다.

[농노제의 폐지는] 모든 사람을 동등하게 만들어서 그리스도의 영적 왕국을 … 세속왕국으로 변화시킬 것이다. 도저히 있을 수 없는 일이다! 지구 상의 왕국은 사람들 간의 불평등이 없이는 존재할 수 없다. 누군가는 자유롭고, 누군가는 농노여야 하며, 누군가는 다스려야 하고, 누군가는 복종해야 한다. 사도 바울이 말하듯이, '그리스도 앞에서 주인과 노예는 하나이다.'[44]

그리스도는 소중한 피를 흘림으로써 예외 없이 농노마저 구원하지 않았던가. 사회는 이미 구원받은 자들의 공동체로서 누구나 주어진 직분과 소명에 충실해야 하거니와, 농노제가 종식돼야 한다는 농노들의 요구는, 무정부주의적 혼란의 전조였다. 루터에게 종교개혁은 영적인 사건이었고, 그것을 사회재건 프로그램으로 왜곡할 때 복음의 정신은 타락하기 마련이었다.

신은 성직(聖職)이나 인간이 만든 사회적 제도들의 매개를 통하는 것이 아니라, 심령 안의 오로지 심령 안에만 있는 목소리로서, 인간의 영혼에 1대 1로(solus cum solo) 말씀하신다. 그리하여 [중세가톨릭이 세워 올린] 정신과 감각의 세계를 연결하는 교량들은 무너졌고, 영혼은 인간사회로부터 격리돼서 '창조주'와 직접 교감할 수 있게 되었다 … 하나, 오직 한 가지만이 생명, 칭의(稱義), 기독교적 자유를 위해 필요하거니와, 그것은 신의 가장 거룩한 말씀, 곧 그리스도의 복음이다 … 영혼은 생명과 죄사함을 받기 위해 오직 말씀만을 필요로 하듯이, 행위가 아니라 오직 믿음으로만 의롭다함을 얻는다 … 그러므로 모든 크리스천의 첫째가는 책무는 행위에 대한 일체의 의존을 멈추고 오로지 믿음을 더욱 굳건히 하는 것이다.[45]

루터의 사상은 사람들의 영적 삶을 대단히 풍요롭게 했고, 훗날 루터가 원치 않았을 새로운 자유들이 생성되는 씨앗을 뿌렸다. 그러나 그것은 프로테스탄티즘의 사회사상에 이원주의를 각인시켰다. 영혼의 빛과 세상의 어둠 사이에 메울 수 없는 심연이 패였다. 그 영향이 본격화되면서 "기독교는 사회적 내용을 잃어버렸고, 사회는 그 영혼을 상실했다."[46]

구원은 은혜로 주어지고, 행위를 위해서는 말씀과 양심이 주어졌다. 세상은 선과 악, 빛과 어둠, 정신과 물질로 나뉘었으며, 그 간극은 절대적이어서 인간 편에서의 어떤 노력도 메울 수 없거니와, 인간과 신 사이에 [행위의 종교인] 가톨릭의 체계가 불필요하듯이, 행위를 위한 정교한 메커니즘 혹은 상세한 준칙들은 하찮거나 불경스러운 것이다. 기독교의 원칙을 규칙과 법령으로 구체화할 수는 없는 일, 성서와 양심만으로 충분했다. **그것들**에 귀를 기울이게 하라. 어떤 점에서는 수도원주의가 세속화된 것인데, 세속적 삶과 종교적 삶의 구분이 사라졌다.[47]

현세적 재화의 모든 거래에 있어서 … 자신의 이웃을 상대해야 하는 모든 사람에게 최상의 가르침은 '네가 대접을 받고자 하는 대로 너도 남을 대접하라.' 그리고 '네 이웃을 네 몸과 같이 사랑하라.'는 계명들을 스스로에게 되묻는 것이다. 이것들을 철저히 따른다면 모든 일은 스스로 움직이며 풀려갈 것이다. 그러면 법전도, 법정도, 사법적 조치들도 불필요하게 될 터인데, 각 사람의 마음과 양심이 그를 인도할 것이기 때문에, 모든 것은 소동

을 일으키지 않고 또 복잡하지 않게 바로잡힐 것이다.[48]

이처럼 루터주의는 사회적으로 보수적이고 기성의 정치적 권위를 존중하며 정적주의적, 사적 경건함을 옹호했다. 루터는 사랑을 설교했지만, 그런 사랑을 구현하려는 제도들로부터는 몸서리치며 뒤로 물러섰다. 교회법이든 세속법이든 현실에서 부딪치기 마련인 개별사례들에 대한 루터의 무력함은 우연일 수 없었다. 루터의 사상은 종교의 사인화(私人化)에 기여했고, 새롭게 대두하는 탈취사회에 대한 근거를 제공했다. 새 질서를 의도치 않게 수용하게 된 셈이다.

토니의 관찰에 따르면 칼뱅주의와 후기 청교도주의는 루터주의보다 더 나아갔다. 출발 당시의 칼뱅주의는 루터주의가 강조한 개인의 정화(淨化)뿐 아니라 교회와 국가의 재건 그리고 사적, 공적 삶의 모든 영역에 기독교를 침투시켜 전 사회를 쇄신하려는 급진적 신조였다.[49]

그러나 칼뱅이 실천적 필요에 따라 조건부로 허용한 것이 후대의 그의 추종자 일각에겐 상인의 삶을 솔직하게 이상화한 것으로서, 신에 대한 봉사요 영혼의 훈련장으로 비쳤다. 후기 청교도주의는 중세신학자들 못지않게 개혁가들도 특징적으로 보였던 경제적 동기에 대한 의구심을 떨쳐내고는, 경제적 편의라는 마력에 윤리적 재가라는 후광을 덧씌워주었고, 마침내 종교적 의무와 기업의 요구가 오랜 반목을 끝내고 뜻밖의 화해를 일궈냈다는 도덕적 신조를 제시했다 … 요컨대 후기 청교도주의는 축재(蓄財)가, 영적 위험에서 전적으로 자유롭진 않되, 위험한 것으로만 볼 수는 없으며 하나님의 보다 큰 영광을 위해 행해질 수 있고 또 행해져야 한다고 주장했다 … 종교가 실제의 삶에서 추방된 것이 아니라 오히려 그것을 위한 반석이 되었던 것이다. 경제기업의 열띤 분위기 속에서 청교도윤리는 훗날 스마일스라는 이름과 결합된 윤리와 일정하게 닮아 있었다. 선한 크리스천은 경제적 인간과 전적으로 다른 사람이 아니었던 것이다.[50]

중세사회이론과 루터주의의 배경은 농촌사회였다. 그것은 농부와 수공업자 간의 사소한 거래가 주를 이루는 소규모 장 중심의 자연경제이다. 산업은 이윤 아닌 생계와 생존을 위해 수행되고, 부의 생산과 소비가 직접 연결되면서 금융은 기껏 부수적인 역할만 했다. 반면에 칼뱅주의는 비교적 발전된 경제조직을 가정하며 그것에 토대를 둔 사회윤리를 제창했으니, 칼뱅에서 직접 연원한 청교도들의 가르침은 중세신학자들과 루터의 그것과는 뚜렷이 대비되었다.[51]

칼뱅과 그의 추종자들은 산업/상업문명의 환경과 특징들을 당연한 것으로 간주하며, 그것들을 복음과 성경의 가르침에 따라 도덕화시키려 분투했다. 이런 점에서 어쩌면 칼뱅주의는 새 경제덕목들을 수용하고 성원했던 최초의 체계적인 종교사상이었다. 그것이 추구하는 이상은 근면한 노동을 통해 성품을 단련하며 소명에 따라 진지하게 부를 추구하는 사회였거니와, 경계하고 물리쳐야 할 적(敵)은 부의 축적이 아니라 방종과 과시를 위한 부의 남용이었다.[52]

요컨대 칼뱅주의는 사회윤리에 관한 논의의 지평을 옮겼다. 칼뱅은 개별행위를 특정의 교의에 비춰 조명하기보다는 보편적 기독교윤리의 틀 아래 있는 특수사례로서 그것이 발생한 환경에 비추어 해결해야 할 문제로 취급했다. 가령 대부의 윤리는 대부행위에 관한 전통적 교의—구약과 교부들의 가르침이나 교회법의 관례에서 비롯된—가 아니라, 새로운 경제환경하에서 정상적이고 불가피하다고 간주된 신용행위의 맥락에서 다루어졌다.[53] 자본에 대한 이자지불이 토지에 대한 그것과 다름없이 합리적이라면, 착취를 피하는 것은 여전히 크리스천의 의무이되, 이자행위도 이율이 합리적이고 빈자에게 무상으로 이뤄지는 한, 일상에 필요한 여타의 경제거래들보다 더 강탈적이라고 볼 수 없고, 그런 점에서 금융가는 유익한 사회구성원이다.[54] 중요한 것은 "이자를 취하지 말라."(신명기 23: 19-20)는 명령이 아니라 개인의 양심에 따른 "공평과 정직"이었다. 새로운 세계의 상업적 상식이 성경적 정신에 부합할 때 지난 시대에 형성된 기독교전통은 적절한 준거점이 될 수 없었다. 이는 분명 새로운 시작이었고, 전통은 추종 아닌 의심과 거부의 대상으로서, 폐기되어야 할 가톨릭의 유산으로 인식되었다.

출발점은 전통적 교의가 아니라 상업적 관행의 현실이었다. 이는 칼뱅주의와 그 분파들이 미래의 주된 경제활동들을 승인했다는 것을 의미했다. 이제 크리스천들은 그것들이 제공하는 기회를 신의 영광을 위해 맡겨진 소명으로 받아들여야 한다.[55] 웨스트민스터나 하이델베르크 소요리 문답의 앞 문항들이 말해 주듯, 인간의 목적은 하나님을 영화롭게 하는 것인데, 그것은 기도뿐 아니라 행동, 곧 분발하고 노력해서 개인과 세상을 성화시키는 일이다.

칼뱅주의에서 구원은 하나님의 순전한 일방적 은혜이고 개인의 공로는 전적으로 부인된다. 그럼에도 불구하고 그것은 지극히 실천적인데, 선행은 구원을 얻는 길이 아니지만 구원을 얻었다는 증거(열매)로서 필수적이기 때문이다. "복음의 가르침에 철저한 사람은 그 생활의 거룩함을 통해 스스로 기독교인임을 증명하라."고 말한 이는 칼뱅이고, "삶의 거룩함으로 자신이 크리스천임을 증명하라."는 말은 스위스 개혁가들의 모토였다. 사회재건에 관한 그들의 구상들은 실은 "삶의 거룩함"의 의미를 가르치는 매뉴얼이었다. 칼뱅이 『기독교강요』를 저술하여 일종의 프로테스탄트 신학대전이며 도덕결의론 해설서—여

기에서는 지극히 사소한 행동도 보편적 규정의 엄정한 통제를 받는다
—를 제시했던 것 또한 그런 정신에서였다.[56]

이런 점에서 **격렬한 개인주의와 엄격한 공동체주의가 모두 칼뱅의
교의로부터 연역될 수 있다**는 것은 교회의 사회윤리와 관련해 중요
한 함의를 지닌다. 어느 것이 더 지배적이었던가는 정치적 환경과 사
회계급의 변화에 따라 달랐다. 가령 제네바와 스코틀랜드에서 그랬듯
칼뱅주의자들이 다수를 점할 때는 공동체적 요소가 강했고, 잉글랜드
에서처럼 소수자로서 적대적인 정부의 의심스런 눈초리 아래서 수세
적으로 지내야 했던 때는 개인주의가 부각되었다.[57]

칼뱅주의가 마침내 기업의 세계를 품었을 때, 그것은 "강력한 적과
협상하는 탄원자의 심정이 아니라 새로운 영토를 편입시키는 점령자
의 정신"에서였다. 그러나 이자를 조건부로 허용한 것을 제외하면, 칼
뱅주의는 세세한 사회정책에서는 이렇다 할 혁신을 이뤄내지 못했으
며, 그 대체적 내용은 여전히 중세적이었다. 새로운 것은 구체적 적용
에서 나타나던 종교적 열정이었으니, 위반자들을 심판했던 행정기구
는 신도와 목사들이 섞여 있던 종교법정이었다.[58]

칼뱅주의자들은 빈곤을 치안이나 사회조직이 아니라 성품의 문제
로 인식했다. 그들은 "일하지 않는[일하려 하지 않는] 자는 먹지도 말라.
(데후 3: 10)"라는 사도 바울의 말에 기대, 무분별한 자선행위를 여느
공리주의자 못지않게 호되게 비판했다. 교회당국은 모든 가정을 정
기적으로 방문해 구성원들의 생활상태를 점검했다.[59] 구걸행위는 신
을 거스르는 죄이면서 사회악이었고 상인의 모험심은 기독교적 덕목
이면서 또 공동체에 유익이었다. 종교적 열정과 현실적 기민함의 이러
한 결합은 도박, 욕설, 과도한 옷차림, 식탐과 과음을 공격하는 일에
도 가차 없었다. 수도원주의가 거꾸러지자 칼뱅주의는 세속적 세계를

거대한 수도원으로 변모시키려 했으니, "세속적 안락의 땅 입구에 불타는 검(劍)을 매달아두고, 모세와 아론의 준엄한 혼령들이 그것을 휘두르도록 했다." 제네바에서 그 목적은 한동안 거의 성공을 거둔 듯이 보였다.[60]

토니에 따르면, 칼뱅의 제네바 체제는 "상상력과 연민이 배제된 천재적 법학자와 조직가의 작품"이었다. 그것은 신약적이라기보다는 로마적이었고, 이 둘 모두보다 훨씬 더 율법적/유대적이었다. 훗날의 자코뱅 도당이 구체제보다 더 전제적이었듯이 그것은 중세교회보다 훨씬 더 전제적이었다. 그 체제의 "그물눈은 훨씬 촘촘했고, 열정과 효능은 더욱 강력했다." 칼뱅주의는 "자유와 권위 사이의 갈등에서 주저함 없이 열정적으로, 자유를 희생시켰다." 교회는 가나안으로 행군하는 군대였으며, 지도자들은 약속된 땅을 정복해야 하는 지휘관이었다. 전쟁의 고전적 방책은 독재라 했다. 칼뱅체제의 옹호자들에게 목사의 독재는, 프랑스혁명 직후의 공안위원회가 그런 것처럼 그리고 열렬한 볼셰비키에게 프롤레타리아 독재가 그런 것처럼, 전쟁승리를 위해 불가피한 것처럼 비쳤고, 전제적이라는 비난을 오히려 찬사로 여겼다. 그리하여 토니가 예리하게 지적한 것처럼, 칼뱅주의가 칼뱅의 지적 광대함 없이 그의 규율만을 수용한 채 절정을 맞았다면, 야만적 미신이나 사탄숭배가 범람했을지도 모를 일이었다.[61]

대륙에서처럼 영국에서도 종교개혁가들의 교리적 급진주의는 사회적 보수주의와 보조를 같이했다. 개혁가들은 경제적 개인주의가 종교의 순수성을 타락시키고 해이와 방종을 조장했다고 보았다. 개혁은 초대교회의 정신으로 돌아가 도덕적 엄정함을 회복시키는 데서 출발해야 했다.[62] 그들은 스콜라철학자들이 정교하게 구축한 재산권 개념에 기대어 재산권을 경험과 편의를 근거로 정당화하면서도, 그

행사는 공동체의 권리와 자선의 책무에 의해 언제나 제한된다고 주장했다. 이런 개념을 실천적으로 적용하면 이상적 봉건질서가 실제로 가능할 터이지만, 토니가 여러 계기에서 주장하게 되듯이, 이미 봉건질서는 상업적이고 비인격적인 형태의 토지소유가 증대되면서 무너져 내리고 있었다. 앞에서 자세히 논의했던 대로 그들은 또 다른 면에서 중세의 질서가 착취를 위한 동력을 제공했다는 점을 부인하지 않았다. 이제 경쟁이 주는 압박이 드세지면서, 그런 질서를 오히려 약자를 보호하는 장치로서 소환하고자 한 것이다.

사회는 위계적(hierarchical)이되, 쌍무적인(reciprocal) 체제이다. 재산권은 경쟁을 통해 확보되고 보호돼야 할 특권이 아니라 책임이 수반되며, 경제적 수익뿐 아니라 도덕적 명분에 합당하도록 행사돼야 한다.[63] 이런 인식은 물론 기독교의 청지기사상(stewardship)에 토대를 둔 것이다. 재산권 소유자는 수탁자(steward)이며, 그의 권리는 그가 수행하는 역할과 기능을 전제로 한 것이다.(이와 관련하여 토니가 탈취사회와 대비시켜 제시한 기능사회가 중세적인 신적 사회 개념에서 어느 정도 연원했음은 이미 지적한 바와 같다.) 그가 공동체—국가, 소작인 등—에 대한 의무를 거부하거나 적절히 수행하지 못할 때 권리는 소멸된다. 가령 농부가 농지를 개간할 때 자신에게 가장 이익이 되는 방식이 아니라, 마을이 필요로 하는 작물을 재배하고 수확 후에는 농지를 이웃의 가축들을 위해 개방한다는 마을의 법칙을 준수해야 하듯이, 영주도 관습과 법규가 규정하는바, 이웃에 해를 끼치고 국가를 취약하게 만드는 방식—가령 인클로저 같은—으로 얻어지는 반사회적 수익을 포기해야 한다. 요컨대 재산소유자는 지대취득자(rentier)가 아니라 청지기의 직분을 수행하는 직분자(officer)이다. 그가 탐욕 때문에 맡겨진 의무를 희생시킬 때 마땅히 교회는 책망하고 국가는 법으로 의무

를 강제해야 한다.[64]

말하자면 **종교개혁기 영국에서 종교사상은 교회조직 못지않게 보
수적**이었다. 영국국교회의 대표적 사상가들은, 종교는 삶의 모든 측
면을 아우르고 경제행위자들은 "하나님 사랑과 이웃사랑"이라는 기
독교적 대전제가 암시하는 공동체적 책무를 이행해야 한다는, 전통적
인 교의와 단절할 의사가 전혀 없었다. 경제관계와 사회질서는 실용
적 편의가 아니라 오로지 성경의 진리들 위에서 구축돼야 했으니, 자
연스러운 인간이란 죄의 지배를 받는 타락한 인간이고, 그런 인간의
가장 강력한 우상—"너희는 하나님과 물질의 신 맘몬 중 하나를 택하
라."—곧 경제적 동기를 오히려 조장하는 경쟁과 상업정신을 새로운
형태의 탐욕의 죄라며 질책했다.

실제로 엘리자베스 1세 치하 국교회 성직자와 종교사상가들의 발
언은 한 세기 뒤의 왕정복고(1660) 이후에 유행하게 될 교의들보다 스
콜라철학자들의 교리에 훨씬 가까웠다.[65] 경제윤리에 관한 한, 중세
교회의 신학과 통치방식 그리고 봉건적 착취체제를 혐오했던 사람들
조차 성경, 교부들과 스콜라철학자들, 교령집, 교회신도회, 교회법학
자 등을 확고한 권위를 지닌 것으로서 지속적으로 인용했다. 그 모두
의 공통된 가정은 사회윤리에 관한 교회의 전통적 가르침은 종교개
혁 이후에도 그 이전과 다름없이 사람들의 양심을 구속한다는 것이
었다.[66]

당연히 경제적 개인주의로 향한 그들의 혐오는 비국교도들 못지
않았고 그것을 제어하는 일은 비국교도 신앙을 박멸하는 것 이상으
로 명백한 의무였다.[67] 그들이 보기에 경제적 개인주의와 비국교도 신
앙은 국가와 교회를 하나 되게 만드는 사회의 안정과 양립할 수 없었
다. 이들이 권위주의적 국가에 의한 경제관계의 통제를 강하게 옹호

했으리라는 것은 충분히 짐작할 만한 일이었다. 예컨대 청교도주의의 급진주의를 이단시하며 혁명 당시 찰스 1세를 옹호하다 참수당했던 로드(William Laud) 캔터베리 대주교가 사실상 정부를 사유화했던 11년 동안은 그런 통제가 절정에 달했던 때였다.[68] 전통적인 경제윤리는 일군의 신학자들에 의해 장기의회[찰스 1세가 1640년 소집해 1660년까지 계속된 청교도혁명 당시의 의회]가 모일 때까지 계속해서 주창되었다. 그러나 그것은 점차 "낯선 세대를 향해 호소하는 과거의 목소리"가 되어갔다.

　문제는 이들이 의존했던 교회의 전통적 가르침이, 나의 이웃은 정확히 '누구'를 말하며, '어떻게' 이웃에 대한 사랑을 현실에서 구현할 것인가 등 질문에 대하여 어떤 실질적인 답변도 내놓지 못했다는 데 있었다. 교의의 실천적 적용의 문제에 이르면, 이들의 무능은 루터의 그것을 결코 벗어나지 못했다. 비인격적인 자본주의적 산업조직과 금융관행이 국경을 넘어 확산되던 시절에 전통적 교의들은 성찰되고 재정립되기보다는 그저 되풀이되고 있었다.[69] 실은 경제관계의 '도덕화'가 초미의 관심이고, 모든 거래가 개인차원의 윤리적 책임을 동반한 개인행위로 취급되는 한, 앞의 질문을 제기하는 것 자체가 불가능하거나 난센스였을지 모른다.

　교회는 농민과 수공업자들을 대부업자와 독점자들의 탈취로부터 보호하려고 무진 애를 썼다. 그러나 임노동 프롤레타리아의 문제들에 직면했을 때, 주인의 종에 대한 그리고 종의 주인에 대한 의무에 관한 관습적인 지침을 무의미하게 반복하는 것 외에 아무것도 할 수 없었다. 교회는 모든 사람이 형제라고 주장했지만, 17세기에 발전하기 시작하던 새로운 경제적 제국주의가 결과한바, 영국 상인의 형제가 그가 미국에 노예로 납치해 간

아프리카인이라거나 그가 땅을 탈취한 아메리카 인디언이라거나 그가 터무니없이 낮은 가격에 모슬린과 비단을 사들였던 인도의 수공업자라는 점을 지적할 생각이 전혀 없었다.[70]

토니의 관찰에 따르면, 전통적 교의들의 안이한 도식, 곧 실천적 무능은 "그것들의 이론적 포기로 가는 길을 예비"해 주었다. 그리하여 시간이 흐르면서 전통적인 사회적 교의들이 그 풍부한 사회적, 윤리적 함의에도 불구하고 포기된 것은 그럴 만했기 때문이었다. 마침내 교회의 사회적 교의뿐 아니라 교회 자체가 점차 현실과 무관한 것이 되어갔으니, "교회 스스로, 생기 잃은 도식들의 경건함이란 무덤에 갇힌 채 생각하기를 멈췄기 때문"이었다.

경제적 투기가 정치산술이라는 새로운 학문을 배양하며 움트고, 그 와중에 아우성치는 이해관계들과 패기 넘치는 사상들이 봇물을 이루며 분출하던 베이컨과 데카르트의 시대에, 영국국교회의 사회이론은 현실세계로부터 눈을 돌리고, 만일 최초의 창시자들도 후대의 주창자들처럼 현실에 무감각했다면 결코 정립될 수 없었을 교의들에 얼굴을 파묻고 있었다. 자연히 그것은 주변으로 밀려났다. 그것은 무시당할 만했기 때문에 무시되었다.[71]

종교나 윤리가 아닌 수학과 물리학에서 영감을 끌어온 새로운 정치산술은 17세기 후반 영국 자연과학의 위대한 시대—뉴턴, 핼리, 그리고 영국학술원으로 대표되는—가 열리면서 발전되었다. 그것이 로크라는 이름과 결합되고 그의 수많은 추종자와 모방자들에 의해 다투어 정치이론화했을 때, 더 이상 사회는 다양한 기능의 계급들이 상호적 책무들—공동의 목적에 대한 각자의 관계에서 비롯된—로 엮인 유기체가 아니라 주식회사로 인식되는 것이 훨씬 자연스러웠다. 구성원인 주주들은 태어나면서부터 자연법에 의해 부여받은 천부적 권리들을 보장받기 위해 계약을 통해 거기에 참여하며, 그때 각자의 책임은 엄격하게 제한된다.

국가는 초자연적 구속력을 지닌 주체가 아닌 편의적 실체로서 그 권리들을 보호하기 위해 존재하며, 계약의 자유를 유지함으로써 그것들이 자유롭게 행사될 수 있는 최대한의 기회를 확보해 주는 한, 자신의 목적을 완수한다.[72]

물론 그런 권리들 중 가장 중요한 것이 재산권이었다. 대체로 재산권은 유형의 자산, 곧 권리행위를 할 만한 물적 스톡을 보유한 상위의 사람들에게 귀속된다.

이런 무리에 속하지 못한 사람들은 상급자의 자선에 대한 도덕적 요구는 할 수 있을지언정 이윤에 참여할 법적 권리는 지니지 못한다. 그리하여 귀족, 젠트리, 자유토지 보유농 아래의 거의 모든 이를 "빈자(the poor)"로 취급하는 기이한 어법이 생긴다.[73]

"재산권만 확실히 확보된다면, 빈자는 돈보다 훨씬 유용하다." "빈자는 굶주리도록 방치돼서도 안 되지만, 또한 저축의 여력이 있을 만큼 [즉 최소한의 생계비 수준 이상으로] 가져가서도 안 된다." "빈자가 자신을 쓸모 있게 만드는 것은 오로지 결핍 때문이므로 결핍을 덜어주는 일은 사려 깊은 일이나 그것을 완전히 제거하는 것은 어리석은 짓이다."

"사회가 행복하려면 다수는 가난할 뿐 아니라 비참하게 되어야 한다." 등등 1714년 출간된 버너드 맨더빌의 『꿀벌의 우화』에서 발췌한 이런 문장들을 전형적이라고 말할 수는 없을 것이다.

그러나 근면한 빈자(deserving poor)와 게으른 빈자(undeserving poor)를 가르고, 전자를 칭송하며 후자를 비난하는 말들은 넘쳤다. 그런데 과연 문제는 게으른 빈자의 그것이었던가. 토니의 탁월한 표현에 따르면, 이러한 수사들은 "바람이 어디로 불고 있는지를 보여주는 지푸라기와 같았다."[74] 실은 토니가 『탈취사회』와 『평등』에서 논했던 기능사회는 논의의 지평을 "자격 없는 빈자"로부터 "자격 없는 부자"들로 이전시킨 탐구 아니던가.

"자신만의 고유한 철학을 지니지 못한 제도는 우연한 유행을 쫓아가기 마련이다." 단순하던 시절에 고안된 중세의 도덕적 교의를 반복하며 구체적 대안을 제시할 수 없었던 교회는 로크 이후 널리 유포되던 이러한 사회철학을 받아들였고 거기에 순응하며 시대에 적응해 갔다.

> 정치이론이 종교의 틀 안에서 주조되던 시대는 저물고, 종교사상이 더 이상 위엄 있는 교사가 아니라 고분고분한 학생인 시대가 도래했다 … 기존 질서는 정부의 "근시안적 법률"이 참견하는 경우를 제외하면 자연의 질서였고, 자연이 만든 질서는 신이 만든 질서였다.[75]

우주를 창조한 신은 이제 인간사나 자연에 일일이 인격적으로 개입하지 않고 원칙과 법칙으로 그 질서를 잡아간다는 이신론(deism) 사상이 자연스럽게 수용되었다. 이런 사상은 장로교가 뿌리내리던 18세기 스코틀랜드를 중심으로 애덤 스미스 등 지식인들에게 확산되었다.

신은 우주의 삼라만상을 창조했을 뿐 아니라 만물의 운행법칙, 곧 신의 섭리를 만들었다 … 언뜻 보면 무질서하게 움직이는 하늘의 별들이 신의 법칙에 의해 질서정연하게 운행되듯이, 무질서한 듯이 보이는 인간사회도 마찬가지이다 … 신의 섭리는 보이지 않는 손이나 만유인력의 법칙같이 숨어 있기 때문에 우주와 인간사회의 모든 개체는 자신도 모르게 그것에 인도되어 신이 의도한 목적대로 작동한다.[76]

상충하는 경제적 이해들의 자기규제 메커니즘과 조화가 강조될수록 도덕적 추론이 끼어들 여지는 축소된다. 주식회사와 국제금융이 번성하던 상업적 영국에서, 실은 교회가 상업윤리를 주창하는 것 자체가 어색하고 불필요했으니, 상업적 지혜와 일치하는 것, 그것이 바로 도덕이었기 때문이다. 영국국교회는 더 이상 대부업자와 독점자의 죄를 묻지 않았고, 왕정복고시대를 거치면서 중세적 교의체계는 조용히 소멸되었다.[77]

토니의 관찰에 따르면, 사회경제적 윤리의 문제에서 중세적 교의에 의존하던 영국국교회에 대한 청교도정신의 승리, 성장, 변모는 17세기의 가장 중요한 흐름이었다. 영국의 진정한 종교개혁은 헨리 8세가 로마와 단절하고 영국국교회를 세웠을 때가 아니라 청교도주의를 통해 가장 특징적으로 나타났다는 것이다. 그리고 근대영국의 출현에서 정말 중요한 것은 청교도혁명이 공적 영역에서 이룩한 드러난 성취가 아니라 그것이 인간 내면의 정신에 일으킨 변화였다.

청교도정신이 공적 영역에서 아무리 대단한 성취를 이뤘다 할지라도, 내적 세계─여기에서 정치는 얼마나 누추한 골조에 불과한가!─에서 이룩한 업적은 훨씬 강력했다. 빙산은 대부분의 몸체가 보이지 않은 채 떠 있다는

바로 그 이유 때문에 우뚝한 위엄으로 여행자를 위축시킨다. 청교도주의
가 교회와 국가에 불러일으킨 혁명은 인간영혼에 몰고 온 것에 비하면 미
미했다. 의회의 소동과 전장의 포효 한가운데서 그것이 우레처럼 선포했
던 구호들은 야곱이 축복을 얻기 위해 주님의 천사가 떠나기 전에 외로운
밤들과 씨름하며[창세기 32장] 배운 것들이었다.[78]

토니가 보기에 청교도주의는 영국 중간계급의 교사였다. 그것은 덕
성을 고양했고, 익숙한 악덕을 통회하게 했으며, 그들의 품성 배후에
는 "그 허락 없이는 망치 하나도 풀무를 내려칠 수 없고 숫자 하나 장
부에 더해질 수 없는, 전능한 섭리의 장엄하고도 냉혹한 법칙들"이 있
다는 확신을 심어주었다. 중산층의 이러한 품성과 확신이 영국자본주
의를 견인한 정신적 자질에 밀접히 연관되었다는 점은 두말할 필요가
없을 것이다. 베버(Max Weber)는 그의 유명한 에세이에서 청교도주의
로 대표되는 영국식 칼뱅주의가 자본주의의 모태였다는 논지를 상세
히 펼친 바 있거니와, 이후 수많은 학자들이 그의 논지에 막대한 학문
적 권위를 보탰다.[79]

칼뱅주의에 담긴 불화의 씨―이원주의의 탄생

베버를 살피기 전에 주목해야 할 것은 칼뱅주의에는 처음부터 두
요소―미래의 불화의 씨가 담긴―가 혼재돼 있었다는 점이다. 칼뱅
주의는 상업기업을 전폭적으로 지지함으로써 중세사상과 단절을 예
고했고, 동시에 그것을 과거보다 더 엄정하게 규율함으로써 중세를
계승하는 듯 보였다. 칼뱅주의가 신조였던 작고 동질적인 도시 제네바

에서는 뒤의 측면이 지배적이었지만, 칼뱅주의가 다수의 이해들과 충돌하고 오랫동안 정치적으로 취약했던 영국의 다채로운 삶 속에서는 앞의 측면이 우세했다. 16세기 말과 17세기 초 상업적, 금융적 팽창—식민지들, 섬유와 광산자본주의, 금융자본주의 등의—의 파도가 밀려왔다. 그 물마루를 타고 영국 상인계급—칼뱅시대에도 여전히 보수정치인들의 손아귀에 있던—은 관직과 부를 거머쥐었다.[80]

이 모든 흐름의 기조인 경제적 이해와 윤리적 이해의 분리 사상은 종교적 전통과 날카롭게 대립했다. 그것의 정착은 갈등으로 점철된 과정을 통과해야 했다. 청교도주의가 이 간극을 메우기 위해 의존했던 개념은 청교도신학의 핵심 자체에서 나왔다. 그것은 독특하고도 널리 사용되는 "소명(calling)"이라는 말 속에 함축된 개념이었다.[81] 우주의 합리적 질서는 하나님의 작품이고 그 안에서 개인은 영적 생활이든 세속적 삶에서든 하나님의 영광을 위해 힘써 일해야 한다. 크리스천의 첫째 의무는 하나님을 믿고 아는 것이며, 구원은 십자가 위에서 모든 것을 잃음으로 모든 것을 이루신 예수를 믿음으로 인함이다. 구원이 죄인인 나의 행위가 아니라 순전히 그가 행한 것 때문임을 아는 지식, 즉 순수한 은혜라는 깨달음에서 오는 감사와 감격은 반드시 행위를 낳을 수밖에 없다. 용서받은 자만이 용서할 수 있는 것이다. (If you do not forgive, you're not forgiven.) 크리스천의 두 번째 의무는 이로부터 자연스럽게 따라오거니와, 구체적 삶의 현장에서 최선을 다해 수고하는 것이다. 한 청교도 설교자는 이렇게 썼다.

하나님께서 우리를 부르신 것은 … 자신과 공공선을 위해 세상의 특정한 직업을 통해 하나님을 섬기도록 하기 위함이다 … 이 '위대한 통치자'는 우리 각자에게 고유한 지위와 직분을 지정하셨고 자신의 영역을 벗어나

분주한 삶을 사는 것을 용납지 않으셨다. 구걸하는 탁발승과 오직 자신과 형식적인 구도를 위해서만 사는 승려들의 가치는 가장 빈한한 구두수선공의 그것에도 못 미치는 것이다. 후자는 소명을 행하지만 전자는 소명을 버린 자이기 때문이다.[82]

신의 의지가 부과한 세속적 책임을 이처럼 지속적으로 강조하다 보면, 세상으로부터의 철수가 아니라 사업적 의무들의 양심적인 수행이야말로 가장 숭고한 종교적, 도덕적 덕목이 된다.

이런 사상은 새로운 것이 아니었다. 루터는 그것을 수도원주의에 대한 무기로서 주창했었다. 그러나 앞에서 보았듯이, 루터에게 소명은 하늘이 개인에게 지정해 준 신분 안에서의 그것이었고, 그것을 벗어나는 것은 불경이었다. 이에 반해 청교도 설교자들이 말하는 소명은 "신분에 따른 체념으로서의 초청장"이 아니라 죽음에 이르러서야 끝날 긴 전투로서 "선택받은 자들을 호출하는 소집나팔"이었다. "세상은 온전히 그들 앞에 놓여 있다." 그들은 소극적으로 '직업 안에' 안주하는 것이 아니라 적극적으로 '직업을 통해서' 구원을 이루어나가야 한다. 소명은 개인이 태어나면서 속하게 되는 조건이 아니다. 그것은 신의 섭리의 인도에 따라 수행되지만, 깊고 엄숙한 책임의식과 더불어 각 사람이 스스로 선택하는 "격렬하고도 고된 기획"이다.

하나님은 이를 위해 인간에게 이성을 주셨는데, 이는 직업을 심사숙고한 이후에 선택하고 수고하도록 하기 위함이다. 직업이나 삶의 조건과 같은 중대한 문제를 균형 잡힌 건전한 이성 안에서 신중하게 고려하지 않고 결정하거나 해결하려 하는 것은 터무니없고도 야만적인 일이다.[83]

상행위와 종교의 요구조건들 간에는 불가피한 충돌은커녕 "우정이 넘친다." 상서로운 신의 섭리로 인해 크리스천들에게 명해진 덕목들—근면, 절제, 각성, 검약 등—은 동시에 상업적 성공에 가장 많이 기여하는 품성이다. 이 둘의 공통된 기반은 분별력이다. 분별력이란 "상인의 소비행위에 한계를 부여하며, 오히려 소득을 하회하는 삶을 살도록 가르치는 신적 지혜"이다. 근면이 다음인데, 근면은 유익하면서도 갸륵한 성품이다. 그것은 상인의 "빈번한 주막 출입"을 막아주며, "신의 임재와 축복을 가장 확실히 기대할 수 있는" 일터에 그를 묶어둔다.[84] 이웃을 속이거나 강압하지 않는 것은 당연하나, 또 다른 극단으로 치달아 과잉된 정의감을 드러내거나 "신의 섭리가 맡긴 이익을 취하는 것"을 거절할 필요는 없다. 사회의 필요와 개인의 이익 간에는 행복한 예정조화가 있어서, 성공적인 기업활동은 그 자체가 영적 은혜의 징표이다. 그것은 소명에 충실했고 "하나님이 그의 직업을 축복하셨다."는 증거이기 때문이다.

소명을 거슬러 행해진 것이 아니라면, 아무것도 책임질 일이 없다 … 영혼을 구하는 것 다음으로 상인이 관심을 기울이며 해야 하는 일은 소명 가운데 하나님을 섬기는 것이며 될 수 있는 대로 최대한 그것을 추구하는 것이다.[85]

사회적 악덕으로 지탄받고 성자와 현인들의 경고와 비난을 불러왔던 품성들이, 후기 청교도주의라는 정화수의 세례를 받고는, 경제적 덕목으로 되살아났다. 세상이 향유 아닌 정복의 대상으로 인식되면서, 그것들은 또한 윤리적 덕목이기도 했다. 세상을 정복하는 자만이 크리스천으로 불릴 자격이 있다. 그는 세상을 얻으면서 또한 자신의

영혼을 구원하는 것이다.[86]

이런 분위기는 당대 경제사상의 발전으로 더욱 고무됐다. 독일에서는 경제학이 공공행정의 시녀였고 프랑스에서는 학자의 사색을 통해 발전했지만, 영국의 경제학은 런던시의 실질적 이익을 논하는 가운데 발전했다. 몇몇 예외도 있지만 가장 많은 기여는 기업인들로부터 왔다. 그들을 고무했던 문제는 생산이나 사회조직이 아니라 상업과 금융, 곧 무역수지, 관세, 이자, 통화, 신용 같은 것들이었다. 이런 분위기에서 앞선 시대가 그리도 중시했던 도덕적 결의론은 낡은 미신의 소리처럼 들렸다. 국부(國富)의 증대를 최대목표로 삼는 중상주의 경제 도그마는 청교도주의 윤리관념과 자연스런 친화성을 띠어갔다. 부와 사회적 지위는 얻었으나 공직진출은 여전히 법적 제약에 묶여 있던 비국교도들은, 종교가 자신들의 선택을 축복하고 후원하자 더욱 고무되었고, 상업과 금융이 열어준 대안적 진로에 좌고우면하지 않고 뛰어들었다.[87]

물론 하나님왕국은 이 세상에 속하지 않았다. 그것은 새 하늘과 새 땅이 열리는 세계이다. 그렇다고 이 세상이 하나님왕국과 완전히 배치되는, 순전한 악의 장소라는 의미는 아니다. 마지막 때에 선택받은 자들이 이 땅을 떠나 하늘로 가는 것이 아니라 예수가 이 땅으로 다시 와서 그것을 치유하고 회복시킨다. 치유와 회복의 재료는 인간이 발을 딛고 사는 이 땅의 삶이다.

그런데도 청교도주의는 하나님왕국이 이 세상에 속하지 않는다는 점을 강조하면서, 이 세상은 하나님나라와 전혀 무관한, 완전한 어둠의 세계라고 말하고 싶은 욕구를 종종 떨쳐내지 못했으니, 점차 개인의 영적 삶과 사회구조를 분리시키는 이원주의에 무뎌지고 익숙해졌다. 이제 기독교가 "개인영혼의 밀실"에 갇히는 것은 시간문제였고,

그것이 사회로부터 퇴위되는 데 대한 은근한 안도가 마침내 노골적인 환호로 바뀌는 순간이 목전에 있었다. 헌법학자 다이시(Albert V. Dicey)는 "사적 종교에 대한 복음주의자들의 호소가 어떻게 개인적 활력을 향한 벤담주의적 자유주의자들의 호소와 맞물리는지"에 관해 말했었다.[88] 17세기에 이르면 초기 칼뱅주의의 공동체적 지향 대신 종교적 개인주의가 힘을 얻고, 이는 부지불식간에 개인주의적 윤리로 이어졌다. 중요한 것은 개인의 품성이었고 사회구조는 기껏 부차적인 것으로 되었다.

정치이론 또한 이를 후원했다. 앞에서 많이 논의한 대로, 16세기에 들어서도 토지소유에 따르는 권리와 의무는 불가분하게 얽혀 있다는 토지소유권 개념이 지배적이었다. 소득의 원천인 자산은 동시에 공적 기능을 수행했으니, 재산권의 행사는 사회적 책무와 국가의 공적 필요에 의해 제한받았다. 이런 개념이야말로 농민을 보호하기 위해 인클로저를 선제하는 정책의 이론적 가정이었다. 이제 새로운 재산권 이론이 들어섰다. 18세기에 거의 종교가 되다시피 한 그 이론의 주창자는 로크였다. 그에 따르면 재산권은 국가에 선행하는 권리이며, "최고 권력도 당사자의 동의 없이는 누구로부터도 재산을 탈취할 수 없다."[89] 이런 사상은 정치적 갈등의 압박이 낳은 결과물이지만, 지주와 상인들에게는 이미 상식으로 통하던 사상을 철학적으로 주조해 낸 것에 불과했다. 이미 청교도운동 내에서 이들의 사회적, 정치적 영향력은 막강했다.

그에 따라 빈자를 보는 관점에도 많은 변화가 초래되었다. 무분별한 자선행위를 향한 비판은 종교개혁 이전부터 있어왔다. 그것은 주는 자의 형식적 경건함을 위해 받는 자의 성품을 희생시키는, 사이비 종교나 뽐내는 일이었다. 개혁가들은 그런 비판의 강도를 훨씬 높였다.

루터는 걸인들의 구걸을 갈취라고 질타했고, 스위스 개혁가들은 수도원 자선의 잔재들을 방종과 타락을 호도하기 위해 로마가톨릭이 던진 뇌물이라며 근절시켰다. 엘리자베스 치하의 한 영국목사는 이렇게 설교했다. "… 오늘날 많은 가톨릭교도들이 자랑하며 떠벌리는 모든 대규모 자선행위는 … 살아서는 사람들의 칭찬을 받고 죽은 다음에는 자신을 위해 기도해 주기를 바라서 행해지기 때문에, 자선이 아니라 바리새인의 나팔소리에 불과하다." 장로회목사인 R. 스틸은 이렇게 썼다. "게으른 걸인들에 관해 말하자면, 그들의 육신에 어리석은 동정심을 베푸는 사람이 적을수록 그리고 그들의 영혼을 위해 지혜로운 연민을 보이는 사람이 많을수록, 그들은 더 복을 받는다." 악 가운데 가장 큰 악은 나태이고, 빈자는 환경이 아니라 자기 자신의 "게으르고, 난잡하며, 사악한 행실"의 희생자이다. 가장 참된 자선은 구호로써 빈민을 무력하게 만드는 것이 아니라 성품을 개조해서 구호가 불필요하게 만드는 것이라는 교의는 빈자를 가혹하게 대하는 일을 죄에서 의무로 변화시켰고, 습관이 되면 고통을 오히려 영속화시킨다고 믿었기 때문에, 자연스런 연민의 충동을 식게 만들었다.[90] 당연히 구빈법은 태만의 어머니이고, 검약을 방해하며 임금을 부당하게 높게 유지시킬 뿐이다.

[구빈법은] 남녀 모두를 게으르고 자만하게 만들며 일하지 않고 교구에 들러붙어 생계를 꾸려가도록 만든다 … 일단 처벌이 가져다줄 수치 혹은 두려움 때문에 일용할 양식을 얻으면 그는 더 이상 일하려 하지 않을 것이며 그의 자녀들은 교구의 책임이 되고 그의 노년은 노동이나 걱정에서 해방된다 … 고의로 악한 마음을 품은 사람들은 자신의 노동에 제멋대로 높은 임금을 매길 것이고, 이성이나 국익 같은 것에는 아예 감각이 무뎌져서 곡

물이나 식품가가 저렴할 때에도 비쌀 때 받는 임금보다 적게 받고는 도무지 일하려 들지 않을 것이다.[91]

지주는 구빈세를 저주했고 직물업자는 높은 노동비용을 불평했으니, 이제 이들은 그 둘을 모두 감소시킴으로써 도덕 자체가 고양되리라는 종교사상에 의해 매우 고무되었다.

튜더시대만 해도 성직자와 정치인들은 비록 빈둥대는 부랑자들에게 어떤 연민도 보이지 않았지만, 가난이 일차적으로는 경제적 불안이 낳은 사회현상이라는 점을 인정했었다. 왕정복고 이후 그들의 계승자들은, 빈곤이 오로지 빈자 개인의 도덕적 실패의 문제이고 그 외에 다른 원인이 있으리라고는 상상조차 하지 않았다. 이런 안락한 신조에서 도출된 실천적 결론은 극도로 단순했으니, 그것은 1601년의 구빈법이 명한 직업알선을 허용치 않는 것이었다. 왜냐하면 그것이 "빈자를 더욱 뻔뻔스럽게 만들" 뿐이기 때문이었다.[92] 훗날 이보다 더욱 혹독한 구제조건을 담은 1834년의 '신구빈법'이 도입되었을 때, 그 기본정신 또한 이와 다르지 않았다.

종교개혁 이후 점차 변질되던 개신교에 대한 토니의 비판은 개인적 부패나 제도적 타락을 향한 것이 아니었다. 그것은 개신교교의가 보인 무지와 무분별을 향한 것이었거니와, 거기에서 자조, 근면, 절제 등 개인적 품성은 너무도 쉽사리 새로 등장하는 자본주의에 합치되는 것으로서 동일시되었다. 가톨릭교회의 위선적 물질주의를 단죄했던 개신교회가 물질주의적 가치를 훨씬 더 체계적이고 강력하게 후원할 경제자유주의라는 이데올로기를 품에 안은 것이다.

이 새로운 사상은 물질에 대한 인간의 본래적 연약함을 완전한 덕목으로 전환시켰다. 결국 사람은 두 주인을 섬길 수 있었으니, 한 주인을 섬기는 데 다른 주인도 보상해 주기 때문이다. 몰인정한 탐욕에 대한 구식의 비난과 경제적 기업활동에 대한 신식의 칭송 사이에 기업행위 자체가 하나님이 부과한 의무의 이행임을 역설하는 주장이 다리를 놓은 것이다.[93]

　종교적 교의가 자본주의의 창출과 유지에 적극적으로 기여하기에 이르자, 진정 기독교는 막강한 사회세력이 되었다. 그러나 초기 칼뱅주의와 후기 청교도주의에서 보듯이, 그것은 또한 일련의 역사적 계기들마다 타협하고 변질된 기독교였다. 이처럼 종교를, 환경을 형성하고 역으로 그것이 작동하는 조건들에 의해 형성될 수 있는 적극적 사회세력으로서 개념화하는 것은 토니 이론에서 근본적으로 중요하다. 이런 개념화는 역으로 교회가 만연된 물질주의에 맞서 일어남으로써 자신의 비전을 새롭게 하고 윤리적 공동체 지지자로서의 위상을 다시 회복할 수 있다는 희망을 가져다준다. 토니가 원했던 기독교 갱생의 목적이 바로 그것이었다.[94]
　혹은 중세 스콜라주의의 원칙들을 부활함으로써 교회의 옛 진실성을 회복하는 일에서 교회갱신의 근거를 찾을 수 있을지도 모른다. 실제로 가톨릭신도뿐 아니라 초기 청교도도 인간의 모든 이해와 활동을 종교의 반경 안에 위치시키는 중세의 관점을 당연한 것으로 수용했고, 경제행위에 관한 기독교결의론을 정립하기 위해 적지 않은 노력을 기울여왔다. 그러나 이미 지적했듯이, 이런 노력들은 많은 경우 교황과 신학자들의 가르침을 의식적으로 되풀이하는 데서 더 나아가지 못했다. 가령 청교도목사이며 신학자인 백스터(Richard Baxter)는 영국 국교회와 청교도주의의 화해를 시도했다가 실패하고 결국은 국교회를 떠났다. 토니의 평가는 간결했다.

백스터가 상술한 기독교윤리의 규범들은 예리하고 진지한 것들이었다. 그러나 그것들은 새들이 먼 비옥한 평원에서 물어와 빙하지대에 떨어뜨린 씨앗과 같았으니, 그 씨앗들은 빙하의 강물 속에서 썩지 않은 채 메말라 갔다.[95]

토니에 따르면 이러한 시도가 실패한 이유가 단순히, 시간이 흐를수록 더 완강히 적대적으로 되어갔던 상업적 환경이 만든 장애물 때문만은 아니었다. 그것은 **청교도주의의 정신 자체에 뿌리를 두고** 있었다. 그는 막스 베버와는 달리, "자본주의 정신"은 청교도주의의 산물이 아니라 역사만큼이나 오래됐다고 분석했으면서도, 후기 청교도주의의 몇몇 측면들로 인해 그것의 역동성이 보강되었고 진즉에도 활력 넘치던 그 기질은 더욱 견고해졌다고 관찰했다. 피상적으로 보면 칼뱅의 제네바에서 실천되었던 완강한 집단주의—혹독한 군사적 규율, 무자비하고 극단적인 내핍생활 등—그리고 시민혁명 이후 영국 기업계가 보였던 기질—경제활동에 대한 거의 모든 전통적 제약을 조급하게 거부했던—사이에는 극명한 대비가 존재한다. 그러나 토니가 보기에 이들 요소는 그 비율이 변화했을 뿐, 실제로는 뒤섞인 채 내내 함께했었다.

마치 억눌려 있던 개인성격의 특성들이 성숙기가 다가오면서 발현되듯이, 청교도주의 내부의 경향들이 스스로를 드러내 보인 것은 정치적, 경제적 변화가 그것들의 성장에 우호적인 환경을 마련해 준 이후였다. 일단 그런 조건들이 조성되자, 그러한 변모를 목도한 것은 영국만이 아니었다. 네덜란드, 아메리카, 스코틀랜드, 제네바 자체 등 모든 나라에서 공히 칼뱅주의의 사회이론은 동일한 발전과정을 거쳐갔다. 그것은 권위주의적 통제의 정수 그 자체로서 시작했지만, 마지막에는 사실상 공리주의적 개인주의의 도구가 되어 있었다. 16세기 사회개혁가들은 칼뱅이 보였던 경제적 엄정함으로 인해 그를 추앙했지만, 왕정복고 시의 영국에서 그의 계승자들 일부는 경제적 방종의 아버지라며 그를 비난했고, 또 다른 일부는 상업적 기업과 경제윤리에 관한 낡은 편견으로부터의 자유를 추구했다면서 칼뱅주의 공동체를 칭송했다. 영적 화살을 쏘는 사람들은 그것이 어디에 떨어질지에 관해서는 거의 알지 못한다.[96]

토니에게 기독교는 일차적으로 초월적이고 자유로운 신의 계시이지만, 또한 그것이 작동하는 시대와 영역에 긴밀하게 연결된 사상이었다. 교회는 "산업혁명"으로 불리는 방대한 경제적 재편 기간에, 영감을 불어넣고 지도력을 발휘하는 문제에서 주도적인 영향력을 행사하지 못했다. 오히려 교회는 타협하고 침묵하고 끌려다님으로써 현실과의 연결에 실패했다.

교회가 줄 수 없었던 이유는 먼저 가지지 못했기 때문이었다. 물론 교회가 입을 닫을 수밖에 없었던 이유를 설명하는 특정의 조건들이 … 있을 수 있다. 그러나 교회가 계급관계의 기존 질서를 어떤 상위의 법정 앞에서 구태여 정당화할 필요가 없는 것으로 수용하자, 종교를 그런 질서의 비판자나 고발자가 아니라 위로자와 변론자, 그것을 위해 허드렛일을 하는 종으로 만들었던 풍조가 만연됐다. 교회가 비정상적인 잔인함으로 퇴보했다는 것이 아니다. 교회가 사회제도들을 순응시키는 독자적인 가치기준을 지닌다는 개념 자체가 포기되었다는 것이다.[97]

사상이 사회구조에 반향하기 위해서는 사회적 시장에서 경쟁할 수 있는 적응력 있는 살아 있는 교의, 곧 현실적이고 적합성 있는 교의를 지녀야 한다.

물질적 이해관계의 거친 세계를 굴복시키기 위해서는 그 세계의 뒤틀린 길들에 대해 공감하는 자세—적어도 그것들을 이해하는 데 요구되는 정도의—가 필요하다. '어둠의 왕자'도 정중한 해명의 기회를 갖고 공정한 재판을 받을 권리가 있으며, 그에게 그런 권리를 허용하려 하지 않는 사람들은 결국에 그가 자신의 몫 이상을 탈취함으로써 형세를 역전시킨다는 점을 알게 될 것이다. 상식과 현실에 대한 존중은 도덕적 열정 못지않은 영적 덕목이다. 빛의 자녀들은 경제기업이 매번 승리를 외칠 때마다 그것을 맘몬의 또 다른 전략이라고 비난하며 도덕적 분노를 폭발시키지만, 이로 인해 냉철한 두뇌와 강인한 심장을 요하는 전투의 참모역할을 적절히 감당해 낼 수 없었다. 그들은 새로운 사실들에 비추어 옛 처방을 수정하기를 완강히 거부함으로써 스스로를 적의 반격에 무방비로 노출시켰고, 그 결과 그들 철학의 총체적 구조물이, 진리와 환상이 모두, 또한 완전히 무너져 내렸다. 그들이 지식을 경멸하자, 지식은 그들을 파멸시켰다.[98]

토니는 인간의 사회적 삶에 대한, 중세를 포함한 기독교 믿음의 유관성을 한시도 부인한 적이 없었다. 그러나 그의 전략은 과거의 신앙을 복위시키는 것이 아니라 현대사회에 호소할 수 있는 사회적 기독교를 조합해내는 것이었다. 토니의 기독교는 기존의 도그마에 순응하기보다는 현실에 영향을 미치고 현실을 변화시킬 수 있는 역량으로 재탄생하는, 실천적인 것이었다. 그것은 고립된 자기구원의 영적 밀실에 갇힌 기독교가 아니라, 동료인간들의 삶에 변화를 주는 수단으로서, 공동체의 조건을 개선할 능력에 비춰 끊임없이 점검돼야 하는 기독교였다.

신학자들과 설교자들이 탐욕의 죄에 대한 그들의 공포를 표현했던 언어는 현대의 독자들에게는 너무 음울하고 격렬하게 비칠지 모르고, 상업적 계약과 재산처분에 대한 계율은 비현실적인 현학으로 보일 수도 있다. 그러나 성급함은 비굴함보다는 유쾌한 결함이며, 모두가 말하기를 꺼려 할 때에는, 침묵을 지키는 것보다 과도하게 말하는 편이 오히려 용서를 받을 만하다. 후대는 냉정하고 고결한 신중함 못지않게 불의와 억압을 향해 호통치는 사자후로부터도 배우리라.[99]

종교개혁의 시대가 개막될 무렵, 경제학은 여전히 윤리학의 한 분야였고 윤리학은 신학의 일부였으니, 인간의 모든 활동은 단일의 기획에 속했었다.

이론가들은 효용이 아니라 자연법에 호소했고 경제거래의 정당성은 시장의 흐름보다는 기독교교회의 전통적 가르침에서 도출된 도덕적 기준에 비춰 평가됐다. 교회는 사회문제에서 이론적, 실천적 권위를 행사했고, 그 자체가 하나의 사회로 간주되었다. 그러나 정치사상의 세속화가 향후 두 세기에 걸쳐 진행되었고, 이는 사회적 사유에 심대한 반향을 불러와서, 적어도 영국에서는 왕정복고기에 이르면 관점 전체가 혁명적으로 변화하였다. 한때 전 사회체계를 지탱하는 주춧돌이던 교회는 이제 그 체계의 한 부문으로 축소되었고, 정책의 중재자요 행위의 준거로서의 경제적 편의가 왕좌를 꿰차고 들어앉았다.[100]

이원주의라는 근대정치사상의 근본적 일부를 형성한 하나의 태도가 이로부터 비롯되었다. 거기에서 삶의 세속적 측면과 종교적 측면은 하나의 커다란 통합체 안에서 연속적으로 엮여 있는 것이 아니다.

그것들은 서로 다른 법칙에 의해 지배되고 피차 별개의 기준에 따라 평가되는 동등하고 독자적인 영역으로 취급된다. 중세의 교부와 법학자 등 대표적 지식인들이 그랬듯이, 종교개혁의 가장 뛰어난 지성들도 상업활동과 사회제도를 종교와 무관한 것으로 취급하는 철학이란 도덕적으로 위험할 뿐 아니라 지적으로도 터무니없는 것으로 내쳤을 것이다. 그들은 신의 의지야말로 사회의 궁극적 권위이고 세속의 관심사들은 영원한 영적 여정에서 하나의 덧없는 에피소드에 불과하다는 제1의 원리를 고수했거니와, 그 원리에 충실하여 크리스천의 사회적 행위가 준수해야 하는 준칙들을 제시하고, 그런 준칙들의 집행을 위한 규율을 제정했었다. 이제 18세기에 들어서자 그들의 계승자들은 일종의 무관심주의(indifferentism) 철학을 암묵적으로 수용했다. 종교가 통치하는 곳은 인간의 내면이며 종교를 규율과 제도로 외표화하는 일은 오히려 종교의 순수성을 오염시키고 그것의 권위를 모멸한다는 관점이다.[101]

무관심주의자들은, 이해할 만하게도 기독교의 윤리적 원칙들을 안이하고 모호한 언어로 진술함으로써 상업, 금융, 재산소유 등 문제에 엄밀하게 적용될 수 없는, 사실상 쓸모없는 것으로 만들었다. 그리하여 종교와 경제적 야망들 간의 갈등은 유예됐거니와, 전자는 개인의 영혼을, 후자는 기업/사회활동에서의 인간교류를 자신의 영역으로 받아들였다. 자신의 영역을 고수하는 한 평화는 확보되고 충돌할 수 없으니, 결코 만날 일이 없기 때문이다.[102]

실제로 종교의 요구와 상업문명의 휘황한 유혹들 사이에 어떤 첨예한 긴장—종교개혁기를 괴롭혔던—도 자각되지 않았다. 사람들은 경제적 동기를 막무가내로 불신하던 사회윤리의 전통적 교의들은 이미 사라진 시대에나 어울린다는 것을 알았지만, 이전과는 비교할 수 없을 정도로 동적이고 복잡해진 사회질서의 필요에 부응하고 적용할 만한 새 교의들은 마련하지 못했다.[103] 일련의 정치상황으로 인해 영국국교회는 거의 통치계급과 다름없었다. 가령 프랑스에서는 파국이 왔을 때 다수의 하위 성직자가 제3신분과 운명을 같이하고자 했던 반면, 영국에서는 국교회 간부들이 국가통치자들이 취했던 사회적 관점들에 동조하지 않았던 때가 거의 없었다. 시대정신 또한 외부환경의 거친 세상사에 대한 무관심이야말로 영혼의 결함 혹은 신앙의 취약함이 아니라 오히려 영혼과 신앙의 빛을 더해주는 종교적 덕성으로 간주했다.[104]

국교회를 옭아매던 화려한 사슬에서 자유로웠던 비국교도 교회들은 자기만의 위대한 규율의 전통을 지녔다. 그들은 종교의 사회적 책무를 공공연하게 선언할 정도로 특유의 활력이 넘쳤다. 구원은 순전한 은혜로 인함이거니와, 크리스천의 고독한 순례의 여정에서 인간의 어떤 행위나 노력도 구원을 위해 아무런 기여도 할 수 없다. 그리하여 이들은,

기업세계와 사회를 거친 자재―건축자의 손으로 다듬어져서 하늘나라의 주춧돌로서 제자리에 놓아지기를 기다리는―가 아니라 하나의 전쟁터― 성품이 목표를 향해 승전가를 부르며 가로질러 행군하는―로 바라보았다. 그들은 성품이란 것이 사회적이며, 사회는 성품의 표출이기 때문에 영적이라는 점을 깨닫지 못했다. 이처럼 눈은 왕왕 빛 자체로 인해 멀고 마는 것이다.[105]

토니가 보기에 비국교도의 이원주의는 이들이 지닌 약점이 아니라 오히려 가장 본질적이고도 독특한 장점 때문이었다. 국교도의 무관심

주의와 달리 이들의 이원주의는 자신도 모르게, 혹은 결과적으로 "두렵고 떨림으로 너희 구원을 이루라."(빌 2: 12)는 바울의 명령, 곧 구원은 은혜로 주어지되, 인간은 사회와 교호하며 구원을 이뤄나간다는 뜻을 실천한다는 것이다.

'베버-토니 논제' 소고[106]

기독교 문화권에 속하는 나라들이 또한 대체로 자본주의 선진국들이라는 사실로 인하여 기독교와 자본주의의 기원 혹은 발전 사이의 정의 상관관계, 나아가서 인과적 관계를 연역적으로 추정하거나 귀납적으로 정리한 연구들이 적지 않다. 그 가운데 학문적으로 단연 우뚝한 봉우리는 베버와 토니 두 사람에 의해 성취된 것이다. 『기독교와 자본주의의 발흥』은 베버의 유명한 에세이 『프로테스탄트 윤리와 자본주의 정신』—1904-05년에 두 편의 논문 형태로 처음 발표됨—과 비교되며 자본주의의 기원에 관해 꾸준히 회자되었다.

베버는 자신의 고전적 저서인 『프로테스탄트 윤리와 자본주의 정신』에서 근대자본주의가 왜 16-17세기에 서유럽의 맥락에서 태동하고 발전했는지의 문제를 집중적으로 분석하고 있다. 베버의 중심적 논지는, 자본주의 정신은 상당한 정도로 16-17세기의 금욕적 프로테스탄트들(ascetic Protestants), 혹은 청교도주의의 금욕적 종파들(sects)—오늘날 장로교도로 알려진 칼뱅주의자, 감리교주의자, 회중주의자, 침례교도, 퀘이커, 독립교회파 그리고 메노나이트—의 프로테스탄트 윤리에서 발원했으며, 특히 가톨릭주의나 루터주의와 대비되는 이들의 신앙적 입장과 그로부터 비롯된 직업윤리야말로, 노동과 물질적 성공을 자신들의 삶의 중심에 위치 지으면서, 자본주의 정신의 기원을 형성했다는 것이다.

베버에 따르면 자본주의적 활동이 부에 대한 단순한 욕구 혹은 세속적 쾌락의 충족을 넘어서 "자유임노동의 합리적 조직" 그리고 부 자체를 위한 부의 지속적 축적이라는 개념과 결합한 것은 종교개혁 이후의 서유럽사회에 독특한 현상이었다. 그가 주목한 것은, 부의 축적을 위한 충동이 세속적 쾌락에 대한 경계 혹은 무관심과 연결되고, 극도의 자기규율 그리고 적극적으로 추구된 근면과 검약의 생활양식에 결합되는 것을 가능하게 만든, 특정한 역사적 국면 혹은 심리적 조건들을 설명하는 문제였다. 이런 맥락에서 베버에게 결정적인 것은 "청교도주의의 속세적 금욕주의"였고, 그 핵심은 직업적 소명(vocational calling) 개념에 숨겨져 있다.

15세기 말 이후 일어난 프로테스탄트 종교개혁운동, 특히 16세기 중엽 이후의 칼뱅주의는 환전과 이자를 통해 이익을 취하는 행위에 대해 전통적 가톨릭의 비판적 입장을 공유했다. 그러면서도 죄, 회개, 용서의 문제를 성직자(신부)의 매개를 통해 그때마다 반복적으로 해소할 수 있다는 가톨릭의 '관대함'에는 동의하지 않았다. 용서받아야 할 죄 이전에 **해결돼야 할 죄**(the Sin underneath sins)가 있었다. 칼뱅주의의 예정설(doctrine of predestination/election)에 따르면, 소수의 사람만이 심판의 정죄(condemnation)로부터 구원받기로 미리 결정되었다. 따라서 만일 선택된 소수만이 구원에 이르고 다수의 인간은 저주의 운명에 처할 수밖에 없다면, 신자는 신이 규정한 구원의 (인간 편에서의) 불확실성을 성직자 등 어떤 매개의 도움 없이 스스로 해결해야 하는 문제, 이른바 '증거의 위기(crisis of proof)'에 직면하게 된다. 기독교인이 신과의 관계에서 지니는 근본적 불안과 고독이 이로부터 연유하거니와, 베버에 따르면 구원의 불확실성과 거기에서 비롯된 "유례 없는 내적 고독의 감정"이야말로 자본주의 정신을 탄생시킨 원천적인 종교적 에토스였다. 이러한 실존적 고뇌를 달래는 유일한 방법은 어쨌든, 믿음이든 행위든 신자 편에서 취하는 태도일 터인데, 그러한 태도는 루터주의에서 강조하듯 구원의 확신에 대한 요동치 않는 믿음(abiding faith)과 내적 통회(inward contrition)일 수도 있고, 칼뱅주의가 주장하듯 엄정한 자기규율이 동반된 신을 위한 적극적 삶일 수도 있다. 베버가 주목한 것은 후자의 경우였다.

베버에 의하면 초기기독교나 가톨릭신학에는 없는, 그러나 루터주의에서 이미 존재하던 소명(부르심) 개념은 칼뱅주의, 감리교, 경건파, 침례교 등 청교도주의의 다양한 종파들에서 더욱 엄밀하게 발전되었다. 특히 칼뱅의 예정설 교의는, 그것을 받아들인 사람들에게 '위대한 일관성', 즉 "선택되었다면 당연히 그러한 삶을 살 수밖에 없으리라."는 구원과 삶의 일관성을 논리적으로 정당화시킨다. 그리하여 칼뱅주의는 종교적 행위를 일상의 세계 속으로 끌어들이는데, 거기에서 하나님에 대한 "개인의 도덕적 의무의 최고 형태는 세상일들에서 자신의 의무를 완수하는 것"이 된다.

이러한 사상은 세속적 삶의 요구를 초월해야 한다는 가톨릭의 수도원주의(monasticism) 삶의 이상과 극명하게 대비되거니와, 한때 영혼에 위험한 것으로 간주되었던 상업(기업)활동은 새로운 신성성을 획득하고 노동은 단순한 경제적 수단이 아니라 영적 목적의 차원으로 고양된다. 앞에서 언급했듯이, 부의 축적은 그 과정이 근면과 절제로 채워지는 한 도덕적으로 용납되며, 부가 비난을 받는 것은 그것이 오로지 게으른 자의 사치와 자기 쾌락을 위한 탐닉의 삶을 유지하기 위해 사용되기 때문이다. 이제 세상일에서의 '선행'이 구원의 확실성을 증명하는 매개물이 되었고, 따라서 '소명(직업)에서의 성공'은 신의 선택(election)을 위한 수단이 아닌, 선택되었다는 궁극적인 징표(sign)로서 간주되게 되었다.

칼뱅주의의 예정설과 소명 개념이 요구하는 이러한 '위대한 일관성'은 구원의 성취 혹은 확인에 대한 적극적 관심에서 기인한 도덕적 열정을 극대화하고, 그럼으로써 자본주의 기업가와 기업조직 내부의 중하층 노동자들에게 금욕적 자기통제와 노동윤리를 고양시키는 신앙적, 경제적 관점을 형성하는 데로 나아간다. 요컨대 베버가 해석한 칼뱅의 소명 개념에 의하면, 돈벌이와 경건함 사이에는 불가피한 갈등이 존재하지 않으며, 오히려 근면, 절제, 검약 등 "선택된 자들"에 의무로 지워지는 덕목들은 상업적 번영을 성취하는 가장 믿을 수 있는 증거였다.

이때 근대자본주의의 독특한 측면인 경제윤리 에토스는 노동의 엄정한 조직, 이윤의 체계적 추구 등을 정당화하고 그를 위한 동기를 부여한다. 그것은 1) 부를 증가시킬 개인의 의무 개념, 2) 노동은 그 자체가 절대적 목적이라는 개념, 3) 엄격한 절제가 동반된 재물취득의 바람직성, 4) 재물취득은 직업적 소명에서 유능과 탁월의 결과라는 입장, 5) 소명 속에서 정당한 이윤을 위해 체계적이고 합리적으로 노력하려는 특정한 심적 정향(frame of mind)을 암시한다. 베버는 이러한 '근대자본주의의 윤리'를 '자본주의 정신'으로 부르고, 그것은 노동에 대한 태도에서뿐 아니라 사용주의 기업경영관행에서도 발현된다고 보았다. 그는 (이윤 자체를 위한 경제활동이 윤리적으로 정당화되지 않던 때인, 즉 자본주의 정신이 결여되었던) 14-15세기 플로렌스에서 만연한 자본주의를 (자본주의 정신이 도덕적으로 용납될 만하고 심지어 찬양할 만한 삶의 조직방식의 본질로서 이해되었으나 아직 자본주의가 만개하기 전인)

18세기 펜실베이니아의 경제적 후진성과 대비시키면서, 전자의 경우 자본주의 그 자체는 자본주의 정신을 만들지 못한다는 점을 보여주었고, 후자는 자본주의란 기본적으로 칼뱅주의 신학에서 기인한 자본주의 정신의 사회적 산물임을 증명한다고 암시하였다. 실제로 17세기 중엽에 이르면 가톨릭 유럽의 사회적 보수주의와 칼뱅주의 공동체의 진취적 기업의 대비는 극명한 것이 되고, 영국과 네덜란드의 경제적 번영이 종종 칼뱅주의의 영향 덕으로 돌려지는 일이 빈번해지고 있었다.

베버와 토니 모두 16-17세기에 진행된 자본주의의 종교적 기원과 초기발전에 관심을 기울였다. 베버가 자본주의의 '발흥'에 초점을 두면서 자본주의 정신의 특정적 발단, 특히 기독교, 정확히는 청교도주의의 적극적이고 긍정적인 역할에 주목했다면, 토니는 자본주의의 초기'발전'으로 관심을 확대하면서 자본주의가 신교사상(protestantism)의 점진적 변질에 미친 영향, 특히 그로 인한 자본주의 발전과정에서의 **교회의 역할방기** 혹은 자본주의의 제 문제에 대한 **신학적 분석의 부재**라는 문제에 주로 주목했다. 따라서 베버와 토니는 자본주의의 태동(기원)과 이후의 발전에 관한 학문적 관심을 하나의 전체로서 연결하며, 자본주의에 대한 문화적, 관념적, 종교적 설명을 위한 하나의 논쟁적인 주제를 제시했던 셈이다. 특히 이들은, 자본주의가 중립적인 자원배분의 방식이 아니라 사회문화적, 정치적 제도와 관행에 뿌리를 둔 가치체계라는 인식과 자본주의의 태동과 발전의 과정에서 문화와 관념의 역할이 중시될 수 있다는 사상을 공유한다.[107]

베버는『프로테스탄트 윤리와 자본주의 정신』에서 영국식 칼뱅주의가 자본주의의 모태였다는 논지를 상세히 펼쳤거니와, 그 책이 출간된 이후 베버 논지를 둘러싸고 다양한 측면에서 왕성한 논의가 있어왔다.[108] 가장 빈번히 제기되는 비판은 자본주의의 기원과 초기발전에서 청교도주의의 중심성에 관한 것이다. 물론 마르크스의 물질주의 사관에 유보적 태도를 취하며, 환원주의적 설명을 누구보다도 싫어했던 베버가 종교(칼뱅주의)의 영향력에 배타적 중요성을 부여할 수는 없는 일이었다. 실제로 베버는 『프로테스탄트 윤리와 자본주의 정신』에서 자신의 논지에 대한 비판을 염두에 두고 그것이 지닌 한계를 미리 인정하는 학문적 겸손함을 드러내기도 했다.[109] 그럼에도 불구하고 구조나 물질과 같은 여타 요인들에 대한 검토 없이 종교 등 지적이고 도덕적인 영향력의 비중을 논할 수는 없을 것이다. 특히 베버는 근대 자본주의의 내용을 지나치게 단순화하고 청교도정신에 무리하게 정향시킴으로써 그 의미를 제한하고, 결과적으로 인과관계를 한 방향으로 고착했다는 비판에 종종 직면했다. 앞에서 살폈듯이, 가령 토니는 종교개혁이 본격화되기 이전에 이미 자본주의 정신은 존재했고, 오히려 그것이 청교도주의의 사회경제관의 형성에 영향을 미쳤다고 지적하고 있다.

이러한 인과관계의 혼선은 베버가 연구자료를 주로 앵글로색슨 국가에서 출판된 것에 의존한 데 일정하게 기인할지 모른다. 실제로 14세기 베니스와 플로렌스, 그리고 15세기 앤트워프에도 이미 '자본주의 정신'이 충만했고, 네덜란드와 영국에서 자본주의의 발전은 칼뱅주의보다는 대규모 경제운동들과 그러한 운동이 낳은 사회변화들과 더 관계가 깊다고 주장하는 것이 결코 무리한 일이 아닌 것이다. 토니는 만약 베버가 16-17세기 독일, 네덜란드, 스위스 등 대륙국가들의 경제발전을 주목했다면 분석결과는 적지 않게 달라졌을지 모른다고 지적한다.

만약 자본주의가 자신의 금전적 이득을 추구하는 자본소유자들의 산업지배와 그들과 그들이 통제하는 임금노동자 간에 성립되는 사회적 관계를 의미한다면, 그런 자본주의는 중세 이탈리아와 중세 플랑드르에 이미 거대한 규모로 존재했었다. 만약 자본주의 정신이 이윤추구를 위해 모든 도덕적 양심을 희생할 태세를 갖춘 기질을 가리킨다면, 그런 자본주의는 중세의 성인과 현자들에게 너무도 친숙했다. 당대 사람들을, 무적함대에 이르기까지, 감동시켰던 것은 가톨릭 국가인 포르투갈과 스페인의 경제제국주의였지, 실속은 더 있었을지 모르나 위용은 그만 못했던 신교국가들의 성취가 아니었다. 유럽의 상업적 수도들은 압도적으로 가톨릭 도시들이었고, 유럽을 대표하던 금융가들의 절대다수는 가톨릭 은행가들이었다.[110]

베버가 강조했던 종교적 요인은 보다 세속적 윤리와 사상 그리고 물질적, 사회경제적 조건들에 의해서 보완될 필요가 있다. 예컨대 마키아벨리 등 르네상스 시절의 정치사상도 과거의 전통적 구속을 약화시킨 강력한 용해제였으며, 영국에서 화폐, 가격, 교역 등에 대한 기업가와 경제학자들 사상은, 16세기 반복되는 금융위기를 동반하고 가격의 변화를 동반한 것으로서, 베버가 전통주의(traditionalism)라고 불렀던 태도를 침식시키는 데 마찬가지로 효과적이었다. 경제사상에 대한 최근 연구들은 칼뱅주의에 귀속시키는 경제윤리의 성격이 결코 칼뱅주의에 한정된 것이 아니며, 칼뱅주의의 영향력도 베버가 시사하는 것처럼 동일하고, 명약관화한 것은 아니라는 점을 밝혀준다. 오히려 칼뱅주의의 영향력은 시대에 따라, 나라에 따라, 또한 경제여건, 사회적 전통, 정치환경의 차이에 따라 매우 다르게 나타날 수 있거니와, 앞에서 반복적으로 지적했듯이, 칼뱅주의는 미래 못지않게 과거지향적이며, 변화의 편에 서기도 하고 보수의 입장을 옹호하기도 한다. 더욱이 토니의 지적대로 종교적 관념이 경제발전에 미친 영향력을 추적하는 일은 매우 계몽적이지만, 한 시대가 수용한 경제질서가 그 사회가 종교영역에 대해 지닌 의견에 어떤 영향을 미쳤는가를 이해하는 것도 그에 못지않게 중요하다는 지적도 얼마든지 가능하다.

보다 신학적 수준에서, 베버가 전달한 소명 개념이 과연 성경적으로 그리고 교회사적으로 얼마나 정당화되는지, 어느 정도 칼뱅주의에 독특한 것인지, 혹은 칼뱅주의의 소명 개념은, 예컨대 루터주의의 그것과 어떻게 차이가 지는지 등에 대한 보다 심층적인 분석이 필요하다. 베버가 『프로테스탄트 윤리와 자본주의 정신』에서 언급했던 대부분의 사례들은 17세기 후반 영국 청교도들의 저술에서 인용한 자료들에 기초한 것이다. 그러나 칼뱅의 신학을 집대성한 유명한 『기독교강요』와 17세기 후반의 영국청교도들의 저술들 사이에는 100년이 넘는 세월의 경제발전과 정치적 소동이 있었으며, **시민전쟁과 명예혁명을 경험했던 칼뱅주의가 얼마나 칼뱅의 칼뱅주의인지**는 쉽사리 단정할 수 없다.[111] 이러한 지적이 종종 칼뱅의 이상을 구현한 것으로 간주되는 제네바의 엄격한 신정정치(theocracy), 혹독한 집산주의(collectivism) 등 실험과 17세기 이후 발전된 자본주의에 근본적으로 내재된 개인주의적 철학과의 조화 문제와도 직접적으로 닿아 있음은 물론이다. 그것은 또한 베버 체계에서 신학적 탐구의 필요성, 특히 설명적 요인이 아닌 종속변수로서의 (종교)관념에 대한 고찰이 필요하다는 인식과 연결되기도 한다. 신학적 측면에서 가장 빈번히 제기되는 문제는 베버가 가톨릭 교의와 칼뱅주의 신학을 얼마나 충실히 이해했는가라는 점이다. 베버와 동시대인이었던 W. 좀바르트 이후 많은 역사가들이 지적했듯이, 중세 이후의 가톨릭은 자본주의 정신을 긍정적으로 수용했고 종교개혁은 실제로 이러한 가톨릭의 모습에 대한 저항의 의미를

띤 것이었기 때문에, 칼뱅주의는 베버의 주장과 반대로 처음부터 반자본주의적—간접적으로라도 부의 축적을 죄악시한—이었다. 칼뱅주의가 부의 축적을 위해 실제로 기여한 정도를 정하는 문제는 해결되어야 할 과제이다.

자본주의 기원의 문제를 주로 분석했던 베버도 산업문화 전체의 진행양상에 대해서는 매우 우울한 심기를 감추지 않았다. 예컨대 그는 청교도주의가 현대인을 그 안에 가두는 '철창'을 만드는 데 일정한 기여를 했으며, 그 결과 인간은 점차 비인격화되고 관료화되는 질서에 의해 삶의 즐거움을 무자비하게 박탈당했다고 지적한다. 그가 "청교도들은 소명 속에서 일하기를 **원했지만**, 우리 현대인들은 그렇게 하도록 **강요되고 있다**."고 관찰한 것도 이러한 맥락이다.

자본주의의 기원을 넘어서 그 발전양상에 관심을 기울이며 베버의 배턴을 이어받은 사람이 토니였다. 자본주의의 기원 이후의 발전양상을 주목하던 토니에게 자본주의는 훨씬 부정적으로 다가올 수밖에 없었다. 토니가 『기독교와 자본주의의 발흥』을 쓰기 전에 베버를 읽었다는 증거는 없고, 제1차 세계대전 전에 토니의 글 어디에도 베버에 관한 언급은 찾을 수 없다. 그가 『비망록』에서 개신교와 자본주의의 관계에 관한 관심을 드러내긴 했지만, 베버의 영향을 받았다는 암시는 어디에도 없다. 오히려 『기독교와 자본주의의 발흥』은 토니가 1925년에 편집하여 펴낸 윌슨(Thomas Wilson)이 쓴 『대부업강론(*Discourse on Usury*)』(1572)과 긴밀하게 연결될 수 있을 것이다.[112] 16세기 금융과 상업을 상세히 다룬 그 책에서 윌슨은 새로운 자본주의 기업을 위한 대규모 대부업의 성장과 토지 인클로저를 기독교윤리에 대한 부도덕한 위반으로서 비난하고 있는데, 이는 토니가 『기독교와 자본주의의 발흥』에서 길게 취급한 16세기에 진행된 경제행위의 근본적 변화에

대한 보다 광범위한 논제를 연상케 만든다.[113)

베버 사후에 출간된 토니의 일련의 저술은 자본주의의 기원에 대한 베버의 종교적, 관념적 설명을 다분히 '비판적으로' 계승한다. 그 중심에 있는 『기독교와 자본주의의 발흥』에서 토니가 스스로를 베버와 차별화하여 제기한 주장은, "근대자본주의의 발흥에 일정하게 역할을 했던 프로테스탄티즘의 윤리는 자본주의의 발전이 진행되면서 신학적 태만, 무관심, 무지 등으로 인하여 점차 자본주의의 윤리적 계도(啓導)를 위한 원래의 적극적 역할을 포기하고 스스로 세속적 물질주의 정신의 하위 개념으로 주변화되었다." 정도로 요약될 수 있을 것이다. 실제로는 토니 자신도 인정했듯이, 베버와 그는 탐구의 대상이 상이하다. 베버는 주로 개인들의 내면적 삶, 동기, 경제행위에 대해 개혁종교가 미친 영향을 이해하고, 자본주의적 품성의 형성에서 종교사상이 수행한 역할을 설명하고자 했다. 반면에 토니는 자본주의적 관행으로 인한 사회윤리 전반의 변화와 수 세기에 걸친 기독교 사회전통의 점진적 후퇴에 초점을 두었다.[114)

토니는 파슨스(Talcott Parsons)가 번역하여 영국에서 출간된 베버 책의 최초 영어 판본에 쓴 서문에서 자신의 관찰 혹은 주장과 베버의 그것들과의 근본적 차이를 언급했다. "베버가 답하고자 하는 질문은 단순하고 근본적이다. 그것은 자본주의 문명의 발전을 가능하게 한 심리적 조건들의 문제이다."[115) 토니에 따르면 베버의 이런 관점에는 몇 가지 문제들이 엿보인다. 무엇보다 베버는 당대의 경제조직과 사회구조에서의 변화들이 갖는 중요성을 간과했고, 르네상스 정치사상의 중요성을 과소평가했으며, 가톨릭 저술가들에서 나타난 유사한 윤리적 전환을 등한시했고, 칼뱅주의가 여러 지역과 시기에 다양하게 취했던 형태에도 불구하고 그것을 동일한 것으로 제시했다. 서문의 말미에서 베버는 "경제발전에 대한 종교사상의 영향"을 추적했지만, 토니는 "당대에 수용된 경제질서가 당대의 종교적 견해에 미친 영향을 이해하는 것" 또한 못지않게 중요하다고 지적했다. 토니의 주장에 따르면, "자본주의 정신"은 프로테스탄티즘의 윤리에 의해 영향을 받았을 뿐 아니라, 기독교의 공공영역으로부터의 전면적 철수가 발생시킨 윤리적 공백을 메우며 들어와 프로테스탄티즘의 정신 자체에 영향을 미쳤다.[116]

기독교, 자본주의, 토니

베버가 『프로테스탄트 윤리와 자본주의 정신』에서 강조했던 내용을 염두에 두면서 토니의 『기독교와 자본주의의 발흥』을 다시 상고해 보자. 『기독교와 자본주의의 발흥』은 16, 17세기에 왕성하게 출판된 영국 팸플릿 문건들에 대한 저자의 세밀한 독서를 바탕으로 쓰인 책이다. 토니의 역사탐구가 그렇듯이, 그는 이 책에서도 역사를 당대문제의 조명을 위해 활용하려 했다. 책에는 교회와 국가의 관계에 관한 성찰과 도덕적 기독교의 부활에 대한 간절한 바람이 담겨 있거니와, 책의 주장대로 만일 종교개혁 이후에 기독교 사회윤리가 더 나빠지는 쪽으로 변했다면, 토니는 그것이 다시 활력을 얻어서 효과적으로 적용될 수 있기를 바랐다.

『기독교와 자본주의의 발흥』은 중세의 쇠락, 종교개혁, 청교도주의 발흥, 시민혁명, 왕정복고 이후 토지귀족의 승리, 중간계급의 성장과 산업화의 기원 등 근대사의 많은 핵심요소들을 결합시킨 대담한 종합을 시도한 저술이다. 상업사회, 산업, 도시들을 특징으로 하는 '근대'

는 과연 어디에서 시작되었나? 근대영국사의 전통적 이해는 정치적
요인들 그리고 엘리자베스에서 제국의 시대까지 영국 상업과 국력의
성장에 주로 근거한다. 토니의 접근은 이와는 전혀 달랐다. 그는 의회
정치와 헌정제도를 통해 17세기를 해석할 것을 거부했고 그것들의 자
리에 사상, 교의, 사회행태를 들여놓았다. 가령 토니는 영국이 산업사
회로 이전한 것은 20세기 저개발 세계의 경우에 못지않게 혁명적/폭
력적이었다고 관찰한다. 그는 당시의 재산탈취를 논하면서, 볼셰비즘
이 아니라 영국 개신교 통치자들에 의한 교회재산이나 공유지의 강압
적 탈취를 예로 들었다. 전근대 영국사회에서의 폭력사용에 대해 손
쉬운 이중기준을 피했던 것이다.

　이미 상세히 취급했듯이, 토니에 따르면 "… 중세경제사상은 경제
문제를, 종교가 정점에 있는 모든 인간의 이해와 활동들을 포괄하는
가치의 위계의 일부로 취급하려고 시도했"으며, 중세기독교는 적절한
경제윤리를 제시한다는 책무를 결코 저버리지 않았다. 그 시절의 사
상가들에게 "사회는 경제기구가 아닌 영적 유기체"였고, 경제활동은
"방대하고도 복합적인 통합체 안의 하나의 하위요소"로서 "그것이 물
적 수단을 제공하는 도덕적 목적에 비추어서" 규제되어야 했다. 근대
에 오면서 기독교는 이런 질문을 더 이상 묻지 않거나 무시한다.

　토니가 보기에 역사적 현상으로서 자본주의에 대한 의미를 전달하
는 작업은 동시에 교회권위의 실종을 설명하고 가르치는 일이었다.
기독교윤리가 사회경제적 삶으로부터 분리되고 거기에 터 잡고 있던
중세 사회윤리가 붕괴된 것이야말로 19세기의 특징적 모습이라는 것
이 토니의 관찰이었다.[117] 새 산업과 상업에 도덕적 자율성이 부여되
면서 과거 사회경제적 문제들을 지배하던 특정의 기독교가치가 권좌에
서 끌려 내려왔고, 기독교국가(Christendom)가 무너져 내렸다. 토니는

17세기의 "종교적 광신"과 영국 사회철학으로서 그것을 대체한 "산업적 광신"의 유사성을 끌어냈다. 케인스가 예리하게 지적했듯이, 만일 자본주의가 "절대적으로 비종교적"이라면, 그것은 **자본주의 자체가 종교가 되어버렸기 때문**이다. 두 개의 종교가 하나의 마음, 하나의 지갑을 동시에 자기 것으로 주장할 수 없거니와, 인간은 두 신을 섬길 수 없다. **자본주의라는 강력한 종교가 부상하면서 기독교는 쇠락하게 되었다**는 것이다.

특히 17세기 중엽의 격렬한 다툼 이후, 영국교회는 근본적인 정치 문제 앞에서 침묵했다. 웨슬리언 부흥, 복음주의 운동 그리고 옥스퍼드 운동 등으로 잠시 소란하긴 했지만, 부르주아 헌정주의의 로크식 타협에 아무런 도전도 하지 않았으며, 하층계급의 문제에 관심을 기울일 때 그것은 주로 인도주의적 형태를 벗어나지 못했다. 종교사상은 자본주의의 구조변화에 대응할 수 있는 사회윤리의 틀을 발전시키기보다는, 경제거래를 사적 행위의 범주로 취급하고, 결국 사회경제적 삶으로부터 전면적인 후퇴를 감행했다. 교회는 자본주의가 초래한 새로운 문제들 앞에서, 즉 결정적인 시기에 교의의 현대화에 실패했고, 생각을 멈춘 교회의 사회적 가르침은 더 이상 중요하게 간주되지 않았다. 그리하여 토니는 단언하거니와, "교회교의가 포기된 것은 포기될 만했기 때문이며, 교회의 사회이론이 무시된 것은 무시할 만했기 때문이다."

토니에 따르면 "자본주의 정신"은 "역사만큼이나 오래된 것이며" 결코 종교개혁 혹은 프로테스탄티즘의 산물이 아니었다. 초기 기독교 문명은 그것과 쟁론을 벌였고, 그것을 적절한 위치에 한정시켰으니, 전통적 교의들은 "시민혁명기에 이르도록 성직자들의 입술 위에 숭고한 유령으로서 남아 있었다." 그러나 칼뱅주의는 후기에 올수록 사회적 연대를 개인주의로 대체했고, 경제적 이해가 윤리로부터 분리되도록 고무했다. 17세기 말에 이르면 물질적 이익추구는 보다 넓은 의무와 책임들의 한 측면이 아니라 광범위하게 수용된 삶의 중심적 사명이 되었다.

영국에서 청교도주의는 "잔존하는 봉건주의적 요소들"뿐 아니라 "질서 있는 신분사회라는 그 이상과 함께" 군주제 국가도 소멸시켰다. 1660년의 왕정복고 시에는 "종교는 사회구조물을 지탱하는 주춧돌에서 그 안의 한 부문으로 전환되었고, 도덕적 잣대 개념은 정책의 중재자요 행위의 준칙으로서 경제적 편의에 의해 대체되었다."[118] 두 전선에서 싸우면서, 청교도주의는 "시민혁명기에 마침내 승리한 상업문명을 위한" 길을 예비했다. 그것은 또한 기독교를 모든 사회적 행위의 규범에서 순전한 개인적, 사적 문제로 변화시켰는데, 18세기에 이르면 "종교가 통치하는 곳은 개인의 마음이며 종교를 규율과 제도로 외표화하는 일은 그것의 순수성을 오염시키고 그것의 권위를 모멸하는 것"이 되었다. 물론 청교도주의가 정치적 자유와 사회발전을 위해 막대한 기여를 했다는 사실이 간과될 수는 없다. 가령 영국에서는 대지주와 교구목사가 한편이 되어 민중소요를 교회와 사회에 대한 위협이라며 앞장서서 성토했는데, 이 상황에서 늘 국교회에 의해 백안시되던 비국교도 신앙만큼 민주주의 발전에 많이 기여했던 운동이나 집단은 없었다. 실로 정신의 자율성에 초자연적 정당성을 부여함으로써 그것들을 그저 바람직한 개인적 품성에서 하나의 습관, 하나의 종교로 전환시킨 것이 다름 아닌 청교도주의였다.[119]

이런 점들이 보여주듯이, **청교도주의에 대한 토니의 태도는 양가적**이었다. 한편에서는 그것이 군주제와 위계질서에 맞서 제기한 도전과 그것이 고취한 "모든 복잡하고 활기찬 문명의 불가결한 토대"인 "진취성, 근면, 검약의 덕목들"을 경하해 마지않았지만, 다른 한편으로는 정신적, 경제적으로 청교도주의가 초래한 "방자한 개인주의"를 혹독하게 비난했다. 토니는 생애 많은 시간을 사회문제들에 맞서는 사회적 기독교를 주창하면서 보냈다. 그의 정신은 기독교의 범위가 '청교도혁명'에 의해 협애화되면서 초래된 해악적 효과들에 쉼 없이 저항했던 것이다.

물론 토니가 종교개혁 자체를 탄식했다는 진술이나 증거는 그의 저술 어디에서도 찾을 수 없다. 그가 문제 삼은 것은 종교개혁의 신학적 정당성 여부가 아니라 그것이 사회구조와 사회행동에 미친 효과였다. 그는 기독교신앙의 본질에 관한 종교적 주장을 편 것이 아니라 그것의 역사적 결과에 대한 지적 측면을 주목했다. 그럼에도 불구하고『기독교와 자본주의의 발흥』에서 토니가 보인 입장은 그가 종교개혁 이전의 교회에 대해 깊은 향수를 품었다는 오해를 남기기도 했다. 심지어 어떤 이들은—그를 잘 모르는—그를 앵글로-가톨릭으로 간주하기도 했다.

어쨌든 1920년대 말과 1930년대 초의 대공황시절, 자본주의의 기원에 관한 토니의 비판적 연구는 영국사회가 겪고 있던 위기에 대해 역사적 보완물 역할을 수행했다. 그것은 초기 자본주의를 영성(정신)을 파괴하고 인성을 결여한 것으로 묘사함으로써 자본주의는 비효율적일 뿐 아니라 부당하다고 믿는 많은 독자들의 심리적 결핍감을 채워주었다. 자본주의의 발흥의 역사가 무제한적 개인주의의 승리와 함께 사회유대와 사회윤리의 파멸을 요구하는데, 기계가 돌지 않고 수백만이 실업자로 내몰린 상황이 터무니없이 기이하다고는 볼 수 없을 것이다. 토니에게 역사는 현재를 보강하고 성찰하게 한다. 경제사가 코트(W. H. B. Court)의 말이다.

누구나 읽은 『기독교와 자본주의의 발흥』은 … 격심한 환멸과 변화하는 사회적 가치들의 시대분위기에 탁월하게 응답했다 … 1920년대 말의 적막 속에서도 그 책은 여전히 울림을 주며, 특히 사회에 대한 비판적 안목을 지닌 사람들에게 토니의 논거는 강력한 인상을 남겨준다."[120]

토니는, 교회가 사람을 목적으로 대하는 교의와 수단으로 대하는 사회경제체제 둘을 모두 수용했다고 비난한다. 『기독교와 자본주의의 발흥』은 이런 비난을 역사적 용어로 체계화한 저술이다. 보다 일반적 의미에서 그의 주장은 두 가지 연결된 측면을 지니는데, 이 둘은 모두 기독교의 도덕적 전제가 주는 함축과 관련 있다. 첫째는 사적 삶과 사회적 삶은 통합되어 있기 때문에, 기독교 원칙들을 사적 행위에 한하고 사회경제적 행위로 확대하기를 거부하는 것은 정당화될 수 없다는 것이고, 둘째는 이러한 '안이한 이원론'은 인간의 본성에도 또 복음의 정신에 비추어도 잘못되었다는 점이다.

만약 사적 공간에서 한 주인을 섬기고 시장과 모임에서는 다른 신을 섬긴다면, 삶은 훨씬 단순해질 것이다. 그러나 세상은 그런 식으로 만들어지지 않았다. 인간은 양서류적인 동물이다. 그는 두 세계에 속해서, 그 양쪽에서 하나인 삶을 **차례로가 아니라, 동시에** 살아간다 … 경제세계를 악마에게 방치하는 기독교는 내가 보기에 전혀 기독교가 아니다. 자본주의는 인간의 목적을 물질적 수단이라는 우상의 제단에 희생하는 비대한 조직이기 때문이다.[121]

토니는 자본주의가 무너지고 있다고 보았다. "자본주의는 여전히 작동하되, 끊임없는 마찰, 동요, 중단의 와중에서 스스로도 신뢰하지 못한 채 불안하게 작동하고 있다."[122] 그는 또한 자본주의하에서 인간은 자신의 공동적 삶에 대한 효과적인 통제를 할 수 없다고 믿었다. 그것은 시장의 자동 메커니즘에 대한 거의 미신적인 숭앙으로 인해 사회적 목적을 추구하는 삶에 대한 통제권이 상실되는 정글의 상황이다. 자산은 아무런 기능을 수행하지 않을 때에도 부와 권력과 권위를 가져다주기 때문에, 사회에 대한 통제는 자연스럽게 자산소유자들에게 돌아가고, 자산소유를 둘러싼 물질주의적 가치가 사회 전체의 규범이 된다. 자본주의는 특정 목적의 수단이 돼야 할 생산과 이윤추구를 그 자체로 목적으로 승격시킨다.

수단과 목적의 궁극적 혼동은 노동(사람)이 자본(사물)의 도구로 사용되는 것을 당연하게 만들며, 생산성과 거기에 결합된 물질주의적 가치를 제단 위에 놓고 숭배한다. 자본주의는 인간의 악한 본성, 곧 탈취성향을 부추겨서 서비스와 연대라는 다른 사회적 장치로 끌어낼 수 있는 또 다른 본능을 억압한다. 그것은 신의 피조물을 향해 겸손한 태도를 고무하기보다는 거의 불경에 가까운 무한탈취와 지배로의 욕망을 부추긴다. 특히 토니의 기독교적 관점은 자본주의를 사악한 [성경에서 신을 '모르는(ungodly)'은 곧 '사악한(wicked)'의 의미이다. 시 1: 1] 체제로 보았다. 그리하여 토니에 따르면 자본주의는 "그 라이벌인 공산주의 체제와 다름없이 반종교적이다."

로마제국에서 교회와 국가숭배 사이의 타협이 그랬듯이, 그리스도의 교회와 자본주의 사회의 실질적 종교인 부의 숭배 간의 타협은 불가능하다. 케인스는 "근대자본주의는 전적으로 반종교적이며, 내적 통일도 이렇다 할 공공정신도 결여한, 늘 그런 건 아니지만 대체로 재산소유자와 이윤추구자들의 단순한 집괴(集塊)에 불과하다."고 말한 바 있다. 그것은 축적하기 위해 탈취하고 탈취하기 위해 축적하는 삶을 신격화하는 욕망과 가치의 통합체계이다 … 앞선 시대의 성인과 현인들이 경고와 질타를 퍼부었던 대상은 바로 이러한 체제, 즉 아직 성공이 순수의 탈을 벗어버리도록 만들기 전의 순종적이며 영합적인 발육기에 있으면서 그 자신에게조차 그 진정한 성격이 드러나지 않았던 체제를 향해서였다.[123]

토니에게 그런 자본주의의 도래는 불가피한 것이 아니었고, 종교사상은 생산력의 단순한 반영이 아니다. 그런데도 교회는 사회윤리 영역에서 자신의 책임을 방기함으로써 상업적 인간이 과도한 이자를 물리고 지주가 농민을 땅에서 쫓아내는 일을 더욱 쉽게 만들었다. 소련의 경우가 증명하듯, 산업문명이 비자본주의적 토대에서 존재하는 것이 불가능한 일도 아니다. 자본주의의 지속 또한 그것의 도래와 마찬가지로 결코 불가피한 것이 아니다. 역사적 한시성(historical mortality)을 지닌다는 점에서 자본주의도 봉건주의와 다를 바 없다. 가령 현대인이 당연시하는 주식회사 등 자본주의에 복무하는 사회조직들은 어제의 자식이며 역사의 산물들이다. 빅토리아여왕이 즉위할 무렵 주식회사는 아직 법적인 지위를 획득하지 못했었다.

이와 관련하여 우리는 역사발전에서 토니가 이중적 인과관계를 중시했던 점을 상기할 필요가 있다. 가령 베버는 자본주의 '정신'을 고양하는 데 '소명'에 대한 칼뱅주의적 관념의 중요성을 포착했지만, 토니는 베버의 접근이 일방적으로 관념과 믿음의 역할을 강조하다가 궁극적으로 균형을 잃었다고 지적한다. 그리하여 그는 사회경제적 구조변화가 기독교교리의 이론적, 실천적 무능을 초래했다고 신랄하게 비판하면서도, 경제와 사상 간의 상호적 작용–반작용의 연쇄반응에 주목하는 것이다.

작용과 반작용이 있었다. 청교도주의가 사회질서를 주조하는 데 일조했지만, 반대로 그것에 의해 영향을 받았다. 베버가 했던 대로 종교사상이 경제발전에 끼친 영향을 추적하는 것은 유익한 일이다. [그러나] 한 시대가 수용한 경제제도들이 그 시대의 종교적 관념에 미친 영향을 이해하는 일 또한 그것 못지않게 중요하다.[124]

토니는 베버를 높이 평가했지만 그의 지성주의와는 거리를 두었고, 마르크스를 더 높이 평가했지만 그의 제자를 자칭하는 이들의 역사방법과 정치적 결론은 거부했다. 그는 역사적 범주로서의 자본주의의 중심성을 주목하면서도 그것의 개별성과 변화에 민감할 것을 주문하며, 교조적 환원론, 단일의 인과관계적 설명의 위험성을 끊임없이 경고했다. 그에게 역사과정은 "상호 인과적으로 연결된 하나의 전체"였고, 유일하게 적절한 역사는 경제적 토대, 정치적 상부구조 그리고 관념들의 역동성을 동시에 고려한 "통합적 역사(l'histoire intégrale)"였다.[125]

6부

‘동료애’ 사회를 향하여

조지 오웰은 사회주의가 진정 추구하는 것은 "인간의 형제애 정도"라고, 다소 추상적이고 막연하게 제시하는 것이 좋다고 말했다. 사회주의 사상은 예측을 하되, 대략적인 예측만을 해야 하며, 상세한 구상은 "불필요한 혼선과 다툼만을 일으키리라."는 것이다.[1] 토니 또한 시대마다 사회주의의 정의가 변화무쌍하기 때문에, 그것을 말끔하게 정의하는 일은 피하는 것이 좋다고 보았다.[2] 어떤 점에서 토니의 동료애로서의 사회주의도 맥락은 크게 다르지 않다.

　영국사회주의 배후의 충동은 언제나 노골적이고도 완강하게 윤리적이었다. 그것은 사회적 질환의 근원을 몇몇 추상적 원칙의 차원에 귀결시키는 전통에 닿아 있다. 선한 사회는 건전한 도덕적 기반 위에서만 건설될 수 있거니와, "인간이 인간인 한, 가난한 사회도 올바른 삶의 질서를 발견하지 못할 정도로 가난하지 않으며, 부유한 사회도 그것을 찾을 필요가 없을 정도로 부유하지 않다."[3] 토니가 제시한 도덕적 원칙들은 모두 사회경제적 삶의 조직을 위한 실천적 함의를 동반한다. 자유, 민주주의, 동료애는 환원될 수 없는 가치, 궁극적인 도덕적 원칙이며 '목적의식을 지닌 도덕적 공동체' 개념을 엮어주는 요소들이다. 다음은 이 세 가치/원칙들을 지금까지 논의한 것들의 맥락에서 성찰해 본 것이다. 인간의 근본적 불완전성에 친숙하고 민감했던 토니는 사회주의를 어떤 완결된 지점이 아니라 하나의 과정, 삶의 방식으로 사고했다. 그것들은 목표하고 끊임없이 접근하되, 늘 함께 살아야 하는 "지금 이곳"의 가치들이다.

11
자유의 원칙

자유와 권력

토니에게 자유의 핵심은 개인의 발전, 곧 창조의 목적을 향한 잠재력의 구현에 있었다. "자신의 삶의 조건을 통제하는" 역량(capacity)으로서의 자유는 개인발전을 위한 중요한 수단이다. 자기결정의 능력이 없다면, 개성은 질식되고 잠재력의 발현은 근본적으로 불가능한 일이 된다. 무기능자산이 사회문제의 한 원천이라면, 자의적 권력은 또 다른 원천이다. 당연하게도 자유는 권력에 상대적이며 권력과 무관하게 논의될 수 없거니와, 자유가 번성하려면 모든 종류의 자의적 권력은 축소돼야 한다. 토니는 권력을 "개인이나 집단이 다른 개인이나 집단의 행위를 자신이 원하는 방식으로 교정하거나 자신의 행위가 자신이 원하지 않는 방법으로 교정되는 것을 막을 수 있는 능력"으로 정의한다.[4] 정치적 자유와 경제적 자유는 사회권력이라는 보편적 문제의 일부라는 점에서 둘 다 중요하다. 문제는 자본주의가 집중되고 무책임한 경제권력 체제라는 점이다. 자본주의 사회에 특징적인 불평등은 경제조건의 문제이면서 권력의 문제이다. 토니는 불평등한 경제권력의 체제로서의 자본주의에 지극히 민감했으니, 자의적 권력의 문제를 정치영역에서 경제영역으로 확대하는 것은 현대산업사회의 가장 절박한 과제였다.

경제제도의 산물로서 자유의 결핍, 곧 빈자의 경제적 예속이라는 조건은 심대한 심리적 효과를 동반함으로써 빈자의 자기실현을 방해한다. 특히 산업조직은 기본적으로 전제적, 자의적 권력의 행사를 특징으로 한다. 소비자의 자유는 독점적 경제권력에 의해 조롱당하고 노동자의 자유는 전제적 경영과 기능 없는 소유주들의 금융권력에 의해 경멸당하는 현실을 두고, 시민으로서 자유롭기 때문에 자유롭다고 말하는 것은 그 자체가 웃음거리이다.[5]

자유는 현명한 선택을 하도록 허용하는 수단이거니와, 실제로 접근 가능한 선택들이 없다면 실천적 독트린으로서의 자유는 무의미하다.

> 특정의 시공간과 격리된 추상적 자유란 존재하지 않는다 … 자유는 실재하는 대안들 간의 선택, 즉 구체적인 선택의 능력이다. 요컨대 자유는 특정한 시점에 특정한 환경에서 특정한 것을 행하거나 삼갈 능력이다. 그렇지 않다면 자유는 아무것도 아니다.[6]

무엇보다 자유의 적극적, 구체적, 다원적 측면, 곧 행동하고, 선택하고, 살아갈 자유, 자기통제의 기회 등과 직결되는 일상생활에서의 실질적 역량으로서의 자유가 강화, 확대돼야 한다. 토니가 "자유는 자유들로 구성되어 있다."고 말한 이유가 여기에 있다. 자유에 필수적인 권리는 소수뿐 아니라 모두의 자유를 확보해 주는 것이어야 하며 만일 인간으로서 가치 있는 삶을 영위할 기회가 소수에게 제한된다면, 그때의 자유는 기실 '특권'에 불과한 것이다.[7]

토니는 전후 흥성하던, 자유와 국가개입을 대립 개념으로 놓는 사상들의 위험성을 지적한다. 예컨대 재산권 자유라는 명분하의 전시통제에 대한 무차별한 해제는 오히려 가난한 다수에게 어려움을 안겨줘서 그들의 실질적 자유를 제약한다. 또한 국가가 모든 중등학교의 학비를 폐지하는 것은 학부모에게 자녀를 위한 학교선택의 자유를 말살하는 것이라는 주장은, 학비가 폐지되면 보다 비싼 학교에 학비를 낼 여유가 없는 대다수 학부모들의 자유는 오히려 증가한다는 명백한 사실을 왜곡한다. "정치적 교의를 검증하는 유일하게 정당한 시금석은 그것이 보통사람들의 삶에 미치는 실제 효과이다."[8] 경우와 상황에 따라, 때로는 전체주의 정권에서처럼 국가에 저항하는 것이 자유를 확대하며, 때로는 국가의 개입이 오히려 자유의 증진에 기여한다. 특권계급이 주장하는 것과는 달리, 일반적으로 국가의 후퇴가 남기는 것은 "자유 아닌 전제"인바, 예컨대 고용의 유지를 공공권력 아닌 지주나 자본가 등 사적 권력에 맡기면, 대체로 자유 아닌 독재가 결과하는데, 이런 사적 독재는 "돌출되지 않는다고 해서, 이익을 누리는 이들이 진정으로 그것을 자유와 동일시한다고 해서, 덜 억압적인 것은 아니다."[9]

경제과정에 대한 국가개입을 반대하는 유일하게 그럴듯한 논거는 경쟁의 논리, 즉 "탐욕으로 탐욕을 억제하고" 경쟁이야말로 정직의 자동적 대체물이라는 주장이다. 그러나 현실에서는 독점 혹은 준독점이 빠르게 증가하고 있거니와, 독점이 가져다주는 우연적 이점에도 불구하고, 그것은 재화와 가격에 대한 선택을 제한함으로써 소비자의 자유를 심대하게 제약한다.[10]

이런 점에서 집단적 공여를 확대하고 불평등을 줄이기 위해 고안된 모든 사회/경제정책은 '자유의 재분배'에 기여한다. 경제, 사회, 금융적 자원이 없는 대부분의 보통사람들에게 필경 자유는 보호/보존돼야 할 소유물이기보다는 성취해야 할 목표이다. 그러므로 소수의 특권을 다수의 기회로 전환하는 사회경제적 정책은 일거양득인바, 왜냐하면 불평등을 감소시킬 뿐 아니라 자유를 증가시키기 때문이다.[11] 토니는 교육, 의료, 주택에서 공적 공여를 확대하고 기회를 균등화하는 사회정책, 소득과 부를 재분배하는 조세정책, 노동자의 지위를 강화하는 산업정책, 사적 자본의 권력을 공적 통제 아래로 끌어오는 경제정책 등을 지지한다.

절대다수의 인민을 위한 실제적 자유의 확보는 반(反)빈곤전략, 불평등축소, 사회복지확대를 넘은 시장의 민주화를 민주화의 또 다른 관건으로 포함해야 한다. 훗날 J. K. 갤브레이스는 기업권력의 견제야말로 자본주의의 사활이 걸린 문제이며 이를 위해 기업지배구조와 관련하여 "상쇄력(countervailing power)의 제도화"를 주창했었다.[12] 토니가 민주주의의 궁극적 내용을 정치에서 사회경제적 영역으로 확대하되, 비(非)의존적 자유를 키우기 위해 노동자의 '경제적 저항력' 강화 필요성을 역설했던 것도 유사한 맥락이었다. 토니가 말했던 '자유의 조직'과 '산업의 해방'도 산업을 무기능적 사적 소유권에서 해방시킴으로써 그 종사자들의 실제적 자유의 영역으로 전환시키는 것을 의미했다. 가장 중요한 것은 자유가 집단적 책임을 가능하게 만드는 충분한 권력의 분산을 동반해야 한다는 점이다. 가령 산업의 공공소유 자체가 관건이 아니라 국유화든 사유화든 산업을 다양한 분산체제를 통해 관리하는 것이 핵심이다.[13]

토니에 따르면 자유의 확대가 의존하는 원칙은 세 가지이다.[14] 첫째,

날로 확대되는 경제관계의 영역은 자산소유자들과 그 대리인들의 금전적 이익이 아니라, 사회적 편의에 대한 신중한 결정에 근거해서 정해진 규율에 의해 지배돼야 한다. 둘째, 지금까지 통상 지휘와 관리의 영역으로 간주되어 온 광범위한 경제적 이해가 미래에는 공동결정의 대상으로 돼야 한다는 인식이 필요하다. 셋째, 그 결과로서 조직의 발전은 경제전략과 산업조직 같은 보다 큰 문제들이, 실제로 그렇듯이 공적 사안으로 취급되고 그것들의 결정주체는 당연히 그 결정의 진로에 대해 공중에게 책임지도록 담보할 수 있어야 한다. 합리적 정책이라면 이 세 가지를 동시에 충족해야 한다. 사회적 행동을 통해 문명사회의 기준에 걸맞은 삶과 일의 조건들을 확립하고, 집단적 통제와 공동결정에 구속되는 노사관계의 영역을 확대하며, 공공복지에 영향을 미치는 경제문제들과 관련해서는, 공동체가 규칙적으로 자신의 의사를 관철할 수 있어야 한다.

자유와 평등

토니에게 자유와 평등은 모두 개인적 가치와 역량의 문제이고, 동시에 만연된 경제환경이 형성시키는 사회적 개념이다.[15] 그는 이 둘이 상충하지 않으며, 오히려 평등은 자유를 현실적으로 만드는 데 불가결하다고 보았다.

자유는 사실상 활동 중에 있는 평등이며, 모든 사람이 동일한 기능을 수행하거나 동일한 정도의 권력을 행사한다는 의미에서가 아니라, 모든 사람이 권력의 남용으로부터 동등하게 보호받고 권력이 사적 목적이 아닌

일반적 이익을 위해 사용되도록 요구할 동등한 권리를 지닌다는 점에서 그러하다.[16]

『비망록』에서 토니는 기독교가 정치윤리를 포함한 모든 윤리의 근원이라고 강조한 바 있다. 가령 그에게 인간평등이란 개념은 인류 공동의 성부(聖父)로서 신 개념에서 연역되지 않으면 이해될 수 없다. 자유 또한 기독교적 절제와 영적으로 추인된 의무에 대한 복종이라는 맥락에서만 이해된다.[17] 물고기는 물 안에 있도록, 새는 하늘을 날도록 창조되었다. 신의 창조 질서와 신의 목적에 부합할 때 비로소 자유가 가능하다는 것이다. 물고기가 물을 떠나거나 새가 땅을 뛰어다닐 때, 자유는 억압되고 궁극적으로 죽음을 맞는다. 토니가 늘 강조했듯이, 공동체의 목표에 조응하는 **자유와 권력은 제한(制限)이란 조건하에서만 향유돼야** 한다.

평등 또한 개인적 증식(增殖)에 가해지는 사회적 제약을 기꺼이 수용하는 것이다. 이는 공공선을 위한 공적 행동을 통해 부와 권력의 극단적 격차를 예방하는 일에 닿는다. 그러므로 만일 자유가 모든 개인이 자기에게 주어진 기회에 따라 제약 없이 부와 권력을 추구할 자유를 의미한다면, 그것은 명백히, 강자가 자기 힘의 이점을 마음껏 휘두르는 것을 막아주는 시민적, 정치적 평등은 물론 경제적, 사회적 평등과도 모순되며 어떤 삶의 습관과도 양립할 수 없다.

부가 권력을 낳는 점을 고려할 때 평등은, 협력적 노력의 동원을 위해 결정적인, 권력의 집중을 제거함으로써 다수의 자유를 확대시킨다. 강꼬치고기의 자유는 피라미에겐 죽음이며 피라미가 효과적 자유를 누리려면 강꼬치고기의 자유는 제한돼야 한다.[18] 사회경제적 평등은 하나의 계급으로서 귀족을 파괴할 것이지만, 자유가 전제뿐 아니라 불평등(일부가 다수에 대해서 휘두르는 특권)에 의해서도 훼손된다면, **평등에로의 진전은 자유로의 진전**인 것이다.

그렇다고 자유가 경제적 권위를 폐지한다고 향유되는 것은 아니다. 사람들을 분노케 하는 것은 경제적 권위가 존재한다는 것이 아니라 그것이 무책임하게 행사된다는 점이다. 자유는 현존하는 권력이 공공의 이익을 위해 사용되고, 권력이 영향을 미치는 사람들과의 관계가 힘의 우위가 아닌 동의에 기초한다는 보장이 확립되는 한에서만 증진된다.[19]

토니는 이러한 견해를 「영국의 사회민주주의」(1949), 「영국사회주의의 오늘」(1952), 그리고 『평등』(1952년판)에서 여러 모양으로 개진했다. 특히 그는 『평등』(제3판)에서 자유사회를 근본적으로 지탱해 주는 본질적 혹은 핵심적 권리들을 부차적 권리와 대비시켰다. 전자는 이동, 언론, 집회의 자유 같은 근본적 권리를 말하며 후자는 생산적 자산의 소유나 소득지출 같은 경제활동과 연결돼 있다. 전자는 변화하는 환경에 비추어 확대되거나 제약되는 편의나 도구가 아니라 원칙으로서 양도할 수 없는 불변의 권리들이다. 이러한 구분의 목적은 평등주의가 불가피하게 핵심적 자유를 실종시킨다는 전통적 자유주의자들의 주장에 맞서기 위해서였다.

실제로 평등은 다양한 정치체제와 양립할 수 있다. 가령 군주제를 지지했던 프랜시스 베이컨도 "분산된 부가 정부에 유리하다."고 말했고, 권위주의 이론가인 홉스도 통제를 더 쉽게 만든다는 이유로 평등을 선호했으며, 결코 민주주의자로 볼 수 없었던 초기의 벤담도 과학행정을 촉진한다는 점에서 평등을 옹호했다.[20] 그러나 토니는 사회주의적 조치들은 이차적 권리의 영역 안에서 주로 작동하되, 핵심권리를 침해하는 것이 아니라 오히려 고양함으로써 자유의 내용을 풍부하게 한다고 말한다. 토니에게 **평등, 자유, 민주주의는 서로를 후원하고 보완한다.**

> 불평등을 감소시킴으로써 명목적 권리를 실천적 권력으로 전화시키는 데
> 도움을 준 조치들은 엄밀한 의미에서 자유에 기여해 왔다. 그것들은 자유
> 를 시시각각 변하는 추상에서 일상생활의 엄연한 현실로 전환시켰다.[21]

『탈취사회』에서는 핵심적 자유/권리 개념을 따로 구분하지 않았는데, 다양한 자유들의 중요성 차이가 있을지라도, 사실상 모든 자유는 공공선과 충돌할 때 철회되는 것이 정당한, 부차적 범주에 속한다는 취지였다. 의무를 강조하면서 개인의 자유를 공동체의 목적에 종속시킨 것이다. 그러나 뒤이은 저작들에서는 자유와 의무 간의 균형이 이전되어, 사회목적의 도구로서 의무들에 묶여 있던 개인들에게 자유는 정신적, 도덕적 발전에 유익한 활동들과 관련된 선택의 문제가 되었다. 가령 『탈취사회』에서는 행복이 공공목적의 통합성을 저해하는 개인주의적, 이기적, 공리주의적 가치로 폄하되었지만, 「영국사회주의의 오늘」에서는 행복이 사회주의적 정치강령의 중요한 요소로 등장한다. 권리는 의무의 부속물이 아니라 독자적 존립근거를 지니는데 핵심 제도들이 그것의 유지와 확대를 위해 역할을 수행한다는 것이다.

12
민주주의의 확대와 심화

통치방법과 생활방식으로서의 민주주의

인간은 자신과 자신이 속한 최상의 이익을 명백히 인식할 수 있는 합리적 피조물이다. 그리하여 토니는 합리적 추론에 근거한 설득의 힘을 확신했으니 그가 민주주의자가 될 수밖에 없는 이유이다. 『평등』 1938년 개정판에 추가된 새 결론에는 히틀러와 스탈린의 전체주의 국가 출현으로 인해 민주주의를 방어해야 할 필요와 더불어 민주주의의 본질에 관한 토니의 입장이 명확히 언급됐다. 보기에 따라서는 토니의 정치사상에 새로운 이정표가 제시된 셈인데, 국민적 기질의 창출과 의회주의적 개혁의 중요성 등 종래 입장은 반복되었지만, 사회, 정치, 도덕의 변혁을 위한 주된 도구로서 교회나 기독교 대신 노동당과 사회주의에 더 초점이 맞춰졌다.

토니는 민주주의를 국가와 산업의 통치/지배방식을 넘어 생활방식을 의미한다고 봄으로써 그 개념을 풍부히 만들었다. 그는 영국이 자유를 공언하지만, 경제자원의 결핍으로 인하여 인구의 상당부분이 완전한 시민권을 향유하지 못하기 때문에, 자유의 덕목들은 실천되지 못하고 자유는 신기루에 불과하다고 관찰했다.[22] 앞에서 지적했듯이, 자유는 개인들이 자신의 역량을 행사할 수 있게 만드는 실천적 권력과 연결될 때에만 의미가 있으며, 사회경제적 불평등이 지속되면 불평등교정의 마지막 보루인 민주주의로의 진행은 방해받는다. 가령 경제권력을 독점한 소수가 다양한 통로를 통해 정치과정에 개입하여 사회경제적 약자의 상쇄력의 단초를 열어줄 민주주의의 작동을 근본적으로 위협한다는 점은 친숙한 주제이다.[23] 그리하여 토니는 **"정치체제로서의 민주주의는 그것이 정치체제로서만 머물 때 불안정하다."**고 지적한다.

> 민주주의는 동의, 책임, 공동의 인간성이란 원칙들을 당시에 명목적으로 인정되던 시민적, 정치적 권리의 영역에서, 그런 원칙들이 체계적이고 불손하게 거부되는 경제사회조직의 영역으로 확대돼야 하며, 사회주의 운동과 노동당은 바로 그 목적을 위해 존재한다.[24]

물론 민주주의는 가장 먼저 정치적 기제 혹은 통치의 방법이었고, 이런 점에서 토니는 사회주의가 영국 **자유주의적 민주주의의 역사적 유산이 수용되고 계승된 위에서** 건설돼야 한다는 점을 분명히 했다. 즉 토니에게 민주주의는 일차로 사회의 권력배열/장치/절차에 관한 것이었으니, 권력이 분산되어 책임지고 통제되지 않는다면, 정치체제는 그 프로그램과 미래의 비전이 아무리 평등주의적이고 포퓰리스트적이라 할지라도 민주적이 아니다. 그에게 **민주주의 외에 사회주의를 가져오는 다른 길은 없으며, 실은 민주주의는 사회주의로 가는 하나의**

길이 아니라 사회주의의 일부였다. 그의 사회주의 동료들이 국유화가 답이라고 외칠 때, 그의 입장은 민주주의야말로 모든 현실주의적 전략이 구축되어야 할 토대이며, 사회주의 공동체는 민주주의의 토대 위에서만 건설된다는 점을 명확하게 보여줘야 한다는 것이었다.[25] "문제는 단순히 국가가 생산수단을 소유하고 통제하는가 여부가 아니다. 누가 국가를 소유하고 통제하는가의 문제이기도 하다."[26] 사회주의에서도 권력의 문제는 남거니와, 권력의 문제들은 항구적이기 때문에 새 계급이 지배한다고 사라지는 것이 결코 아니었다. 이와 관련하여 토니는 특히 노동대중이 자본주의적 민주주의와 비민주적 사회주의 간의 선택에 직면한다면 언제나 전자를 택하리라는 사실을 직시해야 한다고 지적한다. 개혁도 집권을 전제로 하며, 집권이 선거를 통해야 하는 한, 정당이 민주적 절차에 따라 유권자의 지지와 동원을 위해 애쓰는 것은 불가피하다.

물론 다수의 획득이 유일한 과제이며 다수만 얻으면 다른 모든 것은 뒤따라오리라는 믿음에 무의식적으로 빠져드는 일은 경계돼야 한다. 토니에 따르면 정당은 운동을 위해 존재하며 이 둘 모두가 번성하기 위해 운동은 끊임없이 활성화돼야 하거니와, 그렇지 않다면 정당을 태동시켰던 운동이 일차로 정당의 유지를 위해 존재하는 것처럼 간주하려는 유혹에 빠지기 쉽기 때문이다.[27] 토니의 민주주의는 경제사회적 조건에 불가피하게 맞닿아 있을 뿐 아니라, 나아가서 "방출돼야 할 하나의 힘", 곧 "잠재된 에너지들의 방대한 저수지"였고 문명화된 공동체를 규정짓는 실질적인 도덕원칙이었다. 그리하여 민주주의는 사회주의의 제1의 전제가 되어야 하며, 궁극적으로 사회전반에 수용된 하나의 생활방식으로 정착되어야 한다.

권력의 통제와 분산

토니는 사회주의의 "수평적" 형태가 평등이라면 "수직적" 형태는 권력의 통제와 분산이어야 한다고 보았다. 1930년대 대공황의 고통이 심화되고 전체주의 이데올로기들이 유럽 전체로 확산되면서 영국에서조차 민주주의는 국내외의 다양한 형식의 권력집중으로 인해 위협받았다. 수많은 지식인들이 파시즘 혹은 볼셰비즘을 칭송/추종했거니와, 우파는 스탈린을 겁내며 히틀러를 수용했고 좌파는 히틀러가 싫어서 스탈린을 편들었다. 토니가 16-17세기의 튜더와 스튜어트 역사를 탐구했던 이유도 당대의 영국을 형성하는 여러 힘들을 드러내 밝히기 위해서였다.

토니에 따르면 수도원해산과 시민혁명 사이 100년—이른바 "토니의 세기"—동안, 정치사상은 "안정된 정치세계의 함의를 담은 정당한 권위 문제에서 권력의 문제 혹은 유동하는 힘들의 불안정한 작동을 통제하는 능력으로의 두드러진 이전"이 있었다. 이 시기 정치사상가들의 관심은 무질서와 무질서를 억압하는 권위의 정당화 문제에 온통 집중됐으니, 가령 사회의 목적이 인민의 도덕적 증진에 있다는 토머스 모어의 견해는 과거의 유물로 되고 동시대를 살며 권력의 실용성과 현실성을 주목했던 마키아벨리만이 각광을 받았다.[28]

토니가 보기에 제1, 2차 세계대전 전후에 전개된 재앙적 상황은, 어떤 점에서는 16, 17세기에 있었던 특정적 발전들의 절정이었다. 그는 정부권력의 무책임한 집중과 그것을 후원하는 무제한적 정치의지를 주창하는 이론은 종교적 권위의 소멸을 겪은 사회에서만 가능하다고 느꼈다. 토니 표현대로, 종교적 권위가 떠난 "비어 있는 옥좌"는 전체주의 권력이론과 그것이 구현하는 세속적 메시아에 의해 점거되었으

338

니, 볼셰비즘은 산업화, 근대화에 대한 합리적, 유토피아적 반응이고, 파시즘은 그것에 대한 낭만적, 보수적 반응이었다. 1914년 이후 전체주의 이데올로기가 번성하던 한 세대 동안의 "전제의 시대"를 거치면서, 강조점은 경제적 범주에서 정치적 범주로 옮아갔다. 그러나 토니는 당대의 절망적 상황에서 정치의 도덕적 개념을 놓지 않고자 필사적으로 분투했다. 그가 "제네바를 유리도시로 만들어 모든 가정이 영적 경찰의 감시하에 살게 하고 … 불경죄를 범한 자들을 파문하고 … 이단자는 사형으로 처벌했던" 칼뱅주의를 향해 감행했던 비판은 스탈린체제의 독재에 대한 그의 비판과 매우 유사하며, 그가 관찰한 16세기의 종교전쟁과 갈등들은 양차 세계대전 사이에 두드러졌던 신조들(creeds)의 전쟁과 매우 흡사했다.[29]

토니가 권력집중으로의 경향을 처음 포착한 것은 16세기 농업변화에서였다. 그가 생계농업에서 상업농업으로—공개지에서 인클로저로, 소자유농에서 대규모 임대재산으로—이전을 묘사할 때 그가 어느 쪽에 서 있는지는 명확히 드러났다. 토니에겐 독립소농들의 광범위한 분산이야말로 최상의 정치적 선(善)인 자유를 확보하게 만드는 최상의 경제적 토대였다. 그러한 토대는 얼마 안 가서 무너져 내릴 위기에 처했으니, 토니는 이 상황을 미국에 빗대어 이렇게 말했다.

18세기 자유운동의 동기와 영감은 '특권'에 대한 공격이었다. 그러나 농업 봉건주의의 망령을 몰아냈던 신조는 영국북부로 손발을 뻗던 산업주의라는 새 괴물 앞에서는 무력했다 … 1832년 영국에서 승리를 거둔 자유주의는 전(前) 산업시대의 보다 단순했던 경제환경에서 성숙됐던 사유재산과 계약자유의 범주들을 자본주의 산업의 신세계 속으로 거침없이 유입시켰다. 영국에서 이런 범주들은 뒤틀리고 왜곡돼서 더는 알아볼 수 없게 되었고, 조만간 무해(無害)한 것으로 인정될 것이다. 미국에서는 절박한 필요에 따라 그 원칙들을 헌법에 명문화하여, 즉 철의 재킷을 입혀 강고하게 보호하고 있다. 그러나 농부와 장인들이 자신들의 자유철학을 신성하게 아로새긴 [미국헌법에 명문화된] 그 장엄한 포퓰러는 앵글로색슨의 상업귀족이 이주자와 반(半)노예적 무산자의 반란행위를 억압하기 위해 사용하는 족쇄가 될 위험에 처했다.[30]

본래 국가권력의 속성은 사회주의자들의 주 관심대상이 아니다. 그러나 20세기에 들어서 국가권력에 가장 강력히 저항했던 무정부주의와 생디칼리슴의 영향력이 점차 소멸하면서 방향은 정반대로 옮아갔다. 특히 제2인터내셔널 해체 이후에 페이비언 집산주의와 레닌주의가 부상하자 사회주의의 적절한 통로로서 강한 국가를 옹호하는 일이 드물지 않았다. 이미 언급했듯이, 토니는 무정부주의 혹은 국가권력과 분리된 공동체 모델을 통한 사회주의 구상에 동의하지 않았다. 그렇다고 진정한 길드사회주의자인 적도 없었고, 페이비언협회의 집산주의에 매력을 느낀 것도 아니었다.[31] 『비망록』은 집산주의와 길드사회주의에 대한 토니의 불편함을 이렇게 기록한 바 있다. "국가관리가 어떻게 영적 삶을 둔화시켰는지는 영국교회가 증명했고, 생디칼리스트 관리가 어떻게 집단적 이기심을 조장했는지는 변호사단체와 옥스퍼드, 케임브리지대학이 잘 보여주었다."[32] 집중된 권력도 노동계급이 행사하면 문제없다는 레닌주의적 개념도 못마땅하기는 마찬가지였다. 사회주의의 권력관뿐 아니라 자유주의의 권력관도 불만족스러웠다.

토니의 지적 뿌리는 자유주의였지만, 그는 자유주의의 토대인 경제적 개인주의와 "불가피한 진보"에 대한 신념 그리고 "이익들의 자연적 조화" 등 개념들이 신뢰를 상실했다고 보았다. 가령 개혁적 자유주의자 레너드 홉하우스가 "자유의 지배는 단지 합리적 방법의 적용"이라고 말했을 때, 공공선은 토론모임만 잘 운영하면 어려움 없이 도달될 것처럼 들렸다. 토니는 자유주의의 이러한 "조화 개념"과 결별했다. 그것은 너무 합리주의적, 낙관적, 원자적 접근이어서, 케인스가 말했던 "경제와 정치권력의 집괴"가 야기한 사회적 갈등들을 적절히 극복할 수 없다는 것을 알았기 때문이었다. **정치와 경제권력이 상호침투하면서 자유주의 접근의 한계가 점차 드러났고**, 홉하우스의 개혁된 자유주의도 제1차 세계대전의 격변을 거치면서 전전에 지녔던 약속을 사실상 잊어버린 듯 보였다.[33] 토니는 휘몰아치는 조류에 맞서 대안을 제시해야 했다.

앞에서 언급한 토니의 권력 개념에 따르면, 토니는 권력을 정치적, 형식적, 법적 차원에서 바라보기보다는 사회경제적 수준의 권력 개념에 초점을 맞췄다. 후자에서의 권력은 물리력과는 달리 변증법적으로 작동하며, 그것이 유발하는 반응과 분리되면 이해할 수 없다. 따라서 권력은 그것이 대상으로 삼는 사람들의 희망, 두려움, 가치들과 영향을 주고받거니와, 그런 권력은 영향이 가공한 만큼, 또한 부서지기 쉬울 정도로 취약하다. 그것은 변덕스럽고 불안정하며, 다양한 형태와 방식으로 표출되고, 한 유형이 다른 유형으로 전화되기도 한다. 무엇보다 토니는 경제권력이 정치권력으로 전화되는 상황을 보면서 민주주의가 위협받고 있다고 새삼 절감했다. **사물에 대한 소유권이 넘쳐 흘러서 사실상 사람에 대한 지배권이 되고 있다**는 것이다.

물론 권력은 절대악이 아니며 단지 인간사에서 불가피할 뿐이다. 가령 바람직한 공동체를 위한 아무리 선한 기획도 권력을 사용하지 않으면 건설될 수 없다. 동시에 권력행사가 야기하는 문제들에서 자유로운 체제나 사회질서란 세상에 존재하지 않는다. 토니의 해결책은 권력을 분산하는 데 있었다. 권력이 분산될수록 억압은 힘든 일이 된다. 오히려 분산된 권력은 신뢰를 낳고 신뢰는 창조적 역량을 고무하거니와, 사람들은 협력의 습관을 정상적이고 필요한 것으로 정착시키고, 타인과 공유하는 습관은 "공동의 인간성(common humanity)"을 창출한다. 그런 사회에서는 누구나 타인을 향해 "지옥에나 떨어져라."고 말할 수 있으나, 누구도 그리 말하기를 원치 않으며 또한 그런 말을 들었다 해도 누구도 괘념치 않는다.[34] 이것이 토니가 그렸던 사회주의의 전경(全景)이다. 그 출발점은 인간은 선과 악의 복합체라는 인간관—사도 바울 혹은 성 어거스틴적이라기보다는 다분히 아퀴나스적인—일지 모른다. 모든 사람은 일정한 책임을 떠맡기에 충분한 자질을 지녔지만, 동시에 동료에 대한 절대적 지배권을 행사할 만큼 충분한 재능이나 역량을 지닌 자는 아무도 없다. 천사는 없되, 아무짝에도 쓸모없는 완전한 악당도 없다. 본성상 인간은 분산된 권력이 가능하게 하고 원하는 협력적 삶에 적합한 존재이다.

> 누구나 일정 정도의 권력을 소유하며, 특정 수준 이상의 권력을 소유하는 이는 아무도 없다. 인간은, 벗겨놓으면 자신과 다를 바 없는, 타인이 허용하는 권력만을 행사한다. 강자는 좀처럼 약자가 생각하는 것만큼 강하지 못하며 약자는 스스로 상상하는 것만큼 그리 무력하지 않다.[35]

그러므로 모든 형태의 권력은 궁극적으로 경제적이라는 통상적 진단은 성립되지 않는다. 인간은 있다가 없어질 물질 이상을 욕구—가령 영원한 사랑이나 영원한 생명 등을 향한 본래적 욕구—하며, 경제적 위해를 넘어선 두려움을 갖도록 만들어졌기 때문이다. 그러나 적어도 **타락 이후의 세상에서는** 경제적 이해가 가장 강렬한 것은 아닐지라도 가장 보편적이고 가장 지속적으로 힘을 행사하기 때문에, 대부분의 권력 형태는 경제적 뿌리를 지니며 경제적 결과를 산출한다. 따라서 당분간 경제적으로 우월한 계급은 가장 두드러진 공적 책무를 이행할 통상적인 계급이 되는 경향이 있다.[36] 더욱이 토니의 기독교관에 따르면, "종교의 대척점은 무종교가 아니라 반종교이다."[37] 애초에 무종교란 없으며, 종교가 떠난 공간에는 새로운 신들이 밀려들어 오기 마련이라는 것이다. 사람들은 부와 권력을 숭배하는데, 부의 숭배의 결과가 특권이고 권력숭배의 결과가 전제(專制)이지만, 토니의 관찰에 따르면 **사회규범과 제도에 대한 기독교의 영향이 소실되면서, 영국인들은 권력숭배보다는 부의 숭배에 더 경사되었다.**

이 상황에서 토니가 특별히 주목한 것은 경제권력과 정치권력의 상호관계였다. 이 둘이 결합되어 권력이 집중될 때, 통치방식으로서의 민주주의는 허구가 될 수 있다. 정치적 민주주의가 정치외적 기원을 지닌, 곧 책임지지 않는 권력의 집중에 의해 질식될 것이기 때문이다. 민주적 책임성이 함의하는 "책임 있는" 권력은 민주적 책임성에서 비껴나 있는 무책임한 권력보다 더 커야 한다. 이를 보장하려면 **무엇보다 자산에서 기원하는 권력이 제어돼야 하거니와, 경제력 집중이 민주과정을 왜곡할 정도로 클 때 독재가 결과하기 때문이다.** 토니가 1930년대의 대안은 사회민주주의로 나아가든가, 파시즘으로 하강하는 것이라 보았던 이유이다. 그리하여 "민주주의가 정치에서 경제체제로 확대됨으로써 보다 넓은 토대 위에서 더욱 견고하게 확립되든가, 형식을 제외하면 더 이상 정치제도로서 존재하길 멈추든가, 둘 중하나이다."[38]

토니는 조건과 환경의 불평등을 소득과 재산의 산술적 평등의 지점으로 환원하지는 않았지만, "사람에 대한 지배"를 낳는 부의 집중을 막는 절대적 장애물을 건립하고자 했다. 사적 부는 재판을 왜곡하도록 허용돼선 안 되고, 선거운동에 무제한의 자금을 쏟는 것이 금지돼야 하며, 경제권력과 정치권력이 융합하는 "신봉건주의"를 철폐하기 위해 산업은 재조직돼야 한다.

권력의 분산이 사회를 지역주의나 사인주의(privatism)로의 환원을 의미하는 것은 아니다. 공동문화 창출의 필요성을 누구이 강조했던 토니는 사회적 통합의 필요성을 절감했다. 또한 권력분산은 민주주의뿐 아니라 평화를 위해서도 필요하다. 토니는 국제관계를 계급투쟁의 단순한 연장으로 보지 않았고, 국내 사회현실과 무관하게 균형을 이루는 전적으로 자율적인 영역으로 간주하지도 않았다. 앞에서도 언급했듯이 그는 사회체제가 건실한 국가는 국제적 행위에서도 건실하다고 믿었다. "전쟁은 평화 시에 우리가 발전시킨 습관과 이상의 역전이 아니라 그것들이 집중적으로 발현된 것이다." 토니의 전쟁분석의 핵심은 계급이 아닌 권력이었으니, 가령 프러시안주의는 고삐 풀린 권력의 오만이 낳은 결과물의 한 예였다. 토니 시대 대부분 사회주의자들은 사회주의와 국제관계 사이의 연계성을 보지 못했다.[39] 버지니아 울프나 케인스는 전쟁의 문제를 "중재"문제로 축약했고, 페이비언협회는 국제정치에 관심이 없었다.[40]

토니는 경제가 아닌 정치, 특히 권력과 관련해서 마르크스와 견해를 완전히 달리했다. 그가 보기에 고전적 마르크스주의의 가장 큰 단점은 정치민주주의가 사회발전에 미치는 잠재적 효과를 인정하지 않았다는 데 있었다. 그러나 경제권력이 정치체제를 결정할 수도 있지만, 특정 상황에서 정치권력은 경제체제를 재창출한다는 것이 토니의 주장이었다. 권력에 대한 토니의 접근은 마르크스주의뿐 아니라

"정치권력 주변에 담장을 두르는 일"에 온통 정신을 쏟는 자유주의적 견해와도 달랐다.[41] 토니는, 권력은 그 본질상 막아야 되는 무엇이 아닌 활용돼야 할 무엇이었는데, 그것의 무한 원천은 자유인민의 에너지이기 때문이다. 로크가 정치에 사유재산의 신성성을 보존한다는 순전한 소극적 기능을 부여했다면, 토니는 집단적, 도덕적 목적을 창출한다는 적극적 기능을 권력에 할애했다. 로크가 권력의 법적 성격에 주목했다면 토니의 권력관은 사회적이었고, 로크에게 "공동체의 힘"이 사법적 개념이라면, 토니에게 그것은 인민들의 전 사회적 에너지와 사회적 목적을 포괄하는 개념이었다. 토니에 따르면 사회의 통합은 경제 메커니즘이나 법적 형태가 아니라, 궁극적으로 공동의 목표 안에서 발견된다.

토니에게 권력이 중요한 이유는, 그것이 특정 정책목표의 도구일 뿐 아니라 사회관계에 미치는 권력의 선하거나 악한 영향 때문이었다. 권력집중을 통탄하는 것이 일반적이되, 무정부주의자가 아니라면, 그런 비판의 근거를 찾는 일은 쉽지 않다. 집중된 권력은 아무리 목적이 선해도―심지어 사회주의적 정책을 위해 필요할지라도―악하며, 정책과정에 대한 인민의 광범위한 참여는 그 자체로 바람직한 사회주의의 기본신조이고, 노동계급은 미래 사회주의의 지도자는 아닐지라도, 그것을 창출하는 과정에서는 주도적 세력이다. "창조적 힘은 일상적 행동에서 사람들을 지배하는 관념 외부에 있지 않다. 인간은 늘 데우스 엑스 마키나(deus ex machina)를 찾지만, 불러낼 만한 그런 극적 장치란 애초에 없다."[42] 권력의 분산은 민주주의의 효과적 작동을 위한 필요조건이며 민주주의는 권력의 분산이란 조건하에서만 정당화된다.

셸던 월린은 『정치와 비전』 말미에 현대 서양정치에서 "정치적인 것"

의 실종을 언급하며 인간의 "통합적 경험(integrative experience)"을 되살리는 일이, 유감스럽게도 전체주의로의 초대장이었다며 탄식했다. 토니가 방향감각을 잃은 산업사회의 파편들을 엮어내기 위해 제시한 민주적 방법은, 공동의 목표를 만들고 자신의 의지를 효율적인 국가권력으로 만드는 자유롭고 평등한 시민들의 협력이다.[43] 베버 사후 정치사상과 정치실천 모두에서 자유주의 국가에서는 법적 권위 개념, 전체주의 국가에서는 카리스마적 권위 개념이 지배해 왔다. 이런 양분 상황에서 토니는 자유주의적 가치를 포괄하는 사회주의적 권위 개념을 살아 있도록 만들었다.[44]

그리하여 권력은 자유시민이 만드는 권력이어야 한다. 토니가 "민주주의자 없이 민주주의는 불가능하다."고 단언했던 맥락이다. 인간은 본성상 "허물 많은 존재"이기 때문에 권력의 집중은 위험하다. 동시에 인간은 동료애(fellowship)의 능력을 지닌 존재이기 때문에, 분산된 권력의 조건에서의 협력적 이니셔티브가 가장 좋다. 권력이 지나치게 집중되고 민주적 책임성에서 멀어지면, 사물에 대한 권력은 인간에 대한 권력으로 화한다. 권력이 집중되고 경제권력이 정치적, 사회적 권력으로 전환되도록 허용된다면, 민주주의는 불안정해지고 작동할 수 없다. 집중되고 무책임한 권력은 전제로 이어지며, 국제적으로도 자의적 권력의 집중은 전쟁으로 발현되기 십상이다. 권력의 분산은 권력을 끊임없이 갱신되는 도덕적 목적의 수단으로 만든다.

요컨대 토니에게 **민주주의는 단순한 전술이 아니라 사회주의의 핵심적 가치이다. 그리고 민주적 사회주의는 부의 숭배뿐 아니라 권력의 숭배에도 맞서야 한다.** 자유주의의 순진한 조화론과 국가를 무시하거나 초월하는 사회주의의 유토피아주의와 달리 토니는 권력문제를 심각하게 받아들였다. 그는 권력을 다양한 기원을 지니며 다양한 형태로 전화될 수 있는, 유동적 역량(capacity)으로 보았다. 궁극적으로 권력은 의지이다. 마르크스주의는 경제권력의 정치권력으로의 전화를 옳게 평가했지만 그 역도 가능하다는 점을 보지 못했다. 토니가 보기에 그 역의 가능성이란, 자유시민의 공동체에서 발현되는 공동목표의 권력이다.

13
'동등한 가치'와 동료애

시민권, 정치적 기획

버클리 주교는 이렇게 썼다. "세상이 무슨 생각을 하든지, 신, 인간 정신, 최고선에 대해 별로 생각해보지 않은 사람은 아마 배부른 지렁이가 될 수 있을지도 모르지만, 그가 한심한 애국자와 하잘것없는 정치인이 되리라는 것은 불을 보듯 확실하다." 진보의 희망을 사랑이 고취한 지식 위에 세우라는 호소일 것이다. 그러나 가장 명백한 사실들이 또한 가장 쉽게 잊힌다. 기존 경제질서의 재건을 위해 제시된 수많은 기획들이 도로(徒勞)가 되는 이유는 자명한 이치, 곧 아주 평범한 사람들도 영혼이 있고, 따라서 물질적 부가 아무리 증가해도 그들의 자존감에 모욕을 주고 그들의 자유에 손상을 가하는 조치들에 대한 보상이 되지 못한다는 점을 간과하기 때문이다. 경제조직에 대한 합리적인 평가는, 모욕을 당한 인간본성의 거듭되는 반란으로 산업이 마비되지 않으려면, 경제조직은 순전히 경제적이지만은 않은 기준들을 충족시켜야 하며, 자연적 욕구들은 보다 광범위한 이해관계들의 통제를 받을 때 비로소 정화되고 제어될 수 있다는 점을 인식할 필요가 있다. 고대철학자들이 시도했던 자유인과 노예의 직무의 구분, 부가 인간을 위한 것이지 인간이 부를 위해 존재하는 것이 아니라는 중세적 주장, "삶 없이 부도 없다."는 러스킨의 유명한 외침, 생산은 이윤 아닌 인간을 위해 조직돼야 한다고 다그쳤던 사회주의자들의 논거 등은 모두 경제활동의 도구적 성격을 강조하고 있다.[45]

토니는 윌리엄 로빗, 로버트 오웬, 윌리엄 코빗, 존 러스킨 등의 전(前) 사회주의적, 급진적, 유토피아적 전통에 친숙했고, T. H. 그린의 철학에서 기원한 사회적 자유주의의 영향도 적지 않게 받았다.[46] 19세기 초의 급진적 노동운동으로부터는 동료애, 문화적 활력, 영국사회의 변모 등에 대한 관심을 물려받았으며, 이상주의로부터는 정치활동의 도덕적 측면이 중요하다고 배웠다. 그가 영국사회주의에 정신적 토대를 제공하기 위해 분투할 때, 그의 관심은 "이미 존재하는 집을 점유하는 것이 아니라 어떤 종류의 집을 새롭게 지을 것인가에 있었다."

정치적 민주주의로의 이행에서 … 이 나라는 … 내적 전환을 겪지 않았다. 영국은 정치민주주의를 개량된 전화체제처럼 하나의 편리한 도구로서 받아들였고, 동지애와 평등이란 도덕적 이상의 표출로서 거기에 헌신하지 않았다 … 옷만 바꿔 입었을 뿐, 심장은 그대로였다. 영국은 민주시대 속으로, 제도뿐 아니라 세계에서 가장 오래되고 강인한 금권정치의 사회관습과 심성을 그대로 들여왔던 것이다 … 이 나라는 그저 모자에 가볍게 손을 대며 투표소로 향했다.[47]

영국사회의 재건을 위한 토니의 작업에서 시민권 개념은 매우 중요하다. 그것은 영토적 측면을 넘어, 개인과 국가 간 관계뿐 아니라 국가의 개입과 무관하게 개인들 간의 관계도 중요하게 취급했다. 앞에서 보았듯이, 토니 사회주의에서 권력은 분산되고, 사람들은 사회경제적으로 모두 지근거리에 있다. 시민권은 이런 맥락 안에서 의미를 지니는, 단순히 말하면 행동에서의 평등이다. 토니의 개인적 행위로서의 시민권은 18세기의 권리중심 시민권에 대한 반작용에 더하여 기독교복음의 영향을 많이 받았다. 그것은 자존적, 자립적인 동등한 개인들의 관계이며, 창의성, 책임, 자유 등을 특징으로 한다. 자본주의에서 관계는 복종과 굴종을 특징으로 하거니와, "수족"은 시민이 아니다. 자의적이고 무책임한 권력행사를 통해 타인을 조정하는 사람은 시민이 아니다. 시민권은 사회적 장치로 촉진되지만, 영국집산주의의 결함은, 이론과 실제 모두에서, **선한 사회는 선한 시민들 없이 존재할 수 없다**는 것을 보지 못했다는 데 있다.

토니에 따르면 사회주의란 위로부터의 입법과 아래로부터의 적극적 시민권 간의 변증법적 산물이고, 사회주의는 관계, 관계의 질의 문제이다. 토니의 시민권 개념은 소수의 민감한 특권층의 고상한 발상이 아니었다. 그것은 사적인 성취와 전혀 상관없는, 서비스가 불평등을 함의하지 않는 사람들 간의 관계 개념이다. 토니의 시민권은 사람들을 즐겁게 만드는 유쾌하고 유순한 여가시간의 취미/소일거리 유의 단순한 문화적 개념이 아닌, 그 핵심에서 완벽하게 정치적 개념이었다. 그의 정치적 기획은 체제로서의 사회 전체를 개혁하는 것이었다.

플라톤은 『국가』에서 빅토리아식 시민권 개념보다 덜 개인주의적인, 공유된 삶으로서의 시민권을 얘기했다. 그러나 공유되는 것은 도덕적 친밀성뿐, 엘리트의 우월한 지혜에 맡겨지는 권력과 정치적 결정과 관련해서는 아무것도 공유되지 않는다. 도덕의 기본은 각자가 주어진 직분과 기능에 충실한 데서 출발하되('전문성의 원칙'), 대중을 교육하고 양육하는 주된 책임은 도덕과 선한 삶의 본질을 꿰뚫는 철학자 왕에게 주어진다. 가령 유명한 '동굴의 비유'에는 동굴에 갇혀 벽에 비친 그림자만을 현실로 착각하며 평생을 사는 보통사람들과, 과감히 바깥세상으로 나와 태양이 비추는 만물의 실상(reality)을 경험하는 철인왕이 대비되어 있는데, 가족, 재산 등 사적 삶을 포기한 채 공동체 전체의 행복을 추구해야 하는 철인왕은 다시 어두운 동굴로 돌아가 미망을 벗어나라고 사람들에게 호소하고 설득하는, 지난한 작업을 수행해야 한다. 도시국가라면 철인왕 통치를 꿈꿀 수도 있겠다. 그러나 철인왕을 키우고 찾는 일, 대중을 계몽하고 훈련하는 문제에 이르면, 우리 현실은 플라톤이 그린 세상을 암울한 시절이 낳은 낭만적 상상—토머스 모어의 『유토피아』류(類)의—혹은 거기 비추어 현실을 재는 이념형(ideal type) 정도로 보이게 만든다. 어쨌든 그리스에서 시작된 시민권의 비전은 보편적으로 정치적이지 못했는데, 엘리트만의 삶과 활동에 관련됐고, 보통사람들에게 매우 제한적이었다.

반면 토니에게 시민권은 이상이라기보다는 인간의 공동의 삶의 모든 가치, 목적, 이해들을 아우르는, "작동 중인 관계(operative relationship)"였다. 사회주의는 자신의 전통과 역량을 확신하는 노동자들의 자기의존적 삶에 뿌리를 내려야 한다. 좋은 범절은 존중과 자기존중 위에 서 있어야 하지만, 산업이 종업원을 수족 혹은 톱니로 아는 한, 이는 불가능하다. 토니는 지나치게 많은 봉급도 비신사적이고 상스럽다고 보았는데, 거기에는 동료노동자의 가치에 대한 멸시가 암시돼 있기 때문이었다. 사회주의적 시민권에서 예절이란 인격과 개성에 대한 태도일 뿐, 세련된 도덕주의나 교양의 문제가 아니며 재산과 재산소유자에 대한 태도와도 관계가 없다. 노동당이 집권하고 노조가 막강한 힘을 휘두를 때도, 토리 규범은 영국사회를 지배했고, 그것의 사회문화적 헤게모니가 고착되면서 사회주의적 삶의 방식을 위한 노력들은 실패했다.

시민권이 개인을 위한 역동적 원칙이고 기능이 전반적 경제사회 패턴에서 사회주의의 동적 원칙이라면, 동료애(fellowship)는 새 영국을 위한 토니의 비전의 핵심이다. 동료애는 모두가 '동등한 가치'를 지닌다는 원리에 입각해 있는 것으로서, 개인적, 사회적 도덕성의 전 구조를 지탱하는 핵심원칙이며 양보할 수 없는 근본적인 도덕적 원리였다. '동등한 가치' 개념은 토니의 평등사상에 긴밀하게 닿아 있으니, 동료애는 평등을 전제하는 개념이다. 인간은 무한히 위대하며 또 무한히 취약하다는 사실이야말로 인간이 공유하는 압도적인 공통성이다. 따라서 토니의 눈에 기존 사회체제의 특징인 계급구분은 인간과 창조주 모두에게 모욕적이다.[48]

토니는 이렇게 말한다. "인간이 인간이기 때문에 사회제도들은 가능하면 계획되어야 하며, 사람들을 분열시키는 계급구분이 아닌 사람들을 연대시키는 공동의 인간성을 강조하고 강화해야 한다."[49] 모든 사회경제적 제도, 장치는 '문명의 수단'에 대한 접근의 평등성에 연결돼야 하거니와, 가령 빛, 신선한 공기, 온기, 휴식, 음식은 모든 어린이에게 동등하게 필요하며 따라서 동등하게 접근될 수 있어야 한다. 교육과 문화 등 문명의 정신적 수단에 대한 접근성도 마찬가지이다. 특히 그는 사립학교를 특권의 정점으로 파악했다. 교육을 부에 묶는 체제야말로 야만적이며 완전히 제거돼야 할 것으로 보았다. 『비망록』에서 제시된 유일한 평등주의 원칙도 평등한 교육권이었다. "하나님이 보시기에, 모든 인간은 무한히 왜소하기 때문에 동등하다. 교육을 돈으로 파는 일은 하나님의 선물을 돈으로 파는 것과 다를 바 없다."[50]

만일 실천적 평등(practical equality)의 토대가 없다면 단순한 기회의 균등은 공염불이며, 환경과 구조가 처음부터 불평등하다면 기회균등은 환상이다. 기회의 평등은 애초부터 기회가 소수에게만 열려 있고 다수는 제외된다는 것을 전제한 개념으로서 소수를 위한 기회의 사다리를 강조하면서 다수의 필요를 무시한다. 따라서 기회의 평등 개념은 소수에게 열려 있는 기회들에 비해 나머지 모두의 조건과 필요는 부차적인 것으로 간주한다. 이러한 인생관은 "동등한 가치의 원칙(principle of equal worth)"과 애초에 양립할 수 없는 것이다.[51]

그렇다고 동등한 가치의 원칙이 보상이나 처우의 수학적 평등을 함축하지는 않는다. 대우의 평등(equality of treatment)은 대우의 동일함(identity)을 의미하는 것이 아니며, 평등의 원칙은 얼마든지 상이함과 다양성(diversity and variety)과 양립 가능하다. 인간은 상이한 방식으로 충족돼야 하는 다양한 필요를 지닌 존재이기 때문이다. 가령 어머니는 가장 필요가 많은 자식들에게 특별한 관심을 기울임으로써 자식들의 다양한 필요에 대응한다. 실제로 기능의 원칙에 따르면 보상의 동일성은 부인되는데, 수행된 서비스에 따라 차등적인 보상이 지급돼야 하기 때문이다. 이런 점에서 자유와 평등은 같이 간다. 핵심은 공동의 문명에 장애물인 계급 간 차이를 종식시키는 것이지 개인들 간의 처우와 보상의 차이를 제거하는 것이 아니다.[52]

토니는 평등을 '편의'로부터 정의할 것을 거부한다. 그의 평등은 롤스의 경우와 달리 계산적이 아니라 관계적이며, 분배적 정의가 아닌 동등한 가치에 뿌리박고 있고, 자유주의적이 아니라 사회주의적이며, '차별의 원칙'이 아닌 동료애의 원칙에 호소한다. 그는 평등과 기능의 사회주의 원칙들에 주목할 만한 입론을 폈지만, 그것들은 분리된 채로 존재하는 절대 개념이 아니었고, 동료애에 근거한 상위의 가치에 최종적으로 의존한다. **동료애는 선한 감정의 문제가 아니라 자유롭고 평등한 시민들 간의 사회적 유대를, 강요 아닌 촉진하는 구조의 문제**였다.

그런 점에서 토니의 동료애는 철저히 정치적 개념이었다. 한쪽이 다른 쪽의 목적의 수단일 때, 이 두 범주의 사람들 간에 동료애란 존재할 수 없다. 그가 동료애는 정치적인 것에 대한 끊임없는 자각을 통해 형성된다고 말했을 때, 그것이 지시한 것은 공동의 삶을 결정하는 시민들의 협력적 공동체였다. 동료애는 산업체제뿐 아니라 전 사회에 걸쳐서 존재해야 한다.

동료애, 민주사회주의를 위한 통합적 철학

요컨대 동료애는 민주사회주의에 대한 토니의 통합철학으로 불릴 만하다. 그의 정치전략도 자본주의에 대한 분노가 아닌 **전체로서의 자본주의 체제**에 대한 이해와 그것을 변혁시키려는 결의에서 출발한 것이다. 전략은 온건하되 분석은 총체적, 급진적이었거니와, 사회문제들의 뿌리를 파고들었기 때문이다. "양파는 한 껍질씩 먹을 수 있으나, 산 호랑이의 가죽을 한 꺼풀씩 벗길 수는 없다." 먼저 죽여야 한다. 가령 그는 노동계급의 교육을 위해 노력했지만, 그런 노력은 공공정책에 대한 부자들의 권력을 축소하려는 정치적 노력의 맥락 속에 위치한 것이었다. 그는 영국노동계급의 고질적 심리인 '경외심(deference)' 대신 평등이 존중되는 새로운 문화에 관해 말했지만, 새로운 정치 없이 새 문화를 갖는 것은 불가능하다고 생각했다. 부와 권력의 전제를 향한 그의 반감은 격렬했다. 그러나 그의 열정은 민주사회주의 이론에 의해 규율됐는데, 그 방법만이 자본주의에 대한 급진적 대안의 실체를 얻어낼 수 있기 때문이었다.

'동료애'문화는 자본주의와 근본적으로 불화한다. 자본주의가 부추기는, 공동적 삶의 가치가 격하되고 불평등이 조장되는 "소유로서의 문화"는 "특정의 사람들이 끼리끼리 초청하는 일종의 여흥"이다. 토니는 자본가들을 좋아하지 않았지만 노동자들 내면에 형성된 "굴종과 반역(反逆)이 번갈아가며 반복되는 모습"도 좋아하지 않았다. 자본주의가 특별히 음흉한 것은 도덕 전반뿐 아니라 착취하는 자들의 도덕심도 훼손한다는 점이다. 해결해야 할 주요 악은 자본가의 성품이 아니라 자본주의의 원칙 혹은 "잘못된 계급"이 영국을 다스리고 있다는 사실이었다. 토니와 같이 앵글로-인디언이었던 작가 조지 오웰 또한 "영국은 잘못된 구성원이 통치하는 가족"이라고 단정했거니와 그의 다음과 같은 진술은 정확히 토니의 생각에 닿고 있다.

> 영국에서 소수에 집중된 것은 재산만이 아니다. 금융과 행정의 모든 권력 또한 단일계급에 속한다 ⋯ 우리의 운명을 통제하는 사람들은 불과 10여 개의 사립학교와 두 대학 출신들이다. 한 나라는 누구나 자기에게 맞는 직업을 얻을 때 비로소 자원을 최대로 활용할 수 있다 ⋯ 계급구분은 전쟁뿐 아니라 평화 시에도 보통사람들의 사기를 끊임없이 고갈시킨다.[53]

영국 집산주의자들을 포함한 사회주의자들은 대체로 사회주의의 수단으로서 국가에 압도적인 중요성을 부여한다. 길드사회주의자들에게 결정적인 것은 산업조직이다. 물론 토니도 국가권력과 산업조직이 사회주의의 불가결한 버팀목임을 간과하지 않았다. 그러나 토니는 **총체적 삶의 방식으로서 사회주의**에 관심이 있었다. 이 점은 권력분산과 평등에 관한 그의 생각에서 반복적이고 명료하게 드러난다. 토니의 사회주의에서 산업은 사회적 목적과 서비스에 복무하도록 조직돼야 하지만, 여전히 그것의 특징적인 점은 산업 내에서 그리고 인간과 국가 간의 관계들 등, 동료애가 윤활유가 되는 사회의 제 관계에 우선적 중요성을 부여했다는 것이다.

토니가 보기에 **영국자본주의의 신화**가 먼저 해체되지 않는다면, 영국에서 사회주의는 결코 삶의 방식이 될 수 없다. 여전히 너무 많은 사람들이 자신의 상급자의 생활방식을 향해 경의와 숭앙과 동경의 염(念)을 간직하고 있었다. 종종 영국노동당원은 "타락한 청교도가 술과 섹스에 더욱 탐닉하듯 전통에 빠져들었다." 토니는 정신까지는 아직 아니더라도 적어도 사회주의적 가치가 사람들의 일상적 관계에 심겨지길 원했으니, "집단최면"에 대한 그의 공격은 일종의 문화혁명을 위한 외침이었던 것이다. 그는 영국노동자들이 봉건영국의 숙취에서 완전히 벗어날 것을 촉구했고, 사람들의 마음에 과거가 주는 매력을 파괴시키는 것이 필요하다고 보았다. "불평등에서 경외심을 벗겨버림으로써 불평등의 독침을 제거해야 한다."[54]

가령 토니는 기존 관계가 전제된 산업문제를 넘어 노조가 사회주의적 공동체에 합당한 삶의 방식을 형성하는 과제에 눈을 돌리기를 간절히 원했다. 동료애문화는 프롤레타리아 문화가 아니며, 진정으로 계급을 초월한 개념이다. 프롤레타리아도 자본주의의 필요에 의해 협애하고 일방적인 사회적 존재를 강요당해 왔으며, 그것이 지닌 가치도 초계급적이라기보다는 불가피하게 당파성을 띠고 나타났다. 아무리 격렬한 개혁의지도 일단 권력을 잡으면, 어쩌면 권력으로 향하는 도정에서 이미 무뎌지고 순치되기 마련이다. 영국노동당을 포함하여 사회주의 개혁과 변혁의 팡파르를 울리며 집권했던 사회주의 정당의 사례들이 이 점을 증거하고 있거니와, 그들은 권력을 잡았는지 모르나 삶의 방식으로서의 사회주의는 어디에도 존재하지 않았다.

따라서 선한 사회를 정의하는 데는 원칙이 무엇보다 중요하며, 계급이해와 무관하게 객관적으로 존재하는 인도주의적 원칙에 기반한 시민권만이 삶의 방식으로서의 사회주의에 의미를 줄 수 있다. 오늘날에도 "노동당정부는 사소한 실적을 습관적으로 떠벌리고, 노동계급은 사소한 문제에 조급해하며 뒤처질까 안달"한다. 그러나 "세계에서 가장 오래되고 가장 강인한 금권주의[영국자본주의]를 공격하려면 … 필요한 것은 군중의 기질 아닌 군대의 기질이다."[55]

그러면서도 토니에겐 노동계급의 지혜와 역량에 대한 기본적 신뢰가 있었다. 토니의 이런 태도 저변에는 사회주의의 핵심은 깔끔한 정부체계의 건설이 아니라 인민의 잠재된 에너지의 방출이라는 인식이 깔려 있다. 그는 블룸즈버리에 살았지만, 지식인과 교류가 별로 없었고 종종 그들에 관해 경멸적 언사를 쏟아냈다. 그는 지식인들의 정치에 대한 접근/정치관이 대중과의 친밀한 접촉보다는 인간이 배제된 추상 속에 머물러 있다고 보았다. 그가 보기에 종종 빅토리아시대의 도덕주의적 개혁어젠더와 함께 갔던 온정주의는 [구조의 문제인] 권력의 문제를 처리할 수 없었다. 이에 대한 토니의 반감은 커서 때때로 빅토리아 전통이 불손하다며 내친 모든 것을 수용하는 듯 보일 정도였다. 그에게 온정주의에서 나타나는 친밀함과 예절관행은 노동자를 그 지위에 묶어두려고 던진 신비화(mystification)의 장막이었고, 빅토리아식 자선이 그랬듯이, 빈자의 도덕성을 추켜세우는 도덕주의는 역설적으로 노동자의 무력함을 악의적으로 드러내려 한 것처럼 느껴졌다. 토니는 영국인의 가장 큰 덕목인 검약 그리고 그것을 통한 재산형성을 "대부분의 전통적 부도덕보다 영혼에 더 파괴적인 악"으로 재해석했다.

토니에게 사회주의적 생활방식은 분배의 문제를 훨씬 뛰어넘었다. 예컨대 전후 노동당 수정주의의 대표적 이론가이며 정치인이었던 토니 크로슬랜드는 영국경제의 전망에 대한 낙관주의적 견해를 취하며, 기본 경제문제들이 대체로 해결됐기 때문에 보다 많은 자원이 문화적 삶에 바쳐져야 한다고 주장했다. 그러나 토니에게 문화는 "영혼의 에너지"라는 광의의 개념이었다.[56] 그것은 사회적 삶의 일부가 아니라 일상생활에서 나타난 보통사람들의 전(全) 활동이었고, 여가를 누리는 소수의 엘리트가 아니라 인민대중의 경험과 인생관에서 재료를 끌어오는 새로운 생활방식을 의미했다. 노동계급에 대한 태도에서도 당대의 대표적 좌파이론가인 페리 앤더슨이나 E. P. 톰슨 등과는 달랐다. 그가 보기에 이들의 태도에는 노동자들을 향한 멸시가 깔려 있었는데, 이는 그들의 사회주의 이론이 인간성에 관한 기저의 관점을 지니지 못했기 때문이었다. 그들은 보통사람들이 왜 과거에 습관적으로 행하던 것보다 미래에는 훨씬 더 잘할 수 있다고 기대될 수 있는지에 대해 아무런 말을 하지 않은 채, 보통사람들이 어떤 완전한 지점에 도달할 수 있으리라고 가정하거나 요구하고 있었다. 토니는 노동계급을 고급문화로 끌어올리려는, 역사적 노동계급에 대한 경멸과 오만이 섞인 태도를 공유할 수 없었다.

이 나라 대중운동의 가장 고귀한 측면은 윌리엄 모리스가 말해주었다 … '과연 형제들이여, 동료애는 천국이고 동료애의 부재는 죽음이니, 그대들이 이 땅 위에서 하는 일은 동료애를 위한 것이다.'[57]

계몽주의의 합리주의적 정치사상이 정점을 지나면서 정치사상을 지배한 두 개념은 계급과 국가였다. 어떤 점에서 토니의 사회주의를 이 둘의 고압적 요구에 대한 투쟁으로 볼 수 있을지 모르겠다. 그가 보기에 영국의 민주사회주의는 분석의 중심에 계급을 놓는 볼셰비즘과 거기에 국가를 놓는 보수주의 혹은 파시즘 사이에서 질식되었다. 근본적인 것은 자유주의적 자본주의 질서가 더 이상 사회적 응집력을 제공할 수 없다는 점이었거니와, 산업화된 영국에서 사회적 분화를 극복할 새로운 형태의 사회유형, 인간과 사회에 대한 인간지식의 분화를 통합시키는 보편적 삶의 철학이 발견돼야 했다. "사람들의 일상적 행동을 통제하는 사상의 외부에는 창조적 힘이 없다."[58] 토니는 사회주의를 위해, 보편적으로 수용되는 삶의 철학을 위해, 동료애―그는 형제애(fraternity)보다 동료애(fellowship)를 선호했다―개념을 복원하고자 했다. 그리고 그의 **동료애는 감정의 문제가 아닌, "제도적 토대를 지닌 올바른 관계"의 문제**였다.

토니 사회주의의 핵심으로서 동료애에는 지금까지 이 책에서 논의한 네 가지 중심 개념들이 총체적으로 엮여져 있다. 첫째, 권력의 분산을 통해 사람들의 접근 가능성을 높이고, 둘째, 평등사상을 구현하여 개인을 어떻게 대우할 것인가의 문제뿐 아니라 그것이 사회에 대해 미치는 결과에도 관심을 촉구하며, 셋째, 기능이 복무하는 목적 개념을 통해 분파적 이익을 뛰어넘는, 전 사회가 공유하는 사회적 목표라는 개념에 도달하고, 넷째, 평등과 권력분산을 전제하는 시민권 개념을 통해 인간적, 사회적 소통을 고양하며, 시민과 국가 간뿐 아니라 시민들 사이의 "관계의 풍요한 질"을 추구한다. 요컨대 토니의 동료애가 구현된 사회는 공통된 인간성을 존중하는 동등한 자들의 협력적 삶이 일상적으로 영위되는 공동체이다. 그것은 노동운동 내부의 친밀한 사적 유대라는 분파적 특징을 뛰어넘는 것으로 영국사회 전체를 감싸는 포용적, 포괄적 개념이다. 이 점에서 토니는 "계급관념을 넘어

360

전 공동체의 개념에 이르자."는 아널드의 바람을 공유했지만, 아널드가 도덕적 호소에 머물렀던 데 반해 토니는 계급철폐 없는 계급의 초월을 믿지 않았다. 사회통합은 사회주의적 재건에 의해서만 달성될 수 있었다.[59]

토니는 산업주의와 도덕주의가 조야한 방식으로 쌍을 이루던 빅토리아 영국을 경멸했던 것만큼, 중세의 유기체적 질서 개념이 아직 살아 있고 **인클로저가 본격적으로 진행되기 이전인 엘리자베스 1세 치하의 영국**을 높이 평가했다. 그에 따르면 엘리자베스 시대는 "느슨하게 짜여진 탈중앙화된 사회였고, 대부분의 사람은 주인 아닌 자신들을 위해서 일을 했다." 거기에는 상급자의 눈치를 보지 않고 서로에게 솔직하고 담백하게 소통하는 사람들이 있었다. 토니는 엘리자베스 시절의 일상적 삶의 특징은 "다정하고 열정적인 속물성"이라고 결론 내렸다. "엘리자베스 사람들의 죄상이 무엇이든지, 그들 사이에 경외심이란 없었다."[60] 무엇보다 거기에는 공동의 문화에 가까운 무엇인가가 존재했거니와, 그 문화는 단일계급의 독점물이 아니라 어느 정도 보편적 소유물인 일련의 경험에 의존했다는 의미에서 대중적이었고, 우아한 엘리트의 삶이 아니라 보통사람 세계의 인생관을 대변했다. 토니의 사회주의는 "사회주의의 형태조차 존재하지 않았던" 자유농 사회와 결코 어울릴 수 없었지만, 그는 거기에서 "사회주의의 역동성"의 몇몇 측면들, 전 사회를 포용하는 불완전하나 진정한 동료애의 전범을 분별해 냈다.

그러나 토니의 동료애 개념은 감상(sentiment)과는 거리가 먼 것이었다. 실제로는 사회주의 사상사에서 토니만큼 감상에 경도되지 않은 저술가도 찾기 힘들 터인데, 그가 제안한 것은 '단란함(togetherness)'이 아니라, 제도적 장치가 촉진하고 장려하는 담백한 평등주의적 소통이었다. 토니에 따르면 아담의 자손들에겐 천국의 소망이 주어졌지만, "그들의 영성은 단연코 진흙으로 빚은 용기 속에 담겨져 있어서" 인간사회는 스스로 구원할 수 없다. 토니는 천국이 지상에서 실현될 수 있다고 믿지 않았으니, 천국을 끌어내리려 한다면 지옥이 올려지리라는 것이 그의 생각이었다. 토니는 "지상에서의 천국"을 꿈꾸는 통상적인 유토피아주의를, 사회주의 사상가로서는 매우 드물게도, 기독교로부터 강력한 질서의식을 끌어옴으로써 피했다.[61]

토니에게 평등은 "인간복종의 단 하나의 토대"였다. 인간은 평등할 때만 복종의 의무를 지며 평등은 신 앞의 인간의 동일한 가치에서 비롯된다. 핵심은, 질서는 의무를 동반하며, 의무는 인간이 다른 인간과 스스로를 동일시할 때만 인식된다는 것이다. "우리는 호랑이나 물고기에게 의무를 지지 않거니와, 우리가 서로에게 의무를 갖는 것은 모든 인간이 신 앞에 동일한 가치를 지니기 때문이다."[62] 물론 토니의 동료애는 전체주의와는 아무 상관이 없다. 강요된 열정으로서의 "조직된 열정"에 기초해 있는 20세기 전체주의 사회에서는 사람들은 "잘못을 범했을 때뿐 아니라 옳은 일을 하지 않았을 때"에도 처벌받는다. 이는 토니의 동료애 개념과는 거리가 멀다. 동료애의 원재료는 사회주의 사회에서만 가능하다. 감정이나 감상에 토대를 둔 동료애는 소외되고 뿌리 뽑힌 하층의 사람들이 가장 좋아하는 꿈이었지만, 토니의 동료애 개념이 비감상적인 근본적 이유는 그가 사회주의 사회에서의 가치의 궁극적 단위로서 개인을 고수했다는 점이다. 토니의 집단(collectivity)은 개인들로 구성돼 있고 진리는 각 개인의 양심 안에 자리 잡지만, 그때 개인은 자율적 섬이 아니며 사회적 동료애에의 참여자이다.

토니는 자유주의적 역사분석을 거부했지만 자유주의의 중심적 가치는 고수했으니, 그가 사회주의의 중심적 가치를 끌어온 것은 자유주의적 뿌리와 기독교였다. 가령 그는 질서로서의 사회주의를 탐탁해하지 않았다. 벨라미가 그린 탁월하게 조직된 대칭적 사회로서의 보스턴 비전이나, 푸리에 등 초기사회주의자들의 모습은 그를 전혀 감동시키지 못했거니와, 대부분 주창자의 세대를 넘기지 못하고 단명했다. 자연을 정복한다는 개념의 사회주의도 좋아하지 않았다. "우리는 인류가 스스로의 운명을 증진시킬 수 있는 유일한 방법은 자연을 점점 더 정복해 가는 것이라는 가정에서 시작해야 한다."는 래스키의 언명은 토니와는 매우 동떨어진 정서가 담긴 말이다.[63] 효율로서의 사회주의도 마찬가지였다. 공리주의는 효율성을 신성시했고, 그런 이유로 인해 소련체제를 칭송했던 웹 부부도 어떤 점에서는 거기에 속했다.[64]

토니의 동료애는 봉건주의의 위계와 전혀 무관했지만, 그는 사회주의가 오로지 '평등에 관한 것'일 때, 지나치게 정적이고 삭막하다고 생각했다. 앞에서 지적했듯이, 평등은 다양한 체제에서 다양한 방식으로 자유를 희생시키며 달성될 수 있었다. 진정한 동료애는 평등에 기초하고 평등을 전제하되, 평등은 동료애의 충분조건이 아닌 필요조건이다. 토니에게 평등 개념을 포괄하면서 평등보다 깊고 우선하는 가치는 동료애, 즉 "자유롭고 평등한 개인들 간의 올바른 관계"였다. 동료애는 그 자체가 목적이었고, 올바른 삶의 조건이었다. 그것의 가치는 상품의 생산에서든 국가의 강대함과 위대함에서든, 그것이 가져올 결과들과도 독립적이었다.

사회에서 올바른 관계가 형성될 가능성은 불가피하게 정치적인데, 사회주의의 삶은 사회주의의 '형태'가 없으면 적절히 존재할 수 없기 때문이다. 따라서 토니의 동료애는 탈정치적이지도 초정치적이지도 않다. 사람의 사회적 삶은 이해와 생각과 가치들로 구성되고, 갈등은 결코 박멸되지 않되, 단지 통제될 뿐이다. 권력장치가 필요한 이유는 그것이 보장하는 무엇이 아니라 방지하는 무엇과 관련해 더 중요하기 때문이다. 동료애 없는 권력장치는 전체주의를 초래하고, 전체주의는 동료애 사회를 낳지 못하니, 동료애는 감정을 선동하거나 조직을 통해서 만들어지는 것이 아니다. 그것은 고정되고 위계적인 것이 아니라 사람들이 각자의 이해와 기질에 따라 들고 날 수 있는, 자발적이고 유동적이며 협력적인 공동체 속에서 발견된다.

토니가 염두에 둔 것은 느슨하게 열어둔, 열린 동료애였다. 사회적 참여는 강제적이 아니며, 한 사람의 다른 사람에 대한 지배는 허용되지 않고, 시민은 단지 서로 손이 닿을 수 있는 위치에 있을 뿐이다. 핵심은 집단적 청사진이 아니라, 개성이 꽃피고 사회적 관계들이 자연스럽게 활력을 띠는 기회이다. 그리하여 토니의 동료애가 암시하는 인간은 신도, 톱니도 아닌, 기독교에서 말하는 피조물이다. 거기에는 인간에 대한 과도한 낙관도, 경멸도 없으니, 인간은 다양한 유형의 불완전한 존재이지만 풍요한 사회적 삶을 영위하지 못할 정도로 무능력한 존재는 아니다. 토니는 인간창조성과 인간 사이의 교류를 가로막는 장애물들이 제거될 것을 촉구했다. 그가 싸웠던 대상은 자본주의가 사람들 사이에 구축한 인위적이고 변화무쌍한 간극이었고, 그 크고 으스스한 간극을 메우는 것이야말로 그의 사회주의의 요체였다. 물론 사람들은 언제나 새로운 종류의 차이들을 만들어낼 것이지만, 핵심은 그런 것들이 자유로운 선택이나 개성의 산물이 되도록 혹은 우연이나 전제적 권력이 만든 비자발적 결과물이 되지 않도록 최선을 다하는 일일 것이다. 모든 시민의 상호관계가 모든 사회경제적 결정의 척도가 돼야 하거니와, 동료애로서의 토니의 사회주의는 정책선택에 혁명적인 자극과 압박을 가져다주었다.[65]

맺는말
개요와 평가

　토니는 초기 자본주의의 성취를 인정하고 자본주의의 역동성과 창의성을 부인하지 않았다. 그러나 한때 자유의 통로였던 자본주의는 자기만의 속박을 다시 불러들였으니, 토니는 이를 "산업봉건주의(industrial feudalism)"라 불렀다. 그것은 탈취본능을 고무하고, 공동체의 활력이 돼야 할 문화를 소유와 과시의 문제로 축소하며, **교회의 묵인과 후원하에** 교만과 굴종을 주입하며, 경제력 집중을 통해 전쟁을 부추기고, 정치과정을 왜곡해서 민주주의를 위협한다.

　무엇보다 현대사회는 인간을 경제체제의 요구에 종속시킴으로써 인류를 목적인 사람과 수단인 사람으로 가르는 "궁극적이고 용서할 수 없는 잘못"을 저질렀다. 교육체제와 산업조직이 모두 인간을 도구화하면서, 사람을 목적으로 취급하는 공적 도덕의 원칙은 사회경제적 삶의 기존 조직에 의해 도처에서 조롱당하고 있다. 당연히 가장 본질적이고 시급한 정치적 과제는 공동의 목적이라는 개념을 사회에 복원시켜서, 사회적 삶의 활동과 기구에 의미를 부여하는 일이다.

새로운 사회는 합의된 목적과 그에 따른 통합과 응집을 제공할 수 있는 사회윤리의 체계를 지녀야 한다. 개인과 기업의 이익은 공동체의 이익에 종속되고, 정치활동은 물론 산업도 사회적 기능을 수행하며, 목표에 기여하는 정도에 따라 사회의 전 기구와 조직이 평가된다. 필요한 것은 사익을 위한 분파적 자유가 아니라 공공서비스를 위한 기능적 자유이다. 자유는 선택을 가능하게 하는 개인의 '역량'이기도 하지만 (공동체로의) '종속'으로서의 자유 또한 중요하다. 요컨대 토니의 궁극적인 관심은 공동의 목적에 뿌리내린 사회적 통합의 달성이었다.

이와 관련하여 토니는 불평등이 빈곤보다 자본주의의 보다 특징적인 현상이며, 훨씬 심각한 문제라고 보았다. '생활조건의 문제'인 빈곤은 풍요와 바짝 붙어 있지 않는 한, 반드시 모멸적인 것은 아닌 반면에 불평등은 언제나 모멸적인데, 사회구성원들의 진정한 소통을 가로막고 정신을 저해하기 때문이다. 올바른 관계로서의 토니의 사회주의는 근본적으로 도덕적이었다.

따라서 토니가 현대사회의 경제사회적 조직방식에 문제를 제기하는 것은 자연스러웠다. 토니에게 사회주의는 자본주의의 두 병폐, 곧 특권과 전제와 대립한다. 토니는 특권에 맞서 평등을 제시했고, 전제에 맞서 권력의 분산과 통제를 내놓았다. 특권을 폐지한다는 의미는 분배가 공동체에 행해진 서비스와 관계해서 이루어져야 한다는 것을 의미한다. "보상은 기능을 따른다." 보상은 공동체에 대한 서비스와 기능을 적절히 수행하기 위해 필요에, 오로지 상응한다.

토니의 페이비언주의 비판이 시사하듯이, 사회주의는 스위치를 누르듯 단지 입법적 혹은 행정적 조치를 취한다고 성취되는 것이 아니다. 반면에 토니는 도덕적 요소를 사회주의의 전반적 틀 속으로 통합시키며 선한 사람 없이 선한 사회는 불가능하다고 보았지만, 이것이 사회가 선하기 전에 사람들이 선해야 된다는 의미는 아니었다. 오히려 그는 자본주의 사회에서 인간이 목적 아닌 수단으로 취급될 때 인간이 선해지기를 기대하는 것은 불합리하다고 생각했으니, 그가 자본주의의 그물에 갇힌 빈자와 노동자들을 향한 온정주의와 도덕적 호소를 터무니없다며 내친 것도 이 때문이다. 전투는 두 전선에서 동시에 수행돼야 하거니와, 사회주의의 '형태(shape)'는 입법화되어야 하고, 사회주의의 '역동성(dynamics)'은 배양돼야 한다.

토니는 자본주의에 대한 포괄적이고 비판적인 관점을 취했지만, 그것의 기원과 역동성을 이해하기 위해 역사가가 되었다. 토니의 작업은 현대로부터 후진해서 역사적 논거를 통해 당대문제를 설명하려는 시도였다. BBC와의 한 인터뷰에서 토니의 젊은 동료이며 LSE의 경제사 교수였던 애슈턴은 그의 독특함에 대해, "토니에게 … 역사는 위대한 행동들을 보관하고 객관화하며, 망각(忘却)의 노련한 적수이고 과거 사건들의 목격자일 뿐 아니라 미래시대의 감독관이다. **그가 예언자였던 것은 그가 역사가였기 때문**이었다."고 말한 바 있다.

그는 … '어둠을 만들고 그것을 연구라고 부르면서 보편적 사상의 조명을 꺼리는' 학자들과 공유하는 바가 없다. 그는 이런 일들이 관행화된 학계를 박쥐와 부엉이들이 출몰하는 곳이라고 말하곤 했다. 단순한 해설은 그에게 아무런 흥미를 유발하지 못했으니, '사실들을 날것 그대로 먹는 습관'은 소화불량만 일으킬 것이다. 그러나 그는 또한 '방법론'에 대해서도 마찬가지로 못견뎌했거니와 '역사는 과학'이라는 주장을 허망하고 불쾌한 위선이라며 비난했다.[1]

토니는 학문이 자기도취적이 돼서 "공동체의 삶과 격리되고", 따라서 "다양한 경험에서 솟아나는 영감을 줄 기회"를 놓칠 위험을 스스로 경계했다. 그의 상상력과 지성은 문서고(文書庫)에서 끌어온 사실들에 의존한 것이 아니었으니, 그에 따르면 "역사가가 필요한 것은 더 많은 서류가 아니라 더 튼튼한 장화"였다. 그의 특별한 재능은 해체가 아니라 연결하고 종합하는 거시적 논증에 있었다. 그는 학문의 경계를 가로질렀고, 윤리, 정치, 경제로부터 신학을 배제하거나 역사로부터 이들 모두를 제외하려고 쌓아올린 울타리들을 좋아하지 않았다. 역사기술에서 부정확과 부정밀함보다 더 악한 죄는 비전과 평범함의 부재라는 것이 그의 지론이었다.

토니는 『탈취사회』의 마지막 장에서 사회주의의 종교적 토대를 제시한 바 있다.

이러한 정치철학은, 사회는 경제적 메커니즘이 아니라 종종 불화하되 공동목적에 대한 헌신에 의해 영감을 받을 수 있는 의지들의 공동체이다. 그러므로 그것은 종교적 실체이며, 이 점이 사실이라면, 그것을 전파할 기관은 기독교교회들이다.[2]

근본적 변화를 위한 전제조건인 윤리적 합의의 통로뿐 아니라 주된 정치행위자로서 교회를 바라본 것이다. 그러나 중세 이후 교회는 정치와 경제영역에 대해 윤리규범을 부과하는 책임을 서서히 포기해 왔다. 그 결과 기독교윤리는 적극적, 사회적 교의로부터 경제문제에 전반적으로 무관심한 사적인 도덕규범으로 전락했고, "그들은 종교를 십자군운동의 깃발이 아닌 여가의 장식품으로 만들었다."[3] 토니는 중세의 '정신'을 교회가 다시 복원해서 사회적 현실에 재개입하고 자본주의에 대항하는 전쟁을 수행해야 하며 재건에 필요한 본질적인 도덕적 합의를 꾀하는 데 주된 역할을 해야 한다고 촉구했다. 그는 복음이 고취한 옳고 그름 개념과 함께 기독교교의의 진실성이 보존돼야 한다고 보았지만, 『비망록』에서와 마찬가지로, 교회가 정치영역에서 그 사명을 어떻게 수행해야 할지에 대해서는 구체적으로 설명하지 않고 있다.

토니는 원죄와 인간의 타락을 깊이 인식했던 기독교사상가였지만, 17세기의 후기 청교도주의가 "인간의 본래적 약함을 덕목으로 오히려 과장함으로써" 물질에 대한 개인의 탐욕 같은 반사회적 인간본성을 부추겼다고 관찰했다. 그러나 그런 취약한 인간본성도 외적, 내적 물적 환경에 못지않게 도덕적 원칙들에 의해서 순화되고 제어되고 길들여질 수 있고 또 그래야 한다는 것이 그의 입장이었다.

> 인간의 본성이 변치 않는다는 통상적 진술은 그러한 본성의 가장 인간적이지 못한 측면들과 관련해서만 타당하다. [인간본성의 인간적인 측면들은 유전되면서 변화한다] 오늘날의 늑대는 니므로[구약(창세기 10: 8-9)에 나오는 뛰어난 수렵가]가 사냥하던 때의 늑대와 변한 것이 없다. 그러나 인간은, 늑대의 많은 속성들을 지닌 채 태어날지라도, 순치된 늑대이며, 그러한 늑대는 자신을 부분적으로 길들여온 기예들을 후대에 물려주면서 또한 그런 기예들을 개선해 나간다. 그는 사회적 유산 속으로 발을 들여놓는 것인데, 각 세대는 그런 유산을 후대에 물려주기 전에 자기만의 때론 선하고 때론 악한 기여를 추가하는 것이다.[4)]

요컨대 토니에게 인간의 탈취적, 이기적 속성은 시대와 장소 혹은 시대정신과 독립적으로 존재하는 것이 아니었다. "실제로는, 비록 물려받은 성향이 세대를 거듭하는 가운데도 동일할지라도, 가치와 선호 그리고 이상의 체계―개인의 성품이 작동하는 사회환경―는 지속적으로 변화한다."[5] 그리하여 그는 이렇게 단언한다. "인간은 황혼기에 살도록 운명 지어졌다. 그러나 어둠은 어둠이고 빛은 빛이다. 중요한 것은 인간의 얼굴이 향하는 방향이다."[6]

토니가 정당 등 정치과정에 대한 초기적 불신을 떠나 정당 일반 그리고 특정적으로는 노동당의 역할에 대해 보다 긍정적인 평가를 내리기 시작한 것은 『영국노동운동』(1925)에서였다. 그는 계급이해의 돌연한 소멸이란 있을 수 없다고 강조하며, 민주적으로 선출된 노동당이 주도한 단계적이고 점진적인 개혁을 지지했다. "노동운동은 마르크스의 자녀가 아닌 로버트 오웬, 존 러스킨 그리고 윌리엄 모리스의 자식이다." 특히 1920년대는 노동당 정치에 대한 토니의 관여가 증대되던 때이거니와, 노동당에 대한 그의 열정과 헌신은 1923년에서 1962년 죽은 해까지 당비를 납부하는 노동당원이었다는 점에서 나타난다. 토니는 윤리적 공동체의 창출과 발전을 위해 정치제도들이 얼마나 중요한지 보여주었는데, 이러한 태도는 정치과정을 불신했던 『비망록』이나 정치전반에 대해 대체로 침묵했던 『탈취사회』의 입장과는 차이가 있다.

이런 전환과 더불어 1930년대 이후 토니 연구의 강조점이 점차 구조적 경제/사회적 요인들의 분석으로 이전해 간 것은 사실이지만, 그럼에도 불구하고 역사에서 관념(ideas)의 중요성을 각별히 부각시키는 그의 관점에는 근본적인 변화가 없었다. 역사해석에서 경제력의 압박만 강조하는 것은 "뿌리와 토양을 무시하고 꽃망울만 찬양"하는 것과 같으며, 경제력은 자동적 행위자가 아니라 인간정신과 의지의 변혁적 매개를 통과하지 않으면 권력으로 화하지 않는다.

그렇다고 역사과정에서 의로운 관념이 반드시 승리하는 것은 아니며, 경제발전이 만든 계급적 힘이 역사과정을 사회주의로 이끄는 것도 아니었다. "진보가 불가피한 것도, 사회발전의 정점에서 사회주의가 실현되는 것도 아니다. 꾸준하고 강인한 노력이 없다면 역사는 퇴보할 수도 있으며, 사회주의는, 달성된다면 어떤 신비한 역사과정이 아니라 인간의 정신과 의지의 에너지의 창작물일 것이다."[7] 특히 기존질서를 둘러싸고 있는 이념적 허구의 망을 해체하는 작업이 진행될수록 새로운 사회경제적 질서의 성취를 위한 유일한 수단인 사람들의 정신과 의지는 강화돼야 한다. 어쨌든 중요한 것은 '선택'이었으니, 정당과 정치인의 정신과 의지는 부도덕한 경제체제를 도덕적 체제로 교체하는 일에 바쳐져야 한다는 것이 토니의 주장이었다.

도덕적 선택으로서의 그의 사회주의는 계급구분이 사라진 하나의 공동의 문화로서 진정한 공동체를 약속한다. 그것은 무엇보다 정신, 심리, 동기의 문제로서 일련의 공유된 가치들에 뿌리내린 통합된 사회의 비전이다. 이런 점에서 노동운동은 인간을 수단이 아닌 목적으로 대우해 달라는 요구이며, 그 근본에서는 자본주의에 대한 경제적이 아닌, 도덕적인 항거이다. 이때 사민주의 정치는 **급진적 의미체계의 전달자** 역할을 감당해야 한다. 토니가 영국의 노동운동이 세계에서 가장 오래되고 가장 터프한 금권주의를 상대하고 있음을 상기시키고, 변화는 혁명이 아니라 정신과 의지의 지속적 노력의 문제라고 단언한 것도 유사한 맥락에서였다.

토니는 사회주의 국가가 본질적으로 전체주의적이라는 하이에크의 주장 못지않게 국가는 본질적으로 자본주의적이라는 마르크스주의적 주장에도 동의하지 않았다. 그에게 국가는 중립적인 도구, 그 이상도 이하도 아니었다. "지각 있는 사람이라면 국가를 지각 있고 고귀한 목적을 위해 사용할 것이다. 영국 사람들은 국가를 반복적으로 재창출해 왔고, 지금도 그리하고 있으며, 미래에도 그리 해나갈 것이다. 왜 국가를 두려워해야 하는가?"[8] 그가 보기에 1945년 노동당정부의 경험은 국가의 단순한 도구성, 즉 하이에크의 말과는 달리 '예종에의 길'로서가 아닌 자유의 확장을 위한 대리인으로서 국가를 확인시켜 주었으며, 또한 마르크스주의 지식인들의 관찰과 달리, 개량주의 정치도 사회주의적 목적을 위해 매우 유용하다는 점을 증명해 주었다. 이 시기가 주는 진정한 교훈은 "대중은 **스스로가 진정으로 원하기만 한다면**, 자본가나 여타 책략 때문에 자신이 원하는 것을 획득하는 데 실패할 수 없다."는 점이었다.[9]

토니는 기본적으로 보통사람들의 심성을 신뢰했다. 선한 사람만이 선한 사회를 만든다는 것이 그의 신념이었고, 비인격적 힘이 아니라 인간의 정신과 의지가 만든 도덕적 열정이야말로 그의 정치현실주의의 뿌리였다. 보통사람에 대한 그의 믿음은 솜 전투에 함께했던 동료 군인들 그리고 토인비 홀과 북부 산업도시들에서 만난 노동자들로부터 형성된 것이었다. 전쟁과 폭력혁명은 모두 폭력의 실상을 이해 못하는 사람들이 그 현장을 몸으로 겪는 군인, 노동자 등 보통사람들에게 강요한 것이었으니, 이 두 경험은 그를 정치적으로 온건한 점진주의자로 만들었다. **중요한 것은 보통사람들에 대한 그의 존중이 "절제된" 것이었다는 점이다.** 토니에 따르면 "민주주의란 보통사람들이 창의성을 발휘하는 사회이지만 … 대중은 대체로 금권정치를 좋아하며, 쉽게 속아 넘어간다." 토니는 노동계급운동에 깊이 헌신했던 지식인이었으나, 노동자에게 특별한 지위를 부여하기를 거부했다. 노동계급은 진보의 불가피한 도구가 아니라 "산업적 규율의 책임을 떠안으며 자유롭게 되든가 아니면 그것을 포기하고 계속해서 노예로 살

것인가 선택해야" 한다.[10] 희망은 노동계급에게 있되, 승리는 역사적으로 불가피한 것이 아니며, **노동자를 위한 사회주의는 노동자를 먼저 깨우지 않으면 달성될 수 없다.** 사회주의자는 노동자의 정신을 일으키고 그의 의지를 자극하기 위하여, 그의 집 문을 집요하게 흔들어대야 한다. 사회주의 지식인의 역할은 확신의 운반자로서 노동자의 정신과 의지를 배양하는 것이다.

특히 토니는 『평등』의 여러 페이지에 걸쳐서 노동자가 "너무나 기꺼이 자기 주인의 도덕적 전제를 수용하려 하는" 문제를 논하고 있다. 임금에 대한 집착, 근본쟁점의 회피, 불평등에 대한 무관심, 복종에 대한 관용, 할 수 있으면 자본주의자가 되고픈 내면의 욕망 등, 노동자도 경제주의와 불평등을 선호하며, 돈과 경제권력이 성취의 기준이 되는 사회와는 질적으로 다른 종류의 사회가 아니라 그것들의 배분이 다소 변화된 동일한 종류의 사회질서에서 머무는 경향이 있다는 것이다.[11] 그는 애틀리 노동당정부가 노동자의 경제적 지위의 근본적 변화를 가져오는 데 실패했다고 관찰하며, 변화의 장애물은 자본가의 탈취성향뿐 아니라 대다수 노동자들의 무관심과 무기력이 만든 것이었다고 지적한다. 그가 보기에 노동자들은 이론적으로는 자유를 갈망하나 현실에서는 종종 그런 자유를 가능케 하는 부담과 희생을 떠안기를 꺼렸다.[12]

민주주의자 없이 민주주의 없듯, 사회주의를 만들기 위해서는 먼저 사회주의자를 만들어야 한다는 것이 그의 지론이었다. 사회주의는 지지의 양이 아닌 질, 다수가 아닌 기질을 발전시키는 문제이며, 사회주의자는 상황에 따라 언제라도 명분을 버릴 준비가 돼 있는 자가 아니다. 사람들의 잠자는 의식을 깨우는 일이야말로 정당과 정치리더십이 감당해야 할 핵심역할이며, 특히 정당은 강력한 확신집단의 선봉대로서 "담대함의 정치"를 실천해야 한다.[13] 그런 정치는 전위정당의 위로부터의 활력이 아닌 대중의 확신에서 비롯되며 올바른 이론적 적용이 아닌 올바른 도덕적 선택에서 나온다. 토니가 매튜 아널드를 따라, '도덕적 선택으로서의 사회주의'를 위해 "평등을 선택할 것"을 촉구하며 이를 설득하는 작업에 헌신했던 것은 이러한 배경이었다.[14]

토니의 사회주의는 도덕적 발전에 대한 그의 신념, 곧 도덕적 선택의 사회주의만이 사회질서의 진정한 변혁을 성취할 수 있다는 소신에서 나온 것이다. 토니는 교육이 그런 것처럼 복지서비스의 확대 또한 사람들이 정신, 가치, 기질, 품성, 마음의 습관을 변화시키는 데 중요한 역할을 한다고 강조한다. 복지가 노동자를 달래기 위한 임시방편이라는 좌파의 상투적 주장은 이론일 뿐이다. 오히려 복지는 의존이나 종속이 아닌 자립과 자신감의 문화에 기여하는데, 사람들로 하여금 주눅 들지 않고, 자신감과 열정, 활력을 가지고 피차를 상대할 수 있게 만드는, 곧 사회주의적 재건이라는 중차대한 과제를 위해 매우 필요한 장치라는 것이다. 교육과 복지가 열어줄 가능성에 대한 그의 관심은 과제의 엄중함에 비춰 원죄에서 기인한 인간의 불완전성, 이기적 본능의 작동, 인간의 신비한 모순성을 깊이 인식한 데서 비롯된 바 컸다.[15]

토니 사상의 핵심을 구성하는 '공동의 목적' 개념은 그가 옹호하는 윤리적 다양성, 사회적 다원주의, 정치적 자유 등의 문제와 어떻게 결합되는가? 토니는 정책과 운동을 평가하는 준거 틀을 제시하는 목적의 일차적 중요성을 인정하고 원칙과 대체적 방향에 압도적인 우위를 부여했지만 현장과 관련된 수단의 문제를, 비록 부차적일지라도 결코 소홀히 취급하지 않았다. 단지 그는 목적에 대해서는 비타협적이었지만 수단에서는 온건론자였거니와, 어쩌면 그가 그처럼 다양한 이념적 진영들로부터 존경을 받을 수 있었던 이유도 수단에 대해 유연했기 때문이었다. 토니는 자신이 주목했던 거의 모든 문제에서 원칙의 문제를 해결한 후에, 그 기초 위에서 실행의 방법과 제도 등을 탄력적으로 논의했다. 목적에 대한 원리주의를 수단에 관한 실용주의와 결합시키면서, 후자와 관련해서는 다양성과 실험정신을 널리 허용할 것을 강조했다.

가령 기능자산의 원칙은 재산소유권의 다양한 형태와 양립 가능하며, 따라서 국유화는 수단이며, 산업조직은 여러 구조적 형태를 취할수 있다. 무기능주식 소유를 제거하기 위해 공공소유가 중요했지만, 진정한 타깃은 공공소유 자체가 아니라 소유권이든 규제든 경제체제를 공공의 통제하에 복속시키는 데 있기 때문이다. 또한 평등의 원칙은 차별적 대우/보상과 함께 갈 수 있다. 특히 그는 사회주의자는 조직의 문제를 유연하고 실험적으로 접근하되, 공공소유를 다양한 구조와 기술의 실험장으로 삼아야 한다고 주장했다. 요컨대 토니는 목적, 원칙, 근본가치에 합의만 이루어진다면, 수단은 언제나 발견될 수 있으리라고 낙관했고, 평등의 원칙, 기능의 원칙이 수용되면, 이것들의 실천적 적용은 결코 그리 어려운 일이 아니라고 내다봤다.

토니의 주된 관심은 자본주의의 도덕적 결함과 그로 인한 치명적인 사회적 결과에 있었지 그것의 경제적 측면, 혹은 강점에 있지 않았다. 토니의 체계에는 경제이론에 대한 이렇다 할 논의가 거의 없거니와, 여기에는 토니가 글래스고대학 강사시절부터 당대의 이론경제학과 방법론에 대해 지녀왔던 뿌리 깊은 불신이 한몫 했을 것이다. 토니의 자본주의 비판은 현대의 진보진영에 신자유주의에 맞서는 지적 무기를 제공하는 데는 미흡하다. 토니가 "단순한 기구의 문제"로 불렀던 실천세계는 실은 말할 수 없이 복잡해서, 그의 "유연한 수단"은 자본주의 체제 내적으로는 수단에서의 무수한 '근본적' 불일치들 혹은 갈등이라는 문제를 남겼고 궁극적으로는 모호한 대안에 머물고 말았다는 비판으로 연결되곤 했다. 마르크스가 사회주의는 역사법칙에 따라 결국은 도래하리라고 보며 역사적 자본주의의 논리를 분석하는 데 치중했던 것처럼, 토니는 완결된 단계가 아닌 의지적 작용과 과정으로서의 사회주의에 치중하다가 막상 자본주의 분석에 이르러서는 정치적, 윤리적 차원을 크게 벗어나지는 못했던 것인지도 모른다.

토니의 탐구가 주로 영국적 경험에 의존하여, 국민국가의 틀 안에서 적용됐다는 점도, 오늘날의 세계화 맥락에서 세계화의 수용/거부를 위한 적절한 대응책으로서 그것의 활용 가능성을 제약한다. 더욱이 토니는 사양산업인 석탄산업 같은, 사회주의의 행위자로서 전통적 제조업에 초점을 두었기 때문에 오늘날처럼 계급구조가 다변화되고 금융자본 중심의 신자유주의 세계화가 확대, 심화하는 상황에서 계급형성의 논리 등과 관련한 그의 이론이 지닌 적실성에 의문을 제기할 수 있을 것이다. 무엇보다 시장논리가 전 지구적으로 깊게 확산되고 갈수록 사적 이기심이 공적 선을 위한 단일의 모티브로 당연시되는 오늘의 현실에서 대중들에게 새삼스레 도덕을 요구하는 것 자체가 애초에 난센스일지 모른다. 토니 당대의 대중이 욕망의 과잉에 끌려다니며 마음의 평정과 조화를 잃은 불안정한 존재였다면, 자유주의의 공격적 표출인 신자유주의가 길들이고 거기에 편승해 온 '지구적' 대중인 데다, 좌우 포퓰리즘마저 극성을 부리는 오늘의 현실에서, 도덕과 이타적 배려에 입각한 공동체를 상상하는 것이란 얼마나 힘겨운 일인가.

토니는 평등에 관한 고전을 썼으면서도 여성, 인종 등과 관련된 불평등에 관해서는 이렇다 하게 언급한 바가 없다. 세속주의, 종교적/도덕적 다원주의가 범람하고 WEA와 교회의 영향이 모두 지속적으로 쇠락하는 마당에 그가 주장하는 응집된 도덕공동체의 토대는 과연 어디에서 찾아지며 또 어떻게 형성돼야 하는가? 토니의 주장은 치밀하고 경험적으로 신뢰할 만하지만, 때때로 너무 이상적이어서 비현실적으로 비치기도 한다. 가령 토니는, 빈곤해소가 만병통치약이라도 되는 양 떠드는 다양한 "거짓 선지자들"과는 달리, "빈곤문제가 해결됐다고 해서 우리 자신에 대해 더 기뻐하리라는 보장"은 없다고 예리하게 지적한다.[16] 성경은 부(富)를 기만적이라 말하고(막 4: 19), 세속인의 눈에도 물질주의는 영혼의 타락을 조장할 수도 있을 것이다. 그럼에도 불구하고 현실적으로 산업주의의 혹독한 시절을 겪는 노동계급이 사회주의자의 보편의식을 지니기보다 좀 더 안락한 물질적 삶을 원한다 해서 비난할 수는 없을 것이다.

토니는 산업을 전문업으로 재조직하는 데 핵심적인 과제로 무기능 자산의 철폐를 꼽는다. 유상이든 무상이든 공공이전을 통하지 않고, 자본소유주가 대리인을 통해 산업을 통제하는 일을 종식시키는 가장 합리적인 방식은 자본에 대해 고정된 봉급 그리고 고정된 이자를 받되, 모든 잉여이윤은 기금화하여 사용자와 노동자를 대표하는 중앙기관으로 하여금 관리하도록 하자는 것이다. 그러나 자본주의가 심화될수록 이런 처방의 현실성은 떨어질 수밖에 없다. 실제로 '임노동기금(WEF)'으로 알려진 이와 비슷한 시도가 사민주의가 가장 발달된 스웨덴에서 1980년대 초에 시도되었지만, 자본의 전면적 반대로 사실상 유명무실하게 된 바 있다. 자본파업의 위협이 날로 증대되는 오늘날 토니 처방의 실효성이 얼마나 담보될 수 있을지 알 수 없다.[17]

토니는 기독교윤리가 주는 도덕적 책무에 기댄 변화를 전망했다.

그러나 세속적 상대주의가 팽배하는 시대에 과연 소수의 각성이 다수의 가치세계, 선호체계를 전복시키고 사회적 다원주의가 야기할 사회적 갈등을 극복하고 공동의 문화를 창출하는 것이 가능한가는 의문이다. 더욱이 기독교에 기대 공동문화를 구상하는 일은 가령 20세기의 주요 전쟁들이 기독교국가들과 문명들 간에 발생했다는 점에서 지나치게 이상적이다. 토니는 정의와 평화를 도덕 자체가 아니라 편의와 이익의 조화를 통해 실현한다는 사상을 당연히 거부했다. 그러나 예컨대 오늘날 거세지는 이스라엘과 팔레스타인과의 갈등이 과연 도덕적 호소로 해결될 수 있을 것인가.

토니는 영국적 조건에서 영국적 기질에 따라 사회주의의 통합적 틀을 제시한 철학자였다. 그는 페이비언의 '설득과 침투'전략에 동조했지만, 결코 전형적 페이비언이 아니었고, 그의 사상의 뿌리는 벤담식 공리주의와 불화했으며, 진화론적 낙관을 수용하길 거부했다. 1930년대 웹 부부나 버너드 쇼 등 대표적 페이비언들이 소련체제에 경도될 때는 오히려 페이비언의 정체성을 강조했다. 토니는 1920년대 중엽 소멸 때까지 영국사회주의의 또 한 흐름이었던 길드사회주의의 분파주의를 비판했지만, "산업적 삶의 실천적 일상을 민주화하려는" 그들의 갈망을 높게 평가했다. 토니가 영국사회주의의 주된 흐름들과 두루 불화했던 것은 사실이다. 그러나 그는 모든 진영의 찬사를 듣는 유일한 사회주의 사상가였거니와, 노동당 내 베번(Aneurin Bevan) 좌파와 게이츠켈 우파뿐 아니라 길드사회주의자, 마르크스주의자, 페이비언, 기독교사회주의자 등 진보진영의 수많은 사람들이 그에게 진 개인적, 사상적 빚에 대해 다양한 계기를 통해 고백하고 있다.

어쩌면 토니는 특정의 시대와 장소의 산물일지 모르며, 21세기 자본주의/사회주의가 겪는 난관을 토니로 회귀함으로써 해결할 수는 없을 것이다. 그때 토니라는 '건국의 아버지'로의 복귀는 오히려 이론적, 지적 회피라는 비난을 받기 쉬우며, 현재의 문제가 지닌 심각성만을 더 부각시킬 수도 있다. 그럼에도 불구하고 우리가 토니의 현대적 기여 혹은 함의를 상고하지 않을 수 없는 이유는 신, 자유, 평등, 민주주의, 탈취/기능사회 등 개념들을 아우른 그의 관점이 던지는 울림이 그만큼 깊고, 현대의 절박한 문제를 대면하려는 노력을 위해서는 성찰의 가장 소중한 자료를 제공하기 때문이다. 토니는 근본주의적 사회주의가 아니라 민주사회주의의 경우를 설득하려 했다. 사회주의는 민주주의와 자유를 정치영역에서 사회경제영역으로 확대하려는 시도이며 그 방법은 절차적 민주주의이고 그 구조는 권력의 책임 있는 분산이었다.

토니의 그런 사회주의는 분열된 사회를 공동의 문화와 동료애가 꽃피는 공동체로 전환시키는 전망을 제시한다. 그러나 그에 따르면 사회주의에 불가피한 것은 아무것도 없으며, 설사 그런 것이 있다 하더라도 그것이 자동적으로 또 도덕적으로 바람직해지는 것은 아니다. 그것은 인간정신과 의지의 끊임없는 작용을 통한 일련의 엄정한 선택을 요구하는 과정이며 삶의 태도이고 생활방법이다. 토니는 사회문제를 지속적으로 개인문제화했다. 그의 사고 저변에는 도덕재건과 사회재건을 결합시키는 급진적 태도, 곧 도덕적 변화 없이 사회변화란 불가능하다는 방법론적 개인주의가 암암리에 자리 잡고 있는지 모른다. 그러나 그는 물적 세계가 갖는 본질적 중요성을 결코 간과하지 않았다. 그의 사회주의 프로젝트는 관념과 가치를 변화시키는 물적 역량이 보편적 사상체계를 배양하는 데 얼마나 중요한지 지속적으로 상기시킨다. 세계화가 자본주의를 광포하게 만들수록, '토니 근본주의'로 돌아갈 필요성 또한 증대될 것이다.

무엇보다 토니의 문제의식 그리고 그것이 이룩한 성취는, 영국인의 삶에서 기독교신앙과 교회권위가 쇠락해 갔다는 맥락에서 평가돼야 한다. 토니는 교회에 대해 애정과 절망 사이에서 머뭇거렸으나 말년에 이를수록(마지막 해를 제외하면) 교회가 그가 생각하는 사회목적에 기여할 수 있을지에 대해 회의가 커갔다. 그러나 토니의 역사적 연구는 교회가 경제윤리와 사회조직에 대해 일정한 입장을 취해서는 안 되는 이유란 없다는 것을 보이기 위해 구상된 것이다. 토니는 인생의 후반에 이르러서도 정치문제에 관한 교회역할에 관련된 기독교대회나 교회위원회에 부지런히 참가했다. 그가 경험적으로 항상 옳지만은 않을 것이나 토니가 점하는 위상의 중요성은, 신앙과 교회권위가 쇠퇴하는 가운데 기독교를 정치적 언어로 표현하는 데 사회주의 진영에서 가장 영향력 있는 이론적 입장을 제시했다는 점이다. 그리고 토니의 이론적 소신은 그가 평생 개인적 삶에서 실천했던 크리스천의 정신으로 인해 쉽게 흔들리는 종류의 것이 아니었다.

토니는 자본주의가 "비기독교적이 아닌 적그리스도적이라는 점"을 분명히 했다. 자본주의의 본질적 덕목은 기독교의 본질적 악덕이고 신의 형상―"인간은 신의 형상대로 창조되었다."―을 모욕적으로 왜곡함으로써 자본주의를 관용하는 것은 일종의 불경이기 때문이다. 그리하여 입만 열면 도덕적 설교를 늘어놓으면서 그것의 사회적 적용은 거부하는 신학자나 교회지도자들의 행태를 거론할 때, 토니는 구약의 선지자들처럼 가장 분노했다. "그러한 회피는 정직한 사람을 역겹게 만들고 기독교를 경멸적인 것으로 만든다 … 영혼을 선택했지만, 그 선택의 함의들을 탐색하는 데 실패한 사람들은 그 면전으로 성경이 내던져진다 해도 할 말이 없을 것이다."[18]

실제로 기독교가 토니에게 가르친 것은 마르크스주의자들도 부러워할 '역사와 인간관계에 관한 총체성 감각'이었다. 그리하여 그는 인간의 원천적 부적절성, 불완전성과 사회경제적 삶의 기존 조직이 지닌 역사적 우발성에 관해 대담하고도 방대한 고발을 단행할 수 있었다. 토니는 이러한 총체적 접근이 요구하는 새로운 사회철학을 제공하려 했거니와, 사회적 삶에 목적과 통합성을 주는 사회윤리를 복원함으로써 기독교사회사상의 역사적 신뢰를 재창출하고, 경제적 삶을 도덕화해서 자본주의 문명을 재정신화하는 일이야말로 그가 궁극적으로 추구했던 사회주의 문화의 창출이란 프로젝트의 전제조건이었을 것이다.[19] 그가 탐구하고 헌신했던 지형은 인간의 정신과 의지였으며, 그의 사회주의 정치가 점하는 중심적 위상이 이와 관련이 있다.

미주

머리말

1) 윌리엄 템플(1881-1944)은 사회사상가, 신학자이면서 그의 아버지에 이어 영국국 교회의 실질적 수장인 켄터베리 대주교를 역임했다. 20세기 영국의 가장 존경받는 주교로 칭송된다. 템플의 신학, 철학, 사회사상에 관해서는 Joseph Fletcher, *William Temple: Twentieth-Century Christian* (New York: Seabury Press, 1963) 참조.

2) Anthony Wright, *R. H. Tawney* (Manchester: Manchester University Press, 1987), p. vii.

3) Ross Terrill, *R. H. Tawney and His Times: Socialism as Fellowship* (Cambridge, Mass.: Harvard University Press, 1973), p. 3-5 재인용.

4) Gary Armstrong and Tim Gray, *The Authentic Tawney: A New Interpretation of the Political Thought of R. H. Tawney* (Exeter: Imprint Academic, 2011), p. 10.

5) 전간시절 영국 진보적 자유주의자와 사민주의자들의 사상적 특성과 갈래 그리고 그들 사이의 개인적, 사상적 교류에 관해서는 Peter Clarke, *Liberals and Social Democrats* (Cambridge: Cambridge University Press, 1978) 참조.

6) Raymond Williams, *Culture and Society 1978-1950* (Edinburgh: Penguin,

1961), p. 216 이하.

7) Armstrong and Gray, *The Authentic Tawney*, pp. 125-26 재인용.

8) Hugh R. Trevor-Roper, *The Gentry 1540-1640* (London: Cambridge University Press, 1959), p. 1.

9) R. H. Tawney, *Commonplace Book*, edited by J. M. Winter and D. M. Joslin (Cambridge: Cambridge University Press, 1972), p. 54.

10) Tawney, *Commonplace Book*, pp. 33-4.

11) R. H. Tawney, 『기독교와 자본주의의 발흥』 (파주: 한길사, 2015) (원제: R. H. Tawney, *Religion and the Rise of Capitalism*, 1926), 고세훈 역, p. 132.

제1부 생애, 저술, 사상: 연대기적 소묘

1) 옥스퍼드에서 만나 평생의 지기이자 처남이 될 W. 베버리지는 토니가 출생하기 한 해 전에, 그리고 아내 지넷(Annie Jeannett)은 토니와 같은 해에, 역시 앵글로-인디언으로 태어났다.

2) 빅토리아 말기 케임브리지 지식사회의 풍경에 관해서는, Robert Skidelsky, 『존 메이너드 케인스』 (서울: 후마니타스, 2009), 고세훈 역, pp. 87-102 참조.

3) 당시 개혁적 지식인들에게 이런 태도는 낯선 것이 아니었다. 예컨대 토니처럼 앵글로-인디언으로 태어났던 작가 오웰(George Orwell)은 제국경찰에 소속되어 인도 관할이던 버마(미얀마)에서 몇 년을 보내면서 "'백인의 책무(White Man's Burden)'는 위선이고 제국주의는 사기"라고 단정한다. 고세훈, 『조지 오웰: 지식인에 관한 보고서』 (파주: 한길사, 2012), p. 145.

4) 토머스는 훗날 토니의 평등사상에 막대한 영향을 미친 시인, 교육자, 비평가인 매튜 아널드의 아버지이기도 하다. 이 책의 제4부 참조.

5) Richard Titmuss, J. R. Williams, and F. J. Fisher, *R. H. Tawney: A Portrait by Several Hands*, 1960. p. 3. 이 작은 책자는 토니의 80회 생일을 기리기 위해 그가 가장 사랑했다는 제자 티트머스 등에 의해 사적으로 출판된 것으로 오늘날까지 원래의 팸플릿 형식으로 전해오고 있다.

6) 19세기 초의 사회개혁가 코빗(William Cobbett)은 영국의 식민체제를 "영국귀족의 자제를 위한 옥외구호체제"라며 빗댔는데, 오웰(『위건 피어로 가는 길』)은 영국 지배층이 "말(馬) 값이 싸고 사냥은 공짜고 하인을 여럿 부릴 수 있는" 인도근무를

선호했다며 냉소했다. 고세훈, 『조지 오웰』, p. 125.

7) R. H. Tawney, "The Study of Economic History," in *History and Society: Essays by R. H. Tawney*, edited by J. M. Winter (London: Routledge, 1978), p. 48.

8) Lawrence Goldman, *The Collective Biography of William Beveridge, R. H. Tawney and William Temple* (London: University of London Press, 2016) 참조.

9) Terrill, *R. H. Tawney and His Times*, p. 29.

10) 제2차 세계대전 전만 해도 영국학계가 중시했던 것은 학위나 학벌보다는 학문/사회적 성취였는데, 토니가 학사학위만 가지고 런던정경대학(LSE)의 경제사 교수로 재직했던 것처럼, 동시대 인물인 케인스(J. M. Keynes) 또한 최종학위가 수학사인 채 케임브리지 킹스(King's College) 펠로로 있으면서 학생들을 가르쳤다. Skidelsky, 『존 메이너드 케인스』 참조.

11) 고교회파(High Church)는 영국국교회에서 가톨릭주의의 전례 등을 강조하는 국교회 상층부의 신학조류 또는 그것을 지지하는 사람들을 이르며, 종종 '앵글로 가톨릭주의'와 혼용되기도 한다.

12) Terrill, *R. H. Tawney and His Times*, pp. 33, 34-5.

13) Terrill, *R. H. Tawney and His Times*, p. 33, 재인용.

14) Wright, *R. H. Tawney*, p. 4.

15) Lawrence Goldman, *The Life of R. H. Tawney: Socialism and History* (London: Bloomsbury Academic, 2014), pp. 29-30. 토니는 1903년과 1908-10년 기간에 독일을 방문해서 노동과 빈곤문제에 대한 독일사민당의 국가중심 접근에 강한 인상을 받는다. Norman Dennis and A. H. Halsey, "Socialism and Fellowship: R. H. Tawney," in *English Ethical Socialism: Thomas More to R. H. Tawney* (Oxford: Oxford University Press, 1988), p. 157.

16) Terrill, *R. H. Tawney and His Times*, p. 37.

17) Titmuss *et al.*, *R. H. Tawney: A Portrait by Several Hands*, p. 5.

18) Titmuss *et al.*, *R. H. Tawney: A Portrait by Several Hands*, pp. 5-6.

19) Mary Stocks, *The Workers' Educational Association. The First Fifty Years* (London, 1953), pp. 40, 46.

20) R. H. Tawney, "The WEA and Adult Education," in *The Radical Tradition: Twelve Essays on Politics, Education and Literature* (George Allen & Unwin, 1964), p. 82.

21) 그가 1912-14년에 썼던 일기 곳곳에 그 편린들이 엿보인다. Tawney, *Common-place Book*, 참조.

22) Terrill, *R. H. Tawney and His Times*, p. 41.

23) 다음 장에서 자세히 기술되었다.

24) R. H. Tawney, *Secondary Education for All: A Policy for Labour* (London: Labour Party, 1922/1988), p. 88.

25) Goldman, *The Life of R. H. Tawney*, pp. 28-9.

26) R. H. Tawney, *The Western Political Tradition*, Burge Memorial Lecture (London: SCM Press, 1949), p. 15.

27) Goldman, *The Life of R. H. Tawney*, pp. 81-3.

28) R. H. Tawney, *Equality*, with an Introduction by Richard M. Titmuss (London: Unwin Books, 1964[1931]), p. 198.

29) A. E. Bland, P. A. Brown, R. H. Tawney, eds., "Introduction," *English Economic History: Select Documents* (London: G. Bell and Sons, 1914), pp. vi-vii.

30) 토니는 1906년에 페이비언협회(Fabian Society), 1909년에 독립노동당(Inde-pendent Labour Party)에 가입했다. 페이비언협회와 독립노동당은 모두 1900년에 창당된 노동당의 단체회원이었다. 전자는 1884년 조지 버너드 쇼, 웹 부부 등 중산층 지식인들이 조사와 연구, '침투와 설득(permeation and persuasion)'을 위해 창립한 단체로서, 오늘날에 이르도록 영국노동당에 수많은 인적, 이념적 기여를 해온 영국 최고(最古)의 사회주의 조직이다. 후자는 1893년 스코틀랜드 출신의 광부 토머스 하디에 의해 '아래로부터' 만들어진 사회주의 단체로서 1930년대 초 노동당의 우경화에 반발하여 노동당을 떠났다. 고세훈, 『영국노동당사』 (서울: 나남출판, 1999), pp. 53-89 참조.

31) R. H. Tawney, "The Attack," in *The Attack and Other Papers* (London: George Allen and Unwin, 1953), pp. 15-6.

32) R. H. Tawney, "The Attack," pp. 19-20.

33) Terrill, *R. H. Tawney and His Times*, p. 50.

34) 창세기 29장 25절 참조.

35) R. H. Tawney, "Some Reflections of a Soldier," in *The Attack and Other Papers* (London: George Allen and Unwin, 1953), p. 27.

36) Tawney, *Commonplace Book*, p. 83.

37) Titmuss *et al.*, *R. H. Tawney: A Portrait by Several Hands*, p. 8.

38) Goldman, *The Life of R. H. Tawney*, p. 107.

39) Tawney, "A National College of All Souls," in *The Attack*, p. 34.

40) 이 에세이는 심포지엄 자료인 「전후의 노동과 자본」(1918)에 처음 수록되었다가, 1964년 토니 사후에 에세이 선집으로 출간된 「급진적 전통(*The Radical Tradition*)」에 재수록되었다.

41) R. H. Tawney, "The Conditions of Economic Liberty," in *The Radical Tradition: Twelve Essays on Politics, Education and Literature*, edited by Rita Hinden with an Appreciation by Hugh Gaitskell (London: George Allen & Unwin, 1964), pp. 98-9.

42) Tawney, "The Conditions of Economic Liberty," p. 115.

43) Tawney, "The Conditions of Economic Liberty," pp. 116-7.

44) Ministry of Reconstruction, 'Adult Education Committee, Final Report,' *Parliamentary Papers* 1919, vol. xxviii ('The 1919 Report'), pp. 453-867.

45) Goldman, *The Life of R. H. Tawney*, p. 109.

46) R. H. Tawney, *The Nationalisation of the Coal Industry* (London: Labour Party, 1922), pp. 7-8; 고세훈, 「영국노동당사」, pp. 164-70 참조.

47) R. H. Tawney, *The British Labour Movement* (New Haven: Yale University Press, 1925), pp. 86, 93; *The Acquisitive Society* (New York: A Harvest Book, 1921), pp. 137-8.

48) 고세훈, 「영국노동당사」, pp. 366-83.

49) Barry Supple, *The History of the British Coal Industry, Volume 4, 1913-1946: The Political Economy of Decline* (Oxford: Oxford University Press, 1987), p. 343.

50) 애틀리정부(1945-51)는 석탄을 포함하여 총 12개 산업을 국유화함으로써 당시 서구국가들 가운데 가장 많은 국유산업을 보유한 국가가 되었지만, 그 대부분은 이미 만성적 적자와 비효율 등 심각한 문제를 안고 있던 사양산업 혹은 공익산업이었기 때문에 재조직과 자본주입 등을 위해 정부 등 외부의 개입이 불가피한 처지였다. 무엇보다 국유산업들이 조직원리로서 택한 공사(public corporation)라는 제도는 토니 주장의 핵심내용인 노동자의 경영참여 등 산업민주주의를 완전히 배제한 것이었다. 고세훈, 「영국노동당사」, pp. 236-42.

51) Terrill, *R. H. Tawney and His Times*, p. 56.

52) Terrill, *R. H. Tawney and His Times*, p. 53.

53) 『탈취사회』가 토니 저작들과 영국학계 그리고 자본주의 분석에서 점하는 위상에 비추어 그 주된 내용은 이 책의 제4부에서 상세히 다루었다.

54) Terrill, *R. H. Tawney and His Times*, pp. 63-4.

55) R. H. Tawney, *The British Labor Movement* (New Haven: Yale University Press, 1925), p. 24.

56) Tawney, *The British Labor Movement*, ch. 2.

57) 이 책의 제5부에서 깊이 논의될 것이다.

58) Tawney, *The Acquisitive Society*, pp. 10-3.

59) Terrill, *R. H. Tawney and His Times*, pp. 59-60 재인용.

60) 『노동당과 국가』는 강력한 사회주의적 수사와 함께 노동당이 사회주의 정당임을 재천명했지만, 막상 구체적인 정책제안에서는 맥도널드체제의 온건함을 크게 벗어나지 못했다. 고세훈, 『영국노동당사』, pp. 189-90.

61) 『평등』에 관해서는 제5부에서 상세한 논의가 있을 것이다.

62) Titmuss *et al.*, *R. H. Tawney: A Portrait by Several Hands*, p. 29.

63) R. H. Tawney, "Introduction," J. P. Mayer, *Political Thought: The European Tradition* (London: Viking Press, 1939), p. ix.

64) R. H. Tawney, "The Choice before the Labour Party," in *The Attack*, pp. 64-5.

65) Tawney, *Equality*, p. 203.

66) 고세훈, 『영국노동당사』, pp. 200-2.

67) Tawney, "The Choice before the Labour Party," in *The Attack*, p. 68.

68) Terrill, *R. H. Tawney and His Times*, pp. 72-3.

69) Terrill, *R. H. Tawney and His Times*, p. 139.

70) 중국인의 생활상, 중국의 풍물, 정치적 혼란 등 소회는 Tawney, "China, 1930-31," in *The Attack and Other Essays* (London: George Allen & Unwin, 1953), pp. 35-51 참조.

71) Terrill, *R. H. Tawney and His Times*, pp. 69-70.

72) 고세훈, 『영국노동당사』, pp. 207-8.

73) Donald Sassoon, *One Hundred Years of Socialism* (London: Fontana, 1997), p. 63.

74) Tawney, "The Choice before the Labour Party," in *The Attack*, pp. 54-5.

75) Tawney, "The Choice before the Labour Party," in *The Attack*, p. 57.

76) Tawney, "The Choice before the Labour Party," in *The Attack*, pp. 58-9.

77) 고세훈, 『영국노동당사』, pp. 155-62.

78) Tawney, "The Choice before the Labour Party," in *The Attack*, pp. 54-5, 57.

79) Tawney, *Commonplace Book*, p. 79.

80) Terrill, *R. H. Tawney and His Times*, p. 76 재인용.

81) Terrill, *R. H. Tawney and His Times*, pp. 83-4.

82) R. H. Tawney, "A Note on Christianity and Social Order," in *The Attack and Other Papers* (London: George Allen and Unwin, 1953), p. 168.

83) Tawney, "A Note on Christianity and Social Order," in *The Attack*, p. 177.

84) Tawney, 『기독교와 자본주의의 발흥』, pp. 397-408.

85) Tawney, "A Note on Christianity and Social Order," in *The Attack*, p. 176.

86) Tawney, "A Note on Christianity and Social Order," in *The Attack*, p. 177.

87) Tawney, "A Note on Christianity and Social Order," in *The Attack*, pp. 189-91.

88) 토니가 평생 발표한 교육관련 글들은 200편을 훌쩍 넘는다.

89) Terrill, *R. H. Tawney and His Times*, pp. 84-5.

90) Hugh Gaitskell, "Postscript," in Tawney, *The Radical Tradition*, pp. 212-14.

91) Terrill, *R. H. Tawney and His Times*, p. 82.

92) Terrill, *R. H. Tawney and His Times*, p. 83.

93) Terrill, *R. H. Tawney and His Times*, pp. 85-6.

94) Tawney, "Why Britain Fights," in *The Attack*, pp. 71-81.

95) Titmuss *et al.*, *R. H. Tawney: A Portrait by Several Hands*, p. 8.

96) Tawney, "Why Britain Fights," in *The Attack*, pp. 79-80.

97) R. H. Tawney, "The Rise of the Gentry: A Postscript," in *History and Society: Essays by R. H. Tawney*, edited by J. M. Winter (London: Routledge, 1978), pp. 119-28.

98) R. H. Tawney, "The Rise of the Gentry, 1558-1640," in *History and Society: Essays by R. H. Tawney*, edited by J. M. Winter (London: Routledge, 1978), pp. 85-119.

99) R. H. Tawney, "We Mean Freedom," in *The Attack and Other Papers* (London: George Allen and Unwin, 1953), pp. 83-4.

100) R. H. Tawney, "The Abolition of Economic Controls, 1918-1921," in *The*

Attack and Other Papers (London: George Allen and Unwin, 1953), p. 153.

101) 영국의 쇠락은 19세기 말 무렵 시작되지만, 영국인들은 문화적 자부심에다 오랜 제국주의 경험에 대한 기억으로 인하여 제2차 세계대전 종전전후 미국과 일련의 협상을 진행하면서 비로소 영국의 국제적 위상이 이전과 사뭇 다르다는 것을 실감한다. Skidelsky, 『존 메이너드 케인스』, 제8부 참고.

102) 고세훈, 『영국노동당사』, 제8장.

103) Tawney, "A Note on Christianity and Social Order," in *The Attack*, p. 191.

104) Tawney, "British Socialism Today," in *The Radical Tradition*, p. 174.

105) Tawney, "British Socialism Today," in *The Radical Tradition*, p. 168.

106) Tawney, "British Socialism Today," in *The Radical Tradition*, pp. 176-7.

107) R. H. Tawney, *The Attack and Other Papers* (London: George Allen and Unwin, 1953).

108) R. H. Tawney, "J. L. Hammond, 1872-1949," in *History and Society: Essays by R. H. Tawney*, edited by J. M. Winter (London: Routledge, 1978), pp. 251-2.

109) Tawney, "The Rise of the Gentry, 1558-1640," in *History and Society*, p. 89.

110) Terrill, *R. H. Tawney and His Times*, p. 104.

111) J. M. Winter, "Introduction: Tawney the Historian," in *History and Society*, p. 27.

112) Tawney, *Commonplace Book*, pp. 41-2.

113) 앞에서 여러 차례 인용했던 소책자이다. Richard Titmuss, J. R. Williams, and F. J. Fisher, *R. H. Tawney: A Portrait by Several Hands*, 1960.

114) Tawney, *Commonplace Book*, pp. 19-20.

제2부 토니 사상과 기독교의 위상

1) 19세기의 저명한 시인이며 사회비평가인 매튜 아널드의 아버지 토머스(Thomas Arnold)는 성공회의 광교회운동(Broad Church Movement)을 주도했고 럭비 교장 (1828-41)을 지내면서 자신의 철학에 충실하여 영국사립고교 개혁에 막대한 영향을 미쳤다. 16세기에 에라스무스에서 비롯된 광교파신학(latitudinarianism)은 종교적 평화를 위해 교의보다는 윤리와 도덕을 강조하며 교파 간 차이점을 최소화

하려는 신학적 최소주의를 지향한다. 19세기 전반기 쇠렌 키르케고르의 기독교 실존사상과 20세기 전반기 바르트(Karl Barth)의 신정통주의 신학이 그런 흐름을 정면에서 거슬렀다. 오늘날 자유주의 신학이 광교파신학의 계보를 잇는다. Franklin L. Baumer, 『유럽근현대지성사』 (서울: 현대지성사, 2000), 조호연 역, pp. 110-11, 132; Timothy H. Polk, *The Biblical Kierkegaard* (Macon, Georgia: Mercer University Press, 1997); Karl Barth, *The Epistle to the Romans*, 6th edition translated by Edwyn C. Hoskyns (London: Oxford University Press, 1972) 참조.

2) Goldman, *The Life of R. H. Tawney*, p. 179.

3) Terrill, *R. H. Tawney and His Times*, p. 61.

4) J. M. Winter, "Introduction: Tawney the Historian," in Winter, ed., *History and Society: Essays by R. H. Tawney* (New York: Routledge, 1978), p. 15.

5) Terrill, *R. H. Tawney and His Times*, p. 58-9.

6) Terrill, *R. H. Tawney and His Times*, p. 60.

7) 절친 템플의 비아냥. Armstrong and Gray, *The Authentic Tawney* 참조.

8) J. M. Winter, et al., "Introduction," in Tawney, *Commonplace Book*, p. x.

9) Gordon Crosse, *Charles Gore: A Biographical Sketch* (London: A. R. Mowrey, 1932), p. 124.

10) Goldman, *The Life of R. H. Tawney*, p. 182.

11) R. H. Tawney, *New Leviathan, in Goldman, The Life of R. H. Tawney*, p. 183 재인용.

12) R. H. Tawney, *The Western Political Tradition*, Burge Memorial Lecture (London: SCM Press, 1949), pp. 18-9.

13) Goldman, *The Life of R. H. Tawney*, p. 184.

14) R. H. Tawney, 『기독교와 자본주의의 발흥』 (파주: 한길사, 2015) (원저. R. H. Tawney, *Religion and the Rise of Capitalism*, 1926), 고세훈 역, p. 312.

15) Tawney, "A Note on Christianity and Social Order," in *The Attack*, p. 174.

16) Goldman, *The Life of R. H. Tawney*, p. 184.

17) R. H. Tawney, "John Ruskin," in *The Radical Tradition: Twelve Essays on Politics, Education and Literature*, edited by R. Hinden (George Allen and Unwin, 1964) p. 40.

18) Tawney, *Commonplace Book*, pp. 60-1.

19) Tawney, *Commonplace Book*, p. 62.

20) Tawney, 『기독교와 자본주의의 발흥』, p. 329.

21) Tawney, *Commonplace Book*, p. 59.

22) Tawney, 『기독교와 자본주의의 발흥』, p. 355.

23) Winter, "Introduction: Tawney the Historian," in Tawney, *History and Society*, p. 4.

24) Tawney, "The Choice Before the Labour Party," in *The Attack*, pp. 56, 63.

25) Christopher Hill, "A Man for All Seasons," *New Statesman*, 19 Jan. 1962.

26) Terrill, *R. H. Tawney and His Times*, pp. 178-9.

27) D. Martyn Lloyd-Jones, *Studies in the Sermon on the Mount* (Grand Rapids, Michigan: WM. B. Eerdmans Publishing Company, 2011); John R. W. Stott, *The Message of the Sermon on the Mount* (Leicester: Inter-Varsity Press, 1988) 참조.

28) Terrill, *R. H. Tawney and His Times*, p. 267.

29) Tawney, *Commonplace Book*, pp. 30-1.

30) Norman Dennis and A. H. Halsey, "Socialism and Fellowship: R. H. Tawney," in *English Ethical Socialism: Thomas More to R. H. Tawney* (Oxford: Oxford University Press, 1988), pp. 149-69 참조. 토니는 형제애보다는 동료애란 단어를 줄곧 선호했다. 전자가 교회 안의 특징적 모습이라면 후자는 사회 일반에 더 적절한 개념이다.

31) Tawney, 『기독교와 자본주의의 발흥』, 고세훈 역, p. 132.

32) 성경 마지막 책인 「계시록」은 저자 요한이 "주여 어서 오소서!"(계시록 22: 20)라고 외치며 끝난다.

33) Quentin Skinner, "Meaning and Understanding in the History of Ideas," *History and Theory*, Vol. 8, No. 1, 1969, pp. 16-8.

34) Armstrong and Gray, *The Authentic Tawney*, p. 9.

35) Terrill, *R. H. Tawney and His Times*, pp. 246-7.

36) 웅장한 건물에 비해 텅 빈 교회가 대변하듯이, 서유럽사회에서 신앙의 대상으로서의 기독교는 이미 소멸해 가고 있다. 기독교정당들도 복음과는 무관한 보수정당일 뿐이며, 그들은 세속화의 산물이면서 또 기독교의 세속화를 부추겼던 요인이었다. 그나마 서유럽사회는 신앙으로서의 기독교는 쇠락하되, 1000년 넘게 형성된 기독교'윤리'가 있고, 세속의 합리적 문화가 뿌리를 내려왔다. 기독교윤리의 전통도 없고, 합리적 문화의 뿌리도 없는 한국적 상황에서, 기독교의 이름을 앞세

우고 맹렬히 활동하는 무지와 독선이 세상보다 더한 분열을 만방에 선전하는 형
국은, 생각만으로도 끔찍하다.

37) Armstrong and Gray, *The Authentic Tawney*, pp. 26-8.

38) Wright, *R. H. Tawney*, pp. 19-20.

39) W. H. Greenleaf, *The British Political Tradition Volume Two: The Ideological Tradition* (London: Routledge, 1983), pp. 443-52.

40) Tawney, *Commonplace Book*, p. xiii.

41) Tawney, *Commonplace Book*, p. 25.

42) Tawney, *Commonplace Book*, p. 76.

43) Tawney, *Commonplace Book*, pp. 15-7.

44) Tawney, *Commonplace Book*, pp. 9, 12, 33.

45) Tawney, *Commonplace Book*, p. 45.

46) Tawney, *Commonplace Book*, p. 45-6.

47) Tawney, *Commonplace Book*, p. 10.

48) Tawney, *Commonplace Book*, p. 13.

49) Tawney, *Commonplace Book*, p. 19

50) Tawney, *Commonplace Book*, pp. 57-8.

51) Tawney, *Commonplace Book*, p. 58.

52) Tawney, *Commonplace Book*, p. 62, 19.

53) Tawney, *Commonplace Book*, p. 13.

54) Tawney, *Commonplace Book*, p. 46.

55) Tawney, *Commonplace Book*, pp. 53, 66-7.

56) Tawney, *Commonplace Book*, p. 9.

57) Armstrong and Gray, *The Authentic Tawney*, p. 45.

58) Tawney, *Commonplace Book*, p. 67. 토니와 거의 동시대를 살았으며, 토니가 혐
오했던 유명한 엘리트 문화단체 '블룸즈버리 그룹'의 일원이었던 경제학자 케인스
(J. M. Keynes)도 여전히 신념과 믿음이 필요한 세대에 속했거니와, 그가 말년에
기독교에 대해 보였던 모습도 흥미롭다. "케인스는 말년에 이를수록 종교적 신념
이 떠난 자리에 그것을 대체할 아무런 윤리적 '보호체계' 없이 우왕좌왕하는ㅡ때
로는 마르크스주의로, 때로는 프로이트로, 심지어는 파시즘으로ㅡ젊은 세대를
말할 수 없이 딱한 눈으로 바라보며, 기독교적 신앙의 궁극적 쇠락을 재촉하며 통
쾌해했던 자신에 대해선 그보다 더한 연민을 드러냈다. 케인스는 T. S. 엘리엇에

게 '만일 기독교가 없다면 도덕은 불가능하다는 것이 밝혀진다면, 나는 기독교를 부수려 하지 않았을 것'이라고 말했다. 버지니아 울프를 향해서는 '너와 나의 세대가 … 우리 선조들의 종교에 얼마나 많이 빚지고 있는지, 이제야 느끼기 시작했어 … 기독교 없이 성장한 젊은이들은 삶의 참맛을 모를 거야. 그들은 발정난 개처럼 피상적이지 … 우리는 기독교를 파괴했지만, 다행스럽게도 우리에겐 그것이 준 이점들은 남아 있잖아.'라며 자신의 착잡한 심경을 피력했다." 고세훈, 「역자서문」, R. Skidelsky, 『존 메이너드 케인스』 (서울: 후마니타스, 2009), p. 31.

59) Tawney, *Commonplace Book*, p. 43.

60) Greenleaf, *The British Political Tradition Volume Two*, p. 440.

61) Tawney, *Commonplace Book*, p. 78.

62) Tawney, *Commonplace Book*, p. 14.

63) Tawney, *Commonplace Book*, p. 31.

64) Tawney, *Commonplace Book*, p. 68.

65) Tawney, *Commonplace Book*, pp. 54-5.

66) Tawney, *Commonplace Book*, p. 54.

67) Tawney, *Commonplace Book*, pp. 53-4, 65, 67.

68) Tawney, *Commonplace Book*, pp. 30-31.

69) Armstrong and Gray, *The Authentic Tawney*, p. 47.

70) Wright, *R. H. Tawney*, p. 14.

71) Tawney, *Commonplace Book*, p. 15.

72) Tawney, *Commonplace Book*, p. 15.

73) Tawney, *Commonplace Book*, pp. 77-8.

74) Tawney, *Commonplace Book*, pp. 78-9.

75) Tawney, *Commonplace Book*, pp. 33-4.

76) Tawney, 『기독교와 자본주의의 발흥』, p. 189.

77) Goldman, *The Life of R. H. Tawney*, p. 33, 재인용.

78) Tawney, *Commonplace Book*, p. xx.

79) 포퍼(Karl Popper)가 『역사주의(Historicism)의 빈곤』에서 뜻했던 그 역사주의와 다르지 않다.

80) 고세훈, 『조지 오웰』, chs. 4, 7 참조.

81) 고세훈, "'유토피아의 죽음'과 유토피아 문학의 복원"《오늘의 문예비평》, 여름호, 2013 참조.

82) Terrill, *R. H. Tawney and His Times*, p. 191.

83) Terrill, *R. H. Tawney and His Times*, p. 191.

84) Tawney, *Commonplace Book*, pp. 56, 61.

85) 페이비언주의의 주된 주장에 관해서는, 고세훈, 「역자서문」, 『페이비언 사회주의』 (서울: 아카넷, 2007) (원저. George Bernard Shaw, *et al.*, *Fabian Essays in Socialism*, 1889).

86) 유명한 경제사가, 길드사회주의자이며 훗날 협회 집행부 의장을 역임하게 될 조지 콜은 페이비언협회를 "'자유주의적' 사회주의자들의 자유롭게 사유하는(free-thinking) 단체"로 규정한 바 있다. G. D. H. Cole, *Fabian Socialism* (London: George Allen & Unwin, 1943), p. vi.

87) 이런 점에서, 페이비언이라는 이름 자체가, "로마 장군 파비우스[Fabius—지연자 (delayer)란 의미]가 한니발과의 전쟁에서 그랬던 것처럼 적당한 때가 올 때까지, 비록 많은 사람들이 비난할지라도 참을성 있게 기다리되, 일단 때가 도래하면 모든 기다림이 헛되지 않도록, 역시 파비우스처럼 사정없이 내리쳐야 한다."는 비유에서 유래하였다는 점은 시사적이다. Edward R. Pease, *History of the Fabian Society* (London: Cass, 1963[1916]), p. 39.

88) Lisanne Radice, *Beatrice and Sidney Webb: Fabian Socialists* (London: Macmillan, 1984), pp. 325-6. 토니는 웹 부부에 관한 두 편의 에세이를 썼으며, 1940년대에는 이들 부부의 전기를 써달라는 요청을 받고 꽤 많은 자료를 모으기도 했다. 그러나 마거릿 콜이 이미 쓰고 있다는 것을 알았을 때 자신의 프로젝트를 포기했다.

89) Goldman, *The Life of R. H. Tawney*, p. 171 재인용.

90) Tawney, *Commonplace Book*, pp. 45-6.

91) Tawney, *Commonplace Book*, p. 50.

92) Tawney, *Commonplace Book*, p. 11.

93) Tawney, *Commonplace Book*, pp. 49-50.

94) Tawney, *Equality*, pp. 26, 30.

95) Tawney, *Commonplace Book*, pp. 55-6.

96) Tawney, *Commonplace Book*, pp. 60-1.

97) Tawney, *Commonplace Book*, p. 61.

98) Tawney, *Commonplace Book*, p. 62.

99) Tawney, *Commonplace Book*, p. 68.

100) Tawney, *Commonplace Book*, p. 79.

101) "... letter kills, but the spirit gives life."(고린도후서 3장 6절) 참조.

102) Tawney, *Commonplace Book*, pp. 79-80.

103) Tawney, *Commonplace Book*, p. 80.

104) Tawney, *Commonplace Book*, p. 81.

105) 공리주의의 내용과 한계에 관해서는, 고세훈, 「벤담주의적 자유주의와 빅토리아 영국의 개혁」, 이근식, 황경식 편, 『자유주의란 무엇인가』 (서울: 삼성경제연구소, 2001), 2절 참조.

106) Tawney, *Commonplace Book*, pp. 62-4.

107) Tawney, *Commonplace Book*, p. 64.

108) Tawney, *The Acquisitive Society*, p. 29.

109) Tawney, *The Acquisitive Society*, pp. 29-31.

110) Tawney, *The Acquisitive Society*, pp. 17-8.

111) Tawney, *Commonplace Book*, p. 70.

112) Tawney, *Commonplace Book*, pp. 64-5.

113) Tawney, *Commonplace Book*, pp. 65-6.

114) Tawney, *Commonplace Book*, p. 66.

115) Tawney, *Commonplace Book*, p. 65.

116) Tawney, "Introduction," in Mayer, *Political Thought*, p. vii.

117) R. H. Tawney, *The Western Political Tradition* (London: SCM Press, 1949), p. 17.

118) 성경에 따르면, 싸움은 혈과 육이 아니라 어두움의 영과의 싸움이며(에베소 6: 12), 현실세계는 물질의 신(mammon, the money god)을 우상으로 섬기는 부패한 세상이다. "온 세상이 악한 영의 지배하에 있고"(요한 1서 5장 19절) 부(富)는 기만적이며(마가 4: 19) 사람은 두 주인을 섬길 수 없다.(마태 6: 4) 토니가 신적 교의에 기반을 둔 도덕이야말로 문제해결의 출발점이라고 봤던 이유일 것이다.

119) R. H. Tawney, *The Agrarian Problem in the Sixteenth Century* (New York: Burt Franklin, 1912), p. 4.

120) Goldman, *The Life of R. H. Tawney*, p. 177.

121) Tawney, *Commonplace Book*, p. 58.

122) Tawney, *The Agrarian Problem*, p. 178.

123) Tawney, *Commonplace Book*, p. 69.

396

124) Tawney, "British Socialism Today," in *The Radical Tradition*, p. 170.

125) Tawney, "Social Democracy in Britain," in *The Radical Tradition*, p. 165.

126) Terrill, *R. H. Tawney and His Times*, pp. 256-7.

127) Tawney, "Social Democracy in Britain," in *The Radical Tradition*, p. 164.

128) 훗날 토머스 마셜이 관찰한바, 시민권 발전의 배후에도 이와 유사한 가정, 즉 뒤의 사회권 없이는 앞서 확립된 공민권과 정치권을 구현하는 법들이 차례로 왜곡될 수 있다는 인식이 놓여 있다. T. H. Marshall, *Citizenship and Social Class and Other Essays* (Cambridge: Cambridge University Press, 1950), 참조.

129) Tawney, *Commonplace Book*, pp. 49-50.

130) Tawney, "Social Democracy in Britain," in *The Radical Tradition*, p. 167.

131) 데니스와 핼시는 영국의 윤리적 사회주의 전통과 관련해 6명(토머스 모어, 윌리엄 코빗, 레너드 홉하우스, 조지 오웰, 톰 마셜, 그리고 R. H. 토니)을 택해 논의하고 있다. Norman Dennis and A. H. Halsey, "Socialism and Fellowship: R. H. Tawney," in *English Ethical Socialism: Thomas More to R. H. Tawney* (Oxford: Oxford University Press, 1988).

제3부 자본주의 비판과 대안: 탈취사회에서 기능사회로

1) Tawney, *The Acquisitive Society*, p. 42.

2) Tawney, *Commonplace Book*, p. 83.

3) Tawney, *Commonplace Book*, p. 82.

4) Tawney, *Commonplace Book*, p. 83.

5) Tawney, *The Acquisitive Society*, pp. 2-3.

6) Tawney, *The Acquisitive Society*, p. 3.

7) Tawney, *The Acquisitive Society*, p. 5.

8) 토니는 『탈취사회』의 한 장(章) 전체—9장—를 '효율성의 조건'이라는 제목에 할애했지만, 그 초점은 경제개혁의 합리적 근거로서의 효율이었고, 아래에서 논의될 그의 중심 개념인 기능과 목적이 전제된, 혹은 그것들을 위한 보다 나은 생산과 서비스 제공에 기여한다는 의미에서였다.

9) Karl Polanyi, *The Great Transformation* (New York: Farrar & Rinehart, 1944).

10) Tawney, *The Acquisitive Society*, pp. 10-3.

11) Tawney, "John Ruskin," in *The Radical Tradition*, pp. 41-2.

12) Wright, *R. H. Tawney*, p. 38.

13) Tawney, *The Acquisitive Society*, pp. 8-9.

14) Wright, *R. H. Tawney*, p. 39.

15) Tawney, *The Acquisitive Society*, p. 6.

16) Tawney, *The Acquisitive Society*, p. 39.

17) Tawney, *The Acquisitive Society*, p. 7.

18) Tawney, *The Acquisitive Society*, pp. 42, 77, 184.

19) Tawney, *The Acquisitive Society*, pp. 13-8.

20) Tawney, *The Acquisitive Society*, pp. 33, 96.

21) Tawney, *The Acquisitive Society*, p. 51.

22) Tawney, *The Acquisitive Society*, p. 51.

23) Tawney, *The Acquisitive Society*, pp. 37-8.

24) Tawney, *The Acquisitive Society*, pp. 20-1.

25) Tawney, *The Acquisitive Society*, pp. 24, 26.

26) Tawney, *The Acquisitive Society*, p. 9.

27) Tawney, *The Acquisitive Society*, p.79.

28) Tawney, *The Acquisitive Society*, p. 152.

29) Armstrong and Gray, *The Authentic Tawney*, p. 76.

30) Tawney, *The Acquisitive Society*, pp. 52-4.

31) Tawney, *The Acquisitive Society*, pp. 63-4.

32) Tawney, *Equality*, p. 110.

33) Tawney, *The Acquisitive Society*, pp. 62-3.

34) Tawney, *The Acquisitive Society*, pp. 68-9.

35) Tawney, *The Acquisitive Society*, p. 71.

36) Tawney, *The Acquisitive Society*, p. 83.

37) Tawney, *The Acquisitive Society*, p. 26.

38) Richard Titmuss, "Introduction," in Tawney, *Equality*, p. 16.

39) Tawney, *The Acquisitive Society*, pp. 28-9.

40) Wright, *R. H. Tawney*, pp. 58-63.

41) W. H. Greenleaf, *The British Political Tradition Volume Two: The Ideological Tradition* (London: Routledge, 1983), p. 454.

42) Tawney, 『기독교와 자본주의의 발흥』, 고세훈 역, p. 77.

43) Tawney, *The Acquisitive Society*, pp. 8-9.

44) Tawney, 『기독교와 자본주의의 발흥』, 고세훈 역, p. 128.

45) Armstrong and Gray, *The Authentic Tawney*, p. 115.

46) Tawney, *The Acquisitive Society*, pp. 12-24.

47) Tawney, *The Acquisitive Society*, p. 54.

48) Armstrong and Gray, *The Authentic Tawney*, pp. 69-70.

49) Terrill, *R. H. Tawney and His Times*, pp. 156-7.

50) Terrill, *R. H. Tawney and His Times*, pp. 157-8.

51) Tawney, 『기독교와 자본주의의 발흥』, p. 236 재인용.

52) Tawney, *The Acquisitive Society*, pp. 44-5.

53) Tawney, *The Acquisitive Society*, pp. 183-4.

54) Tawney, "The Conditions of Economic Liberty," in *The Radical Tradition*, p. 104.

55) Tawney, *The Acquisitive Society*, p. 99.

56) Tawney, *The Acquisitive Society*, p. 152.

57) Terrill, *R. H. Tawney and His Times*, pp. 160-1.

58) Terrill, *R. H. Tawney and His Times*, p. 162.

59) Terrill, *R. H. Tawney and His Times*, p. 163.

60) Tawney, "The Conditions of Economic Liberty," in *The Radical Tradition*, p. 100.

61) Tawney, *The Acquisitive Society*, pp. 33-4.

62) Tawney, *The Acquisitive Society*, pp. 34-5.

63) Tawney, *The Acquisitive Society*, p. 36.

64) Tawney, 『기독교와 자본주의의 발흥』, p. 93.

65) Tawney, *The Acquisitive Society*, p. 70.

66) Tawney, *The Acquisitive Society*, p. 87.

67) 앞의 2장 1절 참조. 노동당은 1918년 "생산, 분배, 교환수단의 공공소유"(조항4)를 당의 목표로 규정한 당헌을 채택했지만, 1995년 폐기했다. 고세훈, 『영국노동당사』, pp. 472-3.

68) Tawney, *Equality*, p. 72.

69) Tawney, *The Acquisitive Society*, p. 88.

70) Tawney, *The Acquisitive Society*, p. 90.

71) Tawney, *The Acquisitive Society*, p. 85.

72) Tawney, *The Acquisitive Society*, pp. 12–31.

73) Tawney, *The Acquisitive Society*, pp. 86–7.

74) Tawney, *The Acquisitive Society*, pp. 92–4.

75) Tawney, *The Acquisitive Society*, pp. 96–7.

76) Tawney, *The Acquisitive Society*, pp. 97–8.

77) Tawney, *The Acquisitive Society*, pp. 98–9.

78) Tawney, *The Acquisitive Society*, p. 100.

79) Tawney, *The Acquisitive Society*, pp. 101–2.

80) 예컨대 김대중정부의 노사정위원회나 현 문재인정부의 경노사위에서 보듯이, 노사의 권력자원이 현저히 불균등한 상황에서 정부주도의 합의체가 거의 언제나 노동측의 비협조로 파행을 겪는 이유이다. 정부가 열세인 쪽의 권력자원을 보완해 주는 것은 시장의 원천적 힘의 불균형을 (형식적) 평등의 공간인 정치가 나서서 교정한다는 민주주의의 본뜻과도 합치한다. 물론 기능 개념에 기댄 토니의 처방은 이보다 훨씬 근본적이고 포괄적이다. 고세훈, 『복지한국, 미래는 있는가: 이해관계자 복지의 모색』(서울: 후마니타스, 2007), 「보론2: 한국정치와 국가-노동관계」 참조.

81) Tawney, "Introduction," in J. P. Mayer, *Political Thought: The European Tradition* (London: Viking Press, 1939), p. xix.

82) Tawney, *Commonplace Book*, p. 12.

83) Tawney, *The Acquisitive Society*, pp. 111–2.

84) Tawney, *The Acquisitive Society*, pp. 102–3.

85) Tawney, *The Acquisitive Society*, pp. 103–4. 자본주의가 심화될수록 이런 처방의 현실성은 떨어진다. '임노동기금(WEF)'으로 알려진 이와 비슷한 시도가 사민주의가 가장 발달된 스웨덴에서 1980년대 초에 시도되었지만, 자본의 전면적 반대로 사실상 유명무실하게 되었다. 토니의 주장은 훨씬 급진적이어서 이윤의 관리를 넘어 자본가에게 고정봉급과 사전에 결정된 고정이자를 주자는 것인데, 세계화 압박이 날로 심해지는 오늘날 그것의 실효성을 얼마나 담보할 수 있을지 알 수 없다. 고세훈, 『복지국가의 이해: 이론과 사례』(서울: 고려대출판부, 2000), pp. 99, 191–2 참조.

86) Tawney, *Equality*, p. 70.

87) Tawney, *Equality*, p. 71.

88) Tawney, *Equality*, pp. 177-8.

89) Tawney, *Equality*, pp. 184-5.

90) Tawney, *Equality*, p. 185.

91) Tawney, *The Acquisitive Society*, pp. 104-6.

92) Tawney, 『기독교와 자본주의의 발흥』, p. 166.

93) Tawney, *Equality*, p. 188.

94) Tawney, *The Acquisitive Society*, pp. 117-8.

95) Tawney, *The Acquisitive Society*, p. 123.

96) Tawney, *The Acquisitive Society*, pp. 125-6.

97) Tawney, *The Acquisitive Society*, p. 128.

98) Tawney, *The Acquisitive Society*, pp. 129-31.

99) Tawney, *The Acquisitive Society*, pp. 132-3.

100) Tawney, *The Acquisitive Society*, pp. 133-4.

101) Tawney, *The Acquisitive Society*, p. 135.

102) Tawney, *The Acquisitive Society*, pp. 135-6.

103) Tawney, *The Acquisitive Society*, pp. 136-7.

104) Tawney, *The Acquisitive Society*, p. 140.

105) Tawney, *The Acquisitive Society*, pp. 143-6.

106) Tawney, *The Acquisitive Society*, pp. 146-7.

107) Tawney, *The Acquisitive Society*, p. 149.

108) Tawney, *The Acquisitive Society*, pp. 148, 150.

109) Tawney, *The Acquisitive Society*, p. 152.

110) Tawney, *The Acquisitive Society*, p. 154.

111) Tawney, *The Acquisitive Society*, pp. 154-5.

112) Tawney, *The Acquisitive Society*, p. 160.

113) Tawney, *The Acquisitive Society*, p. 180.

114) Tawney, *The Acquisitive Society*, p. 180.

115) Tawney, *The Acquisitive Society*, p. 181.

116) Tawney, *The Acquisitive Society*, pp. 182-3.

117) Tawney, *The Acquisitive Society*, pp. 183-4.

118) Tawney, *The Acquisitive Society*, p. 184.

119) Terrill, *R. H. Tawney and His Times*, p. 171.

120) Terrill, *R. H. Tawney and His Times*, p. 172.

121) Tawney, *The Acquisitive Society*, p. 13.

제4부 평등의 논리, 윤리, 전략

1) R. H. Tawney, *Equality, with an Introduction by Richard M. Titmuss* (London: Unwin Books, 1964).

2) Tawney, *Equality*, pp. 15-6.

3) Tawney, *Equality*, p. 33.

4) Terrill, *R. H. Tawney and His Times*, p. 121.

5) Wright, *R. H. Tawney*, pp. 43-4.

6) Tawney, *Equality*, p. 29.

7) Tawney, *Equality*, p. 87.

8) Tawney, *Equality*, p. 121.

9) 이 점을 탁월하게 정리한 책으로는, Dietrich Rueschemeyer, Evelyne H. Stephens, John D. Stephens, *Capitalist Development and Democracy* (Cambridge: Polity Press, 1992)가 있다.

10) Tawney, *Equality*, p. 30.

11) Tawney, *Equality*, p. 37.

12) Tawney, *Equality*, p. 37-8. 이 책 1장에서 토니는 빅토리아시대의 전형적 제국 주의 관료였던 아버지의 '백인의 책무'가 주는 부담과 영광에 관여한 바 없다고 지적했지만, 원래 '백인의 책무' 개념에는 지배자와 현지인과의 관계에서 두 가지 중요한 함의가 담겨 있다. 첫째가 관계의 친밀성이고 둘째가 인종과 계급에서 기인한 신분적 불평등이다. 가령 자선 등 시혜를 통해 구축된 일상의 친밀한 관계는 인종적, 계급적 불평등에 내재된 근본적 위선과 모순을 가려주고 지배자의 죄의식을 덜어주며, 따라서 토니에 따르면, 공정한 판단력을 잃게 만든다. 물론 인종주의와 계급사회는 각각 제국주의와 자본주의의 은밀하고 기름진 토양이다. 평론가 홀리스(Christopher Hollis)는 그런 관계를 '평등 없는 친밀성(intimacy without equality)'이라는 개념으로 요약한 바 있다. 그는 이 개념을 사용하여 친구인 작가 조지 오웰—역시 토니처럼 '앵글로-인디언'이었다—이 영국제국주의와 영국사회의 계급적 성격에 대한 체험을 통하여 "부끄러워해야 할 무엇으로서

402

의 권력"을 내면화하게 되었다고 설명한다. 실제로 지식인으로서 오웰의 삶과 글쓰기는 보통사람들에 대한 죄의식의 속죄와 해원을 위한 긴 여정, 무엇보다 피해자들의 삶 속으로 내려가 그들의 일원이 됨으로써 인간관계의 친밀함 배면에 똬리를 튼 권력관계의 폭력성을 파헤치는 일에 바쳐진다. '평등 없는 친밀성' 개념에 대한 논의를 위해서는, 고세훈, 『조지 오웰: 지식인에 관한 한 보고서』 (파주: 한길사, 2012), 2장, 3장 참조.

13) Tawney, *Equality*, pp. 40-1.

14) R. H. Tawney "We Mean Freedom," in *The Attack Other Essays* (London: George Allen & Unwin, 1953), p. 91.

15) Tawney, *Equality*, p. 43.

16) Tawney, *Equality*, p. 43.

17) Tawney, *Equality*, pp. 81-2.

18) Tawney, *Equality*, pp. 46-7.

19) Wright, *R. H. Tawney*, p. 88.

20) Tawney, *Commonplace Book*, pp. 53, 65, 67.

21) Terrill, *R. H. Tawney and His Times*, p. 125.

22) Wright, *R. H. Tawney*, p. 70.

23) Tawney, *Commonplace Book*, p. 67.

24) Tawney, *Equality*, p. 48.

25) Tawney, *Commonplace Book*, p. 55.

26) Tawney, *Equality*, p. 48.

27) Terrill, *R. H. Tawney and His Times*, pp. 121-2.

28) 서병훈, 『위대한 정치: 밀과 토크빌, 시대의 부름에 답하다』 (서울: 책세상, 2017), pp. 234-5.

29) Tawney, *Equality*, pp. 49-50.

30) Tawney, *Equality*, p. 50.

31) Tawney, *Equality*, p. 136.

32) Terrill, *R. H. Tawney and His Times*, pp. 128-9.

33) Tawney, *Equality*, p. 56.

34) Tawney, *Equality*, p. 113.

35) Tawney, *Equality*, p. 57.

36) Terrill, *R. H. Tawney and His Times*, p. 122.

37) Tawney, *Equality*, pp. 115-6.

38) Tawney, *Equality*, p. 118.

39) Tawney, *Equality*, p. 57.

40) Armstrong and Gray, *The Authentic Tawney*, pp. 132-3.

41) Tawney, *Equality*, pp. 101-2.

42) Tawney, *Equality*, p. 103.

43) Tawney, *Equality*, p. 105.

44) Tawney, *Equality*, pp. 103-4.

45) Tawney, *Equality*, p. 105.

46) Tawney, *Equality*, p. 106.

47) Tawney, *Equality*, p. 110.

48) Tawney, *Equality*, p. 109.

49) Tawney, *Equality*, p. 110.

50) Tawney, *Equality*, p. 111.

51) Tawney, *Equality*, p. 119.

52) Tawney, *Equality*, pp. 103-4, 182.

53) 이런 입장은 부자의 부는 빈자의 부가 상승하는 한에서만 올라야 한다는 존 롤스의 이른바 '차등의 원칙'과 대비된다. Gordon Graham, *Contemporary Social Philosophy* (Oxford: Basil Blackwell, 1988), pp. 53-79 참조.

54) Tawney, *Equality*, pp. 39-40.

55) Tawney, *Equality*, p. 124.

56) Tawney, *Equality*, p. 122.

57) Tawney, *Equality*, pp. 167-8.

58) Tawney, *Equality*, p. 164.

59) Armstrong and Gray, *The Authentic Tawney*, p. 141.

60) Tawney, *Education: The Socialist Policy*, p. 12.

61) Tawney, *Equality*, p. 138.

62) Tawney, *Equality*, p. 145.

63) Tawney, *Equality*, p. 146.

64) Goldman, *The Life of R. H. Tawney*, p. 204.

65) R. H. Tawney, *Education: The Socialist Policy* (London: ILP Pub. Dept., 1924), p. 58.

66) Tawney, *Education: The Socialist Policy*, p. 4.

67) Tawney, *Education: The Socialist Policy*, p. 5.

68) Terrill, *R. H. Tawney and His Times*, p. 182.

69) Goldman, *The Life of R. H. Tawney*, pp. 208-9.

70) Tawney, *Equality*, p. 27.

71) Tawney, *Equality*, p. 57.

72) Lena Jeger, "Homage to Tawney," *Tribune*, 2 Dec. 1960.

73) R. H. Tawney, *The Problem of the Public Schools* (London: WEA, 1943).

74) Tawney, *Equality*, p. 147.

75) Tawney, *Equality*, p. 149.

76) Tawney, *Equality*, p. 151.

77) Tawney, *Equality*, p. 153.

78) Ben Jackson, *Equality and the British Left: A Study in Progressive Political Thought, 1900-64* (Manchester: Manchester University Press, 2007), pp. 29-30, 168.

79) Richard Norman, *Free and Equal: A Philosophical Examination of Political Values* (Oxford: Oxford University Press, 1987), 4장 이하 참조.

80) Tawney, *Equality*, p. 144.

81) Armstrong and Gray, *The Authentic Tawney*, pp. 136-7.

82) Raymond Williams, *Culture and Society: Coleridge to Orwell* (London: The Hogarth Press, 1982[1958]), pp. 219, 223.

83) Goldman, *The Life of R. H. Tawney*, pp. 194-5.

84) R. H. Tawney, *Christian Politics* (London: Socialist Christian League, 1954), p. 13.

85) Tawney, *Christian Politics*, p. 13.

86) Terrill, *R. H. Tawney and His Times*, p. 136 재인용.

제5부 생각을 멈춘 기독교

1) Hugh R. Trevor-Roper, *The Gentry 1540-1640* (London: Cambridge University Press, 1959), p. 1.

2) Lawrence Goldman, *The Collective Biography of William Beveridge, R. H. Tawney and William Temple* (London: University of London, 2016), p. 220.

3) Tawney, 『기독교와 자본주의의 발흥』, p. 58.

4) Terrill, *R. H. Tawney and His Times*, p. 252.

5) Terrill, *R. H. Tawney and His Times*, pp. 252-3.

6) R. H. Tawney, *The Agrarian Problem in the Sixteenth Century* (New York: Burt Franklin, 1912), pp. 6-10 저자서문 참조.

7) Tawney, *The Agrarian Problem*, p. 189.

8) Tawney, *The Agrarian Problem*, pp. 38-9.

9) Tawney, *The Agrarian Problem*, pp. 184-5.

10) 앞의 문제의식에 대한 탐구가 정점에 도달한 저술이 『기독교와 자본주의의 발흥』이다. 이 책의 옮긴이 후기에는 "토니의 저작들이 대체로 그렇지만, 이 책은 중세 고영어, 독일어, 불어, 이탈리아어가 불쑥불쑥 튀어나오고, 길고 짧은 라틴어 표현과 문장들, 시적 표현, 은유, 성경과 수많은 고전의 인용들이 뒤섞인 화려한 만연체로 쓰여졌다."고 적혀 있다. Tawney, 『기독교와 자본주의의 발흥』, 고세훈 역, pp. 434-5.

11) 토니와 동시대를 살았던 경제학자 케인스의 『일반이론』이 수학적 모델 혹은 "도식과 하찮은 대수"로 환원되면서 "사회적 삶의 복잡성과 성찰적 성격"을 도외시한 채 적실성을 상실했다는, 케인스 자신과 그의 제자들의 탄식을 연상시킨다. Skidelsky, 『존 메이너드 케인스』, 고세훈 역, 역자서문, p. 28.

12) A. J. Tawney and R. H. Tawney, "An Occupational Census of the Seventeenth Century," *Economic History Review*, 1934, Vol. 5, pp. 25-64.

13) R. H. Tawney, "The Rise of the Gentry: A Postscript," in *History and Society: Essays by R. H. Tawney*, edited by J. M. Winter (London: Routledge, 1978), pp. 119-28.

14) Tawney, "The Rise of the Gentry, 1558-1640," in *History and Society*, pp. 85-119.

15) 이 책 5장 참조.

16) Tawney, "Harrington's Interpretation of His Age," in *History and Society*, pp. 66-84.

17) R. H. Tawney, *The Acquisitive Society* (New York: A Harvest Book, 1921), pp. 8-16.

18) Tawney, *The Acquisitive Society*, p. 60.

19) Tawney, *The Acquisitive Society*, p. 182.

20) Tawney, 『기독교와 자본주의의 발흥』, p. 243.

21) Tawney, 『기독교와 자본주의의 발흥』, p. 79.

22) Tawney, 『기독교와 자본주의의 발흥』, p. 134.

23) Tawney, 『기독교와 자본주의의 발흥』, p. 129 재인용.

24) Tawney, 『기독교와 자본주의의 발흥』, p. 60.

25) Tawney, 『기독교와 자본주의의 발흥』, pp. 62-3.

26) Tawney, 『기독교와 자본주의의 발흥』, p. 161.

27) Tawney, 『기독교와 자본주의의 발흥』, p. 63.

28) Tawney, 『기독교와 자본주의의 발흥』, p. 91.

29) Tawney, 『기독교와 자본주의의 발흥』, p. 92 재인용.

30) Tawney, 『기독교와 자본주의의 발흥』, p. 92.

31) Tawney, 『기독교와 자본주의의 발흥』, pp. 92-3.

32) Tawney, 『기독교와 자본주의의 발흥』, p. 130.

33) 가톨릭의 연옥 개념은 산 사람의 기도로 죽은 이들이 사후에 속하게 될 영적 세계가 달라질 수 있다고 들려준다. 크고 작은 영주들이 임종 시에 '기도하는 사람'이었던 신부나 그가 속한 교회에 막대한 토지를 기증했던 이유 중 하나이다. Leo Huberman, 『자본주의 역사 바로 알기』(원제: *Man's Worldly Goods—the Story of the Wealth of Nations*) (서울: 책벌레, 2000), 장상환 역, 참조.

34) Tawney, 『기독교와 자본주의의 발흥』, p. 131.

35) Tawney, 『기독교와 자본주의의 발흥』, p. 130.

36) Tawney, 『기독교와 자본주의의 발흥』, p. 132.

37) Tawney, 『기독교와 자본주의의 발흥』, p. 132.

38) Tawney, 『기독교와 자본주의의 발흥』, pp. 157-8.

39) Tawney, 『기독교와 자본주의의 발흥』, p. 102.

40) Tawney, 『기독교와 자본주의의 발흥』, p. 64.

41) Tawney, 『기독교와 자본주의의 발흥』, pp. 59-60, 364.

42) Tawney, 『기독교와 자본주의의 발흥』, pp. 38, 56.

43) Tawney, 『기독교와 자본주의의 발흥』, pp. 44-5.

44) Tawney, 『기독교와 자본주의의 발흥』, p. 171.

45) Tawney, 『기독교와 자본주의의 발흥』, pp. 175, 180.

46) Tawney, 『기독교와 자본주의의 발흥』, p. 180.

47) Tawney, 『기독교와 자본주의의 발흥』, pp. 176-7.

48) Tawney, 『기독교와 자본주의의 발흥』, pp. 177-8.

49) Tawney, 『기독교와 자본주의의 발흥』, pp. 181-2.

50) Tawney, 『기독교와 자본주의의 발흥』, pp. 351, 369. 스마일스(Samuel Smiles, 1812-1904)는 "하늘은 스스로 돕는 자를 돕는다."는 유명한 구절로 시작하는 『자조론(*Self-Help*)』(1859)의 저자이다.

51) Tawney, 『기독교와 자본주의의 발흥』, p. 182.

52) Tawney, 『기독교와 자본주의의 발흥』, pp. 184-5.

53) Tawney, 『기독교와 자본주의의 발흥』, p. 187.

54) Tawney, 『기독교와 자본주의의 발흥』, pp. 187-8.

55) Tawney, 『기독교와 자본주의의 발흥』, p.188.

56) Tawney, 『기독교와 자본주의의 발흥』, pp. 198-9.

57) Tawney, 『기독교와 자본주의의 발흥』, pp. 193-4.

58) Tawney, 『기독교와 자본주의의 발흥』, pp. 201-2.

59) Tawney, 『기독교와 자본주의의 발흥』, p. 195.

60) Tawney, 『기독교와 자본주의의 발흥』, pp. 196-7, 218.

61) Tawney, 『기독교와 자본주의의 발흥』, p. 217.

62) Tawney, 『기독교와 자본주의의 발흥』, pp. 226-7.

63) Tawney, 『기독교와 자본주의의 발흥』, p. 237.

64) Tawney, 『기독교와 자본주의의 발흥』, p. 238.

65) Tawney, 『기독교와 자본주의의 발흥』, pp. 244-5.

66) Tawney, 『기독교와 자본주의의 발흥』, pp. 248-9.

67) 비국교도(non-conformists)는 영국국교회의 가톨릭적 전례와 교리에 반대해 분리된 개신교 집단을 대체로 이르며, 대부분이 청교도를 뿌리로 하는 장로교, 침례교, 회중교회(Congregationalism)에 속했다. 영국내전에서 의회파를 지지했으며 1660년 왕정복구 이후 극심한 박해와 차별을 받다가 명예혁명 직후 제정된 관용법(Toleration Act)을 통해 종교적 자유를 얻게 되었다.

68) Tawney, 『기독교와 자본주의의 발흥』, p. 265.

69) Tawney, 『기독교와 자본주의의 발흥』, p. 280.

70) Tawney, 『기독교와 자본주의의 발흥』, pp. 280-1.

71) Tawney, 『기독교와 자본주의의 발흥』, p. 281.

72) Tawney, 『기독교와 자본주의의 발흥』, pp. 285-6.

73) Tawney, 『기독교와 자본주의의 발흥』, p. 286.

74) Tawney, 『기독교와 자본주의의 발흥』, p. 287.

75) Tawney, 『기독교와 자본주의의 발흥』, pp. 288, 290.

76) 이근식, 『자유주의 사회경제사상』 (파주: 한길사, 1999), p. 62.

77) Tawney, 『기독교와 자본주의의 발흥』, pp. 288-9.

78) Tawney, 『기독교와 자본주의의 발흥』, pp. 295-6.

79) Tawney, 『기독교와 자본주의의 발흥』, pp. 313-5.

80) Tawney, 『기독교와 자본주의의 발흥』, p. 343.

81) "소명" 개념이 경제적 덕목을 옹호하는 주장으로서 채용될 수 있음을 강조한 최초의
사람이 베버인데, 다음에 이어지는 내용은 그의 『프로테스탄트 윤리와 자본주의
정신』에 많이 빚진 것이다.

82) Tawney, 『기독교와 자본주의의 발흥』, pp. 352-3.

83) Tawney, 『기독교와 자본주의의 발흥』, pp. 353-4.

84) Tawney, 『기독교와 자본주의의 발흥』, p. 359.

85) Tawney, 『기독교와 자본주의의 발흥』, p. 360.

86) Tawney, 『기독교와 자본주의의 발흥』, p. 363.

87) Tawney, 『기독교와 자본주의의 발흥』, p. 366.

88) Tawney, 『기독교와 자본주의의 발흥』, p. 371 재인용.

89) Tawney, 『기독교와 자본주의의 발흥』, p. 375.

90) Tawney, 『기독교와 자본주의의 발흥』, p. 386.

91) Tawney, 『기독교와 자본주의의 발흥』, pp. 387-8.

92) Tawney, 『기독교와 자본주의의 발흥』, pp. 391-2.

93) Tawney, 『기독교와 자본주의의 발흥』, p. 361.

94) Armstrong and Gray, *The Authentic Tawney*, p. 120.

95) Tawney, 『기독교와 자본주의의 발흥』, p. 334.

96) Tawney, 『기독교와 자본주의의 발흥』, p. 335.

97) Tawney, 『기독교와 자본주의의 발흥』, pp. 290-1

98) Tawney, 『기독교와 자본주의의 발흥』, pp. 402-3

99) Tawney, 『기독교와 자본주의의 발흥』, p. 408

100) Tawney, 『기독교와 자본주의의 발흥』, p. 399.

101) Tawney, 『기독교와 자본주의의 발흥』, p. 400.

102) Tawney, 『기독교와 자본주의의 발흥』, p. 400.

103) Tawney, 『기독교와 자본주의의 발흥』, p. 401.

104) Tawney, 『기독교와 자본주의의 발흥』, p. 401.

105) Tawney, 『기독교와 자본주의의 발흥』, p. 402.

106) 1904-05 기간 2편의 에세이로 선을 보였던 『프로테스탄트 윤리와 자본주의 정신』은 1920년에야 처음으로 책으로 개정출판되었고, 1930년 미국의 대표적 사회이론가인 파슨스(Talcott Parsons)의 번역으로 영어권에 소개되었다. 파슨스 번역본이 1958년과 1976년에 각각 토니와 기든스(Anthony Giddens)의 서문을 달고 재출판되면서 『프로테스탄트 윤리와 자본주의 정신』은 사회변화의 원천으로서 가치와 관념을 강조한 사회과학의 고전으로 지금까지 그 자리를 지키고 있다. 최근 2002년에는 미국 '막스베버학회'의 회장으로 있는 베버 전문가 칼버그(Stephen Kalberg)가 파슨스 이후 최초의 새로운 영문판을 원전에 대한 방대한 해설을 곁들여서 직접 번역해 내놓았다. 한국인 학자로는 김덕영이 2010년 베버의 신학적 입장과 관련하여 상세한 주석과 방대한 해제 그리고 보론을 담아 새로운 번역을 선보였다. 다음의 논의는 칼버그의 책과 파슨스의 서문을 담은 번역본에 많이 의존한 것이다.

107) 예컨대 베버(1920)의 "승리한 자본주의는, 기계적인 기반 위에 있게 되면서, 더 이상 금욕주의를 필요로 하지 않게 되었던바 … 자신의 소명(calling)에서의 의무 개념은 이제 죽은 종교적 신앙의 유령처럼 우리의 생활 속을 배회한다."는 진술이나 토니(1926)의 "[자본주의 발전과 관련해서] 기독교가 줄 수 없었던 이유는 가진 것이 없었기 때문이다."라는 언명은 음미해 볼 만하다.

108) 지금까지 베버 논제에 대한 연구는 두 차원에서 이원론적 분절을 특징으로 한다. 첫째 차원은 사회과학적 연구와 신학적 수준의 분리이다. 베버의 신학적 논지를 제대로 이해하지 못하면 베버 논지에 대한 비판은 조야하고 엉뚱한 방향으로 흐를 수 있으며, 자본주의에 대한 이해가 적절치 못한 신학적 논의가 종종 순진한 단순화에 머무는 이유가 여기에 있다. 그러나 베버 주장의 지적 설득력은 그것의 통합성, 즉 전통적 학문경계를 뛰어넘은 베버의 광범위한 학문적 조예, 그가 동원한 방대한 자료들에서 기인한 것이다. 『프로테스탄트 윤리와 자본주의 정신』에 대한 다양한 관점―역사, 정치학, 신학, 경제학, 비교종교, 인류학, 사회학 등―에서의 다양한 비판이 가능한 것도 이러한 맥락이다. 둘째 차원은 자본주의의 기원과 발전을 분리하거나 혼돈하여 논의함으로써 기독교의 문화적 영향력 혹은 부작위적 태만에 관한 적절한 분석이 회피되어 왔다. V. A. Demant,

Religion and the Decline of Capitalism (London: Faber and Faber, 1949); Ronald H. Preston, *Religion and the Persistence of Capitalism* (London: SCM Press, 1979); Michael Novak, ed., *The Denigration of Capitalism* (Washington D. C.: American Enterprise Institute, 1979); Gordon Marshall, *In Search of the Spirit of Capitalism: An Essay on Max Weber's Protestant Ethic Thesis* (London: Hutchinson & Co., 1982); Ronald H. Preston, *Church and Society in the Late Twentieth Century: The Economic and Political Task* (London: SCM Press, 1983); Gianfranco Poggi, *Calvinism and the Capitalist Spirit: Max Weber's Protestant Ethic* (London: Macmillan, 1983); Hartmut Lehmann and Guenther Roth, eds., *Weber's Protestant Ethic: Origins, Evidence, Contexts* (Cambridge: Cambridge University Press, 1993); Ronald H. Preston, *Religion and the Ambiguities of Capitalism* (London: SCM Press, 1991); William H. Swatos, Jr. and Lutz Kaelber, *The Protestant Ethic Turns 100: Essays on the Centenary of the Weber Thesis* (London: Paradigm Publishers, 2005), 등 참조.

109) 베버는 『프로테스탄트 윤리와 자본주의 정신』이 청교도주의와 근대자본주의를 연결하는 인과적 고리의 한 측면만 강조하는 것이며, 서방과 동방문명을 가르는 것이 종교윤리의 차이에만 기인하는 것은 아니라는 점을 강조한다. 베버는 이 두 문명을 구분하며, 근대자본주의의 출현에 매우 중요한 영향을 미치는 요인으로서 본질적으로 중요한 사회경제적 요인들을 거론한다. 예컨대 1) 기업과 가계와의 분리는 산업자본주의가 발전하기 이전에 서방에서 훨씬 발전했으며, 2) 중세 이후의 유럽에서 독립적 도시가 발전함으로써 부르주아사회를 농촌봉건사회로부터 격리시킬 수 있었고, 3) 로마법의 전통과 유산으로 인해 유럽사회에서 보다 더 합리적인 사법관행이 발전될 수 있었으며, 4) 그것은 또한 정규관료제를 동반한 민족국가의 발전을 촉진시켰는데, 서양국가의 합리적-법적 체계는 자본주의 경제 전체의 통합뿐 아니라 기업조직에도 도입되었고, 5) 자본주의 기업을 정례화하는 데 복식부기의 방식이 결정적인 영향을 미쳤으며, 6) 마르크스가 강조했듯이, 봉건적 속박에서 벗어난 자유로운 임노동자의 형성을 통해 노동에 대한 독점적 통제가 사라졌다. 이런 요건들이 청교도주의가 촉발시킨 도덕적 에너지와 결합하면서 근대 서구자본주의를 탄생시켰다는 것이다. 어쨌든 베버가 말하려 했던 것이, 물질이든 관념이든, 결정론을 거부하는 것, 역사법칙이란 불가능하다는 점, 특히 서방에서 근대자본주의의 출현은 '역사적으로 특정한 사건들의

국면의 결과였다.'라는 점이었음을 인식하는 것은 중요하다. Max Weber, *The Protestant Ethic and the Spirit of Capitalism*, Translation by Talcott Parsons and Forward by R. H. Tawney (Mineola, N.Y.: Dover Publication, 1958).

110) Tawney, 『기독교와 자본주의의 발흥』, p. 160.

111) 어쩌면 칼뱅주의의 변질, 혹은 초기와 후기 칼뱅주의의 차이야말로 『기독교와 자본주의의 발흥』이 부각시킨 가장 중요한 주제이다. Tawney, 『기독교와 자본주의의 발흥』, p. 181 이하.

112) 토니는 『대부업강론』의 1925년 판에 긴 서문을 썼다. J. M. Winter, "Introduction: Tawney the Historian," in *History and Society: Essays by R. H. Tawney*, edited by J. M. Winter (London: Routledge, 1978), pp. 16-8.

113) Goldman, *The Life of R. H. Tawney*, p. 229.

114) 그럼에도 불구하고 어찌 보면 『기독교와 자본주의의 발흥』 전체를 베버 논지에 대한 문제제기로 볼 수도 있다. 그 책에서 토니는 보다 직접적으로 베버의 주장을 비판하고 있다. 다음은 토니의 진술을 그대로 옮긴 것이다. "독일에서 많은 논란을 불러일으킨 베버 에세이의 주된 논지는 칼뱅주의, 특히 저자가 거의 모든 사례를 끌어온 영국 청교도주의가 자본주의 기업의 성장에 호의적인 도덕적, 정치적 조건들을 창출하는 데 압도적으로 중요한 역할을 했다는 것이다. 분명 베버의 에세이는 종교와 사회이론의 관계에 관해 지금까지 출판된 가장 생산적인 연구들 중 하나이다. 나는, 특히 몇몇 청교도 저술가들이 '소명'이라는 단어에 담긴 사상의 경제적 적용을 논의한 것과 관련하여, 그 에세이에 많은 빚을 졌다는 점을 밝히고자 한다. 동시에 몇 가지 점들에서 베버의 주장은 일방적이고 무리한 듯하며, 내게는 그에 대한 브렌타노의 비판이 정당하게 보인다. 그리하여 (i) 경제조직이나 사회조직이 아닌 경제문제와 사회사상을 다루는 에세이에서는 아마 불가피할 터이지만, 베버는 전혀 다른 방향에서 설명해야 할 발전들을 도덕적이고 지적인 영향들에 비추어 설명하려 한 듯하다. 15세기의 베네치아와 피렌체, 남부독일과 플랑드르에도 '자본주의 정신'이 충만했는데, 이는 이 지역들이, 적어도 명목적으로는 모두 가톨릭이었지만, 당대 상업과 금융의 최대 중심지였다는 단순한 이유 때문이다. 16세기와 17세기에 네덜란드와 영국에서 자본주의가 발달한 것은 프로테스탄트 국가였다는 사실이 아니라 대규모의 경제적 흐름들, 특히 지리상의 발견들과 그것들로부터 나온 결과들에서 기인한 것이었다. 물론 물질적 변화와 심리적 변화는 함께 진행되며, 후자가 전자에 영향을 미치는 것 또한 당연했다. 그러나 마치 자본주의 기업이 종교적 변화가 자본주의 정신을

만들어야만 비로소 나타날 수 있는 것처럼 말하는 것은 다소 자의적인 듯하다. 종교적 변화가 순전히 경제흐름의 결과라고 말한다면, 이 또한 마찬가지로 진실이면서 또한 일방적이리라. (ii) 베버는 기업의 발달 그리고 경제관계에 대한 개인주의적 태도에 호의적이나 종교와는 별 관련이 없는 지적 흐름들을 무시하거나 너무 가볍게 취급하고 있다. 르네상스의 정치사상이 그중 하나인데, 브렌타노가 지적하듯이, 마키아벨리는 전통적인 윤리적 제약들에 대해 칼뱅 못지않게 강력한 완화제 역할을 했다. 그 둘은 화폐, 가격, 외환에 대한 기업가와 경제학자들의 생각이었다. 양자는 모두 베버가 자본주의 정신이라고 이해한바, 곧 금전적 이익에 외골수로 전념하는 기질에 기여했다. (iii) 베버는 칼뱅주의 자체를 지나치게 단순화하는 듯이 보인다. 첫째, 그가 17세기 영국청교도들이 칼뱅과 그의 직계 추종자들이 품었던 사회윤리 개념을 지녔다고 보는 것은 분명하다. 둘째, 그는 17세기의 모든 영국청교도가 사회적 의무와 편의에 관해 동일한 견해를 가졌던 것처럼 말한다. 이 두 암시는 모두 잘못되었다. 우선 (영국청교도들을 포함하여) 16세기 칼뱅주의자들은 엄격한 규율의 신봉자들이었거니와, 그들은 사람들이 후기 청교도운동에 귀속시키는—이를 부당하다고 볼 수는 없다— 개인주의에 몸서리를 쳤을 것이다. 정말 중요한 문제는 전자의 관점에서 후자의 관점으로의 변화를 가져온 원인을 묻는 일일 텐데, 베버는 이 점을 무시하는 듯하다. 다른 한편으로, 17세기 청교도주의 안에는 다양한 요소들이 있었는데, 이들은 사회정책에 관해 매우 상이한 견해들을 지녔다. 크롬웰이 발견해 냈듯이, 청교도귀족과 수평주의자, 지주와 디거스, 상인과 장인, 병사와 장군을 하나의 단일한 사회이론의 틀 안으로 묶어낼 포뮬러는 없었다. 상이한 교의들 간의 쟁론이 청교도운동 자체의 내부에서 치열하게 벌어졌으니, 어떤 것들은 승리했고, 다른 것들은 실패했다. 따라서 '자본주의 정신'과 '프로테스탄트 윤리'는 모두 베버가 시사하는 것보다 훨씬 더 복잡했다. 베버의 에세이에서 신뢰할 만하고 가치 있는 것은, 17세기 영국의 상인계급들이 특정의 사회적 편의 개념—농부, 수공업자 그리고 많은 토지소유 젠트리 등 사회의 보다 보수적인 구성원들의 그것과는 현저히 다른—의 기수들이었으며, 그 개념은 종교, 정치 그리고 무엇보다 사회경제적 행위와 정책에서 표출되었다는 그의 주장이다." Tawney, 『기독교와 자본주의의 발흥』, 고세훈 역, 각주 32, pp. 313-5.

115) Tawney, "Max Weber and the Spirit of Capitalism," in *History and Society*, p. 190.

116) Weber, *The Protestant Ethic and the Spirit of Capitalism*, pp. 10-1.

117) Tawney, 『기독교와 자본주의의 발흥』, pp. 20-23.

118) Goldman, *The Life of R. H. Tawney*, p. 231.

119) Tawney, 『기독교와 자본주의의 발흥』, pp. 393-4.

120) Goldman, *The Life of R. H. Tawney*, p. 233 재인용.

121) Tawney, *The Attack*, p. 165.

122) Tawney, *The Acquisitive Society*, p. 140.

123) Tawney, 『기독교와 자본주의의 발흥』, pp. 407-8

124) Tawney, "Max Weber and the Spirit of Capitalism," in *History and Society*, p. 196.

125) Tawney, "The Study of History," in *History and Society*, p. 64.

제6부 '동료애' 사회를 향하여

1) 고세훈, 『조지 오웰』, pp. 327-8.

2) R. H. Tawney, "Introduction," in M. Beer, *A History of British Socialism* (London: G. Bell and Sons, 1921), p. xii.

3) Tawney, *The Acquisitive Society*, p. 13.

4) Tawney, *Equality*, p. 159.

5) Tawney, *Equality*, p. 167.

6) R. H. Tawney "We Mean Freedom," in *The Attack Other Essays* (London: George Allen & Unwin, 1953), p. 83.

7) Tawney "We Mean Freedom," in *The Attack*, p. 84.

8) Tawney "We Mean Freedom," in *The Attack*, pp. 86-7.

9) Tawney "We Mean Freedom," in *The Attack*, p. 87.

10) Tawney "We Mean Freedom," in *The Attack*, pp. 88-9.

11) Tawney, *Equality*, pp. 228, 232, 235.

12) John K. Galbraith, *American Capitalism: The Concept of Countervailing Power* (Boston: Houghton Mifflin, 1952); *The Economics of Innocent Fraud: Truth for Our Time* (New York: Houghton Mifflin, 2004), ch. 9.

13) Tawney, *The Acquisitive Society*, p. 149.

14) Tawney, *Equality*, p. 174.

15) Armstrong and Gray, *The Authentic Tawney*, p. 43.

16) Tawney, *Equality*, p. 168.

17) Tawney, *Commonplace Book*, p. 57.

18) Tawney, *Equality*, p. 164.

19) Tawney, *Equality*, p. 174.

20) Terrill, *R. H. Tawney and His Times*, pp. 138-9.

21) Tawney, *Equality*, 1952판, pp. 234-5.

22) Armstrong and Gray, *The Authentic Tawney*, pp. 165-6.

23) Joseph Stiglitz, *The Price of Inequality* (London: Penguin Books, 2013) 참조.

24) Tawney, *Equality*, p. 260.

25) Tawney, *Equality*, p. 201.

26) Tawney, "A Note on Christianity and Social Order," in *The Attack*, p. 165.

27) Tawney, *Equality*, pp. 206-7.

28) Sheldon S. Wolin, *Politics and Vision* (Boston: Little, Brown, 1960), p. 214.

29) Tawney, 『기독교와 자본주의의 발흥』, p. 199.

30) Tawney, *The Acquisitive Society*, pp. 18-9.

31) 앞의 2장 3절 참조.

32) Tawney, *Commonplace Book*, p. 79.

33) L. T. Hobhouse, *Liberalism* (New York: Oxford University Press, 1964/1911), pp. 66, 70.

34) Tawney, *Equality*, p. 160.

35) Tawney, *Equality*, p. 159.

36) Tawney, *Equality*, p. 160.

37) Tawney, *The Western Political Tradition*, p. 18.

38) Tawney, "Introduction," J. P. Mayer, *Political Thought: The European Tradition* (London: Viking Press, 1939), pp. xxi-xxii.

39) 2장 3절 참조.

40) 고세훈, 「역자서문」, Skidelsky, 『존 메이너드 케인스』; 고세훈, 「역자서문」, G. B. Shaw, et al., 『페이비언 사회주의』 참조.

41) Franz Neumann, "Approaches to the Study of Political Power," in *The Democratic and the Authoritarian State* (New York: Free Press of Glencoe, 1964), p. 8.

42) Tawney, *Commonplace Book*, p. 76.

43) Wolin, *Politics and Vision*, pp. 433-4.

44) Max Weber, "The Social Psychology of the World Religions," in H. Gerth and C. W. Mills, eds., *From Max Weber* (New York: Oxford University Press, 1958), pp. 295ff.

45) Tawney, 『기독교와 자본주의의 발흥』, p. 166.

46) 토니는 이 중 세 사람에 대한 짤막한 글을 남겼다. Tawney, *The Radical Tradition*, chs. 1-3.

47) Tawney, "The Realities of Democracy," Terrill, *R. H. Tawney and His Times*, p. 173 재인용.

48) Tawney, *Equality*, p. 29.

49) Tawney, *Equality*, p. 49.

50) Tawney, *Commonplace Book*, p. 43.

51) Tawney, *Equality*, p. 110.

52) Tawney, *Equality*, p. 113.

53) 고세훈, 『조지 오웰』, pp. 302-3.

54) Tawney, *Equality*, p. 56.

55) Tawney, *Equality*, p. 207.

56) Anthony Crosland, *The Future of Socialism* (London: Jonathan Cape, 1964/1956), 참조.

57) Tawney, "Christianity and Social Order," in *The Attack*, p. 191.

58) Tawney, *Commonplace Book*, p. 76.

59) Tawney, "Social History and Literature," in *The Radical Tradition*, pp. 198-9.

60) Tawney, "Social History and Literature," in *The Radical Tradition*, pp. 196-8, 204, 208.

61) Terrill, *R. H. Tawney and His Times*, p. 213.

62) Tawney, *Commonplace Book*, pp. 54-5.

63) Terrill, *R. H. Tawney and His Times*, p. 216.

64) 이 책의 5장 참조.

65) Terrill, *R. H. Tawney and His Times*, p. 219.

맺는말

1) Goldman, *The Life of R. H. Tawney*, pp. 246-7 재인용.

2) Tawney, *The Acquisitive Society*, p. 227.

3) Tawney, *The Acquisitive Society*, p. 233.

4) Tawney, 『기독교와 자본주의의 발흥』, p. 67.

5) Tawney, 『기독교와 자본주의의 발흥』, p. 398.

6) Tawney, "Introduction," in Mayer, *Political Thought*, p. xviii.

7) Tawney, "British Socialism Today," in *The Radical Tradition*, p. 170.

8) Tawney, "Social Democracy in Britain," in *The Radical Tradition*, p. 164.

9) Tawney, *Equality*, p. 223.

10) Tawney, *The Acquisitive Society*, p. 159.

11) Tawney, *Equality*, pp. 40-1.

12) Tawney, "Social History and Literature," in *The Radical Tradition*, p. 185.

13) Tawney, *Equality*, pp. 202-10.

14) Wright, *R. H. Tawney*, ch. 5, pp. 105-29.

15) "모든 인간의 영혼 안에는 사회주의자와 개인주의자, 권위주의자와 자유 광신자가 들어 있다. 마치 개인에게 가톨릭과 프로테스탄트가 함께 있는 것처럼." Tawney, 『기독교와 자본주의의 발흥』, p. 278. 토니는 복지와 관련해서도 어떤 정교한 이론을 제시하지는 않는데 그러한 작업은 훗날 LSE의 제자들인 리처드 티트머스 등에 의해서 체계적으로 행해질 것이다.

16) Tawney, *Commonplace Book*, pp. 19, 41, 70.

17) 고세훈, 『복지국가의 이해: 이론과 사례』 (서울: 고려대출판부, 2000), pp. 99, 191-2 참조.

18) Tawney, "A Note on Christianity and the Social Order," in *The Attack*, p. 170.

19) Wright, *R. H. Tawney*, pp. 51-3.

참고문헌

고세훈, 『영국노동당사』(서울: 나남출판, 1999).

고세훈, 『복지국가의 이해: 이론과 사례』(서울: 고려대출판부, 2000).

고세훈, 「벤담주의적 자유주의와 빅토리아 영국의 개혁」, 이근식, 황경식 편, 『자유주의란 무엇인가』(서울: 삼성경제연구소, 2001).

고세훈, 「역자서문」, 『페이비언 사회주의』(서울: 아카넷, 2007) (원제: George Bernard Shaw, *et al.*, *Fabian Essays in Socialism*, 1889).

고세훈, 『복지한국, 미래는 있는가: 이해관계자 복지의 모색』(서울: 후마니타스, 2007).

고세훈, 「역자서문」, 『존 메이너드 케인스』(서울: 후마니타스, 2009) (원제: Robert Skidelsky, *John Maynard Keynes 1883-1946: Economist, Philosopher, Statesman*, 2003).

고세훈, 『조지 오웰: 지식인에 관한 한 보고서』(파주: 한길사, 2012).

고세훈, "'유토피아의 죽음'과 유토피아 문학의 복원"《오늘의 문예비평》, 여름호, 2013.

고세훈, 「역자서문」, 『기독교와 자본주의의 발흥』(파주: 한길사, 2015) (원제: R. H. Tawney, *Religion and the Rise of Capitalism*, 1926).

서병훈, 『위대한 정치: 밀과 토크빌, 시대의 부름에 답하다』(서울: 책세상, 2017).

이근식, 『자유주의 사회경제사상』 (파주: 한길사, 1999).

Armstrong, Gary and Tim Gray, *The Authentic Tawney: A New Interpretation of the Political Thought of R. H. Tawney* (Exeter: Imprint Academic, 2011).

Bland, A. E., P. A. Brown, R. H. Tawney, eds., *English Economic History: Select Documents* (London: G. Bell and Sons, 1914).

Clarke, Peter, *Liberals and Social Democrats* (Cambridge: Cambridge University Press, 1978).

Cole, G. D. H., *Fabian Socialism* (London: George Allen & Unwin, 1943).

Crosse, Gordon, *Charles Gore: A Biographical Sketch* (London: A. R. Mowrey, 1932).

Dennis, Norman and A. H. Halsey, "Socialism and Fellowship: R. H. Tawney," in *English Ethical Socialism: Thomas More to R. H. Tawney* (Oxford: Oxford University Press, 1988).

Fletcher, Joseph, *William Temple: Twentieth-Century Christian* (New York: Seabury Press, 1963).

Gaitskell, Hugh, "Postscript," in Tawney, *The Radical Tradition: Twelve Essays on Politics, Education and Literature* (George Allen & Unwin, 1964).

Galbraith, John K., *American Capitalism: The Concept of Countervailing Power* (Boston: Houghton Mifflin, 1952).

Galbraith, John K., *The Economics of Innocent Fraud: Truth for Our Time* (New York: Houghton Mifflin, 2004).

Goldman, Lawrence, *The Life of R. H. Tawney: Socialism and History* (London: Bloomsbury Academic, 2014).

Goldman, Lawrence, *The Collective Biography of William Beveridge, R. H. Tawney and William Temple* (London: University of London, 2016).

Graham, Gordon, *Contemporary Social Philosophy* (Oxford: Basil Blackwell, 1988).

Greenleaf, W. H., *The British Political Tradition Volume Two: The Ideological Tradition* (London: Routledge, 1983).

Hobhouse, L. T., *Liberalism* (New York: Oxford University Press, 1964 [1911]).

Huberman, Leo, 『자본주의 역사 바로 알기』(원제: *Man's Worldly Goods—the Story of the Wealth of Nations*) (서울: 책벌레, 2000), 장상환 역.

Jackson, Ben, *Equality and the British Left: A Study in Progressive Political Thought, 1900–64* (Manchester: Manchester University Press, 2007).

Marshall, T. H., *Citizenship and Social Class and Other Essays* (Cambridge: Cambridge University Press, 1950).

Norman, Richard, *Free and Equal: A Philosophical Examination of Political Values* (Oxford: Oxford University Press, 1987).

Pease, Edward R., *History of the Fabian Society* (London: Cass, 1963[1916]).

Polanyi, Karl, *The Great Transformation* (New York: Farrar & Rinehart, 1944).

Radice, Lisanne, *Beatrice and Sidney Webb: Fabian Socialists* (London: Macmillan, 1984).

Reisman, David, *State and Welfare: Tawney, Galbraith and Adam Smith* (London: Macmillan, 1982).

Rueschemeyer, Dietrich, Evelyne H. Stephens, John D. Stephens, *Capitalist Development and Democracy* (Cambridge: Polity Press, 1992).

Sassoon, Donald, *One Hundred Years of Socialism* (London: Fontana, 1997).

Shaw, G. B., *Report on Fabian Policy* (London: The Fabian Society, 1896), Fabian Tract, No. 70.

Skidelsky, Robert, 『존 메이너드 케인스』(서울: 후마니타스, 2009), 고세훈 역.

Skinner, Quentin, "Meaning and Understanding in the History of Ideas," *History and Theory*, Vol. 8, No. 1, 1969.

Stiglitz, Joseph, *The Price of Inequality* (London: Penguin Books, 2013).

Stocks, Mary, *The Workers' Educational Association. The First Fifty Years* (London, 1953).

Supple, Barry, *The History of the British Coal Industry, Volume 4* (Oxford: Oxford University Press, 1987).

Tawney, A. J. and R. H. Tawney, "An Occupational Census of the Seventeenth Century," *Economic History Review*, 1934, Vol. 5.

Tawney, R. H., *The Agrarian Problem in the Sixteenth Century* (New York: Burt Franklin, 1912).

Tawney, R. H., *The Acquisitive Society* (New York: A Harvest Book, 1921).

Tawney, R. H., "Introduction," in M. Beer, *A History of British Socialism* (London: G. Bell and Sons, 1921).

Tawney, R. H., *The Nationalisation of the Coal Industry* (London: Labour Party, 1922).

Tawney, R. H., *Education: The Socialist Policy* (London: ILP Publication Dept., 1924).

Tawney, R. H., *The British Labour Movement* (New Haven: Yale University Press, 1925).

Tawney, R. H., 『기독교와 자본주의의 발흥』 (파주: 한길사, 2015), 고세훈 역.

Tawney, R. H., *The Choice before the Labour Party* (London: The Socialist League, 1934).

Tawney, R. H., "Introduction," J. P. Mayer, *Political Thought: The European Tradition* (London: Viking Press, 1939)

Tawney, R. H., *The Problem of the Public Schools* (London: WEA, 1943).

Tawney, R. H., *The Western Political Tradition*, Burge Memorial Lecture (London: SCM Press, 1949).

Tawney, R. H., *The Attack and Other Papers* (London: George Allen and Unwin, 1953).

Tawney, R. H., *Christian Politics* (London: Socialist Christian League, 1954).

Tawney, R. H., *Equality*, with an Introduction by Richard M. Titmuss (London: Unwin Books, 1964[1931]).

Tawney, R. H., *The Radical Tradition: Twelve Essays on Politics, Education and Literature* (George Allen & Unwin, 1964).

Tawney, R. H., *Commonplace Book*, edited by J. M. Winter and D. M. Joslin (Cambridge: Cambridge University Press, 1972).

Tawney, R. H., *History and Society: Essays by R. H. Tawney*, edited by J. M. Winter (London: Routledge, 1978).

Tawney, R. H., *Secondary Education for All: A Policy for Labour* (London: Labour Party, 1988[1922]).

Terrill, Ross, *R. H. Tawney and His Times: Socialism as Fellowship* (Cambridge, Mass.: Harvard University Press, 1973).

Titmuss, Richard, "Introduction," in Tawney, *Equality* (London: Unwin Books, 1964[1931]).

Titmuss, Richard, J. R. Williams, and F. J. Fisher, *R. H. Tawney: A Portrait by Several Hands*, 1960.

Trevor-Roper, Hugh R. *The Gentry 1540-1640* (London: Cambridge University Press, 1959).

Weber, Max, *The Protestant Ethic and the Spirit of Capitalism*, Translation by Talcott Parsons and Forward by R. H. Tawney (Mineola, N.Y.: Dover Publication, 1958).

Weber, Max, "The Social Psychology of the World Religions," in H. Gerth and C. W. Mills, eds., *From Max Weber* (New York: Oxford University Press, 1958).

Williams, Raymond, *Culture and Society: Coleridge to Orwell* (London: The Hogarth Press, 1982[1958]).

Wolin, Sheldon S., *Politics and Vision* (Boston: Little, Brown, 1960).

Wright, Anthony, "Tawneyism Revisited: Equality, Welfare and Socialism," in Ben Pimlott, ed., *Fabian Essays in Socialist Thought* (London: Heinemann, 1984).

Wright, Anthony, *R. H. Tawney* (Manchester: Manchester University Press, 1987).

토니 연보

1880년

11월 30일, 인도 캘커타에서 저명한 산스크리트어 학자이며 대학에서 역사와 영문학을 가르쳤던 아버지 찰스(Charles Henry Tawney)와 어머니 캐서린(Constance Catherine)의 3남 5녀 중 차남으로 출생.

1885년

아버지를 두고 가족이 영국으로 영구 귀국.

1894년

명문 사립중고교인 럭비(Rugby School)에 입학. 삶과 사상의 평생 동반자였으며 훗날 캔터베리 대주교가 될 윌리엄 템플(William Temple)을 만남.

1899년

고전전공을 위해 옥스퍼드 베일렬(Balliol) 진학. 평생의 지기인 베버리지(William Beverage)와 교류 시작. 가장 중요한 지적 멘토이며 훗날 버밍엄 주교가 될 찰스 고어(Charles Gore)로부터 큰 영향을 받음.

1902년

1893년에 창당된 독립노동당(Independent Labour Party)과 1889년 창립된 기독교사회연맹(Christian Social Union)에 가입. 경제와 사회적 삶은 기독교교리에 따라 조직되고 수행되어야 한다는 CSU의 기본원리는 차후 토니의 삶 모든 측면에 본질적인 영향을 미침.

1903년

옥스퍼드 졸업. 희랍철학, 고대사, 논리학, 도덕과 정치철학이 포함된 인문전공에서 우등졸업생 중 3-4명에게만 허용되는 1등급 학위를 받지 못함. 케어드 학장은 "토니의 정신은 혼돈상태에 있지만, 시험관들은 그것이 위대한 정신의 혼돈임을 보았어야 했다."며 애석해함. 펠로십은 1등급에 속한 베버리지가 차지. "학위를 돈으로 사고 파는 것"을 용납 못했던 토니는 옥스퍼드의 석사과정을 포기하고 평생을 학사로 남아 경제사가의 길을 개척할 것임. 베버리지가 다리를 놓아 런던 이스트엔드 빈민가의 대학사회복지관인 토인비 홀(Toynbee Hall)로 진출, 도시 빈곤과 노동운동을 경험하면서 사회사상가로서 사회적 양심을 성숙시킴.

1905년

자선이나 박애활동보다는 교육의 중요성에 점차 눈을 뜸. "노동자의 고등교육 증진"을 위해 1903년 5월에 창설됐고 같은 해 8월에 옥스퍼드에서 활동을 시작한 '노동자교육협회(Workingmen's Educational Association, WEA)'에 가입. 곧 집행부의 일원이 됨. WEA를 대학의 사회적 책무의 일환으로 간주. WEA는 토니가 자기 인생 전체에서 가장 중요하고도 실질적인 관심을 기울인 단체였으니, 어쩌면 토니에게 그것은 30대 이후 그의 삶에서 늘 함께했던 노동당이나 런던정경대학(LSE) 혹은 교회보다도 더 의미 있는 조직이었음. 사망 직전까지 반세기에 걸쳐, 42년간 집행부원으로, 1928-45년 기간에는 회장으로서 WEA에 헌신.

1906년

'옥스퍼드대학과 국민(Oxford and the Nation)' 제하로 《더 타임스》에 일련의 대학개혁 기고문 발표. 토인비 홀을 떠나 글래스고대학 경제학 보조강사로 취직해 1908년 여름까지 근무. 교육자, 역사가, 개혁가, 특히 경제사학자와 사회활동가로 본격 발돋음.

1908년

「1908년 보고서(1908 Report)」로 알려진 「옥스퍼드와 노동계급교육」을 옥스퍼드 대학과 WEA 합동위원회 이름으로 발표. 노동자의 대학교육자원 접근, 대학입학을 가능하게 해야 한다는 취지로 노동자의 교육권, 커리큘럼, 개인교습(tutorial classes)의 중요성을 역설한 성인교육사의 획기적인 문건으로 간주됨. 옥스퍼드 대학과 WEA 후원으로 시작된 로치데일(Rochdale)과 롱턴(Longton)의 개인교습 강좌에 정식교사로 임명. 경제사 등 주당 5강좌에 연봉 200파운드를 받으며 향후 5년 근무. 전인교육의 모범을 보임으로써 학문과 인격의 교육적 효과가 얼마나 막대한지를 몸소 증명. 토니 개인으로서는 노동계급과 공동언어, 공동의 관점을 발전시킬 수 있었던 기회. 실제로 토니 스스로 개인교습강좌가 자신의 가장 큰 스승이었으며 토인비 홀에서 얻지 못했던 노동공동체에의 관심을 갖게 된 직접적인 계기였다고 고백.

1909년

베버리지의 누이이며 옥스퍼드에서 불어를 전공하던 지넷(Jeanette, 본명 Annette Jeanie Beveridge)과 결혼. 둘은 평생 서로에게 헌신했지만, 지넷이 사랑받기를 원했던 반면 토니는, 그가 존경했고 그에게 막대한 영향을 미쳤던 웹 부부(Sidney and Beatrice Webb)가 그랬듯이, 사회활동 파트너로서의 아내, 사회개혁을 위한 연대로서의 결혼을 기대함. 아내의 잦은 병치레와 서로에 대한 기대의 차이로 힘들어하기도 했지만 아내를 변함없이 깊이 사랑함. 결혼 후 맨체스터에 5년간 거주하며 랭커셔 등을 오가면서 개인교습강좌를 진행.

1910년

모교인 옥스퍼드 베일렬의 WEA여름학교 강의 시작. 1912년까지 개인교습이 끝나는 4월 이후에는 매 여름학기(Trinity Term) 옥스퍼드의 올 솔스에서 가르침.

1912년

토니 최초의 본격적인 경제사 저서이며 엘리자베스 1세 시대의 인클로저 운동을 집중적으로 취급한 『16세기의 농업문제(*The Agrarian Problem in the Sixteenth Century*)』 출간. 이 책의 문제의식을 시작으로 훗날 그의 대표작이 될 『기독교와 자본주의의 발흥(*Religion and the Rise of Capitalism*)』에서 정점을 이룰 튜더와 스튜어트왕조 경제사를 취급한 다양한 저술 발표. 영국학계에서 16세기를 '토니의 세기'로 불리게 만든 하나의 계기가 된 책. 1912년과 1914년 12월 사이 기간 일기형식의 기록을 남김. 사회상태나 산업상황 관찰, 동료나 개인교습학생들의 기억될 만한 말과 일들, 촌철살인의 경구와 단상들과 더불어, 노동자학생들과의 교류가 어떻게 그의 사회주의 사상의 씨앗을 심어주었는지 등과 관련된 그의 도덕적 원칙과 사회질서에 관한 사유, 그리고 무엇보다 기독교와 신앙에 대한 내밀한 사색 등이 담겨 있음. 거기에서 사회주의는 사적이고 개인적인 행위의 유형으로 주로 논의되었고, 사회주의에 대한 보다 급진적이고 비정통적인 견해가 곳곳에 드러남. 이 짧은 기록물은 토니 사후 10년이 흐른 1972년에 와서야 『비망록(*Commonplace Book*)』이라는 제목을 달고 세상에 나올 것임.

1913년

5년의 집중적 강의 후 개인교습강의 중단. 인도 기업가 타타(Ratan Tata)가 빈곤의 예방과 구호를 위한 연구를 위해 기금을 출연하여 런던정경대학(LSE)에 설립한 '라탄 타타 기금(Ratan Tata Foundation)'의 초대소장으로 취임. 취임연설—「산업문제로서의 빈곤」—에서 빈곤은 구호가 아닌 저임의 문제이며 빈곤의 효과보다는 빈곤의 원인들에 초점을 맞출 것을 힘주어 설득함. 빈곤은 개인의 결함이 낳은 불가피한 산물이 아니라 특정 형태의 사회조직이 배양한 조건, 무엇보다 산업제도의 구조 속에서 그 원인이 찾아져야 한다는 것. 동 기금은 한 세대 이전의 부스(Charles Booth)와 라운트리(Seebohm Rowntree)의 자취를 따라 향후 3년 동안 잉글랜드 노동상황과 빈곤실태와 관련된 일련의 조사보고서와 팸플릿을 출간할 것임. 이 무렵 맨체스터에서 런던으로 이사. 이후 블룸즈버리와 홀본 사이의 메클렌버러 스퀘어(Mecklenburgh Square)에 있는 아파트에서 남은 인생 대부분을 보낼 것임. 블룸즈버리 그룹 사람들을 '정신질환'을 앓는 이들로 간주하여 그 지역 지식인들과 거리를 둠.

1914년

두 명의 WEA 교사와 함께 『영국경제사 자료선(*English Economic History: Select Documents*)』 공동편집. 노르만정복(1066)에서부터 로버트 필이 주도한 곡물법 폐지(1848)까지의 영국경제사 관련 자료를 정리한 책. 11월에 전쟁참가 위해 전쟁을 반대하는 독립노동당 탈당. 사립고교와 대학졸업생 주축의 장교단이 아닌 노동자들로 구성된 북부의 맨체스터 연대 소속대대의 이등병으로 자원. 전쟁 기간 내내 친구들보다 계급이 낮은 34살의 늙은 일반병사로 남아 있기를 고집하며 보통사람과의 연대를 실천.

1916년

2월, 솜(Somme) 전투에 참가. 7월의 공세에서 가슴, 배, 신장 일부 관통상을 입고 즉시 후송되어 겨우 목숨을 건짐. 8월에 《웨스트민스터 관보(*Westminster Gazette*)》에 솜 전투의 긴박함과 자신이 입은 치명적 부상에 대한 생생한 묘사를 담은 「공격(The Attack)」을 기고했으며, 그해 말 전역한 직후에는 전쟁의 소회를 담은 또 하나의 전쟁에세이 「한 군인의 회상」을 《네이션》에 발표. 전자에서 토니는 기독교 원죄의식을 확인하며 인간본성에 관해 지극히 현실주의적 태도를 취하는데, 가령 전쟁은 노동자들과의 동료애적 연대뿐 아니라 그들도 주인과 이기적 철학을 공유한다는 점을 가르쳤다고 말함. 후자에서는 영국군인의 희생에 대해 제대로 보답하지 못하는 영국사회를 바라보며, 전선의 군인들이 지키고자 싸웠던 원칙들이 물질주의로 온통 물든 사회에서 전혀 반영되지 않고 있음을 탄식. 전쟁은 일생 동안 한쪽 신장이 없는 채로 살아야 하는 아픔을 주었고, 수년 동안 상처의 후유증을 안고 살아감. 전쟁은 영국의 민주화가 불충분하며, 이로 인해 군사적 승리뿐 아니라 사회개혁 자체가 방해받았다는 평소 지론을 확인시킨바, 전역 후 5년간 사회적, 교육적 재건을 위해 투신하는 계기가 됨.

1917년

1917년과 그 이듬해 전쟁을 다룬 또 다른 두 편의 에세이—「올 솔스 국립대학」과 「경제적 자유의 제 조건」—를 내놓음. 전자는 영국의 학교체제가 만드는 교육기회의 극심한 불평등은 영국의 금권체제를 반영하며, 교육이 산업주의의 손아귀로부터 보호될 수 없다면 사회는 물질주의와 상업적 편의에 굴복할 수밖에 없다는 점을 지적했고, 네 번째 전쟁에세이인 후자는 전쟁의 바람직한 효과, 곧 국가 역할이 확대되면서 경제가 인간의지와 독립적으로 작동하는 자율적 유기체라는 개념이 광범위하게 불신받았다는 것, 그리고 인간의 동기에 따라 제도변화가 가능하다는 점을 설득력 있게 논증.

1918년
모교인 베일럴의 펠로로 선출. 총선에서 로치데일에 노동당후보로 출마했지만 낙선.

1919년
옥스퍼드와 케임브리지 대학개혁을 위한 왕립위원회 참여. 특히 성인교육과 관련하여 작성한 「1919년 보고서」는 전간기간 성인교육운동 발전의 기조를 제공한 것으로 평가됨. 거기에서 그는 산업체제가 신체, 정신, 영혼에 끼친 해악에 대한 전면적 비판을 감행하며, 교육과 자기계발은 긴 노동시간, 저임금, 경제적 착취에 대한 해독제이며, 지방과 중앙정부, 대학과 민간기구들은 성인노동자교육을 참여민주주의 구현과 시민권의식을 일깨우는 불가결한 학교로서 인식할 것을 역설. 석탄산업의 구조개혁을 위해 조직된 '석탄산업왕립위원회'(일명 생키위원회)에 참여. 이로 인해 노동당과의 연루가 시작됐고, 정치적 글쓰기의 초점과 언어가 자본주의에 대한 윤리적 반대에서 사회주의 프로그램의 실제적 측면들에 대한 논의로 옮아감. 4개월의 위원회활동 후 석탄산업 위기의 해법은 저임금이나 노동시간 연장이 아닌 광부들의 경영참여 등 석탄산업의 재조직에 있다는 내용의 최종보고서 작성, 의회로 하여금 채택하게 함.

1920년
여름에 아내와 함께 미국 첫 방문. 매사추세츠의 애머스트대학 등 여러 대학에서 강의, 강연. 하버드에서 향후 30년간 긴밀히 연관될 진보학자인 래스키(Harold Laski)와 처음 만남.

1921년
베일럴 펠로 직을 떠나 연봉 600파운드의 경제사 강사(lecturer)로 LSE에 공식 합류.

1922년에는 부교수(reader), 1926년과 1940-45년 역사학과장, 1931년에는 연봉 1,000파운드의 경제사 교수로 승진했고 1949년 69세를 맞아 LSE를 은퇴하게 될 터임. 1920년대는 그의 학문적 성취가 절정에 달했던 시기. 유명한 3부작의 첫 번째 저술 『탈취사회(The Acquisitive Society)』가 세상에 나옴. "1920년대 위대한 책들 중 하나"로 평가받는 이 책은 그가 사회질서에 관한 생각을 정리한 「탈취사회의 질병」(1919)이라는 페이비언 에세이를 전면적으로 확대, 보완한 토니 정치사상에 대한 최초의 구체적인 진술로서, 현대 자본주의 사회의 질병과 대안을 다룬 체계적이고 독창적인 저술. 토니는 부의 탐욕스런 추구와 탈취욕구 그리고 소비성향 등을 주목하면서, 기업의 행태와 재산의 정당성은 그것들이 공동체 내에서 수행하는 기능과 지향하는 목적 그리고 효율성에 비추어 평가돼야 하며, 기능의 수행과 무관하게 단지 사적 재산권을 소유했다는 이유로 부여되는 보상에 대해서는 그 정당성을 인정해서는 안 된다고 역설.

1922년
토니의 교육관련 저술 중 가장 유명하고 평이한 『모두를 위한 중등교육(Secondary Education for All)』 출간. 11-16세까지 초등학교 졸업생들에게 "무상보편 중등교육"을 제공할 것과 중등학교 졸업생에게 18세까지 의무적 연속교육을 도입할 것 주창. 《더 타임스》는 "토니는 지방중등학교의 모든 학비가 폐지되어야 하고 생계비에 기초한 생활보조금제도는 대체돼야 한다고 말함으로써 논쟁을 불러일으켰다."고 보도. 그의 보편적 중등교육 주장은 「1944년 교육법」의 근간이 될 것임. 이후 WEA 안팎의 수많은 교육관련 모임에 연사로 초대되었고 여러 매체에 교육문제를 다룬 칼럼들 기고. 지역구를 옮겨 재차 하원의원에 도전했으나 실패.

1924년
총선에 세 번째 낙선. 동료교수인 파워(Eileen Power)와 함께 『튜더 경제사료집(Tudor Economic Documents)』 출간. 8월에는 아내 지넷을 동반한 두 번째 미국방문. 예일대학 윌리엄스타운 정치연구소(Williamstown Institute of Politics)에서 여섯 차례 강연.

1925년

예일대학에서 행한 강연을 토대로 쓰인 『영국노동운동(*The British Labor Move-ment*)』 출간. 영국노동운동의 탁월한 사가임을 증명했을 뿐 아니라 노동당과 국가사회주의에 대한 그의 신뢰를 여실히 드러낸 책. 개혁의 불가피한 통로로서 노동당의 역할이 진지하게 논의됨.

1926년

3부작의 두 번째 저서로서, 1922년 런던 킹스 칼리지에서 행한 '헨리 스콧 홀랜드(Henry Scott Holland)' 기념 강연을 토대로 집필한 『기독교와 자본주의의 발흥』 출간. 베버의 『프로테스탄트 윤리와 자본주의 정신』이 "경제발전에 대한 종교사상의 영향"을 추적했다면, 이 책은 "당대에 수용된 자본주의 경제질서가 당대의 종교적 견해에 미친 영향을 이해"하고자 한 것. 넓게는 경제적 변화에 대한 종교적 경각심, 좁게는 사회경제적 삶에 대한 기독교적 관심의 부활을 촉구한 책으로서, 16세기 중엽 이후의 100년이 "토니의 세기"로 불리는 단초와 더불어, 한 세대에 걸친 역사연구의 핵심어젠더를 제공. 처음에는 지루하다는 이유로 출판이 거절되기도 했지만, 일단 세상에 나오자 신속히 여섯 자리의 매출액을 달성했고 10여 개 언어로 번역됨. 전간시절 영국에서 가장 많이 팔린 학술서이며 저자에게 세계적 명성을 가져다줌. 7월에 LSE에서 열린 '경제사학회' 출범모임에서 초대회장 취임. 1934년까지 동 학회 저널인 《경제사리뷰(*Economic History Review*)》의 공동편집인.

1928년

노동당 정책강령인 『노동당과 국가(*Labour and the Nation*)』 집필. 노동당이 계급정당이 아닌 전국정당으로서 대담하게 자신을 제시해야 하며, 사회주의야말로 영국민 전체가 따를 수 있는 최상의 이상이라는 소신을 담음. 이듬해 노동당은 이 정책강령을 토대로 역시 토니가 주 집필자로 참여해 작성한 선거강령 「노동당의 대 국민 호소」를 내걸고, 램지 맥도널드의 제2차 노동당정부를 단독으로 출범시킴. WEA 의장으로 취임하여 1944년까지 그 직을 유지함.

1929년

강의 부담에서 벗어나 연구와 저술에 전념하기 위해 1년간의 휴무 신청. 노동당의 선거강령인 「노동당의 대 국민 호소(Labour's Appeal to the Nation)」 집필.

1930년

대공황의 암운이 짙게 드리우면서 맥도널드 노동당정부의 '경제자문위원회'에 케인스 등과 함께 참여해 적자재정의 필요성 등 역설.

1931년

1929년의 핼리 스튜어트 강연(Halley Stewart Lectures)에 토대를 두었으며, 『탈취사회』, 『기독교와 자본주의의 발흥』과 함께 토니 3부작을 구성하는 마지막 저술 『평등(Equality)』 출간. 당대 영국사회에 대한 분노가 전면에 흐르는 책. 불평등은 사회의 생산역량을 제약하고 강력한 기득권층 이익을 보호하며 그러한 이익을 항구화시킴으로써 민주주의를 모욕하고 계급적 분열을 촉진하며 협력적 노력의 원칙에 따라 조직된 사회와 경제에서 달성될 수 있는 것을 제한한다고 주장. 핵심은 소득의 평등이 아닌 사회엘리트가 누리는 이점과 특권의 종식에 있으며, 이를 위해 강력한 누진세, 의료, 교육, 복지체제의 정비, 핵심산업들의 국유화와 산업민주주의가 제도화될 것 주창. 영국사회주의 사상의 발전에 중요한 이정표를 제시했고 1945년 이후 노동당정부들의 의도와 성취에 선견지명의 지침을 제공한 것으로 평가됨. 여러 판이 이어질 정도로 유명하나 잘 읽히진 않는 책으로 알려짐. 콜른 밸리 지역구 후보 제안 거절. 중국정부 초청으로 아내와 함께 중국 방문. '경제자문위원회' 사임.

1932년

국제연맹의 요청에 따른 교육고문단 일원으로 두 번째 중국방문. 첫 번째 방문 결과 작성한 중국의 농업개혁을 다룬 『중국의 토지와 노동(Land and Labour in China)』 출간. 토지문제, 농민착취의 심각성을 제기함으로써 모택동의 농민혁명을 예측했다는 평가를 얻기도 했고, 중국대중을 계몽하는 데 큰 역할을 했다는 칭송도 받았지만, 지나치게 지식인의 역할을 강조하고 중국 민족주의와 경제발전에서 문화적 요소를 소홀히 취급했다는 비판을 받기도 함. 두 번째 방문 결과로 중국교육의 재조직에 관한 보고서가 고문단 이름으로 발간. 크립스(Stafford Cripps), 베번(Aneurin Bevan), 콜(G. D. H. Cole) 부부, 래스키, C. 애틀리 등 노동당 좌우 기라성 같은 인물들과 함께 '사회주의자 연맹(Socialist League)' 형성에 참여.

1933년

맥도널드 국민정부 수상의 상원의원 제의에 대해 "개들도 빈 깡통을 꼬리에 매달지는 않는다오 … 도대체 내가 노동당에 무슨 해를 끼쳤단 말이오?"라며 거절했다고 전해짐. 12년 동안 몸담았던 페이비언협회 집행부를 떠남.

1934년

영국학술원 펠로로 선출. 노동당 선거강령 「사회주의와 평화를 위하여」집필. 같은 해 노동당의 목표에 대한 깊은 통찰이 담긴 에세이 「노동당의 선택」출간. 정치에서 원칙이 지니는 일차적이고 압도적인 중요성을 다시 환기하며, 노동당정부가 사회주의적 가치를 위한 통로로서 근본적 존재이유를 상실했고, 그런 가치를 정책으로 전환하는 데 실패했다고 질타.

1935년

당선이 확실시되던 클레이 크로스(Clay Cross) 지역에 출마하라는 제의 거절.

1937년

도덕혁명을 촉발시키기 위한 기독교의 역할을 점검한 팸플릿 「기독교와 사회질서에 관한 소고」출간. 크리스천들에게 사회세력으로서 기독교를 다시 인식시키고 그들의 비전이 막대한 사회적 함의를 지닌 것임을 환기하며, 물리적 혁명이 아닌 도덕적 혁명은 기독교교의의 사회적 측면에 대한 크리스천의 각성을 통해서만 가능하다고 역설.

1938년

『평등』개정판 발행. 새로 쓴 서문에서 불평등은 치유가 불가능하며 성장을 위해 오히려 유익하다는 담론에 대해 조목조목 반박하며, 불평등은 무지나 자원결핍의 문제가 아니라 태도와 성향 그리고 기질과 의지의 문제라는 점을 강조.

1939년
봄 석 달 동안 시카고대학의 요청을 수락하여 미국 방문. 시카고대학에서 유럽외교의 위기, 특히 1930년대 영국외교정책의 실패에 관한 일련의 강연을 마친 후같은 대학의 정규교수직 제의를 거절하고 귀국. 런던 방위군(Home Guard)에합류.

1940년
7월 《뉴욕 타임스》에 영국참전을 정당화하는 감동적인 칼럼(「영국은 왜 싸우는가」)게재. 영국에서는 '맥밀런 전쟁 팸플릿'으로 발간. 미국 판에서는 영국이 싸우는것은 "무릎 꿇고 살기보다 서서 죽기 원하기" 때문이며 전쟁은 영국의 생존뿐 아니라 민주주의를 위한 것이라는 점을 강조했고, 영국 판에서는 이번 전쟁이 사회주의를 위한 전쟁일 수 있다는 점을 부각.

1941년
16세기 경제적 격변이 초래한 사회변화를 다룬 유명한 에세이 「젠트리의 부상,1558-1640」을 《경제사리뷰》에 발표. 이 글은 16세기를 명실상부한 '토니의 세기'로 굳혀준 논문으로서 영국학계에 '젠트리의 부상' 논지를 둘러싼 역사/정치적 논쟁을 점화시켰고, 대학원생들에게 경제사 연구의 열풍을 불러일으켰다고 전해짐.명예학위를 받기 위해 재차 시카고 방문. 타 지역 노동자들 대상으로 할 강연이제약받을 것을 우려하여 방문교수 제의는 사절. 때마침 「영국은 왜 싸우는가」를읽었던 애틀리 부수상이 영국대사관의 노동자문관 자격으로 워싱턴으로 갈 것을요청해 수락. 워싱턴에 있으면서 이곳저곳을 오가며 노동단체와 대학에서 강연.8월에는 노동당각료 아서 그린우드(Arthur Greenwood)가 이끄는 정부 재건위원회에 제1차 세계대전 직후인 1918-21년 기간 전시경제 철폐가 가져온 문제들에 관한 경험적 보고서 제출. 6개월 예정의 근무였으나 12개월 가깝게 체류한 후이듬해 9월 런던으로 귀환. 귀국 후 《가디언》에 교육관련 칼럼을 왕성하게 기고했고, 교육개혁을 위한 본격적인 운동에 또다시 시동을 걺.

1942년

미국철학회 회원. 그 무렵 폭격으로 파괴된 메클렌버러 스퀘어를 떠나 러셀스퀘어 근처 "공중변소"처럼 보이는 누추한 곳으로 거처를 옮김. 전쟁으로 인해 LSE 강의가 케임브리지에서 행해졌기 때문에, 런던과 케임브리지를 매일 오감. WEA 관련 일과, 언론기고, 교육개혁 관련 위원회활동, 세계 각지의 학자들과의 교류 그리고 경제사 연구로 분주한 런던생활 보냄.

1944년

자유에 관한 토니의 가장 집중되고 효과적인 논의를 담은 에세이 「문제는 자유다(We Mean Freedom)」 발표. 자유는 개인들이 스스로 현명한 선택을 하도록 허용하는 역량이며 실제로 접근 가능한 선택들이 없다면 실천적 독트린으로서 무의미하다고 주장. 『비망록』과 『탈취사회』에서는 권리를 의무에 종속시켰지만, 여기에서는 기본적 자연권으로서의 자유 개념에 훨씬 근접.

1945년

외무부에서 소련문제를 취급하던 젊은 진보적 역사가 힐(Christopher Hill)의 도움으로 줄리언 헉슬리 등과 1945년 7월 모스크바 방문. 한창 필명을 날리던 마르크스주의 역사가 홉스봄(Eric Hobsbawm)에 대해서는 거만한 태도로 마치 자기만의 우월한 진리를 소유한 사람처럼 글을 쓴다며 못마땅해했다고 전해짐.

1947년

봄에 전전에 살던 블룸즈버리의 메클렌버러 스퀘어에 복귀.

1948년

시카고대학 방문교수 자격으로 다시 방미. 왕성한 대중강연들을 통해 언론자유와 공산주의 실상에 대한 이해를 촉구하고 애틀리정부의 "평화적 혁명" 업적을 옹호하고 홍보.

1949년

LSE의 호의로 정년을 훌쩍 넘긴 나이에 은퇴. 옥스퍼드의 학사학위가 전부였던 토니에게 1930년 맨체스터대학을 시작으로 이때까지 시카고, 파리, 옥스퍼드, 버밍엄, 런던, 셰필드, 멜버른, 글래스고 등 대학에서 총 9개의 명예박사가 수여됨.

1952년

『평등』 수정증보판 발행. 추가된 7장('에필로그, 1938-1950')은 일차적(핵심) 자유와 이차적(부차적) 자유를 구분하며, 전자를 이동, 언론, 집회의 자유 등 근본적 권리에, 후자를 생산적 자산의 소유나 소득지출 같은 경제활동에 연결시킴. 이러한 구분은 평등주의가 핵심적 자유의 실종을 불가피하게 동반하리라는 주장에 맞서기 위해서였는데, 사회주의적 조치들은 이차적 권리의 영역 안에서 작동하며, 핵심권리를 침해하는 것이 아니라 오히려 고양함으로써, 자유의 내용을 풍부하게 한다고 주장. 런던대학 페이비언협회 강연(『영국사회주의의 오늘』)에서 나토를 지지하고 미국과의 지속적 동맹에 찬성 표명. 시카고에서는 소련에 대한 이해를 넓힐 것을 주장했고 영국에 와서는 노동운동이 활성화되던 미국에 대한 관용을 촉구.

1953년

리처드 리스에게 헌정한 『공격(The Attack and Other Papers)』 출간. 제1차 세계대전 시작과 제2차 세계대전 종전 사이에 발표된 논문과 에세이를 묶은 선집으로, 전쟁, 종교, 정치, 사회정의, 교육, 민주적 사회주의, 기독교윤리, 사회개혁 등 폭넓은 주제에 관한 다양하고 영향력 있는 글 12편이 실림. 교육과 정치에 관한 두 번째 선집을 구상했지만, 그의 사후인 1964년에야 제자 리타 힌덴이 편집하여 『급진적 전통(The Radical Tradition)』이라는 제목으로 세상에 나올 것임. 70줄에 접어든 1950년대에도 덴마크, 스웨덴, 호주 등 다양한 지역을 다니면서 강연을 했고 몇몇 주목할 만한 에세이를 《타임스문예부록》 등 잡지에 기고. 건강이 쇠락하면서 요청이 오면 응할 뿐, 삶은 점차 의존적으로 되어감. 기획했던 책들은 씌어지지 않은 채였고, 칼럼보다는 서평이 주를 이뤘던 《가디언》의 글들도 1955년 2월을 마지막으로 그만둠.

1958년

20년 전에 쓰기 시작했던 『제임스 1세 치하의 상업과 정치』 출간. 영국 시민혁명

두 세대 전에 "사회적 중력의 중심이 옮겨지자 정치권력도 그와 함께 이전했다."
는 「젠트리의 부상」의 논지를 구체화함. 11월 20일, 반세기 동안 함께했던 아내
지넷 사망. 어떤 점에서 그녀는 토니에게 시련이었으나, 그녀의 죽음은 그에게 말
할 수 없이 커다란 공허감을 안겨줌.

1962년

1월 초 감기로 마지막까지 머물던 메클렌버러 스퀘어를 떠나 요양원으로 옮겼으
나, 1월 15일 수면 중 사망. 임종 시 침상 옆 탁자에는 톨스토이의 『전쟁과 평화』
가 놓여 있었다고 전해짐. 하이게이트 묘지에서 간단한 국교회 예배 후, 키 큰 포
플러 나무들 밑, 지넷 옆에 묻힘. 2주 후, 수많은 다양한 사람들이 트래펄가 광장
의 '세인트 마틴 인 더 필즈' 교회에서 열린 기념예배에 모여들었고, 시편 15편 5절
―"돈을 빌려주되 이자를 받지 아니하고 뇌물을 받고 무죄한 자를 해치 아니하
는 자는 … 영영히 요동치 아니하리라."―이 낭독됨. 노동당수 게이츠컬은 "내가
만났던 최고의 사람"이라고 회고했고, 14년 동안 가정부로 일했던 루시 라이스
는 훌륭한 고용주이며 위대한 친구의 죽음으로 "내 인생의 커다란 한 장이 갑자
기 끝났다."고 애도. 남은 재산을 WEA와 가정부 등 어려운 이들에게 남김. 수많
은 헌사와 오비추어리가 쏟아짐. 토니가 남긴 촌철살인의 경구들과 청렴과 정직
과 검소한 삶에 대한 수많은 일화들이 전해옴.

찾아보기

고세훈

1955년 서울에서 태어났다. 연세대 학부에서 경제학, 서울대 대학원,
미국 시러큐스대와 오하이오 주립대 대학원에서 정치학을 공부했고,
영국노동당을 주제로 학위논문을 썼다. 『영국노동당사』, 『복지국가의 이론과 사례』,
『국가와 복지』, 『복지한국 미래는 있는가』, 『조지 오웰: 지식인에 관한 한 보고서』,
『영국정치와 국가복지』를 저술했고, 『존 메이너드 케인스』(로버트 스키델스키),
『페이비언 사회주의』(조지 버너드 쇼 외), 『기독교와 자본주의의 발흥』(R. H. 토니)이
우리말로 옮긴 책이다. 인간의 비극성에 관한, 아마 마지막이 될, 책(『비극적 인간』)을
준비 중이다. 현재 고려대 공공행정학부 명예교수로 있다.

R. H. 토니
삶, 사상, 기독교

대우학술총서 622

1판 1쇄 찍음 | 2019년 10월 14일
1판 1쇄 펴냄 | 2019년 10월 28일

지은이 | 고세훈
펴낸이 | 김정호
펴낸곳 | 아카넷

출판등록 | 2000년 1월 24일(제406-2000-000012호)
주소 | 10881 경기도 파주시 회동길 445-3
전화 | 031-955-9510 (편집)·031-955-9514 (주문)
팩시밀리 | 031-955-9519
책임편집 | 이하심
www.acanet.co.kr

ISBN 978-89-5733-646-5 94300
ISBN 978-89-89103-00-4 (세트)

이 도서의 국립중앙도서관 출판예정도서목록(CIP)은
서지정보유통지원시스템 홈페이지(http://seoji.nl.go.kr)와
국가자료공동목록시스템(http://www.nl.go.kr/kolisnet)에서 이용하실 수 있습니다.
(CIP제어번호: CIP2019035642)